正犯实质化研究

Study on Substantive Principal Offender

罗世龙　著

中国社会科学出版社

图书在版编目(CIP)数据

正犯实质化研究 / 罗世龙著. —北京：中国社会科学出版社，2022.4
ISBN 978 – 7 – 5203 – 9873 – 2

Ⅰ.①正⋯ Ⅱ.①罗⋯ Ⅲ.①刑法—研究—中国 Ⅳ.①D924.04

中国版本图书馆 CIP 数据核字（2022）第 041055 号

出 版 人	赵剑英
责任编辑	张冰洁 李 沫
责任校对	李 莉
责任印制	王 超

出　　版	中国社会科学出版社
社　　址	北京鼓楼西大街甲 158 号
邮　　编	100720
网　　址	http://www.csspw.cn
发 行 部	010 – 84083685
门 市 部	010 – 84029450
经　　销	新华书店及其他书店
印　　刷	北京君升印刷有限公司
装　　订	廊坊市广阳区广增装订厂
版　　次	2022 年 4 月第 1 版
印　　次	2022 年 4 月第 1 次印刷
开　　本	710×1000　1/16
印　　张	22.75
字　　数	318 千字
定　　价	128.00 元

凡购买中国社会科学出版社图书，如有质量问题请与本社营销中心联系调换
电话：010 – 84083683
版权所有　侵权必究

出 版 说 明

为进一步加大对哲学社会科学领域青年人才扶持力度，促进优秀青年学者更快更好成长，国家社科基金2019年起设立博士论文出版项目，重点资助学术基础扎实、具有创新意识和发展潜力的青年学者。每年评选一次。2020年经组织申报、专家评审、社会公示，评选出第二批博士论文项目。按照"统一标识、统一封面、统一版式、统一标准"的总体要求，现予出版，以飨读者。

全国哲学社会科学工作办公室

2021年

序

共同犯罪理论是犯罪论的高级形态，因此，共同犯罪的理论研究，基本上涉及犯罪论的所有范畴，其研究自然存在着相当的难度。但是对共同犯罪进行研究具有重要的意义。共同犯罪理论的目的在于合理解决各参与人的刑事责任。我国刑法关于共犯的分类中，有以行为人的作用为基准，这类似或者等同于国外的实质根据，故而缺乏形式上的明确标准和理由，与罪刑法定原则在形式上的要求尚有距离。所以，吸收大陆法系理论成果，尤其是德日刑法犯罪参与理论，有助于完善我国的共同犯罪理论。

在共同犯罪中，最重要的就是正犯问题。日本学者川端博教授认为，实行行为是罪刑法定主义犯罪论体系的主脉，德国学者罗克辛明确提出实行人是"实行过程中的核心人物"。通常正犯就是实现犯罪构成要件行为之人。但是，在理论上，正犯概念经历了从形式到实质的扩大化趋势。早期的理论以实行行为为基础界定正犯，认为实施符合基本构成要件的行为（实行行为）是正犯。但是后来实质解释流行起来，如德国的行为支配说、日本的重要作用说等。间接正犯、共谋共同正犯等都无法用形式说解释。

有鉴于此，我在《正犯的基本问题》（《中国法学》2004年第4期）中曾指出，日本正犯含义的变化体现了三个特点：从实质说到形式说再到折中说；从客观考察转向综合考察；从事实判断转向规范评价。针对这种判断，我提出了纯正的正犯和修正的正犯概念的划分。我认为，纯正的正犯是指具体实施刑法分则基本构成要件行为的犯罪人，它分单独正犯、同时正犯和共同正犯。所谓修正的正犯，则是指基于行为的事实支配可能，通过他人实行犯罪的犯罪人，它包括间接正犯、共谋共同正犯和继承的正犯。可惜的是，之后由于受教学和其他事务的影响，我很难集中精力做共同犯罪研究，正犯问题的进一步研究也就耽搁下来。

直至我指导的博士生罗世龙要写博士学位论文，才重燃我对这个问题的关注。世龙是从三峡大学考入中南财经政法大学的一名硕士生。因其本科老师的大力推荐，我有幸成为他的硕士生导师。之后又因其刻苦的学习态度、执着的学术热忱和优秀的科研能力，通过博士考试进一步攻读博士学位。在攻读博士学位期间，他心无旁骛，执着奋进，取得了较好成绩，受到国内许多德高望重的前辈和年轻同人的肯定，作为老师我很为他骄傲和自豪。世龙在硕士期间就醉心于刑法解释学研究，由于我们的学术风格不同，所以我们对很多问题的看法存在分歧，但是这丝毫不影响我们对有关问题的探讨。大约在其博士生二年级的时候，他提出了选题设想，还是和刑法解释有关。我当时认为，刑法解释是一种单纯的方法，如果脱离了材料，那么解释的目标很难实现。而当时因为立法的变化，"正犯化"概念比较热火，所以我推荐他做正犯化研究。起初他还是比较迷茫的，但后来经过文献梳理，其思路越来越清晰，问题意识越来越明确，终于以《正犯实质化研究》为名完成了博士学位论文。

他的论文在盲审阶段和答辩阶段都获得了很高的评价，所以被推举为学校的优秀论文。毕业后，他顺利入职华中师范大学法学院工作。后该论文又获得了参加国家社科基金优秀博士论文项目的评选机会，并最终获得资助。毫无疑问，这在他的学术生涯中是一个重大的"利好"。立项后他着手修改论文，在论文即将出版之际，他邀请我为之作序。按照学术行规，我为他作序力量显然不够，但我也不想掩饰自己的骄傲，所以欣然答应他的要求，正好利用假期再次看看他的后期发力。

在我看来，他的博士论文涉及三关，一是教义学关，二是社会学关,三是哲学观。正犯是刑法中的基本概念,对其研究不能脱离教义学方法,这也是刑法学者最基本的学术素养。但是,刑法又是一门具有很强实用性的学科,如果教义学方法不能满足社会的实用要求,教义学方法必将枯萎,正犯实质化问题就是教义学适用社会发展的结果。为了保持其常青,刑法教义学也必须从社会学中汲取营养。此外,当前刑法面临研究范式之转变,如果不重视这一点,那么难以保证研究的创新性。正犯实质化的研究,必须要有一个存在论与规范论的哲学视角和分析框架,否则很难将正犯乃至整个共同犯罪理论阐述清楚。同时,概念式思维与类型化思维的法哲学理论对正犯实质化的研究也具有很强的借鉴意义。好在他平时刻苦学习,学术积淀也较为深厚,他终于成功完成了论文。

或许是受自己成长经历的影响,我在指导研究生时对他们的学习盯得比较严。他们基本上没有完整的假期,我也很少当着学生的面夸奖他们,更多的时候是直接指出他们的不足。我不擅长把批评的话变换为"你还有很大的进步空间"这类激励的话。在他们学习的过程中,严厉是我给他们的印象,害怕接我电话是我给他们的"阴影"。其实,他们都是很自觉、很努力、很上进的学生,为此在他们毕业之后,我也常常自责。不过在这里我还是要对这篇以博士论文为基础的书稿赞赏两点。

一是本书的分析视角值得肯定。他以存在论与规范论的哲学视角对正犯实质化现象展开分析,正如他自己在《前言》中总结的,这种分析视角不仅可以克服传统研究不注意区分事实与价值甚至将事实与价值相混淆而造成的各种弊端,而且可以为清楚地认识正犯实质化现象提供更具有深度的理论解读和更具有新意的思考框架。我读了他的书稿,的确有一种使争论问题明确化、复杂问题简单化的感觉。我想这种方法论的贡献可能是解决"黑暗之章"的"一剂良药"。

二是本书提出的观点具有新意。例如,他指出,正犯是基本构成要件符合性的问题。间接正犯和共同正犯的"间接""共同"只是从存在论角度描述了实现犯罪的不同形式，在本质上与单独直接正犯一样，其成立标准均为基本构成要件符合性。他认为，实质化正犯的认定之所以难或者存在分歧，在于基本构成要件符合性的判断需要更加实质化的评价，具体而言，就是能否将存在论意义上的他人行为在规范论意义上视为自己亲自、直接实行的行为。以此为思考框架，他归纳出了正犯实质化的等价性原则，并极力主张通过等价性原则来限制正犯实质化的范围。事实上，也正是因为学者对这个等价标准的认识和选择不同而导致了学界对正犯的范围存在不同的观点。他强调既不能回到完全形式化的限制正犯概念（只有行为人在存在论意义上亲自直接实施某罪全部构成要件方能视为正犯），也不能走向极端的单一正犯概念（只要行为人与不法构成要件的实现具有可归责的因果关系即可视为正犯），而应坚持实质化的限制正犯概念，即只要在规范论意义上单个行为人支配了不法构成要件的实现即可认定为正犯。书中还有不少值得关注的、有价值的观点，限于篇幅有限，不一一展开，留待读者发现和讨论。

应该说，世龙的博士论文对于正犯理论作了很好的研究。他对我的个性是了解的，所以我还是愿意从另外一个方面提出我对他的期望。显然，由于时间限制，书稿中有些问题展开不够，加之他本人身在"象牙塔"，对司法实践还缺乏充分的关注，所以，实践性略有不足。此外，今天的立法表明，正犯的实质化并不限于共同犯罪的场合，还包括预备行为的正犯化、帮助行为的正犯化等问题，可惜书稿对此并未涉足。或许还有其他一些问题也在正犯化的范畴之内。我希望罗世龙博士能进一步关注并经营好这个领域的研究，不断深入对正犯问题的研究。

我满怀欣喜地期待他能有更好的成果奉献给关心过他、帮助过他的学界前辈和法学同人，特为之序。

童德华
2021 年 8 月 9 日于文澴楼

摘　　要

　　正犯实质化，是指从存在论角度看，行为人没有亲自实行刑法分则规定某罪的全部构成要件行为，但是经过实质化、规范化的评价后，可以视为行为人亲自实行了刑法分则规定某罪的全部构成要件行为。正犯实质化的出现具有深厚的理论基础。首先，正犯实质化的出现与实质主义法运动的兴起、事实与价值辩证关系的发展以及人类认知模式的转变等重大法哲学命题密切相关。其次，人类朴素法感情的正义表达、刑事政策的现实性要求和社会结构的分工合作化是正犯实质化出现的社会学基础。最后，构成要件的实质解释、定罪量刑的必然要求和正犯的独特评价功能是正犯实质化的教义学基础。

　　诚然，正犯实质化有充足的正当性根据，但是，这并不意味着一切正犯实质化的做法都是合理的。正犯实质化的标准与限度尤为重要。我们在实现正犯实质化时应遵循合法性原则、等价性原则和类型化原则，尤其要坚持等价性原则，将其限制在合理的范围内。既不能回到形式化的限制正犯概念，认为只有行为人在存在论意义上亲自直接实施某罪全部的构成要件行为方能视为正犯，也不能走向极端的单一正犯概念，认为只要行为人与不法构成要件的实现具有可归责的因果关系即可视为正犯，而应坚持实质化的限制正犯概念，即只有行为人在规范论意义上支配了不法构成要件的实现才能认定为正犯。

　　间接正犯和共同正犯是正犯实质化的两种基本类型。"间接"

"共同"只是从存在论角度描述了实现犯罪的不同形式，在规范论意义上它们具有相同的本质，即均为符合基本构成要件的正犯。在间接实行的情形中，只要有足够的事实支撑评价主体得出行为人利用工具或者说通过支配他人实现了犯罪，即可从实质上视为符合基本构成要件。换言之，在规范论意义上，若能将被利用者的行为等价于幕后者亲自实行则可认定为间接正犯。被利用人具有意志自由、故意、期待可能性，以及被利用人是正犯或应负刑事责任等客观事实，并不能当然地否定幕后者为间接正犯。

在共同实行的情形中，只要有足够的事实支撑评价主体得出单个行为人支配了不法构成要件实现，即可判定为符合基本构成要件。进言之，在规范论意义上，若能将共同实行人的行为等价于自己亲自实行则可认定为共同正犯。在主观方面，行为人必须具有犯意的联系，方能奠定相互归属的效果；过失这一主观犯意也能满足机能行为支配的心理条件。在客观方面，只要共谋者在犯罪实行阶段实施了与犯罪有关的客观行为即可认定为共同正犯，或者虽然共谋者在犯罪实行阶段没有实施任何行为但其为犯罪集团或者犯罪组织的大人物，则也可以认定为共同正犯。倘若共谋者只是一般共同犯罪中的策划者、积极准备者，则不宜认定为共同正犯。

关键词：正犯实质化；存在论；规范论；间接正犯；共同正犯

Abstract

Substantive Principal Offender means that an actor can be regarded as a principal offender after a substantive and standardized evaluation even if he didn't carry out all the constitutive elements of a crime stipulated in the specific provisions of criminal law in person from the view of ontology. The emergence of Substantive Principal Offender has a profound theoretical basis. First of all, it is closely related to major issues in the philosophy of law, including the rise of the Substantive Law Movement, the development of the dialectical relationship between fact and value, and the transformation of human cognitive models. Secondly, its sociological basis lies in the just expression of human's naive feelings toward laws, the realistic requirements of criminal policies, and the labor division and cooperation in social structures. Finally, the essential interpretation of the constitutive elements, the inevitable requirements of conviction and sentencing, and the unique evaluation function of the principal offender offer the dogmatic basis for Substantive Principal Offender.

It is true that there is sufficient legitimate basis for Substantive Principal Offender, but this does not mean that all practices of Substantive Principal Offender are reasonable. The criteria and limits for Substantive Principal Offender are particularly important. We should follow the principles of legality, equivalence and categorization in identifying Substantive Principal Offender, prioritizing the principle of equivalence to limit it to a reasonable range. We cannot return to the formal conception of restricted principal offenders, holding that only the actor directly implementing all the constitutive elements of a crime in the ontological sense can be regarded as principal offenders; nor can we go to the other extreme, the conception of unitary principal offenders, holding that an actor can be considered as a principal offender when there is imputable causality between the actor and the realization of the constitutive elements of a crime. Instead, we shall observe the concept of substantive limited actor, that is, only an actor dominates the realization of the illegal constitutive elements in the normative sense can be regarded as a principal offender.

Indirect principal offender and joint principal offender, two basic types of Substantive Principal Offender, describe different ways of committing crimes from the ontological point of view, but with the same essence in the normative sense, that is, they are both principal offenders meeting the basic constitutive elements. In the case of indirect execution, as long as there are enough facts to support the evaluation subject to conclude that the actor has used tools or committed the crime by domination of others, it can be regarded as conforming to the basic constitutive elements in substance. In other words, in the normative sense, a dominant can be identified as an indirect principal if the behavior of the utilized can be equivalent to the dominant's personal implementation. The objective facts that the utilized has freedom of will, intention and expectation, or he is the principal offender or should be held criminally responsible, cannot necessarily deny that the dominant is an indirect principal offender.

In joint act of perpetrating, as long as there are enough facts to support the evaluation subject to conclude that a single actor dominates the realization of the illegal constitutive elements, it can be judged that the actor has the basic constitutive elements. In other words, in the normative sense, if the actions of a joint actor can be equivalent to the actions of the principal offender himself, the joint actor can be regarded as a joint principal offender. Subjectively, acts of joints actors can only be imputed to each other given they have the connection of criminal intention, negating the concept of one-side joint principal offender. Negligence can also be identified as a normative connection of criminal intention, affirming the concept of negligent joint principal offender. Objectively, as long as the co-conspirator has committed an objective act related to the crime during the criminal execution stage, he can be regarded as a joint principal, or although the co-conspirator has not committed any acts during the criminal execution stage, he can also be considered as a joint principal offender if he is a major figure in a criminal group or a criminal organization. If a conspirator only plans or actively hatchers in general joint crimes, he shall not be regarded as a joint principal offender.

Key Words: Substantial Perpetrators; Ontology; Normative Theory; Indirect Perpetrator; Co-perpetrator

目 录

前 言 ……………………………………………………………（1）
  一　正犯实质化研究的缘起与意义 …………………………（1）
  二　正犯实质化研究的本质与思路 …………………………（7）
  三　正犯实质化研究的创新与不足 …………………………（8）

第一章　正犯实质化的界定及问题导入 ………………………（10）
  第一节　正犯实质化的基本内涵 ……………………………（10）
    一　正犯的定义 ………………………………………（10）
    二　正犯实质化的概念 ………………………………（25）
  第二节　正犯实质化的主要体现 ……………………………（32）
    一　形式维度：构成要件实施方式的变化 …………（32）
    二　实质维度：正犯成立标准的功能化演变 ………（34）
  第三节　正犯实质化需要研究的问题 ………………………（44）
    一　正犯实质化的规范界定问题 ……………………（47）
    二　正犯实质化的正当性根据问题 …………………（49）
    三　正犯实质化的标准与限度问题 …………………（54）

第二章　正犯实质化之肯定的理论基础 ………………………（57）
  第一节　正犯实质化的法哲学基础 …………………………（57）
    一　实质主义法运动的兴起与影响 …………………（57）
    二　事实与价值的相对区分与融合 …………………（67）

  三　人类认知模式的范式转变……………………（73）
 第二节　正犯实质化的社会性基础……………………（77）
  一　朴素法感情的正义表达……………………（77）
  二　刑事政策的现实性要求……………………（80）
  三　社会结构的分工合作化……………………（84）
 第三节　正犯实质化的教义学基础……………………（86）
  一　刑法中规范论的重视………………………（86）
  二　构成要件的实质解释………………………（93）
  三　正犯的独特评价功能………………………（100）
  四　定罪量刑的必然结果………………………（102）

第三章　正犯实质化之实现的基本原则……………………（108）
 第一节　正犯实质化之合法性原则……………………（108）
  一　合法性原则的释义…………………………（108）
  二　合法性原则于正犯实质化的意义…………（111）
  三　正犯实质化中合法性原则的贯彻…………（113）
 第二节　正犯实质化之等价性原则……………………（119）
  一　等价性原则的界定…………………………（119）
  二　等价性原则于正犯实质化的意义…………（122）
  三　正犯实质化中等价性的具体判断…………（125）
 第三节　正犯实质化之类型化原则……………………（144）
  一　正犯实质化导入类型化原则的知识背景…（144）
  二　正犯实质化贯彻类型化原则的重大意义…（153）
  三　正犯实质化运用类型化原则的具体思路…（158）

第四章　正犯实质化之间接正犯的展开……………………（161）
 第一节　间接正犯判断标准的确立……………………（162）
  一　间接正犯判断标准的学说及其评析………（162）
  二　间接正犯判断标准的选择及其适用………（178）

第二节　间接正犯基本类型的把握 …………………………（182）
　　　　一　通过强制实现的意思支配 ………………………………（183）
　　　　二　通过错误达成的意思支配 ………………………………（185）
　　　　三　通过组织产生的意思支配 ………………………………（189）
　　第三节　间接正犯化实行着手的认定 ……………………………（197）
　　　　一　当前间接正犯实行着手的学说及其焦点 ………………（198）
　　　　二　间接正犯实行着手认定的思路及其标准 ………………（203）

第五章　正犯实质化之共同正犯的展开 ………………………（220）
　　第一节　"部分实行，全部责任"的实质根据 …………………（222）
　　　　一　"部分实行，全部责任"实质根据的梳理 ………………（224）
　　　　二　"部分实行，全部责任"的实质根据反思 ………………（234）
　　　　三　"部分实行，全部责任"的实质根据选择 ………………（244）
　　第二节　共同实行正犯化的主观要件 ……………………………（249）
　　　　一　单方面的犯意联络之探讨：以片面共同正犯为例 …（250）
　　　　二　非共同的故意实行之探讨：以过失共同正犯为例 …（273）
　　第三节　共同实行正犯化的客观要件 ……………………………（292）
　　　　一　共谋且在实行阶段实施非构成要件行为的探讨 ……（293）
　　　　二　共谋且未在犯罪实行阶段实施任何行为的探讨 ……（298）

参考文献 ……………………………………………………………（312）

索　引 ………………………………………………………………（329）

后　记 ………………………………………………………………（335）

Contents

Foreword ··· (1)
   1. The Origin and Significance of the Study of Substantive
      Principal Offender ·· (1)
   2. The Essence and Thinking of the Study of Substantive
      Principal Offender ·· (7)
   3. Innovations and Limitations in the Study of Substantive
      Principal Offender ·· (8)

**Chapter 1 Definition of Substantive Principal Offender and
               Current Problem** ·· (10)
  1.1 The Basic Connotation of Substantive Principal
       Offender ··· (10)
    1.1.1 Definition of Principal Offender ···················· (10)
    1.1.2 The Concept of Substantive Principal Offender ······ (25)
  1.2 The Main Embodiment of Substantive Principal
       Offender ··· (32)
    1.2.1 Formal Dimension: Changes in the Implementation
           of Constitutive Elements ······························ (32)
    1.2.2 Substantive Dimension: the Functional Evolution
           of the Standard for Principal Offender ············· (34)

1.3　Issues Concerning Substantive Principal Offender to be Studied ……………………………………………………………（44）
　1.3.1　Definition of the Norms of Substantive Principal Offender ……………………………………………………（47）
　1.3.2　Legitimate Basis for Substantive Principal Offender ……………………………………………………（49）
　1.3.3　The Standard and Limit of Substantive Principal Offender ……………………………………………………（54）

Chapter 2　Theoretical Basis for the Affirmation of Substantive Principal Offender ………………………（57）
　2.1　Legal Philosophy Basis for Substantive Principal Offender ……………………………………………………（57）
　　2.1.1　The Rise and Influence of the Substantive Law Movement ……………………………………………………（57）
　　2.1.2　The Relative Distinction and Integration between Fact and Value …………………………………………（67）
　　2.1.3　Paradigm Shift of Human Cognitive Model …………（73）
　2.2　Social Basis for Substantive Principal Offender …………（77）
　　2.2.1　The Just Expression of Naive Feelings ………………（77）
　　2.2.2　Realistic Requirements of Criminal Policies …………（80）
　　2.2.3　The Labor Division and Cooperation in the Social Structure ……………………………………………………（84）
　2.3　Dogmatic Basis for Substantive Principal Offender …………（86）
　　2.3.1　Emphasis on Normative Theory in Criminal Law ……（86）
　　2.3.2　Substantive Interpretation of the Constitutive Elements ……………………………………………………（93）
　　2.3.3　The Unique Evaluation Function of the Principal Offender ……………………………………………………（100）

2.3.4　The Inevitable Results of Conviction and
　　　　Sentencing ………………………………………… (102)

Chapter 3　Basic Principles for Substantive Principal
　　　　　　Offender ………………………………………… (108)
3.1　The Principle of Legality ………………………………… (108)
　3.1.1　Interpretation of the Principle of Legality ………… (108)
　3.1.2　The Significance of the Principle of Legality ……… (111)
　3.1.3　Implementation of the Principle of Legality ……… (113)
3.2　The Principle of Equivalence ……………………………… (119)
　3.2.1　Definition of the Principle of Equivalence ………… (119)
　3.2.2　The Significance of the Principle of Equivalence … (122)
　3.2.3　Specific Judgments of the Principle of
　　　　　Equivalence …………………………………………… (125)
3.3　The Principle of Categorization …………………………… (144)
　3.3.1　The Knowledge Background of the Principle of
　　　　　Categorization ………………………………………… (144)
　3.3.2　The Significance of the Principle of
　　　　　Categorization ………………………………………… (153)
　3.3.3　The Concrete Ways of Using the Principle of
　　　　　Categorization ………………………………………… (158)

Chapter 4　Indirect Principal Offender ……………………… (161)
4.1　Establishment of Judging Standards for Indirect Principal
　　　Offender ……………………………………………………… (162)
　4.1.1　Theories and Analysis on Standards for Indirect
　　　　　Principal Offender …………………………………… (162)
　4.1.2　The Selection and Application of the Judgement
　　　　　Standards for Indirect Principal Offender ………… (178)

4.2　Basic Types of Indirect Principal Offender ⋯⋯⋯⋯⋯⋯ (182)
　　4.2.1　Domination of Meaning through Coercion ⋯⋯⋯⋯ (183)
　　4.2.2　Domination of Meaning Reached by Mistake ⋯⋯⋯ (185)
　　4.2.3　Domination of Meaning through Organization ⋯⋯⋯ (189)
4.3　Determination of Action Commencement of Indirect
　　　Principal Offender ⋯⋯⋯⋯⋯⋯⋯⋯⋯⋯⋯⋯⋯⋯⋯⋯ (197)
　　4.3.1　Current Theories and Focuses of Indirect Principal
　　　　　Offender ⋯⋯⋯⋯⋯⋯⋯⋯⋯⋯⋯⋯⋯⋯⋯⋯⋯⋯ (198)
　　4.3.2　Ways and Standards for Determination of Action
　　　　　Commencement of Indirect Principal Offender ⋯⋯ (203)

Chapter 5　Joint Principal Offender ⋯⋯⋯⋯⋯⋯⋯⋯⋯⋯ (220)
5.1　The Substantive Basis of "Partial Implementation,
　　　Full Responsibility" ⋯⋯⋯⋯⋯⋯⋯⋯⋯⋯⋯⋯⋯⋯⋯ (222)
　　5.1.1　Sorting out the Substantive Basis of "Partial
　　　　　Implementation, Full Responsibility" ⋯⋯⋯⋯⋯⋯ (224)
　　5.1.2　Reflection on the Substantive Basis of "Partial
　　　　　Implementation, Full Responsibility" ⋯⋯⋯⋯⋯⋯ (234)
　　5.1.3　Selection of the Substantive Basis of "Partial
　　　　　Implementation, Full Responsibility" ⋯⋯⋯⋯⋯⋯ (244)
5.2　Subjective Elements for Identifying the Principal
　　　Offender in Joint Act ⋯⋯⋯⋯⋯⋯⋯⋯⋯⋯⋯⋯⋯⋯⋯ (249)
　　5.2.1　Discussion on Unilateral Contact of Criminal
　　　　　Intentions: A Case Study of One-side Joint
　　　　　Principal Offender ⋯⋯⋯⋯⋯⋯⋯⋯⋯⋯⋯⋯⋯ (250)
　　5.2.2　Discussion on the Intentional Execution of
　　　　　Non-Joint Act: A Case Study of Negligent
　　　　　Joint Principal Offender ⋯⋯⋯⋯⋯⋯⋯⋯⋯⋯⋯ (273)

5.3 Objective Elements for Identifying the Principal
    Offender in Joint Act .... (292)
  5.3.1 Discussion on Conspiracy with Non-constitutive
        Acts in the Practice Stage of Crime .... (293)
  5.3.2 Discussion on Conspiracy Without any Acts in the
        Practice Stage of Crime .... (298)

References .... (312)

Index .... (329)

Postscript .... (335)

前　言

一　正犯实质化研究的缘起与意义

随着近年来德日刑法资源被广泛地传入我国，学界对共同犯罪理论的研究也可谓达到了一个炙热化的阶段。在此背景下笔者有意识地将博士毕业论文选题确定在共同犯罪领域。为在共同犯罪领域中开发一个有价值的论题，笔者遍览了大量有关共同犯罪研究的文献资料。从研究的热点内容来看，至少包括以下几方面的主题：

其一，单一正犯体系与区分体系的归属之争。世界各国在处理共同犯罪问题时主要有两种模式：一种是正犯与共犯（帮助犯、教唆犯）区分体系，其对两种犯罪参与者规定了不同的刑罚，采取该模式立法的国家有德国、日本和法国；另一种是不区分正犯与共犯的单一正犯体系，其将全体参与者均视为正犯，但在量刑时各参与者受到的处罚有所不同（形式的单一正犯体系），或者虽区分正犯的类型，但各正犯在实现不法构成要件的价值上仍然相同，而且一般而言，各参与者都受同等处罚（功能性单一正犯体系），采取该模式立法的国家有意大利和奥地利、丹麦、挪威。以前在我国一直是在区分制的话语下讨论共同犯罪的问题，单一正犯体系很少受到重视。但是近年来已有不少学者开始明确主张我国共同犯罪立法属于单一正犯体系。例如，刘明祥教授、阮齐林教授、江溯副教授、张伟副教授等学者就持此观点。可以说，单一正犯体系和正犯与共犯区分体系的较量，正在中国如火如荼地展开。

其二，区分体系下正犯与共犯区分标准之争。在正犯与共犯区分体系内部，我国学者就如何区分正犯与共犯的问题产生了巨大争议。主要分为两大阵营：一大阵营坚守形式客观说或者说规范的实行行为说。持该说的学者主张定罪与量刑的标准应分开，定罪以构成要件行为为中心，量刑以作用大小为标准。这也就是我国学者提倡的双层区分制的共同犯罪理论体系。这种观点具有一定的中国特色，因此在我国有较大的影响力。例如陈家林教授、钱叶六教授等一大批学者都支持此种观点。另外一大阵营采取犯罪支配说或者重要作用说。持该说的学者主张对于正犯的认定应该以行为人是否对不法构成要件的实现起到支配作用或重要作用为标准。在此种观点下，正犯往往也是主犯，主犯通常也为正犯。持该学说的学者有张明楷教授、刘艳红教授等。这两大阵营各执一词，互不妥协，形成了对垒之势。

其三，新型正犯类型肯定论与否定论之争。近年来我国学者对所谓正犯背后的正犯、共谋共同正犯、过失共同正犯、承继共同正犯等比较特殊的正犯类型展开了中国化的讨论。当然，这些特殊类型的讨论在本质上是第一个争论和第二个争论的延续和具体化。在我国，无论是理论界还是司法实务界，既有赞成这些特殊情形成立正犯的，也有明确否定这些特殊情形成立正犯的；既有从单一正犯体系视角展开论述的，也有从正犯与共犯区分体系内部展开论述的。双方针锋相对，成为共同犯罪研究中新的争论点。

其四，主犯与正犯、共犯的关系之争。正犯与主犯、共犯与主犯究竟为何种关系，可以说是我国共同犯罪研究中比较有特色的一个问题，因为我国的共同犯罪立法不同于德日等国家的立法，明确规定了主犯和从犯。不过，这一问题的争论从根本上看也是第一个争论和第二个争论的进一步延续和具体化。当前，我国有学者明确反对主犯正犯化的倾向，即认为主犯概念与正犯概念的功能应该区分开来，并认为共犯也可以是主犯；也有学者赞成主犯正犯化的观点，即认为作用大的主犯在理论上来说首先应该是正犯。针对主犯正犯化的观点，有的学者从单一正犯体系视角展开批评，有的学者从正犯与共犯区分体系的内部展开批评，而支持的学者则统一从正犯与共犯区分体系内部进行反驳。双方针尖对麦芒，上升为共同犯罪理论中国化与德日化之争。

笔者在仔细研读这些争论焦点与理由后，发现它们似乎都不约而同地指向了同一个论题，即如何对待正犯实质化的问题。单一正犯体系和正犯与共犯区分体系之争的核心分歧之处，从表面上看是对正犯的具体标准持有不同看法，实则是对将他人行为视为如同自己亲自实行的规范标准持有不同的观点。这种将非亲自直接实行的情形作为正犯处理的现象，实际上就是正犯实质化。单一正犯体系认为只要具有因果关系即可实现正犯实质化，而正犯与共犯区分体系却主张以主观说、形式客观说、实质客观说等其他标准来实现正犯实质化。单一正犯体系和正犯与共犯区分体系之争所引发的诸如是否违背罪刑法定原则，是否导致正犯与共犯区分困难，是否彼此走向融合等问题，无不与正犯实质化这一本质问题相关。

正犯与共犯区分体系下形成的规范实行行为说与犯罪支配说（或重要作用说）之间的对立，则体现为在正犯与共犯区分体系内部大家对正犯实质化的不同态度。在本质上，规范实行行为说和犯罪支配说（或重要作用说）都主张对构成要件作规范性理解，也即赞成正犯不必亲自直接实行刑法分则规定某罪的全部构成要件行为。但是，对应该规范理解到什么程度以及规范理解的标准是什么，双方产生了分歧。事实上，不同认定标准所产生的是否违背构成要件的明确性，是否走向了单一正犯体系，是否导致正犯与共犯的区分困难，是否导致主犯与正犯的同一化，是否违背了我国共同犯罪的立法规定等问题，在本质上同样是如何看待正犯实质化的问题。

从根本上说，正犯与共犯区分制下的新型正犯情形是否成立的问题以及主犯与正犯、共犯的关系问题，也是正犯实质化的标准与限度问题。比如，所谓片面的共同正犯的情形，无非就是讨论行为人需要在主观上具备什么样的事实条件，才能从规范评价上将他人实施的行为也视为自己亲自直接实施的行为。所谓共谋共同正犯的情形，无外乎是讨论共谋情形下行为人在预备阶段实施的行为或者在犯罪实施阶段实施的构成要件以外的行为能否在规范论意义上实质评价为实施了某罪的全部构成要件行为。主犯与正犯、共犯的关系更是源于大家对正犯实质化所采取的不同态度，才得出了不同的结论。例如，坚持规范实行行为说的学者往往赞成主犯也可能是共犯，而坚持犯罪支配说的学者一般认为主犯只可能是正犯。这源于双方对正犯实质化的标准与限度采取了不同的立场。

由此可见，如果解决了正犯实质化的问题，共同犯罪中的很多争议问题似乎就会迎刃而解，至少可以澄清很多问题的实质，减少对立的程度。在这一启发下，笔者继续对我国司法实践中如何认定共同犯罪的问题进行了关注。通过阅读我国有关共同犯罪的刑事裁判书，可以发现在大多数情况下，我国并没有像德日等国家那样就行为人是否构成正犯（或共犯），构成什么样的正犯（或共犯），以及为什么构成正犯（或共犯）等问题作出一个详细的交代，而是直接肯定行为人构成共同犯罪，然后通过主犯与从犯的认定，完成定罪量刑的工作。

我国司法实践中的这种认定模式，基本回避了对定罪的说理部分，也即对行为人之行为为什么能够符合刑法分则规定之基本构成要件的问题缺乏交代。比如，行为人只实施帮助行为或者教唆行为，是否直接符合了刑法分则规定的构成要件罪名呢？随着保障人权写入我国宪法，依法治国的全面推进，刑事裁判文书的说理必定将进一步得到重视。在此背景下，共同犯罪中行为人的定罪说理当居首位。而要完成这一任务，则重点又是对正犯实质化的说理。因为，亲自直接实行刑法分则规定某罪全部构成要件行为的情形，基本不会存在认定和说理的困难。难点在于，当行为人没有亲自直接实行刑法分则规定某罪的全部构成要件行为时，能否将其认定为符合刑法分则规定的正犯。而这就涉及大家对正犯实质化采取什么样的态度和标准。

值得注意的是，现在的刑事司法裁判文书中，已经开始出现

"间接正犯""共同正犯""共谋共同正犯"的字样和理论。也就是说司法实务人员已经开始直接处理不同类型的正犯，而这些正犯在本质上都是一种实质化的正犯。因此，司法人员处理共同犯罪的问题时，重点工作也在于如何对待正犯实质化的问题。

正是在这样的背景下，本书试图对正犯实质化问题展开系统研究。然而，共同犯罪一直以来被视为刑法领域中的"黑暗之章""绝望之章"。不仅理论学说纷繁复杂，而且理论叙事错综繁乱。对此，刑法专业人士也不免有理解困难之感。与学界研究形成鲜明对比的是，我国司法实践中对共同犯罪的认定似乎并没有那么复杂。如上所述，我国司法人员往往通过直接判定行为人是否构成共同犯罪，然后根据主从犯的认定，完成多人参与犯罪现象中行为人的定罪量刑任务。在此意义上，共同犯罪理论的研究似乎表现为学者的自娱自乐，对司法实践影响甚微。这是否意味着正犯实质化的研究也毫无意义？笔者并不这么认为。我国共同犯罪的理论研究之繁杂，司法实践认定之粗糙，恰好映射出我国共同犯罪理论与实践还存在很多问题。事实上，共同犯罪与单独直接犯罪的形态一样，首先是定罪问题。而定罪首先就需要筛选出哪些行为符合基本构成要件。对于这一问题的解决，如上文所言，难点在于正确处理正犯实质化的问题。而且，在研读相关研究成果时，笔者发现很多理论所采取的叙述视角与论证逻辑存在问题。而这种混乱的局面，与没有认清正犯实质化的本质有关，与缺乏存在论与规范论的分析视角有关。

笔者认为，正犯实质化的研究具有重大的理论价值和实践意义。其中，理论价值主要体现在以下几个方面。

第一，从宏观层面而言，可以凸显规范评价以及存在论与规范论的分析视角在刑法中的重要地位和作用，并为刑法中如何处理事实与价值的关系增添理论资源和有益素材。正如周光权教授所言，任何法律规范都蕴含着价值判断的需求；但是，在刑法中如何合理地把握价值判断的限度，如何在事实判断之外肯定价值判断，以及承认价值判断会对我国刑法学的现代转型产生何种影响等问题，都是尚未充分展开但不可不深究的重大理论命题。正犯实质化研究，正是对那些在存在论意义上没有亲自实行构成要件行为却最终被规范化地认定为正犯的情形展开讨论。这对于思考刑法学中价值判断的地位、标准和限度，无疑具有重要的理论意义。另外，共同犯罪理论之所以被称为"黑暗之章"，很大一部分原因在于论者缺乏存在论与规范论的分析视角。本书采用存在论与规范论的分析视角对正犯实质化展开研究，将对共同犯罪乃至刑法中很多其他问题的阐明具有重大的指导意义。

第二，从中观层面而言，可以深化对间接正犯、共同正犯本质的认识，拓宽基本构成要件理论研究的视野，提供共同犯罪理论研究的新框架。间接正犯和共同正犯是正犯实质化的两种基本类型。所谓"间接""共同"只是从存在论意义上描述了行为人实现犯罪的形式，在本质上均是符合基本构成要件的正犯。认识到这一本质，就会使共同犯罪的定罪问题回归到构成要件符合性的认定之上，这有助于揭开间接正犯和共同正犯"神秘的面纱"，从而正确认识间接正犯和共同正犯。构成要件一般被赋予形式化、类型化的形象，似乎构成要件符合性的判断比较简单。然而通过正犯实质化的研究，构成要件符合性的判断至少在共同犯罪中并非易事，其需要规范化的理解、实质化的判断。本书就如何规范理解和实质判断构成要件符合性的主题，既展开了一般性理论的研究，也进行了具体化的理论研究。这在一定程度上深化了构成要件符合性理论的内容。

第三，从微观层面而言，可以补充和完善正犯实质化的正当性根据理论，填补正犯实质化一般原则的空白，提供正犯实质化具体认定的分析样本，将正犯理论研究推入一个值得期待的新高度。这也意味着本书对正犯实质化所对应的相关问题贡献了智力资源。例如，我国究竟应该选择单一正犯体系还是正犯与共犯相区分的体系？究竟应该选择规范实行行为说还是犯罪支配说或重要作用说作为正犯标准？究竟应该支持主犯正犯化还是反对主犯正犯化？选择犯罪支配说会不会导致构成要件失去明确性，是否会产生正犯与共犯区分困难,是否会走向单一正犯体系,是否会违背我国共同犯罪的立法规定?

实践意义主要体现在以下三个方面。

其一,通过研究正犯实质化的正当性理论,为司法实践接受和运用间接正犯和共同正犯等实质化正犯提供充分的依据。任何一种实践,任何一项制度,须有充分的理论根据,否则就会失去正当性。普遍存在并不意味着一定合理,更不意味着无须说理。本书系统深入地探讨正犯实质化的理论根据,可以为法治国家的司法实践提供理论注脚。

其二,通过研究正犯实质化的标准的一般性理论,为司法实践选择认定实质化的正犯提供方法论的指导。在什么样的情况下才可以将他人实行的行为等同于自己亲自实行,这需要寻找一个具有社会相当性的价值标准。例如是否所有间接实行或者共同实行的情形都能在规范论意义上解释为把他人当作犯罪工具或者支配不法构成要件的实现呢?这就需要清楚价值判断的标准和基本原则。本书对这一问题的回答,可以为司法机关提供方法论的指导。

其三,通过研究实质正犯的具体类型,为司法实践认定间接正犯和共同正犯提供具体的参考,尤其是对特殊类型的间接正犯和共同正犯的认定具有指导作用。间接正犯和共同正犯法律概念的构建其实都是为了解决定罪问题,即解决基本构成要件符合性的认定问题。因此,正犯实质化标准与限度的具体研究,有利于司法实务人员在处理共同犯罪案件时准确定罪和合理量刑。

二 正犯实质化研究的本质与思路

正犯实质化研究,从法哲学层面或者说方法论层面而言,实质上是一个如何在刑法中处理存在论与规范论的问题。例如,为什么即使行为人没有在存在论意义上亲自直接实行刑法分则规定某罪的全部构成要件行为也需作为正犯处理;为什么即使被利用人具有生命灵魂、意志自由、故意等也能够被评价为工具;为什么欠缺在存在论意义上的全部构成要件行为也能认定为满足基本构成要件，等等。这无不彰显了存在论与规范论的问题。当然，这是笔者对本书所作的一种以小见大的升华总结。

从法教义学层面而言，正犯实质化研究，实质上是一个共同犯罪中基本构成要件符合性的判断问题。法教义学在共同犯罪中构建的间接正犯、共同正犯的法律概念，在本质上都是服务于基本构成要件符合性的判断。学界的诸多分歧，实质也就在于大家对共同犯罪中基本构成要件符合性的判断持有不同的价值立场、不同的认定标准、不同的解释限度。归根结底，这些重要争议是构成要件符合性之规范化、实质化的判断问题。更加具体地说，本书主要是研究"将他人行为等价于自己亲自实行"的理论基础、基本原则、规范标准和具体条件等。他人实施的行为如果能够等价于自己亲自实行，那么就意味着此人在规范论意义上单独实施了完整的构成要件行为，因此符合基本构成要件，即为正犯。间接正犯和共同正犯是否能够成立的问题，关键在于能否得出"将他人行为等价于自己亲自实行"的结论。

本书展开论述的大致逻辑结构是，提出问题—分析问题—解决问题。具体而言，本书首先提出了要不要正犯实质化，以及如果赞成正犯实质化，那么应该如何合理地实现正犯实质化的问题，然后依次分析和解决这两个层层递进的问题。本书篇章布局的主要结构是总—分结合模式。具体而言，首先对正犯实质化的一般性理论展开研究（正当性根据和基本原则），其次对具体的实质化正犯的合理标准与限度等问题展开讨论（间接实行情形和共同实行情形的正犯化问题）。

三 正犯实质化研究的创新与不足

本书存在的创新之处如下：

一是选题的创新。本书将正犯实质化作为研究对象，避免了传统研究陷于理论学说的具体论断和个别范畴之中的局限性，跳出了当前研究所设定的框架，抓住了理论争议所指向的普遍性、实质性问题。刑法中犯罪参与体系之争、正犯与共犯区分标准之争、间接正犯和共同正犯的成立范围之争、正犯与主犯关系之争等重大理论命题在很大程度上都可以归结为正犯实质化的问题。从法哲学和方法论层面而言，它是一个在刑法中如何处理事实命题与价值命题的问题。从法教义学层面而言，它是有关基本构成要件符合性的规范性判断问题。由此可见，这一选题具有重大、独特的意义。

二是分析视角的创新。本书以存在论与规范论的（法）哲学视角对正犯实质化现象展开分析，不仅克服了传统研究不注意区分事实与价值甚至将事实与价值相混淆而造成的各种弊端，而且为清楚认识正犯实质化现象提供了更具有深度的理论解读和更具有新意的思考框架。全书对正犯实质化基础问题的分析以及对学界相关争议的反思足以证明这一分析视角可以带来与众不同的效果。

三是具体观点的创新。本书不仅厘清了长期以来学界存在的一些误解与争议，而且对一些问题提出了具有新意的看法。这从本书对正犯实质化的概念、正当性根据、一般原则、规范标准和具体认定的论述中都有所体现。例如：正犯实质化是一个有关存在论与规范论的问题；正犯实质化首先不是量刑的逼迫而是定罪（规范解释构成要件）的需要；定罪无须分工，分工只是定罪的附带结果；正犯实质化应坚持等价性原则，提倡实质化的限制正犯概念；共同正犯与单独直接正犯在本质上一致，其成立标准都是基本构成要件符合性，其性质不能认为有共犯性，等等。

本书存在的不足之处：

其一，外文一手文献资料较少。由于笔者不懂德文、日文等语言，因此不得不依赖大量中国学者翻译的相关著作。其二，寻找到的中国司法案例素材偏少，实践价值有待进一步凸显。

第 一 章

正犯实质化的界定及问题导入

第一节 正犯实质化的基本内涵

一 正犯的定义

（一）域外的正犯概念

德国、日本、韩国、俄罗斯以及我国台湾地区的刑法典都出现了正犯一词。例如，《德国刑法典》第25条规定："自己实行犯罪行为，或利用他人实行犯罪行为者，皆为正犯；数人共同实行犯罪行为者，均依正犯论处（共同正犯）。"[1]《日本刑法典》第60条规定："二人以上共同实行犯罪者，皆为正犯者（共同正犯）。"[2]《韩国刑法典》第30条规定："二人以上共同实行犯罪时，各自按其罪的正犯进行处罚"；第34条规定："对于因某种行为不受处罚者或者作为过失犯处罚者，予以教唆或帮助而使其犯罪行为发生结果的，依照教唆犯或者帮助犯处罚（注：与一般的教唆犯或者帮助犯不一样，

---

[1] 《德国刑法典》，王士帆、王玉全、王效文等译，台湾：元照出版公司2017年版，第21页。

[2] 《日本刑法典》，陈子平、谢煜伟、黄士轩等译，台湾：元照出版公司2016年版，第53页。

在这里其实就是间接正犯)"。① 我国台湾地区的《刑法》第 28 条规定："二人以上共同实行犯罪之行为者，皆为正犯。"

当然，还有国家的立法出现了"实行犯"一词。例如，《俄罗斯联邦刑法典》第 33 条第 2 款规定："直接实行犯罪或者直接与其他人（共犯）共同实行犯罪的人，以及利用因年龄、无刑事责任能力或本法典规定的其他情况而不负刑事责任的人实行犯罪的，都是实行犯。"②

上述立法，都规定了共同正犯，而且表述基本一致，即数人（或两人以上）共同实行犯罪（者）。有部分国家还规定了单独正犯，包括直接正犯和间接正犯。虽然在法条中并没有出现单独正犯、直接正犯和间接正犯的字样，但是从《德国刑法典》第 25 条、《韩国刑法典》第 34 条和现行《俄罗斯联邦刑法典》第 33 条第 2 款的规定中可以很容易地发现这几种正犯类型。立法机关一般认为，自己实行犯罪行为（者）为直接正犯；利用他人实行犯罪行为者（利用因年龄、无刑事责任能力或本法典规定的其他情况而不负刑事责任的人实行犯罪的）为间接正犯。

与此不同，《意大利刑法典》第 110 条规定："当多人共同实施同一犯罪时，对于他们当中的每一个人，均以法律为该犯罪规定的刑罚，以下各条另有规定者除外。"③ 意大利刑法学界一般将这种犯罪参与称为"犯罪人的竞合"。虽然法条中尚未出现正犯一词，但据此学者们认为，正犯是犯罪参与中对犯罪结果发生有因果贡献的任何一个犯罪参与人。在这种单一正犯结构中，根据条件关系等价的观点，所有的参与人都是正犯。单一正犯体系立法的典型代表还有奥地利等国家。《奥地利刑法典》第 12 条规定："自己实施应受刑罚处罚的行为，或者通过他人实施应受刑罚处罚的行为，或者为应受

---

① ［韩］金日秀、徐辅鹤：《韩国刑法总论》，郑军男译，武汉大学出版社 2008 年版，第 569、554 页。
② 《俄罗斯联邦刑法典》，黄道秀译，北京大学出版社 2008 年版，第 13 页。
③ 《最新意大利刑法典》，黄风译，法律出版社 2007 年版，第 42 页。

刑罚处罚的行为的实施给与帮助的，均是正犯。"① 在单一正犯立法体例下，正犯没有直接正犯、间接正犯、共同正犯等行为人概念的区分。

在域外，正犯一词往往不仅明确出现在它们的刑法法典之中，而且必定会出现在它们的刑事裁判文书之中。德国、日本和我国台湾地区的司法实践中，法官必须对每个犯罪参与人进行正犯、帮助犯或者教唆犯的定性，并将其明确表述在刑事裁判文书之中。例如，在德国经典的"浴盆案"（《帝国法院刑事判例集》第74卷，第84页）中，帝国法院依据"她是否想要将杀人行为当作自己的行为，或者，她只想对她妹妹（也就是婴儿母亲）的构成行为加以支持"，认为婴儿母亲的姐姐不足以被判定为实行人（正犯）。后来在德国引起轰动的"猫王案"中，有司法判决（《联邦最高法院刑事判例集》第38卷）指出，对于自己"违法地、有责地实现了所有行为构成要素"的共同实行人，适用"没有不同"于单一实行人的"基本原则"，"他也是《德国刑法典》第25条第1款意义上的直接实行人"。②

在多人参与犯罪的场合，日本的刑事司法裁判文书中同样会出现正犯字样。例如，福冈地判昭和59·8·30判时1152号判例：A、B、C计划通过杀害D而抢夺兴奋剂，A装扮成兴奋剂交易的中间人，与B一道骗得兴奋剂后逃离了现场，C其后对D实施杀害行为但归于未遂。对于这一抢劫杀人未遂的案件，判例认为，"分担部分实行行为这一事实，终究只能是判断有无共同实行意思的重要材料之一"，考虑到A只是为B所骗才卷入犯罪，A之所以加担了犯罪行为，是因为感觉到如不参与，自身的安全也难以保证。A在谋议时一直保持沉默，在实施犯罪时也只是按照B的指示行事，并未约定

---

① 《奥地利联邦共和国刑法典》，徐久生译，中国方正出版社2004年版，第5页。

② [德] 克劳斯·罗克辛：《德国刑法学总论》（第2卷），王世洲译，法律出版社2013年版，第18—20页。

事后分取报酬，事实上A也并未获得报酬。通过综合判断本案的犯罪行为，并不能认定A是不可或缺的存在，因为"根本无法认定A具有正犯意思，即共同实行的意思"，最终判定A仅构成帮助犯。①

我国台湾地区刑事司法裁判文书中也会出现正犯一词。例如，最高法院98年度台上字第877号刑事判决对共谋共同正犯作出了明确说明。该判决在最后指出："本件原判决事实认定上诉人既系为向巫〇〇索讨所欠债务，与杨〇〇共谋索债方法，乃教唆李〇〇以掳人逼债方式为之，则系本于为自己犯罪之意思，而为犯罪谋议，虽仅教唆李〇〇为之，自己实际并未出面实行掳禁巫〇〇之行为，故应成立私行拘禁罪之共谋共同正犯。"②

可见，在德国、日本等国家和地区的刑事裁判中，正犯出现在多人参与犯罪的场合，其指向了（直接）正犯、间接正犯、共同正犯（共谋共同正犯、片面共同正犯、承继共同正犯、过失共同正犯）这些具体类型。对于正犯的定义，更多的是从具体正犯的成立标准角度着手，即具体分析当犯罪参与人具备什么条件时，才成立间接正犯、共同正犯、共谋共同正犯、承继共同正犯等。

正犯规范概念的界定，主要源于刑法理论界的学者。域外学者们一般首先会对单一正犯概念、扩张正犯概念、限制正犯概念进行定义。由于语言的不同，上述三个概念在我国可能被翻译为单一行为人概念、扩张行为人概念、限制行为人概念，也可能被翻译为单一实行人概念、扩张实行人概念、限制实行人概念。此种情况下，正犯、行为人、实行人这三个用语是在同等意义上使用的。

一般认为，单一正犯概念是指，所有引起构成要件结果实现的犯罪参与人，即对构成要件实现有因果贡献的行为人均为正犯。单一正犯概念以因果理论为基础，不限于亲自实行构成要件行为的人，

---

① 转引自［日］西田典之《日本刑法总论》，王昭武、刘明祥译，法律出版社2013年版，第317页。

② 转引自甘添贵《共谋共同正犯与共犯的区别——最高法院98年度台上字第877号刑事判决评释》，《法令月刊》2010年第2期。

不分其为亲自实行，或利用教唆、帮助他人实行。与此类似的概念是，扩张正犯概念，它与单一正犯概念的基本内涵一致，不过是被放在正犯与共犯区分体系下理解。据此概念，刑法总则规定的帮助犯、教唆犯在本质上都是正犯，但是为了避免将所有具有因果关系的犯罪参与人一律处罚，才有共犯的规定。因此，刑法总则关于共犯的规定其实是属于刑罚的限制事由。德国学者 Mezger 主张扩张正犯的概念。①

与单一正犯概念相对的概念是限制正犯概念，它指亲自实施不法构成要件行为的行为人，而通过他人实现不法构成要件的行为人，则不属于正犯。因此，刑法总则关于帮助犯、教唆犯的规定属于刑罚扩张事由。限制正犯概念由德国学者 Mayer 提出。② 在坚持限制正犯概念的前提下，不同学者对正犯的概念又作出了不同表述。德国学者耶塞克和魏根特教授认为正犯只能是自己实施了构成要件该当行为之人。③ 日本山中敬一教授认为，实行刑法分则中规定有"实行……的"之构成要件的全部要素的行为人，是正犯者。④ 日本大塚仁教授也认为，正犯就是实行符合基本犯罪构成要件行为的人。⑤ 与此类似的还有俄罗斯的一些学者对实行犯的定义。例如，有学者认为，实行犯是指，实际完成刑法典分则规定的作为某一犯罪要件的行为人。⑥ 而德国罗克辛教授认为，虽然支配犯、义务犯和亲手犯之正犯的具体标准不同，但是它们有共同的本质——构成要件实现

---

① 转引自刘艳红《论正犯理论的客观实质化》，《中国法学》2011 年第 4 期。
② 转引自刘艳红《论正犯理论的客观实质化》，《中国法学》2011 年第 4 期。
③ ［德］汉斯·海因里希·耶塞克、托马斯·魏根特：《德国刑法教科书》，徐久生译，中国法制出版社 2003 年版，第 782 页。
④ ［日］山中敬一：《刑法总论Ⅱ》，转引自叶良芳《实行犯研究》，浙江大学出版社 2008 年版，第 13 页。
⑤ ［日］大塚仁：《刑法要论总论》，转引自朴宗根《正犯论》，法律出版社 2009 年版，第 35—36 页。
⑥ ［俄］斯库拉托夫、列别捷夫：《俄罗斯联邦刑法典释义》（上册），黄道秀译，中国政法大学出版社 2000 年版，第 77—78 页。

过程中的核心人物，即正犯是指，构成要件实现过程中的核心人物。① 日本前田雅英教授指出，正犯是指自己实施了实行行为从而引起结果的人，不限于通过自己之手直接实行的人，"能与此等同视之的人"也是正犯。②

从学者的定义来看，各种正犯的概念的共同特征在于，都与刑法分则规定的构成要件有不可分离的联系。不同之处在于以什么样的形式实现构成要件或者说与构成要件的联系程度不同，例如直接或间接实行、亲自或利用他人实行，以及因果关系或者支配程度的联系等，而且限制正犯概念与上述某些正犯概念似乎并不一致。

（二）中国大陆的正犯概念

我国当今研究正犯的学者一般认为，我国古代立法是否有正犯规定仍然是一个有待考证的问题，但是在近现代中国刑法改革中有的法律已经明确采用了正犯一词。例如 1910 年颁布的《大清新刑律》第 29 条规定："二人以上共同实施犯罪之行为者，皆为正犯，各科其刑，于实施行为之际帮助正犯者，准正犯论。"第 316 条规定："两人以上同时下手伤害一人者，皆以共同正犯论。同时伤害两人者，以最重之伤害为标准，借以共同正犯论。"③ 北洋政府时期的《中华民国暂行新律》、国民党政府的第一部刑法《中华民国刑法》以及新中国成立之后起草的几部刑法草案都使用了正犯的术语。当然，有的草案使用的是实行犯的术语。

正犯一词在我国现行刑法条文中并未明确出现。但是在我国公布的刑事裁判文书中正犯一词呈现出从无到有的趋势。笔者分别以"间接正犯""共同正犯"为关键词检索中国裁判文书网公布的刑事案件裁判书，结果分别出现了 132 份有"间接正犯"术语的文书，

---

① ［德］克劳斯·罗克辛：《德国刑法学总论》（第 2 卷），王世洲译，法律出版社 2013 年版，第 10—21 页。

② ［日］前田雅英：《刑法总论讲义》，曾文科译，北京大学出版社 2017 年版，第 287 页。

③ 陈兴良：《共同犯罪论》，中国人民大学出版社 2017 年版，第 11—13 页。

241 份有"共同正犯"术语的文书。① 例如，吉林省长春市中级人民法院刑事裁定书（2018）吉 01 刑终 105 号中写道："……本案中张忠仁为达到非法占有他人财物目的，放任马某将其虚构的事实向他人进行扩散，最终骗得林某 1 钱款，可以视为间接正犯。现有证据能够形成证据链条，张忠仁的行为构成诈骗罪，故对其上诉理由及辩护人的辩护意见不予支持……"甘肃省兰州市中级人民法院刑事判决书（2017）甘 01 刑初 44 号提道："……在共同犯罪中，刘某某系犯罪行为策划者，熊某某、张某某系犯罪行为具体实施者，属共同犯罪中的共同正犯。本院认为，被告人刘某某、熊某某、张某某共谋，伪造国家机关甘谷县国土资源局证件土地他项权利证明书，行为均已构成伪造国家机关证件罪，依法应予惩处……"

值得注意的是，这些出现正犯字样的裁判文书，几乎全部分布在 2010 年至今的时间段内，这也充分显示了德、日刑法理论引入我国后对我国刑事司法的影响。不过，从整体而言，这些刑事裁判文书即使使用了正犯术语，在说理时也仍然主要坚持了传统的模式，即法院裁判时首先阐述行为人实施了什么样的法律事实行为，从而直接判定行为人违背了刑法分则规定的哪一条，进而完成定罪。然后，根据行为人在共同犯罪中所起的作用大小，判定主犯和从犯，最终完成量刑。在定罪的阶段，法官仍然没有充分论证和说明为什么犯罪参与人的行为直接符合了刑法分则规定的条文。对于正犯的概念，裁判文书中并没有直接的表述和规范的界定，也很少像德国、日本的法官一样在正犯成立的标准上进行详细地阐述。

不过，司法实践中使用正犯术语之少，并不代表正犯没有实践价值。在笔者看来，很大一部分原因可能在于我国刑事判决书说理的不足。正犯在司法实践中萎缩的表象，并没有阻止中国刑法学者

---

① 检索时间为：2021 年 1 月 27 日。笔者曾于 2019 年检索的结果分别为 71 份和 127 份。可见，"间接正犯""共同正犯"术语在我国刑事裁判文书中增长速度非常之快。

对正犯的研究。我国众多刑法学者首先对正犯或实行犯的概念作了学术上的界定。例如，马克昌先生认为，实行犯是指，自己直接实行犯罪构成要件的行为，或者利用他人作为工具实行犯罪行为。[①] 陈兴良教授认为，在我国刑法语境中实行犯就是正犯，指实行刑法分则规定的构成要件行为的犯罪人。[②] 周光权教授认为，正犯就是直接或者通过他人实行构成要件所规定的行为。[③] 陈家林教授认为，正犯是指实行刑法分则所规定的具体犯罪构成客观方面行为的犯罪形态。[④] 林亚刚教授认为，正犯在理论上是指实施构成要件所规定的实行行为，或者说直接实现构成要件之人。[⑤] 而张明楷教授认为，正犯是对基本构成要件所规定的实害结果或者危险结果的发生起到支配作用的行为人，亦即，行为人通过自己直接实施符合构成要件行为，或通过支配他人行为，造成基本构成要件所规定的实害结果或者危险结果的，以及共同对基本构成要件所规定的实害结果或者危险结果的发生起实质支配作用的情形，都是正犯。[⑥]

上述概念基本是在正犯与共犯的二元区分体系语境下展开的，随着我国对单一正犯体系研究的不断增多，我国学者也开始注重从整体上，也即从单一正犯概念和限制正犯概念以及扩张正犯概念的角度阐述正犯的不同内涵。我国学者对这三者的定义与域外学者对这三者的定义并无不同。不过，我国学者对于单一正犯概念与扩张正犯概念的界定有一定的分歧。例如，我国江溯副教授认为，单一正犯是指，所有与基本构成要件规定的实害结果或者危险结果发生具有因果关系的犯罪参与人，而行为人是否亲自直接实行在所不问；限制正犯指"自己亲自实现不法构成要件的人"，通过他人导致基本

[①] 马克昌：《犯罪通论》，武汉大学出版社1999年版，第544—545页。
[②] 陈兴良：《共同犯罪论》，《现代法学》2001年第3期。
[③] 周光权：《刑法总论》，中国人民大学出版社2016年版，第325页。
[④] 陈家林：《共同正犯研究》，武汉大学出版社2004年版，第31—32页。
[⑤] 林亚刚：《刑法教义学》，北京大学出版社2017年版，第443页。
[⑥] 张明楷：《刑法学》，法律出版社2016年版，第392页。

构成要件规定的实害结果或者危险结果发生的犯罪参与人,则不属于正犯;扩张正犯概念不过是正犯与共犯区分体系下为了解决由于采用限制行为人概念而产生的某些问题(例如,间接正犯)而提出的一种法理上的、体系上的概念,与单一正犯概念不同。① 张明楷教授认为,单一正犯概念是指所有参与犯罪的人,与单一正犯体系相对应;限制正犯概念则和正犯与共犯区分体系相对应,指原则上自己亲自直接实行刑法分则规定的构成要件行为的犯罪人;扩张正犯概念也与正犯与共犯区分体系相对应,是指凡是引起了构成要件结果的人,但是刑法例外地将本是正犯的教唆犯和帮助犯规定为狭义的共犯,以限制刑罚处罚。②

在正犯与共犯区分体系下,我国学者对正犯概念界定的共同之处在于将行为人与构成要件紧密联系在一起,即使张明楷教授所主张的对侵害结果或者危险结果发生起支配作用的观点,也如其所言,应理解为对构成要件事实的支配。③ 不同之处,仍然在于行为人与构成要件的具体关系,即如何实现构成要件的问题。另外,在单一正犯体系与二元区分体系的视角下,学者们无论是对单一正犯概念的界定,还是对限制正犯概念和扩张正犯概念的界定并无实质的差异。不过,同样值得注意的是,对限制正犯概念的界定,与学者们在正犯与共犯区分制下对正犯概念的界定似乎并不统一。对于这一问题,笔者将在后文进行论述。

(三) 本书语境下的正犯概念

综观上述有关正犯的概念,有以下几个方面需要明确。

1. 正犯与构成要件的关系如何

行为人与构成要件产生怎样的联系才能将其称为正犯或者说什

---

① 江溯:《犯罪参与体系研究——以单一正犯体系为视角》,中国人民公安大学出版社2010年版,第18—19页。
② 张明楷:《刑法学》,法律出版社2016年版,第389—390页。
③ 张明楷:《刑法学》,法律出版社2016年版,第392页。

么情形下实施的行为才满足基本构成要件符合性的要求？笔者认为，这是研究正犯最为核心、最为重要、最为关键的问题，也是有关正犯理论学说容易产生争议的地方。从单一正犯体系和二元区分体系的视角看，单一正犯概念、扩张正犯概念强调只要行为人与构成要件的实现有（可归责的）因果关系即可，而限制正犯概念则严格要求行为人亲自直接实行构成要件行为。正如有学者所指出的，实质上，"限制的行为人概念与单一的行为人概念的根本分歧在于对于法定构成要件的范围的理解不同：限制行为人概念认为只有亲自实施构成要件行为的人才属于法定构成要件的范围，其他行为人则处于法定构成要件的范围之外；与此相对，单一的行为人概念则认为，无论是直接的行为人，还是间接的行为人，只要与法益侵害结果具有因果关系，就是行为人，就属于法定构成要件的范围。"[①] 这个区别从另一个角度来说，就表现为是否要求行为人达到足以支配构成要件的程度。例如，单一正犯概念，只要求正犯与构成要件具有因果关系，并且有学者将这种程度的关系理解为支配构成要件的实现。而限制正犯概念下，大部分学者一般要求，正犯必须是达到如同利用工具的程度，或者不法支配构成要件实现的程度，或者在犯罪实现中起了重要作用的程度。

在正犯与共犯区分体系的视角下观察正犯与构成要件的关系又表现在：正犯是否仅限于行为人亲自实行刑法分则规定某罪的构成要件行为，抑或可以包括通过他人实行刑法分则规定某罪的构成要件行为；正犯是自己亲自实施刑法分则规定某罪的全部构成要件行为，还是可以只实施刑法分则规定某罪的部分构成要件行为。

对于是否必须亲自实行的问题，从立法和概念上来看，似乎没有统一的看法。如文章开头所展示的，有的国家立法明确规定正犯包括自己实行犯罪行为，或利用他人实行犯罪行为。不少学者也明

[①] 江溯：《犯罪参与体系研究——以单一正犯体系为视角》，中国人民公安大学出版社2010年版，第19页。

确持这种观点。而有的学者将正犯明确定义为行为人亲自实行刑法分则规定的构成要件行为。还有学者并未提及是由行为人自己的身体动静完成犯罪还是通过他人的行为支配犯罪结果的实现，而仅将其定义为行为人实行基本的构成要件行为。

笔者认为，上述不同的表述可能是：一方面源于定义的具体对象有别，例如有的立法和学者其实只界定了直接正犯、共同正犯，而没有提到间接正犯。还有学者只考虑了支配犯的正犯概念，而没有考虑诸如义务犯、亲手犯的正犯概念。另一方面则源于人们认识事物的角度不同。如果从形式论、事实论角度理解自己实行还是通过他人实行，则在表述时需要包括通过他人实行的情形；如果从规范化、实质化的角度理解自己实行，则可能并不需要将从事实角度上看是通过他人实行的类型表述出来。

正犯概念是否必须表述为由行为人亲自实行刑法分则规定某罪的全部构成要件行为呢？从立法和学者的定义来看，无论是单一正犯概念，还是限制正犯概念下的各种正犯概念，都没有提出这种硬性要求。笔者认为，这仍然是一个形式论与实质论、存在论与规范论的问题。例如，两个人共同故意地去实行抢劫行为，一个人实施武力威胁行为，另一个人实行获取财物的行为。那么，从形式论、事实论角度而言，每一个人都只亲自实施了抢劫罪的部分构成要件行为。但是，如果从规范化、实质化的角度而言，则每一个人可能最终都会被评价为自己实施了抢劫罪的全部构成要件行为。因此，从不同角度界定正犯时，表述的语言也应当有所不同。

由此可见，正犯概念与刑法分则的基本构成要件不可分离。但是，行为人与刑法分则规定某罪的基本构成要件究竟达到何种联系才能称为正犯，则是有待深入研究的问题。当前我国学者参与到单一正犯体系与二元区分体系的学术争论中，从根本上说也是因为对这一问题持有不同的看法。在界定正犯时，必须明确表明行为人与构成要件的关系。同时，必须能够在抽象层面上包括所有的正犯类型。

2. 正犯是一种犯罪形态还是犯罪人类型

由上述定义可知，大多数学者将正犯作为一种犯罪人。例如，意大利刑法直接将共同犯罪问题放在犯罪与犯罪被害人的章节之下。不过需要注意的是，在讨论具体问题时，学者们又经常将正犯作为一种犯罪形态理解，并不严格区分二者。在此意义上，又可以说大多数学者实际上是赞成正犯既可以被理解为犯罪形态，也可以被理解为犯罪人的观点。例如，我国叶良芳教授就明确支持这一种观点。他认为，"犯"既可以理解为"犯罪"，又可以理解为"罪犯"或"犯罪人"，而且从各国的立法来看也正好留下了解释的空间；另外从研究的角度来讲，将正犯理解为一种犯罪类型和犯罪人类型都是有益的。[①] 而陈家林教授认为，虽然正犯在语义上有解释为犯罪形态和犯罪人的可能，在研究价值上将正犯理解为犯罪形态和犯罪人也具有重要意义，但是在确定研究对象之后，则须明确研究对象的准确含义，避免在不同意义上将同一个词交替地运用。[②] 因此，陈家林教授明确主张正犯是一种犯罪形态，而非犯罪人。

笔者赞成正犯既可以理解为一种犯罪人，也可以理解为一种犯罪形态的观点。在我国，如此理解，不仅有语义解释的空间，而且可以起到方便简洁的效果，无须在表达犯罪人意思时加上"者"。而且，研究对象为正犯时，既需要从犯罪人角度理解，也需要从犯罪形态视角理解。因此，使正犯的含义包括这两种意涵往往也是研究的需要。更重要的是，不能因为研究对象有两种含义就认为其具有不明确性。事实上，什么情形下理解为一种犯罪人，什么情形下理解为一种犯罪形态，是一件非常容易识别的事情。在与行为人相适应的语境下，正犯是一种犯罪人类型；在与犯罪形态相适应的场合，正犯则是一种犯罪形态。

---

① 叶良芳：《实行犯研究》，浙江大学出版社 2008 年版，第 15—16 页。
② 陈家林：《共同正犯研究》，武汉大学出版社 2004 年版，第 26—27 页。

3. 正犯是存在于单独犯罪还是共同犯罪

有学者认为，正犯只有在共同犯罪形态中研究才有意义，而且我国的正犯与德日大陆法系国家以及英美法系国家规定的广义正犯不同，它是在共同犯罪立法中隐性内涵的一种犯罪形态，其只应理解为共同犯罪形态的一个子形态，而不能包括单独正犯。[①] 而大多数学者，虽然没有明确表态，但是从其对单独正犯、间接正犯和共同正犯等概念的肯定中，可以推断出其赞成正犯不仅是一种单独犯罪形态还包括共同犯罪形态。

笔者赞成后一种观点。上述狭义说的理由不能成立：其一，即使认为正犯只有在共同犯罪中研究才有意义，也不能因此否定我国的正犯也包括单独正犯的客观情况。以研究的意义大小决定概念的内涵，不具有合理性。其二，即使认为我国共同犯罪立法隐含规定了共同犯罪中的正犯，也不能因此排斥单独犯罪形态下的正犯。其三，如果承认正犯是实行了刑法分则规定的构成要件的行为，那么不管是在单独犯罪场合，还是共同犯罪场合，正犯都是客观存在的。至于研究什么范畴下的正犯更有意义，则留待研究者自行选择，与正犯的概念并无本质联系。

4. 正犯能否等同于实行犯

无论是从上述的立法条文还是学者所下的规范定义来看，似乎正犯与实行犯并无不同。然而，在我国正犯与实行犯都被大量使用的背景下，这一问题存在争议。对此主要存在两种观点。

一种观点认为，二者虽然存在一些共同点，但是仍然有重要区别，故二者不能等同视之。例如，有学者认为，一方面，由于正犯和实行犯均指行为人实施基本构成要件行为的犯罪人，所以，二者的基本含义相同，具有共同的一般属性。另一方面，正犯概念与犯罪参与形态概念是种概念与属概念的关系，二者不可分离；而实行行为概念与危害行为概念是种概念与属概念的关系，且实行行为与

[①] 叶良芳：《实行犯研究》，浙江大学出版社2008年版，第15—16页。

刑法总则规定的诸如组织行为和预备行为等非实行行为是相对应的关系。综上可知，即使正犯与实行犯存在一定的共同点，它们各自对应的范畴和所指向的外延却有很大的不同。例如，我国刑法中规定的组织行为虽然不是实行行为，但却是正犯行为。[①] 丁胜明博士也表示，正犯与共犯区分理论下发展出各种实质化的正犯概念之后，正犯等同于实行犯的命题是值得怀疑的。[②]

另一种主流观点认为，正犯基本可以等同于实行犯。例如，有学者认为正犯就是实行犯[③]，或者正犯和实行犯仅是大家对同一个事物的两个不同的称谓而已[④]。有学者指出，实行犯与正犯这两个概念在内涵和外延上基本相同，可以互相替代。[⑤] 还有学者原则上赞成在犯罪参与体系中将正犯与实行犯作同一的理解，但是应该注意它们之间仍然存在细微的差别：其一，苏联、俄罗斯等国家倾向于使用实行犯的概念，而德日刑法典中并没有采用"实行犯"这一表述。其二，支持不同的正犯标准，也即选择不同的正犯与共犯区分理论，会得出不同的结论。换言之，正犯与实行犯的概念可能出现彻底分离的情形。例如，倘若采用德国司法实践中的主观说，则可能得出实行了全部构成要件行为的人也只能是帮助犯的结论。此时帮助犯是实行犯，而实行犯却不是正犯。其三，正犯与共犯在观念上有别，正犯是与共犯相对应而存在，而实行犯是针对非实行犯而言的。[⑥]

上述学者不赞同将实行犯等同于正犯的实质理由在于，区分正犯与共犯的各种理论学说（例如，形式客观说、主观说、行为支配说、重要作用说等）可能导致正犯不再是实行刑法分则规定某罪的

[①] 朴宗根：《正犯论》，法律出版社 2009 年版，第 38—39 页。
[②] 丁胜明：《共同犯罪中的区分制立法模式批判——以正犯、实行犯、主犯的关系为视角》，《中国刑事法杂志》2013 年第 2 期。
[③] 李文燕：《中国刑法学》，中国人民公安大学出版社 1988 年版，第 125 页。
[④] 林维：《间接正犯研究》，中国政法大学出版社 1998 年版，第 37 页。
[⑤] 叶良芳：《实行犯研究》，浙江大学出版社 2008 年版，第 10 页。
[⑥] 陈家林：《共同正犯研究》，武汉大学出版社 2004 年版，第 30—32 页。

基本构成要件行为或者说实行行为。例如，在正犯与共犯的各种区分理论下，实行犯可能是帮助犯（主观说），却不是正犯；组织犯可能是正犯，却不是实行犯。应该说，这些差别在理论上是客观存在的。这一方面源于学者们对正犯持有不同的标准。例如，如果对正犯坚持主观说，那么实行犯就不能等同于正犯；倘若对正犯坚持实行行为说，那么实行犯则可以等同于正犯。另一方面源于学者对符合刑法分则规定的构成要件行为有不同的理解。例如，组织行为、共谋共同正犯中的共谋行为、间接正犯中的利用行为究竟是解释为符合刑法分则规定的构成要件行为，还是视为与构成要件行为不同的行为，他们会得出不同的结论。如果从形式评价角度将上述行为不认定为符合刑法分则规定的构成要件行为，则实行犯可能不能完全等同于正犯；如果从规范评价角度认为上述行为符合刑法分则规定的构成要件行为，则实行犯基本等同于正犯。至于哪种解释更为合理，则另当别论。认识到这一点，大家对实行犯能否等同于正犯的命题存有争议也就不足为奇了。

　　本书赞成实行犯概念与正犯概念可以相互替代，这源于笔者对实行犯和正犯本身内涵作出的相同界定。正因如此，就不能因为自己对正犯和实行犯作出了相同界定，就认为他人不将正犯与实行犯等同的做法是错误的，否则在逻辑上就会出现错位。至于笔者对正犯或者说实行犯所作的界定是否合理，则是全文需要论证的问题，因此留待后文逐步展开。

　　究竟何为正犯呢？除了明确上述几点之外，还应注意正犯的基本概念与正犯的成立标准紧密相连、密不可分。当前研究往往将正犯的界定与正犯的成立标准分割开来。上述很多学者都认为，正犯是指自己亲自实行构成要件行为的人，但是，在讨论正犯成立标准（正犯与共犯区分理论）时却又不坚持形式客观说，转而采用其他的客观实质说。正犯概念如何界定，取决于界定主体对正犯成立标准的把握，即正犯概念应该与正犯的成立标准具有内在一致性。例如，倘若有学者认为正犯成立的标准是行为人亲自实行刑法分则规定某罪的构成要件，那么正犯的概念也就只能是指行为人亲自实行了刑法分则规定某罪构成要件的情形。在此意义上，刑法理论界的正犯概念会因为不同学者所持正犯成立标准的不同而表现出多元性。

综上所述，本书认为，正犯是指，从规范化、实质化角度而言，亲自实行刑法分则规定某罪的全部构成要件行为的犯罪人或者犯罪形态。具体而言，正犯在规范评价上既属于亲自实行某罪构成要件的情形又属于实行某罪全部构成要件的情形，即在规范论意义上正犯均可以视为单独直接正犯；正犯既可以是一种犯罪形态，也可以是一种犯罪人形态；正犯既可以是一种单独犯罪形态，也可以是一种共同犯罪形态。至于什么样的情形才能在规范论意义上评价为行为人亲自实行刑法分则规定某罪的全部构成要件行为，则是有关正犯实质化的具体标准与限度问题，留待下文探讨。

二 正犯实质化的概念

正犯实质化，作为动词，可理解为正犯被实质化；作为名词，则理解为实质化的正犯。理解正犯实质化的内涵需要首先明确与其相对应的概念——正犯形式化或者说形式化的正犯概念。正犯产生以来就存在形式化的正犯、实质化的正犯，或者说存在正犯形式化或者正犯实质化的事实。例如，限制正犯概念，若要求行为人在存在论意义上亲自实行刑法分则规定某罪的全部构成要件行为，则就属于比较典型的形式化的正犯；而在正犯与共犯区分理论中，有的学者坚持正犯是支配犯罪实现的行为人，这就属于实质化的正犯。但是需要注意的是，虽然正犯理论存在形式化与实质化的事实，而且不少学者也指出了正犯发展从形式化转向实质化的趋势与特征，但是很少有学者对正犯形式化、正犯实质化作出了准确的界定。这也意味着，当前研究对正犯实质化的识别可能存在不够敏锐和准确的问题。

（一）类似概念的提出：纯正的正犯与修正的正犯

在我国，童德华教授首先提出从形式与实质角度对正犯类型进行分类并相应地作出概念上的界定。童教授从行为人是否亲自实施构成要件行为的角度将正犯分为纯正的正犯和修正的正犯两种基本类型，其中纯正的正犯是指，"具体实施刑法分则基本构成要件行为的犯罪人，如单独正犯、同时正犯和共同正犯"；而修正的正犯是指，"基于行为的事实支配可能，通过他人实行犯罪的犯罪人，它包括间接正犯、共谋共同正犯和继承的正犯"。[①] 可以说，纯正的正犯与修正的正犯的概念已经比较接近形式化的正犯与实质化的正犯概念。暂且不论其界定的是否准确，包括的类型是否全面，这种分类和定义的视角非常值得肯定。从形式化与实质化的角度关注正犯，有利于研究这种特殊类型的正犯——实质化的正犯。

当然，上述概念的界定和包括的具体类型可能有待商榷。主要问题在于，将除了共谋共同正犯和承继共同正犯之外的其他共同正犯作为形式化的正犯或者说所谓纯正的正犯合理吗？依其标准，我们需要反思的是，除了共谋共同正犯和承继共同正犯之外的共同正犯，难道都是亲自实施刑法分则规定某罪的构成要件行为吗？应该说最典型的共同正犯的确表现为行为人分担了部分构成要件行为（实行行为）的情形。但是，所谓纯正的正犯还存在分担构成要件行为以外的共同正犯。例如，在特定情形下行为人基于共谋而在实行犯罪阶段实施的望风行为或者说两人共谋抢劫其中一人站在一边观看的行为。此时，部分行为人并没有亲自实行刑法分则规定的构成要件行为。显然，这与童教授提出的亲自实行标准不相符。更重要的是，即使童教授只认可亲自实行刑法分则规定某罪的构成要件行为的犯罪人才是所谓纯正的正犯，也仍存在值得商榷之处。因为，行为人只是分担部分实行行为，也就意味着还有一部分实行行为没有被行为人亲自实行。既然行为人没有实施另外一部分构成要件行为，为什么最后能够将他人的行为等同于行为人亲自实行呢？显然这是从形式的角度（即是否亲自实行了刑法分则规定某罪的构成要

[①] 童德华：《正犯的基本问题》，《中国法学》2004 年第 4 期。

件行为）无法解决和说明的。可见，将共同正犯作为纯正的正犯并不具有实质的合理性。相对而言，共同正犯应该更加符合童教授所提出的修正正犯的标准，即行为人没有亲自、全部实行刑法分则规定的构成要件行为，最终也可以视为正犯。

（二）正犯实质化的界定：存在论与规范论的视角

正犯实质化是相对于正犯形式化而言的。正犯形式化，是指从存在论的角度看，行为人亲自实行了刑法分则规定某罪的全部构成要件行为。一般认为，限制正犯概念是形式化的正犯概念，并且认为其包括实施刑法分则规定某罪的部分构成要件行为的情形（共同正犯）。例如，有学者明确指出，限制正犯概念属于形式化的概念，且限制正犯概念只是很难说明间接正犯的情形。[①] 言下之意，限制正犯这种形式化的正犯概念，包括了共同正犯的情形。这与童德华教授将共同正犯作为纯正正犯的旨趣相同。大家之所以肯定共同正犯的形式化特征，原因无非是，共同正犯符合亲自实行刑法分则规定的构成要件行为的要求。

但是如上所述，共同正犯也并非都亲自实行了部分构成要件行为。相反，存在大量没有实施构成要件行为的共同正犯。更重要的是，即使每一个行为人都亲自实行刑法分则规定某罪的部分构成要件行为，仍然存在另外一部分构成要件行为没有被行为人亲自实行，因此无法直接通过形式标准——是否符合实行了部分构成要件行为——将其直接认定为符合刑法分则规定的正犯。换言之，如果限制正犯概念包括了共同正犯，那么它就并非完全形式化的正犯概念。

事实上，很多学者都指出，共同正犯与间接正犯一样，都是不符合限制正犯概念内涵的。例如我国台湾学者徐伟群教授指出，共同正犯概念与间接正犯概念都是与二元论体系相抵触的，因为二元论的原始想象是，只有亲自实施构成要件之人才是正犯，而共同正

[①] 张明楷：《刑法学》，法律出版社2016年版，第392页。

犯和间接正犯恰恰否定了这个想象。①江溯副教授也指出，限制正犯概念在共同正犯和间接正犯的出现和发展中，变得面目全非，共同正犯否定了限制正犯概念的单独正犯的内涵，间接正犯否定了限制正犯概念的直接正犯内涵。②因此，如果将限制正犯概念作为形式化的正犯概念，就只能将限制正犯概念局限于单独直接正犯，排除共同正犯。正如有学者正确地指出，符合形式化这一要求的正犯类型只有单独直接正犯。③所以，本书所言形式化的限制正犯概念，仅指单独直接正犯。

正犯实质化是指，从存在论角度来看，行为人没有亲自实行刑法分则规定某罪的全部构成要件行为，但是经过实质化、规范化的评价后，可以等同于行为人亲自实行刑法分则规定某罪的全部构成要件行为。实质化表明了一个从无到有的过程。其中，"无"指的是，在形式上行为人没有亲自实行构成要件行为；"有"指的是，其实质等同于行为人亲自实行了构成要件的行为。实质化也表明了一个从无到有的结果，这个结果指的是，经过实质化的评价后出现了正犯。因此，正犯实质化既可以作为动词，指行为人被实质化、规范化地评价为正犯，也可以作为名词，强调正犯的实质化特征，即实质化的正犯。

既然形式化的正犯强调，从存在论角度看行为人亲自实行刑法分则规定某罪的全部构成要件行为，那么实质化的正犯就应属于在存在论意义上行为人非亲自实行刑法分则规定某罪的全部构成要件行为，但是从规范论意义上属于亲自实行刑法分则规定某罪的全部构成要件行为。由此，实质化的结果便是产生了共同正犯和间接正

---

① 徐伟群：《通往正犯之路：透视正共犯区分理论的思路》，《台大法学论丛》2011年第1期。

② 江溯：《犯罪参与体系研究——以单一正犯体系为视角》，中国人民公安大学出版社2010年版，第51页。

③ 江溯：《犯罪参与体系研究——以单一正犯体系为视角》，中国人民公安大学出版社2010年版，第51页。

犯这两种基本类型。将间接正犯理解为实质化的正犯在刑法理解上并没有什么争议。因为间接正犯，在存在论意义上行为人并没有亲自实行刑法分则规定的构成要件行为，而是通过利用他人实行刑法分则规定的构成要件行为进而完成犯罪的。这恰好与形式化的正犯概念相违背，与实质化的正犯概念相一致。共同正犯则因为有部分甚至全部构成要件行为都由他人实行而无法满足形式化的正犯要求，但是其因为通过规范化的评价而成为了实质化的正犯。需要注意的是，单一正犯概念事实上也包括了间接实行和部分实行的情形，只是与二元区分犯罪参与体系认定的间接正犯和共同正犯的实质标准不同而已。

与正犯实质化概念相关联的概念，还有共犯行为正犯化。正犯实质化是将非亲自实行构成要件行为的情形变为正犯。而所谓非亲自实行构成要件行为的情形，在正犯与共犯的二元区分体系下，往往是帮助犯的帮助行为、教唆犯的教唆行为以及我国组织犯的组织行为。这些行为被正犯化，似乎与正犯实质化的基本内涵保持了一致。换言之，共犯行为正犯化的结果就是正犯实质化，或者说正犯实质化必然意味着共犯行为正犯化。笔者认为，如果从存在论和规范论的角度观察，在解释论范畴确实可以这么理解。因为存在论意义下的非构成要件行为——帮助行为、教唆行为——被规范评价、实质化解释为构成要件行为，就表现为正犯实质化。

但是需要注意的是，共犯行为正犯化，还存在于刑事立法之中。世界各国的刑事立法，普遍存在将帮助行为、教唆行为直接规定为正犯的做法。例如，《德国刑法典》第80条规定的煽动侵略战争罪，第89c条规定的资助恐怖主义罪，第233a条规定的帮助人口贩卖罪等；《日本刑法典》第100条规定的帮助脱逃罪，第202条规定的教唆或者帮助他人自杀罪等；《意大利刑法典》第270条规定的为恐怖主义（包括国际恐怖主义）目的招募人员、进行训练活动罪，第386条规定的协助脱逃罪，第580条规定的教唆或者帮助自杀罪等；

《俄罗斯联邦刑法典》第 205-1 条规定的帮助实施恐怖主义活动罪等；《美国法典》第 18 编第 35 章第 752 条规定的教唆或者帮助脱逃罪等；英国制定的《反恐法案 2006》增设的煽动恐怖主义犯罪等罪名。在我国也不例外，例如，我国《刑法》第 107 条规定的资助危害国家安全犯罪活动罪，第 120 条规定的帮助恐怖活动罪，第 285 条规定的提供侵入、非法控制计算机信息系统的程序、工具罪，第 287 条规定的帮助信息网络犯罪活动罪等。学者一般都将上述现象称为共犯行为正犯化，或者拟制正犯。[①] 那么这种共犯行为正犯化概念，能否等同于正犯实质化的概念呢？在我国，有学者将刑事立法上的共犯行为正犯化现象直接解读为正犯概念的实质客观化。[②] 该论者认为，立法之所以这么规定，是因为共犯行为在特殊情境下（例如网络环境）较之正犯的实行行为对法益侵害的作用更大且具有较强的独立性。

　　本书认为，这种解读值得商榷。一方面，刑事立法上所规制的帮助行为、教唆行为可能并不都是严格意义上的共犯行为，即可能并不存在正犯，其可能只是帮助型、教唆型的独立的社会危害行为。也就是说，共犯行为的外延其实并不相同。另一方面，即使存在正犯，帮助行为、教唆行为也只能通过立法单独将其上升规定为帮助型、教唆型的正犯。概言之，这属于立法上的共犯行为正犯化，而非解释论上的共犯行为正犯化；前者创造了与共犯行为有关的新罪名，而后者仅将共犯行为实质解释为已经存在的正犯罪名。简言之，二者虽名称一样（共犯行为正犯化），但实质内涵与结果有天壤之别，此共犯非彼共犯，此正犯也非彼正犯。

　　更重要的是，即使立法上的共犯行为的社会危害性和预防必要性很大，也无法直接通过解释将其规范化、实质化为正犯行为。

---

① 白洁：《拟制正犯范围之限制》，《法学杂志》2013 年第 7 期；周光权：《刑法总论》，中国人民大学出版社 2016 年版，第 326 页。

② 马聪：《论正犯与共犯区分之中国选择》，《山东社会科学》2018 年第 3 期。

例如，网络世界的帮助行为，虽然由于存在着一对多的情形而被认为社会危害性很大，但是这种社会危害性之大，即所谓对最终犯罪结果发生的作用之大，仍然无法使该帮助行为被规范化地解释为正犯行为（例如传播淫秽物品罪）。实际上，网络世界中帮助行为一对多的社会危害性，并不能论证其比正犯行为的社会危害性更严重。因为这已经超越了每一个共同犯罪案件的范畴，不具有可比性。我们所说的网络帮助行为的作用比正犯行为的作用更大，这是从整体上作的比较。这与在单个共同犯罪案件中行为人对不法构成要件的实现起支配作用有着本质上的不同。正因如此，立法者采用立法途径将其规定为独立的新的罪名。否则直接通过解释路径即可实现正犯化。正犯实质化指的是，能够通过解释的路径将在存在论意义上非亲自实行刑法分则规定的构成要件行为规范评价（例如犯罪支配说）为亲自实行刑法分则已经规定的构成要件行为。

最后需要说明的是，当前研究对正犯实质化的理解可能与本书对正犯实质化的界定存在一定的差别。例如，有不少学者明确提出，我国应该坚持形式客观说，反对正犯概念实质化。[①] 他们所谓的反对正犯概念实质化，其实并不是反对将某些情形下的间接实行、部分实行规范评价为正犯。因为他们明确承认间接正犯和共同正犯，这意味着他们从规范化、实质化的角度理解行为人是否亲自实行刑法分则规定的构成要件行为。他们主张的是所谓的规范实行行为说。正如后文所述，实际上这也是正犯实质化的表现。他们反对正犯概念实质化，实质在于反对所谓正犯过于实质化的问题。例如，他们否认共谋共同正犯、正犯背后的正犯，却明确赞成间接正犯、共同

---

① 陈家林：《共同正犯研究》，武汉大学出版社2004年版，第134页；张伟：《我国犯罪参与体系下正犯概念不宜实质化——基于中、日、德刑法的比较研究》，《中国刑事法杂志》2013年第10期。

正犯的基本类型。[①]

显然，当前研究中出现的正犯实质化提法，更多地体现在正犯概念是否应该过度实质化的问题，其不能完全等同于正犯实质化的内涵。一切承认间接正犯和共同正犯的学说，在本质上都是在肯定正犯实质化。本书的正犯实质化，从严格意义上说，是相对于单独直接正犯而言的，即必须从存在论的角度能够观察到行为人亲自全部实行刑法分则规定的构成要件行为。正犯实质化，则是凭借某种理由将没有亲自全部实行的情形规范评价为正犯。

第二节　正犯实质化的主要体现

在刑法领域内，实质化已经成为正犯的一种发展趋势和显著特征。为进一步理解正犯实质化的内涵，有必要从不同的维度来展现正犯实质化的基本内涵。本书试图从正犯实质化的形式纬度和实质纬度两个视角勾勒出正犯实质化的基本图景。

一　形式维度：构成要件实施方式的变化

正犯实质化，是相对于正犯形式化而言。形式化的正犯，指行为人亲自直接实行刑法分则规定某罪的全部构成要件行为。与其对应，实质化的正犯，则表现为非亲自实行或者非全部亲自实行。由此，正犯实质化在身体动静的表现形式上体现为以下两个方面。

其一，实行构成要件的方式由直接模式变成间接模式。换言之，间接实行构成要件行为是正犯实质化的表现之一。形式化的正犯概念要求行为人必须亲自实行刑法分则规定某罪的全部构成要件行为，

[①] 我国有学者已经明确表述为"反对正犯概念过度实质化"，而非"反对正犯概念实质化"。参见阎二鹏《共犯教义学中的德日经验与中国现实——正犯与主犯教义学功能厘清下的思考》，《法律科学》（西北政法大学学报）2017年第5期；王华伟：《犯罪参与模式之比较研究——从分立走向融合》，《法学论坛》2017年第6期。

即不能通过他人之手间接实行。而正犯实质化是将没有亲自直接实行的行为人规范化评价为正犯，这恰好肯定了间接实行方式。最典型的例子是间接正犯的情形，即行为人通过支配他人实现基本构成要件。其实，共同正犯的情形，也体现了正犯实质化之间接模式。虽然共同正犯可能存在每个行为人都实行刑法分则规定的部分构成要件行为，但是如前所述，这也意味着还有一部分构成要件行为没有被行为人亲自实行，而是通过他人才实现完整的不法构成要件。而且，共同正犯除了分担实行行为的类型外，还存在很多行为人没有实行刑法分则规定的任何一部分构成要件行为的情形。在此种情况下，行为人如同间接正犯一样，刑法分则规定的构成要件也完全由他人亲自实行。不同的只是将他人行为规范评价为自己实行的标准与理由不一样。

其二，实行构成要件的量由全部变为部分甚至无的状态。形式化的正犯概念，不仅要求行为人亲自实行刑法分则规定的构成要件，而且要求行为人独自实行构成要件的全部内容。而实质化的正犯概念，则没有这一形式化的要求，其坚持只要行为人满足被评价为正犯的实质标准，即使从事实论角度观察行为人只实行了部分构成要件行为乃至没有实行构成要件行为也可以成为正犯。例如，共同正犯的情形，行为人可以只实行部分构成要件（如分担实行行为型共同正犯），也可以连部分构成要件都不实行（如望风型共同正犯、特殊的共谋型共同正犯）。间接正犯属于从形式上看，行为人不亲自实行刑法分则规定某罪的全部构成要件行为。换言之，行为人实行部分甚至不实行刑法分则规定的构成要件行为，是正犯实质化的另一基本表现。

在此需要注意的是，在具体范畴上，间接实行、部分实行被认定为正犯的，并不只有正犯与共犯区分体系下的间接正犯和共同正犯，而是还包括单一正犯概念下的所谓直接正犯（主要指共同正犯）、援助型正犯和诱发型正犯。尤其是，一般的帮助犯和教唆犯在单一正犯体系下也是间接实行、部分实行的正犯类型。

二　实质维度：正犯成立标准的功能化演变

事实上，上述维度仅从形式上归纳了正犯实质化的表现。而正犯实质化的关键在于其标准的实质化，即将间接实行、部分实行评价为全部亲自实行的实质根据。首先需要说明的是，非形式化的正犯标准，意味着没有亲自实行刑法分则规定构成要件的行为也被认定为正犯，这必然存在着规范评价。在此意义上，笔者认为，正犯标准的形式与实质问题，可以简化为非形式化的正犯标准也即正犯标准的实质化。但是正犯标准的实质化，并不能排除形式标准认定的正犯。因为，形式的标准是可以被实质标准所包含。下面笔者将从正犯标准的角度展现正犯实质化的理论脉络。

不过，如前文所提及的，当前很多研究将正犯概念与正犯的标准割裂开来。这一问题，从各位学者在论述正犯的标准时往往局限于二元区分体制下常见的正犯与共犯区分理论即可看出。有学者甚至直言，扩张正犯概念与限制正犯概念只是关于正犯基本内涵的理论，而非有关正犯与共犯区分的学说。[①] 但是，无论是单一正犯概念还是扩张正犯概念，从本质上说都是有关正犯标准的理论。正如笔者在论述正犯概念时所指出的，实际上正犯概念与正犯的标准具有内在的一致性。另外，正犯与共犯的区分理论，也只能作为二元区分体系下正犯的标准。在单一正犯体系下，虽不存在区分正犯与共犯的问题，但仍然存在正犯标准的问题。因此，严格来说，正犯与共犯区分理论不能直接等同于正犯标准理论。在此背景下，倘若遵守传统叙述常见的正犯与共犯区分理论，则很难全面展示正犯实质化的理论脉络。因此，笔者将结合正犯概念和传统的正犯与共犯区分理论来论述正犯标准的演变。[②]

[①] 参见柯耀程《刑法概论》，台湾：元照出版公司2007年版，第357—377页。
[②] 事实上刘艳红教授已经注意到，扩张与限制正犯概念应该与正犯的标准理论紧密联系在一起。不过，她仍然局限于正犯与共犯区分体系下。刘艳红：《论正犯理论的客观实质化》，《中国法学》2011年第4期。

正犯概念有单一正犯概念、限制正犯概念和扩张正犯概念。通过这几个概念可以知道正犯有三种不同的认定标准。单一正犯概念意味着正犯的成立标准是,对构成要件结果的实现具有因果贡献。在单一正犯体系中,也分为形式的单一正犯概念和功能的单一正犯概念。前者,依据因果关系理论中的条件说,认为一切对于构成要件实害结果或者危险结果的发生具有因果关系的参与者,都是在价值上相同的正犯,因此将参与形态在构成要件层面加以区分不仅没有必要,而且不恰当。[1] 这种正犯概念只考虑对犯罪参与人处罚在刑事政策上的意义,而忽视犯罪构成要件的意义。[2] 换言之,无论犯罪参与人实施全部不法构成要件行为还是只实施了部分不法构成要件行为,都将作为符合基本构成要件的正犯处理。[3] 后来奥地利学者提出了功能性的单一正犯概念。他在构成要件层面对正犯进行概念上的区分,认为自己以构成要件描述的方式实现构成要件的人是直接正犯;促成或者引起他人犯罪的人是诱发正犯;为他人犯罪提供事实上援助的人是援助正犯。[4] 虽然这种正犯概念已经注重根据犯罪行为人不同重要程度的地位与角色,即考虑犯罪参与人主观方面的发起与加功、客观方面是亲自实行还是只提供帮助行为等因素,来识别正犯。[5] 但是,它仍然将各种类型的正犯视为等价的正犯。换言之,正犯的成立条件并没有发生根本变化。

无论是形式的单一正犯概念,还是实质的单一正犯概念,都认

---

[1] 柯耀程:《刑法总论释义》(上),台湾:元照出版有限公司2006年版,第316页。
[2] 刘艳红:《论正犯理论的客观实质化》,《中国法学》2011年第4期。
[3] 江溯:《犯罪参与体系研究——以单一正犯体系为视角》,中国人民公安大学出版社2010年版,第133页。
[4] [日]高桥则夫:《共犯体系和共犯理论》,冯军、毛乃纯译,中国人民大学出版2010年版,第22—24页;江溯:《犯罪参与体系研究——以单一正犯体系为视角》,中国人民公安大学出版社2010年版,第144页。
[5] 刘艳红:《论正犯理论的客观实质化》,《中国法学》2011年第4期。

为行为人只要对不法构成要件的实现具有因果关系，则可以在规范上将其评价为亲自全部实行了刑法分则规定的构成要件行为。显然，这已经不是从形式角度认定正犯，而是凭借因果关系实现了规范化的评价。正因如此，有学者指出，将所有犯罪人均视为"实现法定构成要件的人"，是一种将实质思维贯彻到极致的做法。① 当然，这种实质化、规范化的评价是否合理则是另当别论。换言之，不能因为实质标准的不合理而否定其已经突破形式标准的事实。单一正犯概念包括了所有间接实行、部分实行的正犯，在具体范畴上会比正犯与共犯区分体系下的间接正犯和共同正犯要大。例如，一般的帮助犯、教唆犯都被作为间接实行、部分实行的正犯类型。同时，单一正犯概念也包括了形式化的正犯，例如亲自全部直接实行的行为人，一定也会被认定为正犯。因此，需要再次强调的是，实质化的标准，并不意味着排除了形式化的正犯。一般而言，亲自全部实行刑法分则规定构成要件行为的情形，通过规范评价理所当然也会被认定为正犯。

扩张正犯概念在本质上与单一正犯概念相同，但是立法者为了限制处罚范围，又通过刑法总则规定了共犯。如此为之，就必须在本质上相同（因果关系）的行为人中区分出正犯和共犯。但是，"纯就行为与结果之间在因果关系上客观地加以观察，正犯或共犯对于完成犯罪的贡献，均属等值，故无法从客观层面上加以区别，只能就主观层面，始能加以界分。因此，扩张正犯概念乃与主观理论结合"②。主观说，以因果关系论中的条件说为基础，认为正犯与共犯的区分不可能从客观方面进行，而应该以行为人的主观心态（行为人的意思、意向或动机）加以区别。依主观说的见解，正犯乃以正犯意思而犯罪，且欲将犯罪当作自己犯罪之人；共犯则以共犯意

---

① 阎二鹏：《共犯教义学中的德日经验与中国现实——正犯与主犯教义学功能厘清下的思考》，《法律科学》2017年第5期。

② 林山田：《刑法通论》（下册），北京大学出版社2012年版，第10页。

思而犯罪，且将犯罪当作他人的犯罪，而欲加以诱发或协助发生之人。[1] 扩张正犯概念将所有具有因果贡献的犯罪参与人作为正犯，与单一正犯概念一样，其正犯标准不再局限于行为人是否亲自实行刑法分则规定某罪的构成要件行为，因而具有实质的一面。主观说，根据主观的恶性的大小决定行为人在犯罪中的作用，进而筛选出正犯，其实也已经超越了形式的标准。

形式化的限制正犯概念表明，正犯的形式标准为亲自实行刑法分则规定某罪的全部构成要件行为。从理论上说，以限制正犯概念为基础构建的正犯与共犯区分体系，在认定正犯时则不能偏离这一标准，但是事实并非如此。正犯与共犯的区分出现了形式客观说、实质客观说、犯罪支配说、重要作用说等。本部分简要介绍各种区分理论，目的不在于评价各种理论是否能够区分出正犯与共犯，而是简要梳理正犯标准是否经历了一个从形式到实质的一个转变过程。

形式客观说，注重构成要件行为的形式特征，主张行为人亲手实施基本构成要件行为的人是正犯，除此之外的犯罪参与人均系共犯。[2] 传统观点认为形式客观说或者限制正犯概念由于包括了部分实行的内容，因而能够解释部分类型的共同正犯（分担实行行为型的共同正犯），并认为这种正犯概念是形式的概念。对此，如前文所述，笔者大胆否定了这一看法。因为实行部分构成要件行为，意味着还有部分构成要件行为没有被行为人实行，进而无法从形式上说明作为正犯的实质法理依据。换言之，如果按照传统观点认为限制正犯概念与形式客观说包含了部分实行刑法分则规定构成要件行为的情形，那么在笔者看来它们已经具有了实质标准的内容。

随着形式客观说在解释间接正犯和共同正犯问题上的无能为力，

---

[1] ［德］汉斯·海因里希·耶塞克、托马斯·魏根特：《德国刑法教科书》，徐久生译，中国法制出版社2003年版，第785页。
[2] 陈家林：《共同正犯研究》，武汉大学出版社2004年版，第11页；［德］克劳斯·罗克辛：《德国刑法学总论》（第2卷），王世洲译，法律出版社2013年版，第15页。

实质客观说应运而生。实质客观说认为正犯与共犯相比，具有较高的危险性，故而试图以行为在客观上的危险性或在因果关系上的分量（行为人参与因果关系的方式与程度），作为区别正犯与共犯的标准。① 实质客观说内部出现了多种不同的观点。一般认为，实质客观说在德国主要分为必要性说、同时性说、优势说。在笔者看来，德国如今司法判例流行的"规范的综合理论"，以及如今在刑法理论界占据主流地位的犯罪支配说（行为控制说），也是实质客观说的翻版。具体原因，后叙之。

必要性说是非常古老的理论，其基本含义是，"以自己之手亲自实施行为的人是正犯；必须和正犯等量齐观的是，对犯罪行为的实施给予必不可少的加功行为的人，没有这样的加功行为犯罪就不可能被完成。"② 质言之，必要性说将有重要加功行为的人规范化评价为亲自实施刑法分则规定构成要件之人。同时性说，以实施犯罪行为的时间为标准，认为在犯罪行为实行之时共同地起作用者是对结果造成原因的正犯，在犯罪行为实行之前的参与者是对结果只造成单纯条件的共犯。③ 优势说主张对犯罪事实具有优势关系的行为人是正犯，只具从属关系的行为人是共犯。④

规范的综合理论，由德国最高法院的判例发展而来。该理论已经偏离早期严格字面意义上的主观说，即不再将正犯意志仅理解为心理性的诊断结果，而是根据各种综合性的资料判断将其认定为具有正犯的意思是否具有规范上的价值。⑤ 行为人是否具有正犯意思这个问题，由纯粹的事实问题，变成了以一定事实为基础的规范论问

---

① ［德］汉斯·海因里希·耶塞克、托马斯·魏根特：《德国刑法教科书》，徐久生译，中国法制出版社2003年版，第783页；林山田：《刑法通论》（下册），北京大学出版社2012年版，第9页。
② 转引自刘艳红《论正犯理论的客观实质化》，《中国法学》2011年第4期。
③ 陈家林：《共同正犯研究》，武汉大学出版社2004年版，第13页。
④ 转引自刘艳红《论正犯理论的客观实质化》，《中国法学》2011年第4期。
⑤ ［德］克劳斯·罗克辛：《德国刑法学总论》（第2卷），王世洲译，法律出版社2013年版，第13页。

题。换言之，法官需要根据所有情节来作出一个行为人是否具有正犯意思的价值判断。而在价值判断上能否得出构成要件的发生与实现取决于行为人的意志的主要依据有：其一，行为人自己的利益与不法构成要件结果发生的关系大小程度；其二，行为人在犯罪实现中所实施行为的范围；其三，行为人在客观上对犯罪事实的支配或者行为人意志对犯罪事实控制的强弱程度等。①

犯罪支配说，是罗克辛教授最早详细论述且如今已占据主流的学说。罗克辛教授认为，在大多数犯罪（即支配犯）中，能够支配犯罪事实发生的关键人物、核心人物就是正犯。② 具体而言，直接正犯通过行为人亲自实施基本构成要件行为，从而将自己置于犯罪过程中，并控制、决定着犯罪的过程。这就是所谓的行为控制。间接正犯借助优势的主观认识（例如强制、欺骗场合等）在犯罪现场或现场之外支配着他人的行为，从而实现对犯罪事件的控制。这就是所谓的意志控制。共同正犯通过行为人之间的相互分工与合作，对犯罪计划的顺利完成发挥重要的作用，从而控制着不法构成要件的实现，这就是所谓的功能性行为控制。③

而在日本，实质客观说内部又主要分为三种不同学说。有学者主张从行为人对他人之犯罪行为有无目的性支配来认定正犯和共犯，有学者主张从行为人之犯罪参与行为究竟是犯罪结果发生的原因还是条件来识别正犯和共犯，有学者主张依据行为人之犯罪行为对法益侵害结果发生是否具有重要的作用来确定正犯和共犯。④ 总体而言，现在日本的有力学说为重要作用说。需要注意的是，虽然日本

---

① ［德］克劳斯·罗克辛：《德国刑法学总论》（第2卷），王世洲译，法律出版社2013年版，第13页。

② ［德］克劳斯·罗克辛：《正犯与犯罪事实支配理论》，劳东燕译，载陈兴良《刑事法评论》，北京大学出版社2009年版，第2页。

③ ［德］克劳斯·罗克辛：《德国刑法学总论》（第2卷），王世洲译，法律出版社2013年版，第15页。

④ 黎宏：《日本刑法精义》，法律出版社2008年版，第255页。

的主流学说是重要作用说，但是形式客观说仍有很多学者支持，尤其是规范的实行行为说。在此，笔者将规范的实行行为说也作为客观实质学说的一种。原因在于，持该说的学者主张从规范化、实质化的角度理解构成要件行为（实行行为）。依其立场，通过支配他人行为而实现不法构成要件的情形，也可以评价和理解为构成要件行为（实行行为）。显然，这种规范的实行行为说，已经不是严格意义从自然主义、事实论上判断行为人是否实施了构成要件的行为。正如钱叶六教授总结的，形式客观说也经历了从严格的形式客观说到规范的实行行为说的发展轨迹。①

在我国，区分正犯与共犯的理论，也即正犯标准的理论，基本是沿用了德国、日本的学说。如今占据在我国刑法领域具有重要影响力的学说，主要有犯罪支配说、重要作用说和规范的实行行为说。支持犯罪支配说的典型代表之一张明楷教授认为，从实质角度而言，行为人如果能够对不法构成要件产生支配效果，也即对构成要件的实害结果或危险结果产生支配作用，那么就可以将其认定为正犯；倘若行为人对犯罪事实缺乏支配作用，则为共犯。② 而刘艳红教授则认为重要作用说是我国应借鉴的一种学说，并主张，如果从客观可见的角度观察，行为人对不法构成要件结果的产生起到了重要作用，则可将其认定为正犯。③

我国很多学者主张规范的实行行为说。规范的实行行为说被很多人认为比较符合中国的共同犯罪立法特色。钱叶六教授认为，将以构成要件定型性为核心的规范实行行为说作为区别正犯和共犯的标准比较妥当。依其观点，行为人如果实施了刑法分则规定某罪名的基本构成要件行为，也即实行行为，那么该行为人就是正犯。具体而言，如果行为人以自己身体动静实施不法构成要件，则为直接

---

① 钱叶六：《双层区分制下正犯与共犯的区分》，《法学研究》2012 年第 1 期。
② 张明楷：《刑法学》，法律出版社 2016 年版，第 392 页。
③ 刘艳红：《论正犯理论的客观实质化》，《中国法学》2011 年第 4 期。

正犯；如果行为人支配他人或者说利用他人（工具）的行为，能够在规范论意义上将其等价为自己亲自直接实施，则为间接正犯；如果行为人因分工合作共同分担刑法分则规定某罪的部分基本构成要件行为，而共同惹起了基本构成要件的实害结果或者危险结果，则为共同正犯。① 在我国，仍然有很大一部分学者将其称为形式客观说，但是不管如何称呼，他们都没有坚持完全形式化的正犯概念，而是从规范角度评价行为人是否亲自实行了刑法分则规定的构成要件行为，这从他们承认间接正犯和共同正犯的概念即可得到有力证明。②

除了上述这些学说，在德国、日本和中国，仍然有不少其他区分正犯与共犯的理论学说。不过笔者将大部分正犯标准的理论加以介绍，已足以梳理出正犯标准从形式朝实质发展的理论脉络。具体概括如下。

其一，单一正犯概念与限制正犯概念各自本身隐含着正犯形式化与实质化的内容。之所以说单一正犯概念和限制正犯概念都包含了正犯形式化和实质化的内容，原因在于一方面它们都承认在事实论上亲自实行刑法分则规定某罪构成要件行为的人是正犯，另一方面单一正犯概念承认具有因果关系的间接实行情形和部分实行情形也构成正犯；而严格意义上的限制正犯概念亦肯定部分共同正犯的情形（如行为人在犯意联络下各自实行部分构成要件行为的情形）是正犯。③

其二，从正犯与共犯区分的理论来看，正犯标准表现为从形式

---

① 钱叶六：《双层区分制下正犯与共犯的区分》，《法学研究》2012 年第 1 期。
② 陈家林：《共同正犯研究》，武汉大学出版社 2004 年版，第 25 页；张伟：《我国犯罪参与体系下正犯概念不宜实质化——基于中、日、德刑法的比较研究》，《中国刑事法杂志》2013 年第 10 期。
③ 值得注意的是，限制正犯概念虽然只规定了形式的定义，但是如果要贯彻"部分行为，全部责任"的归责原则，就必须说明其实质根据与法理依据。限制正犯概念并没有将这种实质根据彰显出来，因而当前研究也仅看到了限制正犯的形式化侧面。

到实质的转变。正犯标准的实质化已经成为了刑法学界主流的观点。上述各种正犯与共犯区分理论，无不体现了这一重要而根本的特征。严格意义上的形式客观说，同限制正犯概念一样，体现了正犯形式化的一面，即必须要求行为人亲自实行刑法分则规定的构成要件行为。但是，由于该概念包含了行为人也可以只亲自实行刑法分则规定的部分构成要件行为，即另一部分可以通过他人实行，因此又具有实质的一面。所谓实质的一面，表现为从规范论角度看，能将间接实行和部分实行（甚至没有实行）刑法分则规定构成要件行为的情形，实质化、规范化地评价为自己亲自全部实行。而最能体现这一特征的，当属后来出现的各种客观实质论学说。规范实行行为说、必要性说、目的行为支配说、同时性说、优势说、规范的综合理论、犯罪支配说、重要作用说等非形式化的正犯学说都可以放在客观实质说的范畴加以把握。这些学说除都注重从客观方面认定正犯外，还都突破了仅从事实论、形式论角度认定正犯的传统，开始注重从规范论、价值论、实质论的角度认定正犯。即这些学说不再单纯依据行为人是否在事实上亲自实行了刑法分则规定的构成要件行为来认定正犯，而是将某些由他人实行、自己部分实行的情形也规范化、实质化地评价为正犯。

具体而言，规范的实行行为说，试图通过对实行行为的规范化理解，实现实质化的评价。但是，如果进一步追问，为什么可以作规范化的理解呢？则无非回归到当今的各种间接正犯的理论。例如，黎宏教授说道，倘若行为人为了实现自己的犯罪意图，而将他人当作物理性工具一样进行支配与利用，那么此种通过他人之手完成自己犯罪计划的行为，就与行为人自己亲自直接实施犯罪没有任何差别，因此行为人可以被认定为正犯。[①] 即如果利用他人达到了利用工具一样的效果，则在规范上完全可以评价为自己亲自实行。必要性说、同时性说、目的行为支配说、优势说、重要作用说、规范的综

---

① 黎宏：《刑法总论问题思考》，中国人民大学出版社2007年版，第101页。

合理论和犯罪支配说等学说通过行为人在共同犯罪中的角色、地位、分量或参与的过程等因素来认定正犯①，不再单纯看行为人是否在事实上亲自实行了刑法分则规定的构成要件行为。例如，必要性说根据犯罪参与者是否"对于犯罪结果的发生有必不可少的助力作用"；优势说根据犯罪参与者是否"对于不法构成要件的实现具有优势关系"；同时性说根据犯罪参与者是否"在非常重要的时间内参加犯罪"；规范的综合理论根据行为人的意志是否"在共同犯罪中控制着犯罪的发生"；犯罪事实支配说根据行为人是否"在犯罪构成要件的实现中起到支配作用"；目的行为支配说根据行为人是否"对他人的行为具有支配作用"；原因条件区别说根据行为人是否"与犯罪结果的发生具有原因关系"；重要作用说根据行为人是否"在犯罪的完成中起到了重要的作用"。这些学说都注重行为人对构成要件实现的功能性作用，突破了僵硬的形式化标准。

总而言之，严格意义的形式客观说，基于存在论的立场，即从事实论角度出发，观察行为人是否亲自实行了刑法分则规定某罪的全部构成要件行为。而实质客观说，从规范论视角着手，认为即使没有亲自实行形式上的构成要件行为，但是只要在法的价值评价上，能够被视为行为人亲自实施实行行为，则可以将其认定为正犯。② 严格形式客观说到实质客观说的发展，清晰地展现了正犯标准从形式化到实质化的转变演变过程。

其三，从行为人与构成要件的关系角度来看，也体现了正犯从形式化转向实质化的特征。一方面，从行为人与构成要件的事实关系来看，出现了两种不同的正犯观点：一种是形式化的正犯。严格意义上的形式化正犯，要求行为人亲自且全部实行刑法分则规定的构成要件行为，这种完全形式化的正犯只有单独直接正犯符合要求。比这种正犯要求稍微低一些的是，限制正犯概念或者说严格字面意

---

① 刘艳红：《论正犯理论的客观实质化》，《中国法学》2011 年第 4 期。
② 转引自刘艳红《论正犯理论的客观实质化》，《中国法学》2011 年第 4 期。

义上的形式客观说。它们仍然要求行为人必须在事实论上实行刑法分则规定的构成要件行为，不过包括了只实行部分构成要件行为的情形。另一种则是实质化的正犯观点。这种正犯观点，不再要求行为人亲自实行刑法分则规定的构成要件行为的事实联系。例如上述的各种实质客观说。另一方面，从行为人对构成要件的支配程度来看，也出现了两种不同的正犯观点：一种是行为人只要与构成要件的实现具有因果联系即可。单一正犯概念与扩张正犯概念是典型的代表，它们将一般的帮助犯、教唆犯等都评价为正犯。另一种是行为人需要达到足以支配构成要件的程度。例如，正犯与共犯区分体系下，学者们提出的各种间接正犯和共同正犯的认定标准理论，诸如工具说、犯罪支配说等。显然这种正犯观点要求支配构成要件的程度要强。当然，无论是弱还是强，这都已属于正犯实质化的范畴。

第三节　正犯实质化需要研究的问题

正犯实质化是普遍存在的现象。正如本书开头所述，世界各国和各地区的刑法都对间接正犯和共同正犯作出了规定。《德国刑法典》第25条、《日本刑法典》第60条、《韩国刑法典》第30条和《俄罗斯联邦刑法典》第33条第2款，以及我国台湾地区的刑法第28条都规定了两人以上共同实行的为共同正犯。同时，《德国刑法典》第25条、《韩国刑法典》第39条和《现行俄罗斯联邦刑法典》第33条第2款还规定了间接正犯的情形。此外，《意大利刑法典》第110条、《奥地利刑法典》第12条规定了单一正犯。这些立法都将从存在论意义上看并非行为人亲自实行刑法分则规定某罪全部构成要件行为的情形规定为正犯。

正犯实质化不仅有立法的规定，而且在司法实践中也被普遍认可。司法人员在处理多人参与犯罪时，除了肯定直接的单独正犯外，一般还会根据案情承认间接正犯、共同正犯。应该说，这些国家和地区的司法人员在刑事裁判中承认间接正犯和共同正犯已经是不争的事实。早期日本有学者统计了他们国家过去40余年（1952年至1998年）的司法实务数据，在数人参与犯罪的场合，最终被认为正犯（包括共同正犯、间接正犯）的占97.9%。[①] 即使在我国没有明确规定正犯实质化的法条，司法实践中也开始出现明确肯定间接正犯和共同正犯的刑事裁判书（主要分布在2010年至今）。而且有一些实质化的正犯，恰恰是由司法实践中的判例发展而来的。例如，共谋共同正犯概念便产生于日本的刑事司法判例。采取单一正犯概念的国家，在司法实践中，则会将所有具有因果贡献的犯罪参与人都认定为正犯，而不是看其是否亲自实行了刑法分则规定某罪的构成要件行为。

按照本书对正犯实质化的界定，可以看出刑法界几乎都赞成正犯实质化的做法。无论是赞成单一正犯概念或扩张正犯概念，还是赞成二元区分体系下的形式客观说或者实质客观说，甚至主观说，他们都不再仅仅以行为人是否在事实上亲自实行了刑法分则规定某罪的构成要件行为为标准来认定正犯，而是通过规范评价将间接实行、部分实行的情形也判定为正犯。

虽然世界各国和地区普遍存在正犯实质化的现象，立法、司法与理论也肯定了正犯实质化的事实，但是，这并不代表正犯实质化被敏锐地识别，更不能说正犯实质化获得了很好的研究。毫不夸张地说，共同犯罪中的绝大多数争议都与正犯实质化相关。例如，犯罪参与体系的选择问题。事实上，刑法学者争论共同犯罪理论体系和立法体系究应选择单一正犯体系，还是选择正犯与共犯区分体系，本质在于如何看待各参与人的构成要件符合性问题。进言之，正犯要与构成要件产生怎么样的事实与规范关系，才能将其评价为正犯。这不免就会探讨是将间接实行、部分实行的所有情形都作为

---

① ［日］龟井源太郎：《区别正犯与共犯》，转引自［日］西田典之《日本刑法总论》，王昭武、刘明祥译，法律出版社2013年版，第291页。

正犯，还是应该有所区别呢？又如，正犯与共犯的区分问题。正犯与共犯的区分理论，其实只是关于正犯的理论，即如何认定正犯的问题。① 为解决这一问题，学者们提出了形式客观说、主观说以及种类丰富的实质客观说。然而，究竟哪一种学说比较合理，其实是一个应该如何合理实现正犯实质化的问题。由此产生的相关问题有，选择重要作用说的客观实质说之后，是否会导致与罪刑法定原则相违背？是否会导致正犯与共犯区分困难？而且，选择以限制正犯概念为基础构建犯罪参与体系之后，又坚持规范的实行行为说或各种实质客观说，是否会出现自相矛盾？这些争论与疑问在根本上也是源于正犯实质化的正当性疑问或者如何合理实现正犯实质化的问题。还有诸如间接正犯、共同正犯的具体标准、基本类型，犯罪参与人的定罪与量刑，主犯正犯化等问题，在很大程度上也是一个有关如何看待正犯实质化的问题。

然而，可惜的是，当前研究似乎并没有特别注意这些纷繁复杂理论背后的本质，没有找到这些问题与争论的真正焦点，而是局限于各种学说本身，陷于争论不止的泥潭之中。缺乏从方法论角度去认识共同犯罪理论的本质问题，必然会随着争论的增多，而使共同犯罪领域变得更加扑朔迷离。刑法不能被那些纷繁复杂的外在现象所迷惑，而应更多地关注它们背后所隐含的规范性和机能性理解；唯有如此，方能提升刑法学的规范性品格，减少刑法体系之内的各种误解、矛盾与摩擦。②

在笔者看来，正犯实质化比较准确地反映了共同犯罪中有关正犯理论的争议焦点问题。倘若能够从正犯实质化这一视角重新审视共同犯罪理论，则至少能为减少争议、达成共识提供方法论上的指导。正犯实质化研究最终在于解决正犯成立的标准与限度问题。而解决好这一问题，实际上就可以解决当前共同犯罪中的很多争议问

---

① 江溯：《区分制共犯体系的整体性批判》，《法学论坛》2011 年第 6 期。
② 何庆仁：《义务犯研究》，中国人民大学出版社 2010 年版，第 208 页。

题。为实现此目的，研究正犯实质化需要从哪几个方面展开呢？或者说正犯实质化有哪些问题急需解决？根据现有文献，本书认为以下三个方面的问题还有待深入研究。

一 正犯实质化的规范界定问题

什么是正犯实质化，关系到正犯实质化的识别问题。虽然立法、司法与理论都存在正犯实质化的现象，但是对于正犯实质化的识别不够敏锐，对正犯实质化的基本内涵和范畴也缺乏准确的认识。就如同人们在生活中可能经常用哲学，但是不知道其哲学原理是什么。而这种无意识的状态，就会导致人们很难抓住现象背后的本质问题。虽然学者在共同犯罪中的不同地方提及了正犯实质化的问题，但是仔细斟酌就会发现他们的认识可能存在一定的偏差。鉴于什么是正犯实质化的问题已经在本章的第一节和第二节中解决。在此，仅归纳总结在理解正犯实质化时需要注意的几个问题。

其一，限制正犯概念与形式客观说没有体现正犯实质化吗？传统观点认为，限制正犯概念与形式客观说都是形式化的正犯概念，因为它们都要求行为人亲自实行刑法分则规定某罪的构成要件行为。不管是亲自实行某罪全部的构成要件行为，还是亲自实行某罪的部分构成要件行为，都表现出了行为人亲自实行的形式要求。但是，如前文所述，传统观点并不完全合理，因为部分实行模式是无法仅仅通过形式判断将他人实行的部分行为也规范评价为自己亲自实行的行为。即只要承认部分实行也构成正犯，那么就一定会体现正犯实质化的一面。换言之，这两个概念如果要理解为纯粹形式化的正犯概念，那么必须祛除部分实行的内容；倘若要包含部分实行的内容，则应该认识到它们背后存有正犯实质化的内容。

其二，间接正犯、共同正犯属于正犯实质化吗？如上文所述，当前我国不少学者反对正犯实质化，却明确承认间接正犯、共同正犯。依其原意，这些论者主要反对的是，对正犯的认定直接依据行为人在共同犯罪中作用的大小而忽视构成要件类型化规定的做法。

那么需要明确这样一个问题：他们所反对的正犯标准和自己所提倡的正犯标准是否存在本质的差异？在笔者看来，重要作用说、犯罪支配说等学说，与这些论者提倡的规范实行行为说，在本质上具有一致性。即在认定正犯时，都不再以行为人是否在事实上亲自实行了刑法分则规定某罪的构成要件行为为判断标准，而是根据实质化、规范化的标准认定正犯。由此，间接正犯和共同正犯也才可能得到承认。概言之，一方面，反对正犯实质化的学者，在名义上并没有把间接正犯和共同正犯视为正犯实质化的基本类型；另一方面，学者们在论述限制正犯概念时，又指出其是一个形式的正犯概念，并认为其无法说明通过他人实行的间接正犯情形，即承认间接正犯是实质化的正犯，认为共同正犯是形式化的正犯。可见，当前研究对于什么是正犯实质化这个前提问题缺乏比较正确的认识。正犯实质化概念出现了使用之混乱，范畴之多变的乱象。这很容易造成不必要的误解。实际上，无论是间接正犯还是共同正犯，它们都是正犯实质化的基本类型。我们不能忽视这些最基本的形式，而只看到所谓共谋共同正犯等特殊类型才具有正犯实质化的特征。这种做法非常不利于从根本上掌握和解决正犯实质化所带来的一系列争议问题。

其三，单一正犯概念能够理解为正犯实质化吗？单一正犯概念将具有因果贡献的行为人都视为正犯。这意味着无论行为人在事实上是否亲自实行刑法分则规定某罪的构成要件行为都不影响正犯的认定。据此，一切间接实行、部分实行刑法分则规定某罪的构成要件行为的行为人，只要有因果关系都将被认定为正犯。可见，单一正犯概念，已经超越了形式化的正犯概念。那么是否超越了形式化的正犯概念，就属于正犯实质化呢？如上文所述，笔者持肯定态度，即只要将间接实行、部分实行的情形认定为正犯的，就是正犯实质化的表现。因为他们将没有亲自实行刑法分则规定某罪的全部构成要件行为的情形认定为正犯必然会借助规范化、实质化的评价。在此，他们的标准是因果关系。另外，需要注意的是，单一正犯概念明确反对间接正犯、共同正犯的概念，而间接正犯和共同正犯也属于正犯实质化。这是否存在自相矛盾呢？答案是否定的。因为，单一正犯概念消解间接正犯和共同正犯概念的原因只是对于正犯实质化的标准不赞同，并非否认非亲自、非全部实行构成要件行为的情形可以被评价为正犯的做法。

其四，共犯正犯化能等同于正犯实质化吗？如上文所述，解释论上的共同正犯化属于正犯实质化，但是正犯实质化，并不一定都是共犯行为正犯化的结果。因此，只能说正犯实质化包括了解释论上的共犯正犯化的内容，而不宜将范畴不同的二者直接等同视之。另外，立法上的共犯行为正犯化不能与解释论上的正犯实质化作等同理解，此正犯非彼正犯，二者实现正犯化的路径与罪名都存在根本的不同。

其五，需要注意的是，在表述、界定与识别正犯实质化时，须明确形式与实质的基本含义，不能随意界定和混淆形式与实质的基本内涵。不能说规范实行行为是形式的，而重要作用说等客观实质说才是实质的。为方便理解，可以将非形式的正犯标准直接等同于实质的正犯标准。由此，间接正犯、共同正犯、单一正犯、扩张正犯、规范的实行行为说、客观实质说毫无疑问属于正犯实质化，甚至限制正犯概念和形式客观说也有正犯实质化的一面。

二 正犯实质化的正当性根据问题

依据本书对正犯实质化的界定，大家几乎都是赞成正犯实质化趋势的。即使那些明确反对正犯实质化的观点，实际上也只是对正犯实质化的标准与限度有不同的看法。但是存在正犯实质化的现象和践行正犯实质化的做法，除了并不一定能够识别和知道什么是正犯实质化之外，还不一定清楚为什么要将正犯实质化，即正犯实质化的理论根据并不一定获得了充分的重视和研究。

为什么要探究正犯实质化的正当性根据？一方面，只有清楚现象背后的理论基础，才能为正犯实质化的立法和司法提供理论注脚，否则就会失去正当性。另一方面，只有探究出正犯实质化的深层动因，才能为如何合理、有效地实现正犯实质化提供方向与路径。

当前研究是否已经很好解决了为什么要正犯实质化这个问题？要回答这一问题，就必须弄清现有文献是否已经给出了令人信服的理由。首先必须提请注意的是，由于当前对正犯实质化的界定存在很大偏差，而且直接以正犯实质化角度分析此问题的文献非常之少，因此所谓支持正犯实质化的理由，也只能从其他主题的论述中寻找。

我国台湾学者黄荣坚教授赞同单一正犯概念，他在检讨犯罪人实现不法的现实机制时说道，在具体行动上，人要支配世界的某一个情状（例如利益侵害）的存在，必须（并且可以）透过一定的人或物体的运动过程来让它实现；人所存在的一切现象，真正的我就只有一个精神的我、意志的我，而所谓犯罪的我，指的也就是这个精神的我、意志的我。所谓的犯罪，也就是一种意志的跃动。至于自己的肉体只是犯罪的我（精神的我、意志的我）的工具之一。[①] 基于此理解，黄荣坚教授认为，一切犯罪既可以说皆是直接犯罪（自己意志的跃动），也可以说均为间接犯罪（人的意志利用人体或者物体去实现侵害）；而且从技术角度而言，行为人为了实现基本构成要件，本来就须利用工具，至于所利用的工具全部是行为人自己的身体或部分是别人的身体、抑或是人体以外的事物，其区别就刑罚处罚犯罪的目的而言，根本没有意义。[②]

江溯副教授在支持单一正犯概念时指出，将他人行为评价为自己行为有其哲学依据和法学依据。其中，哲学依据指主体在对客体进行评价的过程中，并不是盲目地全部接受客体的本然状态，而是在目的性地引导下对客体适当地加以"整容"；同理，刑法对行为的评价，也并非不加选择地全盘接受行为客体的本然状态，而是在评价目的地支配下对自然行为适当地加以"整容"。法学依据的基本内

[①] 黄荣坚：《基础刑法学》（下），中国人民大学出版社2009年版，第493—494页。

[②] 黄荣坚：《基础刑法学》（下），中国人民大学出版社2009年版，第493—494页。

容是，如果认为只有亲自直接实施基本构成要件的行为人才是刑法评价的对象，那么这就是"一种物理的、自然主义的理解，违背了对行为规范性的把握"。①

上述两位学者为了论证单一正犯体系将所有通过他人实行的情形都评价为行为人自己行为的合理性，而寻找了哲学或法学原理作为依据。应该说，这是最为接近正犯实质化之正当性根据的论述。而且，这些依据对为什么要正犯实质化问题的回答有一定的普适性。但是相对于本书界定的正犯实质化，上述理由仍然存在准确性、系统性、深度性与普适性不足的问题。

黄荣坚教授认为，自己的肉体、部分别人的肉体、或是人体以外的物体都只是犯罪的我（精神的我、意志的我）的工具之一，就刑罚处罚犯罪的目的而言，根本没有意义。笔者认为，这种观点值得商榷。共同犯罪，涉及多人的意志互动，每个犯罪参与人有自己的意志自由，因此绝不可能简单地将其当作自然性的、物理性的犯罪工具一样对待。正如何庆仁教授所言，单一正犯体系在归责时将具有意志自由的人完全等同于自然力、动物等，忽视了现代归责理论区分自由律与因果律的决定性意义，因而在归责基础上存在根本性的问题。② 美国学者在研究共犯时也指出，归责时应注意自然性与意志性、物理世界与有意识的人类行为世界之间的差别。③

江溯副教授提出的法哲学根据和法学依据虽然具有一定的说服力，但是还有待进一步展开，其理论脉络与具体分析有所缺失。具体而言：其一，为什么在目的性的引导下主体对客体可以适当地加以"整容"？换言之，我们究竟应该如何处理事实（存在）与价值

---

① 江溯：《犯罪参与体系研究——以单一正犯体系为视角》，中国人民公安大学出版社 2010 年版，第 13—15 页。

② 何庆仁：《归责视野下共同犯罪的区分制与单一制》，《法学研究》2016 年第 3 期。

③ Sanford H. Kadish, Complicity, "Cause and Blame: A Study in Interpretation of doctrine", *California Law Review*, Vol. 73, Issue 2, March 1985, pp. 326–327.

（规范）的关系。这个问题在哲学中争论已久，如果要运用到刑法之中，那么必须作出一定的交代，否则很难具有说服力。其二，为什么需要对行为进行规范性理解？其背后的依据是什么，说理并不够充分。而且，规范性理解行为是否就意味着一切通过他人实行的情形都能评价为自己的行为？另外，上述理由仅仅是针对单一正犯概念，而尚未关注其他正犯实质化的概念。

在二元区分体系下，大量学者基本都是在选择正犯与共犯区分理论时，才提及正犯认定标准之实质化的问题。例如，刘艳红教授在梳理正犯的理论脉络之后，指出我国应该选择客观实质的正犯论，因为形式客观说将正犯限定在亲自直接实施基本构成要件的行为人中，这意味着不能合理解决间接正犯的问题，而规范化、实质化的理解可以正面地肯定间接正犯的概念，也即行为人如果对不法构成要件的实现发挥了相当于直接正犯的作用，那么可以被视为正犯。[1]又如，选择规范实行行为说的学者认为，只有对实行行为进行规范理解才能实现对间接正犯的定罪处罚。[2]选择犯罪支配说的学者指出，只有超越形式的限制才可以解决间接正犯、共同正犯的问题。[3]选择重要作用说的学者认为，只有通过作用大小的判断才可以对共谋共同正犯等正犯类型实现合理的定罪量刑。[4]

上述有关正犯实质化的理由，只是他们在论证自己选择的正犯与共犯区分理论的合理性时被顺带提及，而没有准确针对正犯实质化这一主题系统深入展开。这些理由大致可以归纳为刑事处罚必要性与量刑合理性的刑事政策要求，或者说规范理解实行行为的需要。然而，一方面，有效规制间接正犯、共同正犯的刑事政策需求为何

---

[1] 刘艳红：《论正犯理论的客观实质化》，《中国法学》2011 年第 4 期。

[2] 马聪：《论正犯与共犯区分之中国选择》，《山东社会科学》2018 年第 3 期。

[3] ［德］克劳斯·罗克辛：《正犯与犯罪事实支配理论》，劳东燕译，载陈兴良《刑事法评论》，北京大学出版社 2009 年版，第 2—8 页。

[4] ［日］西田典之：《日本刑法总论》，王昭武、刘明祥译，法律出版社 2013 年版，第 311 页。

能转化到刑法体系之内缺乏相应的说明。事实上，刑事政策的合理要求，有时可以通过立法途径进入刑法体系内，有时可以通过解释通道进入刑法体系，实质化的正犯属于后者。可是，为什么我们能够采用实质解释、规范化评价处理此问题？仅仅因为不规范理解就无法处理间接正犯和共同正犯的现实要求？显然，这种说理还不具有充分的说服力，有待进一步展开。而且更重要的是，实质化正犯的出现是否只是妥当量刑的需要？尤其是在我国规定以作用大小标准认定主从犯的背景下，这种实质解释正犯的做法是否还有必要，以及规范化理解、实质化解释与罪刑法定原则的关系也是赞成正犯实质化的论者必须回应的问题。

另一方面，很多学者的理由建立在对正犯实质化之基本范畴缺乏清晰认识的基础上。如前文所言，不少学者往往只把间接正犯作为实质化的正犯，而把共同正犯尤其是构成要件分担型的共同正犯作为形式化的正犯。然而，在笔者看来，即使亲自分担了部分构成要件行为的共同正犯（传统观点认为是限制正犯的一种）也是一种实质化的正犯。这是因为行为人只是亲自分担部分实行行为，就意味着还有一部分实行行为没有亲自实行。既然行为人没有亲自实施另外一部分构成要件行为，为什么最后能够将他人的行为等同于行为人亲自实行呢？显然这是从形式的角度（即行为人是否亲自实行了刑法分则规定的部分构成要件行为）无法解决和说明的。是故，如果对正犯实质化的基本范畴没有准确的认识，那么赞成正犯实质化的理由的准确性、涵盖性等方面也是有待商榷的。

在本书看来，当前正犯实质化之正当性的研究至少存在两个问题：其一，没有系统针对正犯实质化展开，尚未提出普适性的理由；其二，理由论述不够详细、深入与系统，其正当性有待考察，其说服力有待增强。本书将在第二章重点研究肯定正犯实质化的理论基础，以期弥补当前研究的不足。

三 正犯实质化的标准与限度问题

对于正犯实质化而言，当前最大的争议莫过于如何实现正犯实质化。如何实现正犯实质化，是一个关于正犯实质化标准与限度的问题。截至目前，对这一问题的回答还尚未形成共识。我们可以从以下三个方面进行观察。

首先，从单一正犯体系与二元区分体系的宏观视角来看，正犯实质化呈现出了两种截然不同的标准。单一正犯概念，根据因果关系的等价性原则，将非亲自实行但与构成要件实现具有因果贡献的行为人一律视为正犯；而在二元区分体系下超越形式束缚的实质正犯学说，则根据各种实质的标准，只将部分非亲自实行构成要件行为的行为人作为正犯。支持单一正犯概念的学者，反对间接正犯、共同正犯的概念，其不仅认为这种区分没有必要，而且指出这种做法会导致区分正犯与共犯困难等重大问题。[①] 支持二元区分体系的学者则认为，单一正犯概念破坏了构成要件的明确性，导致处罚范围过大、量刑粗糙化以及特别犯的处罚障碍等问题。[②] 到底何种观点更为合理的问题，值得深入分析。

在中国，犯罪参与理论体系的选择问题成为了时下共同犯罪研究的热点，众多学者加入了选择单一正犯体系还是二元区分体系的争论之中。[③] 然而，似乎有一些学者并未意识到它们之间的本质区别。这也导致哪种正犯实质化路径更为合理的关键问题被遮蔽，更不用说正确分析与解决这一问题了。加之，我国共同犯罪的立法并

[①] 徐伟群：《通往正犯之路：透视正共犯区分理论的思路》，《台大法学论丛》2011年第1期；江溯：《区分制共犯体系的整体性批判》，《法学论坛》2011年第6期。

[②] ［德］汉斯·海因里希·耶塞克、托马斯·魏根特：《德国刑法教科书》，徐久生译，中国法制出版社2003年版，第778页。

[③] 之前正犯与共犯区分的二元体系在中国被理所当然的接受，成为绝对的通说。然而，最近几年，随着学者对单一正犯体系研究的增多，我国不少学者都开始支持单一正犯体系。例如，刘明祥教授、阮齐林教授、江溯副教授等。

没有非常明确地呈现出单一正犯体系或二元区分体系的特征，这又为我国的争论提供了更多的空间。

其次，从正犯与共犯区分理论来看，赞成正犯实质化的实质说内部产生了许多具体不同的正犯标准。如上文所总结的，实质说突破了单纯的形式标准，转而注重从规范化、实质化的角度认定行为人是否亲自实行刑法分则规定某罪的构成要件行为。实质说内部出现了形形色色的理论学说。目的行为支配说、主观说、原因条件区别说、规范的实行行为说、必要性说、同时性说、优势说、规范的综合理论、犯罪支配说和重要作用说等非形式正犯标准的学说基本都属于正犯实质化的范畴。虽然一般认为犯罪支配说在德国占据了支配地位，重要作用说在日本是主流学说，但是即使在这些国家，仍有很多学者支持不同学说。由于各种学说都被指出有一定的缺陷，因此就如何认定正犯的争议从未停止，也尚未形成共识。例如，在德国司法实务中，规范的综合理论被广泛接受；在日本则有学者从"实行行为概念在刑法学中发挥着人权保障功能"这一点出发，认为应该维持形式说。[1] 可见，究竟何种正犯标准更为合理，或者说是否本身就应该存在多种正犯标准，是一个值得认真反思与深入研究的问题。

更重要的是，由于我国共同犯罪的立法兼具主从犯模式的中国特色，因此在正犯与共犯区分标准的问题上争议更大。有的学者将主犯正犯化，仍然坚持德国的主流学说犯罪事实支配说[2]，或者日本的主流学说重要作用说[3]。而有的学者则倾向于将主犯与正犯分离，坚持形式客观说或者说规范的实行行为说。[4] 这使得在其他国家成为

---

[1] 转引自［日］西田典之《共犯理论的展开》，江溯、李世阳译，中国法制出版社2017年版，第59页。

[2] 张明楷：《刑法学》，法律出版社2016年版，第392页。

[3] 刘艳红：《论正犯理论的客观实质化》，《中国法学》2011年第4期。

[4] 陈家林：《共同正犯研究》，武汉大学出版社2004年版，第25页；钱叶六：《双层区分制下正犯与共犯的区分》，《法学研究》2012年第1期。

通说的学说——犯罪事实支配说或重要作用说——在我国并未占据主流地位，而是与形式客观说或者说规范的实行行为说形成对垒之势，不相上下。至于究竟哪种正犯标准更为合理，则有待对各种理论学说进行逐一检讨。

最后，从正犯实质化的具体类型来看，间接正犯与共同正犯各自的标准不一，具体范围有别。围绕间接正犯的标准或者说处罚依据问题，形成了工具说、因果关系说、规范的障碍说、实行行为性说、行为支配说等不同的学说。间接正犯的基本类型也尚未达成共识，例如正犯背后的正犯是否应该被承认，在理论界存在很大争议。同样，共同正犯的标准也存在诸多不同的学说。例如，共同意思主体说、形式的实行共同正犯论、实质的实行共同正犯论（间接正犯类似说、行为支配说）、准实行共同正犯论。在这些正犯标准下，共同正犯的成立范围也存有巨大争议。例如，望风型的共同正犯、共谋型共同正犯等特殊类型的共同正犯，是否应该被肯定，不同的学者得出了截然不同的结论。而且，间接正犯、共同正犯还由于面临诸如身份犯、亲手犯、义务犯等特殊情形，而出现了更多的分歧。在我国学者们对这些争议问题也尚未达成共识。在笔者看来，这种复杂的局面有待以新的视角予以审视。

更重要的是，不同标准与限度的正犯实质化，还面临着诸多挑战。例如，立场是否一致，是否违背罪刑法定原则，正犯实质化或者说正犯与共犯难以区分是否意味着走向单一正犯体系的问题。这都是合理实现正犯实质化所急需一一回应的问题。

上述种种争议，归根结底，都是如何实现正犯实质化的问题。从现有文献来看，正犯实质化的标准与限度的研究体现了以下特征：其一，正犯标准各异，依据不同，范围有别，分歧之大，尚未形成共识性意见；其二，正犯实质化缺乏一般性的指导原理，例如正犯实质化应该有什么样的事实基础、价值标准。有鉴于此，本书将在第三章、第四章和第五章对如何实现正犯实质化的问题展开研究。

第 二 章

正犯实质化之肯定的理论基础

每一种理论与制度，只有具备足够充分的正当性理由，方能被接受、提倡与实践。如前文所言，虽然大家有意识无意识地赞成正犯实质化的做法，但是对于为什么要正犯实质化这一基础问题的研究并不够准确、深入和系统。为弥补当前正犯实质化之理论基础研究的不足，化解正犯实质化的正当性疑虑，指导正犯实质化的具体实践，本章试图从正犯实质化的（法）哲学基础、社会性基础和法教义学基础展开论述。

第一节 正犯实质化的法哲学基础

一 实质主义法运动的兴起与影响

（一）概念法学转向自由法学

从词源上看，"概念法学"一词由鲁道夫·冯·耶林于1884年提出。耶林在其当时的著作中写道："任何法学以概念进行操作，法律思维等同意义与概念思维，在这等意义下任何法学都是概念法学。"[①]

[①] 吴从周：《民事法学与法学方法论—概念法学、利益法学与价值法学》（第2册），台湾：台北一品文化出版2007年版，第16—17页。

一般认为，概念法学是指德国罗马法法学派内部在研究《学说汇编》的基础上而发展出来的一支法学流派，代表人物主要是格奥尔格·弗里德里希·普赫塔和波恩哈德·温德沙伊德，以及在此之前的耶林等人。① 当然，概念法学如同其他思想流派一样，也是一个继承性的思想汇合体，其很多基本观点也并非它所独创，正因如此，有不少学者将其视为规划于诸如分析法学等其他流派。②

在理论渊源上，概念法学可以追溯到康德哲学（及其自然法思想）和中世纪的注释法学派。一方面，康德所主张的可以从抽象的价值形式之中推导出具体法律命题并加以体系化的思想为概念法学的基本法律观奠定了必要的理论基础；另一方面，概念法学所主张的法律解释方法论直接来自中世纪注释法学派所采取的圣经解释方法论，其认为圣经是完美的，一切世上可能发生的事都可以在圣经当中找到答案，这种方法被使用于罗马法的解释上③，而随着德国对罗马法的继受，这种法律解释方法论同样地传播到了德国。④

法国至19世纪造成概念法学之风潮的背景主要有两个。其一，概念法学的产生与现代欧洲自由主义社会的形成联系在一起⑤，其主要受到孟德斯鸠及贝卡利亚等启蒙思想家见解的影响。孟德斯鸠基于三权分立的理论，严格禁止法官创造法律，认为创造法律属于立法者之任务，而法官之职责，乃在于确认或发现法律，并将之适用于具体案件之上。这意味着，法官在作出判决时，只能进行纯粹的逻辑演绎，即应避免个人价值的摄入、目的的考量或者利益的衡量。

---

① 王国龙：《法律解释的有效性问题研究》，博士学位论文，山东大学，2010年，第177页。

② 蒙晓阳：《为概念法学正名》，《法学》2003年第12期。

③ 王国龙：《法律解释的有效性问题研究》，博士学位论文，山东大学，2010年，第178页。

④ 杨日然：《法理学》，台湾：台北三民书局股份有限公司2005年版，第184页。

⑤ [美] R. M. 昂格尔：《现代社会中的法律》，吴玉章、周汉华译，译林出版社2001年版，第51页。

在法典万能主义下，判决是对法律简单的复制，法官不过是宣告法律的嘴巴。① 其二，概念法学的产生受自然法思想之影响。法国大革命前后，自然思想正蓬勃发展，其主张人类生而平等，对生命、自由以及财产，拥有天赋的权利，国家负责保障此等权利，维护人与人之间的平等。革命成功后，法国热烈地开展法典编纂运动，正受此等思想之影响。试图编纂一部简易、单纯而明确的法典，人人均可阅读，且无须请教律师即可了解自己之权利与义务所在，直接上法庭诉讼。由于在当时人们认为自己可以编纂一部万能至上的法典，因此主张法官在处理各种法律问题时，只需通过纯粹的逻辑演绎在法典之内即可寻找到答案。于是，概念法学应运而生。②

从德国概念法学的演进历史来看，其主要从德国的历史法学中脱胎而来，即源自德国的古典法学。③ 历史法学派的代表人物萨维尼主张德国法典之编纂，应以德国具有普遍效力之"学者法"为主，作全盘性研究，并加以注释。其早期所坚持的"制定法实证主义"，与历史法学派分出来的罗马法学派一脉相承，并经过普赫塔、温德沙伊德、孟森和贝克尔等学者的努力最终发展成概念法学。萨维尼虽然非严格意义上的概念法学者代表，但是其观点已有此倾向。他认为，一方面，制定法几乎完美无缺，因此适用它的司法裁判者无须考虑其他因素，只须站在立法者当时的立场，进行单纯的逻辑演绎，得出判决结果即可；另一方面，立法与司法应严格区分，因此即使制定的法律有瑕疵，法官也不能作任何改善与修饰，否则就僭越了立法者的权限。④ 萨维尼的学生普赫塔，进一步提倡逻辑自足的观念。他试图将罗马法整理成很有体系而层次分明的规范，而法学者之任务，仅能依循逻辑的演绎方法，分析各层次规范之间的关系

---

① 杨仁寿：《法学方法论》，中国政法大学出版社2012年版，第69—71页。
② 杨仁寿：《法学方法论》，中国政法大学出版社2012年版，第69—71页。
③ 杨仁寿：《法学方法论》，中国政法大学出版社2012年版，第74页。
④ 林端：《德国历史法学派——兼论其与法律解释学、法律史和法律社会学的关系》，《清华法学》2003年第2期。

以及各种概念之间的关系，法官也仅能凭借机械的逻辑，运用法律，不能旁求。① 此与数学家以数字以及抽象的记号，按照公式，为纯粹形式的操作，贻无不同。② 此种逻辑自足的观念，经过温德沙伊德等学者的发展逐步达到顶峰。他认为罗马法完美无缺，层次井然，体系严密，合乎公平，值得继受；法官之职责，只须根据法律所建立的概念予以应用，即为足以，一切解释要以立法者当时之意思为依归。③

概念法学的主要特征在于强调概念至上，迷恋于体系的完美，过于倚重形式逻辑的推演，而排除实践的价值判断。有学者比较准确地总结了概念法学的主要特征：其一，强调法律体系的逻辑完备性。概念法学以概念为核心构成法律体系。概念可以通过逻辑演绎而繁殖其他的概念，进而组成一个概念式的金字塔。而且，概念之间彼此联系，构成了一个逻辑完美的自足体系。由此，富有智慧的司法裁判者和富有建设性的法理学，只须通过概念的归类，即可解决实际遇到或者设想的案件。其二，注重三段论的形式推演。概念法学十分依赖归摄理论，即将制定的法律和构建的法律概念、原理当作涵摄的大前提，将案件事实当作涵摄的小前提，从而根据归属原理，得出正确的法律结论。其三，追求客观正确性，排斥价值因素的影响。由于概念组成的体系被概念法学者视为完美无缺、自给自足，因而法官的解释仅能依据万能至上的概念体系，而不能探寻立法者的主观意图，更不能考虑与价值有关的道德伦理或者其他政治、经济性的因素。唯有如此，方能确保法律解释的客观正确性。④

然而，在德国，自1847年开始，众多学者开始批评概念法学，爆发了汹涌澎湃的"自由法运动"。例如，耶林认为，主体在解释法

---

① 杨仁寿：《法学方法论》，中国政法大学出版社2012年版，第55页。
② 杨仁寿：《法学方法论》，中国政法大学出版社2012年版，第77页。
③ 杨仁寿：《法学方法论》，中国政法大学出版社2012年版，第77页。
④ ［葡］叶士朋：《欧洲法学史导论》，吕平义、苏健译，中国政法大学出版社1988年版，第201—202页。

律时，须首先探清法律想要达到的目的，倘若概念的推演偏离了法律目的，那么概念法学就只是一种纯粹的逻辑游戏而已，无益于解决现实情境中的各种法律问题；埃尔利希强调法律可能出现滞后和产生法律漏洞，因此，法官应根据客观实际，发挥主观能动性，尽量使法律适应当下的客观情况。① 经过自由法运动冲击之后，19世纪末20世纪德国出现了利益法学思想。其基本思想为，利益乃法律的源泉，因此利益以及对利益的衡量应成为法律规则制定的决定性要素和法律规则构成的基本要素，同时法律又是"保护利益"的重要手段。② 法官的任务是，在遵守现行法律规定的框架内，协调各种冲突的利益，以达到最大的社会利益。③ 法国法学界，在耶林目的法学思想的影响之下，也深受刺激，纷纷对传统法学提出批评，并开展独自的法学理论，被称为科学学派或自由法论。主要代表学者有撒雷和杰尼。撒雷强调法律应该与社会并行进化，同时不能忘却规范的安定性，故法律解释，必须调和法律的进化与安定；杰尼认为，人类创造实证法难以尽善尽美，必有诸多法律漏洞，不能仅仅依靠逻辑的形式推演予以填补，而应当注重在法律体系外寻找活的法予以补充。④

依日本学者碧海纯一的观点，与概念法学相比，自由法学的不同有以下五个方面：其一，承认除国家成文法之外，尚有活的法律存在；其二，认为法律存有漏洞，对概念法学所推崇的法律体系逻辑完美性持批判态度；其三，强调法律适用者在处理案件时虽然三段论的逻辑推理必不可少，但是应同时注重对利益的权衡和目的的

---

① 杨仁寿：《法学方法论》，中国政法大学出版社2012年版，第101—103页。

② 转引自杜江、邹国勇《德国"利益法学"思潮述评》，《法学论坛》2003年第6期。

③ Jhering, "Law as an Means to End" Select from "The Great Legal Philosophy", university of Pennsylvannia Press, 1958, p. 398；夏贞鹏：《"概念法学 VS 自由法学"的法解释学命题考察——写在"民法典"之前》，载陈金钊、谢晖《法律方法》，山东人民出版社2003年版，第444—446页。

④ 杨仁寿：《法学方法论》，中国政法大学出版社2012年版，第103页。

考量；其四，肯定司法实践中法官可以发挥主观能动性适当造法的做法；其五，主张法学不仅是一种理论的认识活动，还是一门实践性的学科，同时法学内含评价因素，属于一种高度价值判断的学问。①

（二）法律形式主义转向法律现实主义

法律形式主义作为一种法律思维模式、研究方法和司法理论，于19世纪末期20世纪初期主要盛行于英美国家。法律形式主义不是一种独立的学派。英美法系近代的裁判制度，可以说是从"先例的拘束"或"先例拘束性原理"独自的传统发展而来。②

18世纪中期，是英国最需安定之时期。为了社会的安定与繁荣，急需一部层次分明、井然有序的权威之作。英国法学家布莱克斯通的《英国法释义》正是在此时代背景下产生。他主张，法律是固定的、自足的体系，法官的任务是发现而非创制法律，判决源自不可变易的正义原则。③ 布莱克斯通的这种"法律发现论"就是法律形式主义的理论基础。后来，边沁对布莱克斯通的观点展开批评，并认为法官就具体案件除受先例拘束之外，还应推陈出新，就新的事物不断地思考，创造新的法律，始能适应社会的需要。④

在美国，由于18世纪60年代布莱克斯通的大著传入国内，影响巨大，美国人纷纷学习，受到追捧。一般认为，曾任美国哈佛大学法学院院长的兰德尔为美国法律形式主义的典型代表。在他看来，判例法可以浓缩为类似于几何学原理的少数法律基本原理。⑤ 兰德尔创造了案例教学法，并认为判例系依据逻辑体系的发展而发展。所

---

① 转引自杨仁寿《法学方法论》，中国政法大学出版社2012年版，第106—111页。

② 杨仁寿：《法学方法论》，中国政法大学出版社2012年版，第79页。

③ G. Aichele, *Legal Realism and Twentieth-century American Jurisprudence: The Changing Consensus*, New York: Garland Publishing, Inc., 1990, p. 4.

④ 杨仁寿：《法学方法论》，中国政法大学出版社2012年版，第79页。

⑤ A. Sutherland, *The Law at Harvard*, Cambridge: The Belknap Press, 1967, p. 174.

谓判例法无非是通过判例的研究，以追求法律发展的一般原理，除有特别情况外，在追求法律的发展中，应受先例拘束原理的规范。①

虽然法律形式主义的学者在不同时期所坚持的具体观点有所差别。但是，法律形式主义的基本内涵可作这样的描述：抽象的概念和原则组成自治封闭的法律体系，并由此可以推导出具体的法律原则，而法官只需蜷缩在此体系之中，通过纯粹的逻辑演绎而计算得出正确的案件结果即可。② 具体而言，法律形式主义有以下几个特征：其一，认为法律是由抽象的概念和原则组成的封闭体系。其二，主张法律推理的形式化，认为正确的案件结果只需根据逻辑推演即可得出，排斥经验与价值的作用。③ 其三，否定司法适用中司法人员造法的做法，认为法律裁判书只不过是法律的精确复制，法官也不外乎是说出法律的嘴。正如有学者形象地指出，法官是自动售货机，将诉状和诉讼费投递进去即可吐出判决和从法典上抄下来的理由。④

自由资本主义阶段是法律形式主义产生的时代背景。但是，当垄断资本主义到来时，市场开始失灵，经济危机频发，各种社会问题集中爆发，法律形式主义成为了阻碍法制改革的羁绊。同时，自然科学也获得了巨大发展，爱因斯坦的相对论打破了牛顿力学自足完美的神话，其对社会科学转向动态的功能主义也产生了巨大影响。⑤ 加之，欧陆法学方法由概念法学向自由法学转向，英美国家尤其是美国也开始受到很大影响，法律革新运动兴起，传统概念逻辑的机械法学的裁判观，逐渐被自觉的"法创造"任务所取代，而成为机能性的裁判观。⑥ 法律现实主义运动在美国逐步发展起来。这与

---

① 杨仁寿：《法学方法论》，中国政法大学出版社2012年版，第82—83页。

② 刘翀：《现实主义法学的批判与建构》，《法律科学》（西北政法大学学报）2009年第5期。

③ 曾毅、熊艳：《从法律形式主义到法律现实主义》，《求索》2010年第1期。

④ Max Weber, On Law in Economy and Society, trans., Edward Shils and Max Rheinstein, Harvard University Press, 1954, p. 354.

⑤ 许庆坤：《重读美国法律现实主义》，《比较法研究》2007年第4期。

⑥ 杨仁寿：《法学方法论》，中国政法大学出版社2012年版，第83页。

大陆法系国家针对概念法学开展的自由法运动如出一辙。

霍姆斯首先对法律形式主义提出了批判,其在《普通法》一书中指出:"法律的生命不是逻辑,而是经验。"并认为,与逻辑推理相比,社会的现实要求、流行的基本道德价值观、公开或无意识的公共政策的直觉知识、法律适用者个人具有的偏见,可能对选择、确定适用何种法律规则的作用更大。[1] 霍姆斯的美国现实主义法学思想,以及大陆法系的自由法思想为布兰帝斯、卡多佐所继受,并由庞德的社会法学加以体系化。

布兰斯帝在多起案件中,跳出纯粹逻辑的依赖,援引社会及经济事实证据作为辩护理由,并获得了联邦最高法院的支持。卡多佐则基于长期的实务经验,明确表示:法官除具有"准立法者"创造法之任务外,并应将裁判方法,分为哲学的方法、历史的方法以及传统的方法三种方法,以此三种方法作为选择裁判之标准,并依其情形,以社会学的方法予以归纳。而且,强调法官或律师在解释法律时,应以法律之目的与功能为指引,决不能单纯地概念化或形式化。[2] 庞德指出,法(先例)必须符合社会的发展,作弹性的变化,于要求法的安定性之外,也应重视论理及其理性的要素所扮演的角色,努力调整二者之冲突;法官在法创造的裁判活动中,将各种对立的利益,予以权衡协调,始能彰显正义,如果仅以固定的先例机械地适用,不过是形式主义法学而已,不足以反映正义。[3]

卢埃林作为法现实主义的代表,是一位法律怀疑论者。他提醒研究者不能被司法裁判者描述和理解自己行为的各种言辞所蒙蔽,也不能因为论述中采用了严格的逻辑演绎而忽视行为本身。[4] 先例或

---

[1] Oliver W. Holmes, "The Common Law", in William W. Fisher Ⅲ, Morton J. Horwitz, Thomas A. Reed (eds.), *American Legal Realism*, Oxford University Press, 1993, p. 1.

[2] 杨仁寿:《法学方法论》,中国政法大学出版社2012年版,第85页。

[3] 杨仁寿:《法学方法论》,中国政法大学出版社2012年版,第86页。

[4] K. Llewellyn, The Bramble Bush, Oceana Publications, 1960, p. 68.

概念本身必须适应社会生活之要求，法律不应自先例或规范含义予以了解，充其量仅能作为法官裁判的预判而已，法官仅能以经验科学的方法来加以探讨影响法官裁判的经验因素为何，特别是法律外在的因素。① 相对于卢埃林，弗兰克是一位激进的法律现实主义，其完全抛弃了逻辑演绎，认为法的安定性只是一种神话，法的确定性没有任何价值②；决定裁判之内容的仅是法官直觉，所谓裁判事实的认定也只不过是法官的"法的判断"之加工者而已，绝非事实的再现。至于从先例或概念形式而推理的三段论法，亦不过是事后予以判决予以合理化之手段而已。③

法律现实主义不是一支独立的学派，而是针对法律形式主义的一场法律革新运动。虽然法律现实主义论者的批判视角各异，主张多样，但是他们有一些基本的共性。有学者将法律现实主义的法律观概括为规则怀疑主义、法律功能主义和规则细化主义。④ 首先，法律现实主义者奉行规则怀疑主义。传统普通法原则被法律形式主义上升为神圣的原理，但是其很难适应急剧变革的社会，这引起了法律现实主义者的不满，他们质疑"法律发现论"，规则的表现形式与普通法实际运作的不确定性，提出法官可以造法⑤，法官的行为就是法律⑥，法官之直觉、偏见的社会因素对裁判的重大作用等观点⑦。其次，法律现实主义者主张法律功能主义。他们认为，法律并不是

---

① 杨仁寿：《法学方法论》，中国政法大学出版社 2012 年版，第 87 页。
② 陆宇峰：《美国法律现实主义：内容、兴衰及其影响》，《清华法学》2010 年第 6 期。
③ 杨仁寿：《法学方法论》，中国政法大学出版社 2012 年版，第 87—88 页。
④ 许庆坤：《从法律形式主义到法律现实主义——美国冲突法理论嬗变的法理》，博士学位论文，山东大学，2007 年，第 10 页。
⑤ B. Cardozo, *The Nature of the Judicial Process*, New Haven: Yale University Press, 1921, p. 10, 69.
⑥ K. Llewellyn, The Bramble Bush, Oceana Publications, Inc., 1960, p. 3.
⑦ J. Hutcheson, The Judgment Intuitive: The Function of the "Hunch" in Judicial Decision, 14 Cornell L. Q. 278, 1928–1929.

一个封闭自治的抽象体系，而是与社会紧密相关的，因此应该认识到法律调控社会和实现社会政策的性质和功能。这意味着，在适用法律时，不能局限于单纯的逻辑体系和逻辑推演，应同时重视从社会目的或公共政策的角度审视法律。进言之，为适应社会的变化和要求，法律本身也应适当的变化，调整旧规则树立新规则。① 最后，法律现实主义者提倡规则细化主义。这主要是受 20 世纪初期美国的一种富有特点的研究思潮影响，即强调社会科学研究应重视客观性和具体性。正因如此，法律现实主义者也极力批判传统规则过于宽泛与概括，积极主张具体归纳与细化规则。②

（三）小结

虽然概念法学和法律形式主义并非一无是处，自由法学和法律现实主义也并非完全合理，但是 19 世纪末期 20 世纪初期在大洋两岸进行的这两场法哲学的实质主义转向，对法学的研究与发展具有重大积极的影响。无论是欧洲大陆法系的概念法学转向自由法学的运动，还是英美国家由法律形式主义转向法律现实主义的运动，都反映了法律不可能是一个封闭、僵化、自足的形式化的概念体系，不可能与社会发展、政策需求、价值判断、目的考量等实质性的因素相隔离。

事实上，从刚开始仅仅认可形式化的正犯，到后来普遍承认实质化的正犯，就是法哲学实质化转向的一种具体表现与结果。在现实生活中，人们认识到，如果仅仅从形式的意义上将正犯理解为亲自直接实行刑法分则规定某罪全部构成要件行为的情形，就会放纵在实现不法构成要件中具有重大支配力或者重大作用的行为人。而这并不符合社会的现实需要、公共政策的价值需求和刑事政策的基本精神。显然，传统的法律思维方式在现实社会的真实情景中遭遇了困境。概念的形式化理解、体系内部的逻辑演绎，无法判断间接

---

① 许庆坤：《重读美国法律现实主义》，《比较法研究》2007 年第 4 期。
② 许庆坤：《重读美国法律现实主义》，《比较法研究》2007 年第 4 期。

实行、部分实行等实现犯罪的复杂方式是否符合正犯的概念与标准。在某种公平正义情感的趋势下，人们开始对正犯作实质化的理解。无论是正犯概念的实质化定义，还是正犯标准的实质化发展，均反映了法律思维模式的根本转变。因此，在笔者看来，正犯实质化的趋势，与概念法学转向自由法学、法律形式主义转向法律现实主义的法哲学转向具有重要关系。正如有学者正确地指出，倘若德日等大陆法系国家的刑法教义学从19世纪概念法学向20世纪目的法学、利益法学、社会学法学等反概念法学的转型构成其特殊的时代背景的话①，那么，在共犯教义学中通过对诸概念进行规范、价值之把握，进而推崇正犯概念的实质化则正是此一时代背景的产物。②

二 事实与价值的相对区分与融合

为何考虑了价值要素和进行了目的性分析，就可以将原本不符合存在论意义上的行为作为正犯处理？法哲学的实质转向至多只是说明了对正犯的理解与认定需要实质化的思维模式，离不开价值判断和目的性考量。而要准确回答上述问题，还有待于厘清事实与价值的关系，尤其是在法学中，应该如何对待事实与价值的问题。

众所周知，事实与价值问题是西方哲学中永恒且到目前为止尚未有过定论的话题。休谟最早提出了"是"能否推出"应当"。休谟认为自己发现了命题中存在一种不同于以往的推理方式，即不是通过"是"与"不是"来联系一个命题，而是不知不觉转向通过"应该"或"不应该"联系命题的新做法。③ 自从休谟提出这个问题之后，事实与价值的问题得到了广泛的讨论。那么"事实"命题究

---

① [日]西原春夫：《犯罪实行行为论》，戴波、江溯译，北京大学出版社2006年版，第232页。

② 阎二鹏：《共犯教义学中的德日经验与中国现实——正犯与主犯教义学功能厘清下的思考》，《法律科学》（西北政法大学学报）2017年第5期。

③ [英]休谟：《人性论》（下册），关文运译，商务印书馆1991年版，第509—510页。

竟能否推出"价值"命题呢?

从西方哲学史看,主要有两种观点。一种观点认为,"事实"命题不能推出"价值"命题,即所谓事实与价值二元论。这种观点主张,事实与价值本来就属于两个绝对不同的范畴,因而事实命题与价值命题之间也不存在前者推导出后者或者后者推导出前者的可能,二者独自存在,互不牵连。① 德国著名的社会学家韦伯就是二元论的代表。韦伯不赞成从"是"的领域直接进入到"应该"的领域,不主张从"事实命题"直接到"价值命题"的推导,而强调应该注重"是"与"应该","存在论"与"规范论"的根本区别。② 在韦伯看来,只能从客观世界获得与事实有关的知识,而有关规范论的知识只能从人的主观方面寻找,与客观经验世界无关。③ 美国的萨托利认为"价值选择独立于事实,也不从事实中推导出来"④。

事实与价值二元论在分析哲学下的元伦理学中得到了更深入的发展⑤。元伦理学的开创者英国哲学家摩尔认为,应该区分"善的"和"善的东西",前者本身无法被界定,而后者却可以被定义。这是因为前者是事物的一种性质,是人类单纯的思想客体,仅能依靠直觉把握,而无法展开分析。试图给"善的"下定义的做法,都将犯"自然主义的谬误";试图通过事实命题推导出价值命题的做法,也将犯"自然主义的谬误"。⑥ 显然摩尔主张,从任何非伦理命题都不

---

① 程仲棠:《从"是"推不出"应该"吗?(上)——休谟法则的哲学根据质疑》,《学术研究》2000 年第 10 期。

② [德]韦伯:《社会科学方法论》,朱红文译,中国人民大学出版社 1992 年版,第 34、44、48 页。

③ 程仲棠:《从"是"推不出"应该"吗?(上)——休谟法则的哲学根据质疑》,《学术研究》2000 年第 10 期。

④ [美]萨托利:《民主新论》,冯克利、阎克文译,东方出版社 1998 年版,第 54 页。

⑤ 程仲棠:《从"是"推不出"应该"吗?(上)——休谟法则的哲学根据质疑》,《学术研究》2000 年第 10 期。

⑥ [英]摩尔:《伦理学原理》,长河译,商务印书馆 1983 年版,第 15、122 页。

可能推出伦理结论，这也就意味着他坚持的是事实与价值二元论。摩尔的理论对非认识主义伦理学具有重大的启发意义。可以说，非认识主义伦理学就是主张事实命题无法推出价值命题在分析哲学中的具体化。非认识主义伦理学的主要观点是，主张严格区分道德和事实两个不同的命题，认为前者毫无描述意义，而后者具有描述性意义。同时，情感主义是该理论的主要形式。情感主义主张，人类感情、意志或形态的表达才是道德命题的核心意义。① 可以说，事实与价值二元论在当时获得了广泛的响应。

另一种观点认为，价值命题能够从事实中推导出来，即坚持事实与价值一元论。新康德主义者文德尔班的二重世界说就体现了一元论的观点。他认为，事实与价值组成的世界中，事实命题源于事实世界，价值命题源于价值世界，但是前者从属于后者，或者说前者可以推出后者。② 逻辑实证主义学派的领袖石里克也持有与该派内部学者卡尔纳普和艾耶尔完全相反的意见，其赞同认识主义伦理学，反对将事实命题与价值命题绝对区分的二元论。他坚决认为，将规范科学与事实科学完全对立起来，存在根本性的问题。善作为人类最高的价值，也不可能与生活或者人性的事实毫无关系；相反，伦理学的结论本应该源于生活，且不能与生活相违背。③ 质言之，事实命题与价值命题并非完全对立，而是紧密相关：前者可以推导出后者且对后者有否决权。

从20世纪60年代以来，越来越多的学者开始批评事实命题与价值命题绝对区隔的二元论。著名科学哲学家普特南就是代表。他明确指责"声名狼藉的'事实/价值'二分法"，认为事实上描述与

---

① 程仲棠：《从"是"推不出"应该"吗？（上）——休谟法则的哲学根据质疑》，《学术研究》2000年第10期。
② 中国大百科全书总编辑委员会《哲学》编辑委员会：《中国大百科全书·哲学》，中国大百科全书出版社1987年版，第923页。
③ ［德］石里克：《伦理学的目的是什么?》，载洪谦《逻辑经验主义》，商务印书馆1984年版，第630、632页。

评价不可能截然分开，二者必定相互纠缠，相互作用。① 具言之，事实知识并不是纯粹的事实问题，它会预设价值知识，同时价值知识也会预设事实知识。② 人们在作出事实性判断或者说在选择描述人类社会事实时，必定首先会渗入主体的道德价值。人们对任何概念的界定与选择，也会以主体的价值为前提。事实上，人们无法选择仅仅"摹写"事实的构架，因为任何一个概念构架都不仅仅是"摹写"世界的。③ 知名的后现代主义哲学家罗蒂也不赞成将事实命题与价值命题相区隔的二元论。他认为，有关"是"什么的真理命题和有关"应当"是什么的真理命题之间既不存在认识论意义上的差别，也没有形而上的不同。④

需要注意的是，在国外即使反对事实与价值的二元论，也并不都是赞成所有价值都源于事实。例如，塞尔认为，只有抓住人类社会的制度惯例性事实，才能从这种"是"的实质性含义中推出"应当"。⑤ 阿马蒂亚·森主张，人类一般的价值判断主要有两种，一种是不受事实因素影响的"基本"价值判断，即任何事实的变化都不会引起价值判断的改变；另一种是受事实因素影响的"非基本"价值判断，即价值判断可能会随着事实的变化而发生变化。⑥ 与此基本类似的主张还有布劳格的观点。

我国学者对事实与价值的关系也持有自己的看法。例如，有学

---

① Hilary Putnam, The Collapse of the Fact／Value Dichotomy and Other Essays, Harvard University Press, 2002, p. 3.

② ［美］普特南：《事实与价值二分法的崩溃》，应奇译，东方出版社 2006 年版，第 173 页。

③ ［美］普特南：《理性·真理与历史》，李小兵、杨莘译，辽宁教育出版社 1988 年版，第 4、266、168 页。

④ ［美］罗蒂：《后哲学文化》，黄勇译，上海译文出版社 1992 年版，第 248 页。

⑤ 龚群：《关于事实与价值关系的思考》，《陕西师范大学学报》（哲学社会科学版）2010 年第 1 期。

⑥ Amartya Sen, Collective Choice and Social Welfare, Holden—Day, 1970, p. 59; Amartya Sen, "The Nature and Classes of Prescriptive Judgments", Philosophical Quarterly, 17, No. 66 (1967), p. 50.

者认为,"事实与价值二元论者把事实命题和价值命题的区分加以绝对化是错误的",因为事实分为自然事实和社会事实,自然事实本身没有独立自足的价值,而社会事实是人类有目的行为构成,其本身具有内在价值。[1] 还有不少学者认为,自己找到了解决事实与价值关系之难题的办法。例如,有学者指出,西方主流哲学在事实与价值关系上误入歧途的主要原因在于:它凭借认知理性精神将"是"与"应当"嵌入到了某种二元对立的理论架构之中,没有看到两者之间通过"需要"这个核心纽结形成的交叠互动。[2]

笔者认为,我国学者指出社会事实本身还有价值因素,与西方哲学中的"制度性事实"的理论基本一致,有其合理性的一面。但是,需要注意的是,社会事实、制度性事实本身含有价值要素,并不等于与此相关的价值命题完全是从事实中推导而来。这是因为,从理论上说,价值的来源可能是先验的、非经验性的。而且,即使依据(社会性、制度性)事实进行价值判断,也与价值判断本身并非一回事。同样的事实,可能因每个人目的或者立场的差别,而作出完全不同的价值判断。换言之,即使是含有价值要素的社会事实或者制度性事实,其仍然可以作为另一种价值判断的事实资料。

另外,我国学者认为通过"需要"可以解决事实与价值之关系难题的看法,也未必完全正确。其指出,一直以来被探讨的是否能从事实推导出价值的问题实质上是个伪命题;因为他认为任何价值从根本上说都只可能从存在论或本体论(事实)中推导出来,否则就会变成荒诞离奇的无中生有了。[3] 一方面,其认为价值只能从存在的事实中推出,值得商榷。有一类纯粹的价值判断可能与事实无关,

---

[1] 程仲棠:《从"是"推不出"应该"吗?(上)——休谟法则的哲学根据质疑》,《学术研究》2000年第10期。

[2] 刘清平:《怎样从事实推出价值?——是与应当之谜新解》,《伦理学研究》2016年第1期。

[3] 刘清平:《怎样从事实推出价值?——是与应当之谜新解》,《伦理学研究》2016年第1期。

其完全是一个超验的命题，人们无法彻底排除这类判断存在的可能性。① 另一方面，如上所言，即使认可价值必须依据已经存在的事实作出判断，也与"事实命题直接等同于价值命题"截然不同。而且"需要"虽然可以将事实与价值联系在一起，但实质上并未解决事实命题能否推出价值命题的问题。

事实与价值的关系，是一个贯穿古今的永恒哲学难题。同时，它也是一个重要的方法论问题。在现实的社会生活和人文社会科学中，探究事实与价值之关系的主要目标在于，弄清人们究竟应秉持什么样的态度和规则认识和处理二者的关系。② 而对于这一问题的回答则具有一定的共识性，即在坚持事实与价值具有一定区别的基础上，认为后者的形成与判断都离不开前者。其实，在1970年以后，与传统实践哲学有别，西方实践哲学一方面开始主张事实与价值的相对区分，另一方面又试图开始融合与弥合二者的关系，例如哈贝马斯的主体间性理论。③

在人文社会科学领域，包括法学在内，事实与价值关系似乎并没有那么复杂。应该说，无论事实是属于自然事实还是社会事实，其与价值还是存在一定区别的，即使社会事实的形成离不开价值的选择，或者说价值的形成依赖于社会事实。否则，价值与事实二者完全同一，没有讨论的必要。换言之，相互依赖的关系也不能抹杀二者的不同。同时，应该看到，价值的形成，应该以事实为基础，而不能主张作纯粹的价值判断。正如有学者指出的，任何有关人类社会政治秩序和道德伦理的选择的理论倘若要具有实践指导意义，那么就不能完全偏离事实要素。因为完全脱离现实经验世界的纯粹价值判断，既不能为人们提供一个判断此类价值判断好坏的可靠性

---

① 王元亮：《价值与事实相互关系考论》，《山东社会科学》2013年第5期。
② 刘复兴：《人文社会科学研究中的事实与价值》，《北京师范大学学报》（社会科学版）2009年第1期。
③ 刘复兴：《人文社会科学研究中的事实与价值》，《北京师范大学学报》（社会科学版）2009年第1期。

标准，也无法为人类现实世界的规范建构提供任何经验性的建议与指导。①

同样，对于法学而言，没有事实视角的法学是狂热的，而没有价值视角的法学是冷冰冰的。② 价值判断的形成需要以事实为基础，同时价值判断又不完全依赖于事实。例如，行为人实施了支配犯罪实现的行为乃是一个社会事实，将此类行为人作为正犯，当然离不开其对犯罪实现的重要作用事实。而且，没有存在的事实，刑法中也就不会讨论此种情形是否构成正犯。但是，为什么要将对犯罪实现具有支配作用的这种不具备形式特征的行为人作为正犯评价呢？依据形式化的正犯概念和标准，一般只有行为人在事实论上亲自、直接实施刑法分则规定某罪的构成要件行为的情形才能被认定为正犯。但是，我们并没有局限于此。其实，这与公平正义的理念、刑事政策的目的等其他评价性因素有关。正犯实质化就是在事实要求相对不足的情况下，因实质正义的需要，而对行为人的行为所作的规范化、实质化的评价。这种对特定事实作规范评价的过程，实质蕴含了人们在刑法中对事实与价值关系的处理态度和规则。显然，正犯不是一个纯粹的事实论问题，而是一个包括了价值评价的规范性问题。这也是为什么现在的正犯并不只是包括在本体论意义上亲自、直接实行刑法分则规定某罪的构成要件行为的原因。价值评价在以事实为基础的同时，又在一定程度上超越了事实本身。事实在某种程度上促成了价值评价的形成，同时价值又在一定程度上弥补了事实的局限性。

三 人类认知模式的范式转变

为什么在本体论意义上非亲自直接实行刑法分则规定某罪的构成要件行为，最终也可以被视为符合了基本构成要件呢？这与人类

---

① 王元亮：《价值与事实相互关系考论》，《山东社会科学》2013 年第 5 期。
② 李其瑞：《法学研究中的事实与价值问题》，《宁夏社会科学》2005 年第 1 期。

的认知模式也不无关系。

一般认为,近现代工业社会、近现代精神和近现代科学的基本哲学范式是"主、客二分"。① 主客体分离的认识模式首先为自然科学所提倡。其形成与笛卡尔、牛顿等科学家有紧密关系。研究客观的自然规律是自然科学的任务。自然科学认为,自然规律不因人的意志而转移,它始终是客观存在的;人们的任务就是去认识和发现它,而不能改变它。②

主客分离的认知模式在哲学史上具有相当大的影响,其是西方理性主义哲学特别是近代哲学(包括唯理主义和经验主义)的逻辑前提。③ 古代哲学家们在认识世界时,都是在追求事物的本质,追问世界万物的统一性根据,但在实践中他们所采取的却是一种分裂世界的方式。随着近代哲学实现从本体论向认识论的转向,主体理性主义占据了统治地位。它以主观与客观、心与物的分离为前提,开创了以理性方式构造世界的主体认知方式,这使人们陷入一种纯粹的主观主义或客观主义的认识论困境中。传统的形而上学思维方式自 19 世纪以来一直受到西方哲学家的批判,他们试图通过排除近代认识论基础的二元分立倾向来反对绝对理性。然而,现代哲学家也并没有真正克服二元论,他们在理论理性与实践理性之间又划上了鸿沟,强调人类可以运用理性(主要是归纳分析和逻辑演绎)对世界自身的必然性、规律性和统一性加以认识,并形成了逻辑中心主义和科学技术决定论。④

---

① 蔡守秋、吴贤静:《从"主、客二分"到"主、客一体"》,《现代法学》2010 年第 6 期。

② 齐文远、苏彩霞:《刑法中的类型思维之提倡》,《法律科学》(西北政法大学学报)2010 年第 1 期。

③ 鲁克俭:《超越传统主客二分——对马克思实践概念的一种解读》,《中国社会科学》2015 年第 3 期。

④ 罗世龙:《形式解释论与实质解释论之争的出路》,《政治与法律》2018 年第 2 期。

全部认识论的核心是真理问题①。在主客分离的认知模式下，学者们往往采取真理符合论。洛克、贝克莱、休谟、罗素等都是真理符合论的典型代表。真理符合论将真理归结为命题（或判断）与实际（或认识）的符合。② 亚里士多德一般被认为是真理符合论的最早代表，他指出："每一事物之真理与各事物之实是必相符合。"③ 真理符合论在近现代哲学领域获得了重大发展，影响深远。近代的重要代表人物英国哲学家洛克曾明确地将真理定义为："按照与实在事物的契合与否而进行的各种标记的分合。"④

由于近现代哲学出现了危机，无法有效解释和指导人类的发展，从20世纪60年代开始，后现代主义哲学开始登上历史的舞台。后现代哲学与现代哲学相区别，摒弃了对同一性和普遍性的探求，崇尚开放性、多元性、相对性、不确定性，否定传统的真理符合观，主张语言结构分析和游戏，只谈对话和表达。由此，主客分离的认知模式开始向主体间性的认知模式发展。人们不再以科学的认知方式去看待人文社会科学。在主体间性的认知模式下，真理就不再是与认知对象符合一致的认识。"理解的主体也共同进入认识之中，在道德规范中只有一种相互主观性的真理，而没有客观真理。"⑤ 正如有学者所言，过去我们长期信赖的某种"真的"东西实际上也可以理解为不是因为它本身的客观存在的真，现在我们确信为"真的"东西的可接受性和效用性，在很大程度上取决于认识主体之间是否

---

① 曾志：《真理符合论的历史与理论》，《北京大学学报》（哲学社会科学版）2000年第6期。

② 陈锐：《真理符合论在法律领域的困境及其超越》，《政法论坛》2010年第2期。

③ ［古希腊］亚里士多德：《形而上学》，吴寿彭译，商务印书馆1959年版，第33页。

④ ［英］洛克：《人类理解论》，关文运译，商务印书馆1959年版，第566页。

⑤ ［德］阿图尔·考夫曼：《法律哲学》，刘幸义等译，法律出版社2004年版，第83页。

能够达成共识。① 人们逐渐认识到不能按照自然科学客观性的要求来证明社会科学中的客观真实以及其中的价值判断和规范语句，而是应该努力证明其是某种命题或者主张是合理的或适当的。

在此背景下，法律领域也开始反思主客分离模式的不足。例如，有学者指出，依据真理符合论的基本观点，法律真理就是有关法律命题与法律真理的制造者是否符合的问题；然而，究竟法律真理制造者是什么呢，符合的标准与对象又是什么呢？② 而且，法律规范的判断并不是一个单纯的真假的问题，而是一个规范性的问题，与自然科学完全不同。在刑法领域内，受传统哲学中的主客分离的认识论影响，解释主体与解释客体，被置于主、客二分的传统模式之下，解释客体被作为在认识过程开始之前的认知对象；对于解释主体而言，解释客体永远先验存在的客观事物，不会因为认识主体的变化而改变。③ 质言之，在传统主客观分离的认识模式下，人们认为所有的法律问题存在着一种等待被发现的最终客观真理。然而，人类的理性有限，而且真理始终是主体和客体并存的。④ 所谓客观存在的真从某种意义上说，都可以理解为主体间理解所达成的共识。刑法解释的正确性、有效性或者说合理性并不取决于必然和绝对的真实性基础。"'正确性'意味着合理的、由好的理由所支持的可接受性"。⑤

显然，正犯问题也不是一个真与假的判断问题。最初认为只有

---

① 童德华：《刑法中客观归属论的合理性研究》，法律出版社2012年版，第9页。
② 陈锐：《真理符合论在法律领域的困境及其超越》，《政法论坛》2010年第2期。
③ 潘德荣：《从本体论诠释学到经典诠释学》，《河北学刊》2009年第2期；姜涛：《基于主体间性分析范式的刑法解释》，《比较法研究》2015年第1期。
④ [德]阿图尔·考夫曼：《后现代法哲学——告别演讲》，米健译，法律出版社2000年版，第33页。
⑤ [德]哈贝马斯：《在事实与规范之间——关于法律和民主法治国的商谈理论》，童世骏译，三联书店2003年版，第278页。

行为人亲自、直接实行刑法分则规定某罪的构成要件行为的情形才是正犯,就受到了主客分离模式的无意识影响,表现为一种主客符合的真理观。事实上,并不存在一个客观正确的正犯概念与标准等待我们去发现。对于什么是正犯,其实是我们认识主体之间对既定的事实达成的一种共识。在某种程度上说,行为是否亲自、直接实行刑法分则规定某罪的构成要件行为并不重要,重要的是理解主体在对话、交流、辩论中所形成的共识性判断。可以说,正犯走向实质化,与人们认识模式的转变,以及对真理观的主体间性理解不无关系。

第二节　正犯实质化的社会性基础

一　朴素法感情的正义表达

法感情的研究在德国相对比较成熟,其历史已经有一百多年。法感情的重视除了心理学的快速发展之外,主要还源于法学家们发现在法律发现和适用过程中,并非纯粹的三段论之逻辑演绎,人类的情感和非理性因素也不免对裁判结果产生现实影响。那么究竟何为法感情呢？德国著名法感情专家埃尔温·赫耶兹勒认为,法感情的第一层含义是指经过法律专业训练之人对案件正确判断的一种直觉上的能力,即专业人士的先见；第二层含义则指,普通大众对法律的理解与法律本身的基本理念正好相符合,它是个人正义情感的表达。简言之,人们认为"法律就该是这样的！"；第三层含义则指人们对现行法律秩序的尊重,要求实施这种法律的感情。[①]

本书所言的社会大众的朴素法感情基本属于第二层含义,它是一种作为正义倾向的法感情,包含着理智和情感因素。正如利益法

[①] 转引自赵希《德国司法裁判中的"法感情"理论——以米夏埃尔·比勒的法感情理论为核心》,《比较法研究》2017年第3期。

学的代表耶林所言，法感情虽然是一种主观感受，包含着情感因素，但它是对正义的表达。[1] 这种正义的法感情是一种基于理性而产生的情感，这种正义的表达也就并不是单纯的感性宣泄，并非仅仅是"感受到了法与正义"。[2] 朴素的法感情，与常识常情常理，社会的公众认知基本一致。可以说，它们基本都是在正义理念的驱使下表达出的一种情感、认知或者观点。

无论何种理论与学说都要对人类朴素的正义情感予以十分的重视与尊重[3]。作为规制、引导人类行为的法律，尤其是涉及人权保障和社会安全的刑法，也必然会受到法感情的影响，而且应当考虑这种正义的情感表达。刑法理论不仅不能随意地嘲笑和轻视普通大众的法感情，而且应该尊重基于正义理念的法感情，使得刑法解释在法律范围之内最大限度地实现社会效果与法律效果的统一。[4] 事实上，从实质构成视角审视刑法，它也是一种关涉经验世界与社会常识的理性的价值判断，而且所作的判断结论不能脱离人们的生活常识。[5] 如果一门知识与普通大众的朴素正义感情相吻合，那么它的合理性也往往难以撼动。[6] 其实，现有刑法理论与实践很多地方也充分考虑了公众的认同感。例如，刑法中，即使行为人不作为，但是只要从公众的刑法认同感来说，具备了与作为价值相当的程度，那么就会作为犯罪处理。[7] 又如，刑法中正当防卫限度问题，如果要得出

---

[1] 转引自赵希《德国司法裁判中的"法感情"理论——以米夏埃尔·比勒的法感情理论为核心》，《比较法研究》2017年第3期。

[2] 转引自赵希《德国司法裁判中的"法感情"理论——以米夏埃尔·比勒的法感情理论为核心》，《比较法研究》2017年第3期。

[3] 何庆仁：《共犯论中的直接—间接模式之批判——兼及共犯论的方法论基础》，《法律科学》（西北政法大学学报）2014年第5期。

[4] 陈璇：《论正当防卫中民众观念与法律解释的融合——由张德军案件引发的问题和思考》，《中国刑事法杂志》2007年第4期。

[5] 周光权：《论常识主义刑法观》，《法制与社会发展》2011年第1期。

[6] 何庆仁：《共犯论中的直接—间接模式之批判——兼及共犯论的方法论基础》，《法律科学》（西北政法大学学报）2014年第5期。

[7] 周光权：《论刑法的公众认同》，《中国法学》2003年第1期。

比较合理的结论，就必须考虑社会公众在当时情况下的正常反应，尊重人类的朴素正义感情，而不能违背社会主流的价值观念。

对于正犯问题，有学者曾指出，针对共犯现象，人们的直观认识观念和朴素正义情感会促使他们认为，对直接满足基本构成要件和直接侵害以及直接导致法益侵害结果的行为人应比间接实行的行为人给与更重的处罚。① 笔者认为，这种说法欠妥。因为人们的直观认识和朴素正义感情可能并不认为，对于间接导致法益侵害的就应该比直接造成法益侵害的处罚轻。举个生活中简单的例子加以说明。"整新郎"是很多地方的一个风俗，一天 X 结婚，他的一群好朋友准备疯狂地整一下新郎，其中甲组织能力较强，负责组织、策划、指挥其他人，而其他人负责购买道具并具体实施策划的内容，最后新郎被整的"很惨"。在这场闹剧中，新郎和观众似乎并不会认为背后组织、策划和指挥的人"责任"更小。相反，在大家朴素的认识中，此人的行为至少可以等价于亲自直接实行的人；如果要处罚，则并不会因为没有直接实行而轻于其他人。同理，无论是具有法律背景的专业人士，还是尚未接受法学教育的一般民众，可能在乎的是，哪个行为人在犯罪实现过程中的支配作用更大，而非直接或者间接的实现犯罪的形式。

在人类的朴素的法感情和公众的认知中，行为人即使没有亲自直接实行刑法分则规定某罪的全部构成要件行为，但是如果其支配了特定不法构成要件的实现，或者说对不法构成要件的实现作用之大，那么将其评价为符合基本构成要件之规定，也并无疑问。理性的社会一般人认为，行为人相当于亲自直接实行犯罪或者说对犯罪实现起的作用很大的应作为正犯处理的朴素观点，在本质上就属于对正犯实质化的肯定。事实上，对于哪些是亲自直接实行或者相当于亲自直接实行的情形，他们是能够形成共识的。在此意义上，人

---

① 何庆仁：《共犯论中的直接—间接模式之批判——兼及共犯论的方法论基础》，《法律科学》（西北政法大学学报）2014 年第 5 期。

类朴素的正义感,社会的主流价值观念,似乎可以视为间接正犯、共同正犯这类实质化正犯出现的一个社会性因素。换句话说,正犯实质化是人们在朴素正义法感情的驱使下,对刑法所作的一种社会相当性解释。

二 刑事政策的现实性要求

刑事政策一词由费尔巴哈在其 1803 年出版的《德国刑法教科书》中第一次提出①。对于刑事政策概念的界定在国内外呈现出一种"仁者见仁,智者见智"的状况。从刑事政策的基本外延来看,有狭义说、广义说和最广义说。从刑事政策为一种事实,还是一种理念与思想,抑或是一门学问或学科的视角来看,刑事政策被界定为事实角度的刑事政策、作为理念角度的刑事政策与作为学问角度的刑事政策。刑事政策的概念在学术界定上不少于数十种。在此不一一介绍各位中外学者所持的刑事政策的概念。本书的刑事政策可以理解为国家为有效地预防和控制犯罪,而采取的刑法手段、策略或活动。其既包括立法的刑事政策也包括司法的刑事政策。同时,本书的刑事政策也指一种具体的理念、思想、价值、目的。概言之,从事实论与价值论角度理解刑事政策。

刑事政策具有指引、调节和符号等功能,能够对立法和司法产生影响。刑事政策对立法的影响主要表现在,它对是否需要进行立法以及如何进行立法具有直接的指导作用。一方面,在国家统治的过程中,采取什么样的治理措施、需不需要立法,都取决于执政党和国家的政策导向。② 刑事法律是在以相应的刑事政策为先导的情况下制定的,规范合理的立法一般而言都受刑事政策的影响,也必须

---

① [德] 费尔巴哈:《德国刑法教科书》,徐久生译,中国方正出版社 2010 年版,第 30 页。
② 黄伟明:《刑事政策与刑事立法关系的动态分析》,《法学论坛》2003 年第 3 期。

契合科学合理的刑事政策精神。① 只有在政策上对特定的社会现象有所识别、重视、确认之后，方有通过立法程序将其转化为具体法律的可能。可见刑事法律的出台背后有着刑事政策的指引与推动作用。另一方面，刑事政策代表着执政党和国家的意志，其直接决定着我国的刑事立法内容。刑事政策的产生有一个非常严密规范的过程，包括刑事政策问题的确认、刑事政策的规划和刑事政策合法化等基本阶段。② 刑事政策内容的最终确定也意味着国家需要什么样的立法内容的方向大致确定。当然，这主要在于说，刑事政策对刑事法内容的宏观指导作用，而并不是直接规定有关犯罪与法律处罚的条文。例如，有学者认为，刑法中犯罪概念及犯罪构成的具体规定，与定罪政策是重视犯罪化、严密刑事法网，还是主张非犯罪化、综合治理密切相关；刑法中死刑条文的规定及刑罚的种类与幅度的具体规定，与刑罚政策是提倡重刑，还是轻刑直接相关。③

一般而言，对于刑事政策是否对立法具有影响的问题，绝大多数学者基本持肯定态度。但是就刑事政策能否影响司法，即刑事政策能否进入刑法体系，或者更具体地说，能否影响刑法的解释的问题，则争议较大。长期以来，"刑法是刑事政策不可逾越的屏障"，刑事政策与刑法之间的鸿沟始终没有被跨越。直到罗克辛教授构建的功能性刑法体系，刑事政策才正式被融入到刑法体系之内。当然，罗克辛笔下的刑事政策，主要是一种价值论意义的概念。正如陈兴良教授将其等同于类似实质性的价值、目的等概念。④ 罗克辛教授认为，将刑事政策置入刑法体系内，能够实现刑法体系性稳定性与刑

---

① 陈伟：《刑事立法的政策导向与技术制衡》，《中国法学》2013 年第 3 期。
② 候宏林：《刑事政策的价值分析》，博士学位论文，中国政法大学，2004 年，第 72 页。
③ 黄伟明：《刑事政策与刑事立法关系的动态分析》，《法学论坛》2003 年第 3 期。
④ 陈兴良：《法教义学与刑事政策的关系：从李斯特鸿沟到罗克辛教授贯通——中国语境下的展开》，《中外法学》2013 年第 5 期。

事政策个案公正性的完美结合；能够避免刑法体系过于封闭的弊端，发挥刑事政策灵活性的优势；能够兼顾刑法体系逻辑性与刑事政策价值性的双重优点。① 而且，罗克辛教授成功地在构成要件阶段、违法阶段和责任阶段融入了刑事政策。

笔者也赞成刑事政策应该而且可以影响刑法体系、刑法解释。如上文所言，法学不是纯粹的形式逻辑演绎，而是充满价值判断的一门规范性学科。法条的基本内涵，概念的抽象规定，都需要通过解释来阐明。而解释必然又涉及价值判断，价值判断从何而来，则成为了关键问题。罗克辛教授的目的理性的刑法体系为我们提供了一种可能的答案。正如劳东燕教授所言，目的理性的刑法体系可以指导我们采用一种受刑事政策目标指引的、功能化的刑法解释论。②

在我国，宽严相济成为了现阶段犯罪惩治与预防犯罪的基本刑事政策，它既是一种刑事立法政策，也是一种刑事司法政策。实质上，刑事政策必定代表着一种价值理念，因此也可以说它是一种价值论意义上的指导理念。宽严相济的刑事政策主要是指，该严则严，当宽则宽；宽严互补，宽严有度；宽严审时，以宽为主。③ 这种根据具体情况而采取宽严不同的对应手段，蕴含着公平正义的实质理念，具有合理性。美国从20世纪80年代中期以来实行了"重重轻轻"的两极化刑事政策，其基本精神与我国宽严相济的刑事政策具有内在的一致性。其实，由于人们对朴素的公平正义具有高度的共识性，因而无论是国家层面的刑事政策还是普通百姓的认知，一般都会支持对于某些严重的犯罪行为要重罚，而对于某些相比较而言社会危害性较轻的行为，则赞成给与相对较轻的处罚。

现实生活中，由数人参与、联动而实施犯罪的情形非常之多，从实行犯罪的切实性、危险性来看，这种联动行动具有更高的当罚

---

① ［德］克劳斯·罗克辛：《刑事政策与刑法体系》，蔡桂生译，中国人民大学出版社2011年版，第3—20页。
② 劳东燕：《功能主义刑法解释论的方法与立场》，《政法论坛》2018年第2期。
③ 卢建平：《刑事政策学》，中国人民大学出版社2013年版，第131页。

性：一方面，行为人通过客观上的分工合作行为，让犯罪计划的完成变得更加容易；另一方面，行为人通过犯意的联络，让犯罪计划很难因为一个人的罢手而终止。[1] 因此，各个国家和地区的刑事政策都认为共同犯罪的可罚性较高，严厉打击共同犯罪行为。即使行为人只实施了部分的行为，甚至没有实行形式上的构成要件行为，也会将其作为犯罪处理。

不仅如此，国家因各个犯罪参与人在共同犯罪现象中的角色以及所起的作用的不同而采取有所差别的处遇措施。一般来说，在刑事政策上对在共同犯罪中所起的作用更大者会给与较重的刑罚，而对于帮助等作用较小者给与相对较轻的刑罚。通过合理的区别对待政策，达到更有效的预防犯罪和惩治犯罪的目的，同时体现了司法的正义，定罪量刑的公平。倘若将在实现犯罪中起到支配作用或者作用最大的行为人不作为正犯处理，就会造成刑法评价的失当，量刑的不公。作为统治者和管理者，这种情况是不能被接受的。因而刑事政策也会尽量不允许这样的情况出现。正因如此，有学者指出，正犯概念是在司法实务的压力下逐步走向了实质化趋势。[2] 这从一定程度上反映了刑事政策对正犯实质化的影响作用。

具体而言，从刑事政策对立法影响的角度来看，其促使了刑法将行为人在形式上虽没有亲自实行刑法分则规定某罪的构成要件行为，但是实质上支配不法构成要件实现的情形规定为正犯。如前文所列举的，众多国家和地区的刑法明确规定了间接正犯、共同正犯。在刑事政策的视野中，至于行为人是否亲自或者直接实行的方式并不是重点，重点在于关注行为人在造成危害结果中所起的实质性作用。间接正犯和共同正犯的立法条文，离不开刑事政策的推动作用。

---

[1] ［日］西田典之：《日本刑法总论》，王昭武、刘明祥译，法律出版社2013年版，第290页。

[2] 马聪：《论正犯与共犯区分之中国选择》，《山东社会科学》2018年第3期。

从刑事政策对司法影响的角度来看，为了实现刑事政策之处罚公平公正的价值要求，司法实务者必须将起到支配效果或者较大作用的行为者解释为正犯，即使其没有亲自直接实行刑法分则规定的构成要件行为。在刑事政策的要求下，构成要件符合性的判断不能再是形式化的、僵化的判断。日本刑事司法实务中出现的共谋共同正犯，在本质上就是刑事政策现实要求的结果。

在刑事政策的要求下，刑法教义学不可能局限于形式的正犯概念，而是承认结论合理的情况下，再去寻找教义学的根据，即首先肯定正犯实质化，然后构建犯罪支配说或者重要作用说等正犯标准。

三　社会结构的分工合作化

犯罪形式的多样化与复杂化，源于社会本身的结构特征。正犯实质化的出现，与社会的结构的特征不无关系。根据美国社会学家丹尼尔·贝尔对人类社会的划分，人类社会可以分为前工业社会、工业社会和后工业社会三个社会形态。无论是人类的生产方式还是人们之间的交往形式等在每个社会形态都表现出明显不同的特征。在前工业社会，例如农业社会时代，以家庭为单位、以手工为生产方式的小农经济占主导地位，在这种相对单一、简单的自给自足模式下，社会生产力低下，社会分工非常不发达，社会专业化程度之低，人与人之间的依赖程度较低，人们之间交往较少，社会流动性小而慢。

工业社会，是继农业社会之后出现的社会发展形态，其又被称为现代社会。在工业社会阶段，科学技术取得了迅猛发展，人类生产力得到了显著提高，经济持续增长，社会流动性之快，交往之频繁，社会分工日益精细，社会专业化程度之高。正如法国社会学家埃米尔·涂尔干所言，现代工业社会机器精密，动力强大，能源丰富，资本集中，由此出现了最大限度的劳动分工。在工厂里，分工细化与明确，专业性之强，每件产品本身也都使其他产品的存在成为必须的特殊产品。① 他进一步指出，社会分工并不是工业、农业和商业等经济生活中独有的现象，它在大多数的社会领域里都产生了广泛的影响。例如，政治、行政、司法、科学和艺术等领域越来越呈现出专业化的趋势。②

第三次科技革命，将人类带进了后工业时代。在后工业社会，科技尤其是智能技术取得了巨大进步，时代呈现出技术化和信息化的特征，生产力得到了极大的提高，社会的各方面发生了新的变革。新的生产方式，经济形式，服务手段不断涌现，层出不穷的产品更新升级极其迅速。可以说，新科技革命对人类社会发展的各方面都产生了极大影响，丰富了人们的生产生活方式，增加了人们的交往形式，提高了人们的自我实现能力，改变了人们的社会关系等。③ 在后工业时代，人类之间的社会劳动分工进一步提高，专业化愈加明显，各个行业及其内部之间都通过分工而将整个社会团结起来。

随着科学技术的不断发展，社会不断进步，现代文明程度不断提高。社会越来越呈现出多元复杂化的结构，劳动分工程度之高，专业化之细。这些革新提升了产品的质量、工作的效率、服务的品质，方便了人类的生活，增进了人类福祉。但是，同时我们也应该看到，犯罪现象也因此变得更加复杂。例如，社会的分工合作，在犯罪的实现方式上就不断凸显出来。前工业社会，很可能更多的是依靠个人的力量去实现犯罪，而在交往频繁，分工复杂，专业细化的近现代社会，犯罪的合作变得普遍，而且形式多样。例如，网络犯罪就是一个典型的例子。网络服务提供者只是整个犯罪合作中非常微小的一环，但是对犯罪成功与否却起着关键性的作用。正因如

---

① ［法］埃米尔·涂尔干：《社会分工论》，渠东译，生活·读书·新知三联书店2000年版，第1页。

② ［法］埃米尔·涂尔干：《社会分工论》，渠东译，生活·读书·新知三联书店2000年版，第1页。

③ 赵成：《论贝尔的后工业社会理论及其当代意义》，《理论思想研究》2013年第3期。

此，刑法学为了克服传统共同犯罪中某些理论的不足，而发展出新的理论来解决这一新问题。

　　社会结构的变化与历史的变迁，也会引起法律的发展变化。正犯理论就是如此。在简单的社会结构中，也许形式化的正犯就能适应社会的需要。但是在复杂多元的社会结构中，劳动分工程度之高，合作细化，如果固守形式化的正犯认定模式则很难适应社会的发展。在近现代社会的真实情景中，实施犯罪如果以合作的形式出现，则往往表现出某些行为人只实施一部分乃至不明确实行刑法分则规定某罪的构成要件行为。但是，在现实社会中，又必须对他们进行合理的规制而且必须作出公正的定罪量刑裁决。那么，根据社会的现实情况，发展正犯的概念，扩充正犯的内容，似乎就成为必然之举。当然，需要说明的是，笔者并没有作出前工业社会没有分工合作且犯罪都是单人犯罪的判断。笔者仅仅想强调，社会结构的变化，必然引起犯罪实现方式的多样，因此需要根据社会的真实情景作出刑法教义学的回应。笔者更重要的意图在于表达，刑法中并不先验地存在着一个正犯的标准，以至于刑法学家都非得去寻找这个客观的真理。相反，笔者认为，正犯的认定与社会的发展、人类的需要是紧密联系在一起的。

第三节　正犯实质化的教义学基础

一　刑法中规范论的重视

　　在本章第一节中，笔者从事实与价值关系的哲学角度指出，法学不应是一个纯粹的事实论、本体论问题，而是一个以一定事实为基础的规范论问题，进而认为正犯也是如此。然而，是否能从哲学根据中直接得出刑法教义学上的结论，还有待进一步说明。由此，有必要从刑法教义学的角度探讨存在论与规范论的问题。具体而言，在此试解决为什么说刑法具有规范论的品格，以及规范论的刑法为什么能够解释正犯实质化的问题。

本书的规范论，相对于本体论、事实论、存在论而言。本体论、事实论、存在论强调的是物理性的、自然性的客观外在事实，不同于主观的价值评价，即使事实的形成离不开人类的价值，也不能将其直接等同于价值判断。而规范论主要是指，人们在特定社会情境下所形成的一般性价值评价，其在性质上不同于客观外在事实，即使价值判断需要以客观外在事实为基础，也不能将其视为同一。有学者曾明确指出，"从教义刑法学的角度看，规范分析与价值判断对其来说不仅必要而且重要，并体现在刑法学思考的诸方面。"① 那么，刑法教义学是否从单纯的存在论走向了以事实为基础的规范论呢？笔者将选取刑法中几个重要的主题加以说明。

一般认为，犯罪论体系的流变就代表着存在论逐步向规范论的靠拢。古典犯罪论体系认为，构成要件是与法的价值判断相背离的、纯粹形式的、记述的、价值中立的犯罪类型；而责任是所有主观、内在的要素，诸如故意、过失等，而且仅仅着眼于心理学的角度理解责任，而非规范评价的立场。古典体系受到了19世纪以来盛行的自然主义思想影响。在这种思潮影响之下，刑法体系要被引导到可以计量且经验上可以证明的、现实的构成部分上去。② 在此意义上，古典犯罪论体系是存在论意义上的刑法体系。

由于古典犯罪论体系仅从事实论角度构建犯罪论体系等问题的凸显，新古典犯罪论体系的学者对其进行了改良。例如，将行为理解为"社会现实作用方向上的社会现象"③，不再认为行为是一个纯粹的事实概念，而是一个在本质上与即将对其展开法律评价的评价基准相对称的价值关系概念；主张在构成要件的判断中必须考虑实

---

① 张伟：《间接正犯泛化与统一正犯体系的确立》，《法商研究》2018年第3期。
② [德] 克劳斯·罗克辛：《德国刑法学总论》（第1卷），王世洲译，法律出版社2005年版，第123页。
③ 付立庆：《犯罪构成理论——比较研究与路径选择》，法律出版社2010年版，第194页。

质的违法，并认为构成要件包括主观的要素和规范的要素；从刑法规范目的出发，采取实质的违法性；将责任理解为"应受谴责性"，从规范意义上理解责任，形成了所谓的规范责任论。可见，新古典犯罪论体系将价值判断、规范要素开始融入犯罪论体系。

发展到目的行为犯罪论体系时，威尔泽尔明确主张目的行为理论，并在违法性中进一步融入了主观化因素，产生了人的不法论，从而动摇了传统因果行为论的权威，抛弃了纯粹客观的不法论。当然，目的性仍然是一个存在论意义上的概念，其犯罪论的根基与古典体系一样，都是存在论的。① 虽然目的行为论基本被学界拒绝了，不过，"以目的主义的犯罪概念为基础的体系思想还将被继续实施，因为此等体系思想在不依赖目的行为论的情况下同样具有说服力"②。由此，新古典与目的论的结合体系得以产生。该犯罪论体系虽然放弃了本体论的视角，但继承了目的犯罪论体系的基本结论，而且再次把新康德的价值哲学作为基本的指导思想。③ 目的论和结合论地体系之间的差异仅仅在于对犯罪概念结构的存在论和规范论的解释上。

大约自20世纪70年代开始，犯罪论发展成一种"目的理性"或者"功能性的"刑法体系。持这种犯罪论体系的学者认为，刑法体系的形成只可能从刑法目的发展而来，而与本体论意义上预先规定的事物无关。④ 至此，纯粹存在论的犯罪论体系完全被抛弃，而规范论的犯罪论体系成为了主流。正如陈兴良教授所言："目前大陆法系犯罪论体系的发展早已超越了存在论，进入到规范论与价值论的

---

① ［德］克劳斯·罗克辛：《构建刑法体系的思考》，蔡桂生译，《中外法学》2010年第1期。

② ［德］汉斯·海因里希·耶塞克、托马斯·魏根特：《德国刑法教科书》，徐久生译，中国法制出版社2003年版，第263页。

③ 付立庆：《犯罪构成理论——比较研究与路径选择》，法律出版社2010年版，第207页。

④ ［德］克劳斯·罗克辛：《德国刑法学总论》（第1卷），王世洲译，法律出版社2005年版，第124页。

知识领域。"① 例如，罗克辛教授主张的目的理性犯罪论体系，将具有规范性特征的客观归属理论纳入到了犯罪论体系的不法阶层，将具有刑事政策特征的预防目的之处罚必要性加入到了犯罪论体系的责任阶段，并发展出了答责性理论。② 雅各布斯教授将规范论在犯罪论体系中的运用发挥到极致。他提出规范违反说，认为犯罪仅是对规范的违反与破坏，因此罪责须按照一般预防的社会需要来把握，而非依据被告人之心理精神状态。③

以上从犯罪论体系的宏观角度勾勒了刑法教义学体系从本体论向规范论的逐步发展过程。下面再以刑法中的因果关系理论为例作简要的论述。如果从历史视角观察因果关系理论的演变过程，则最大的进步或者说明显的特点在于刑法中的因果关系从纯粹的事实因果关系转变为以事实因果关系为基础的规范论因果关系。

受 19 世纪自然科学的知识和方法的影响，自然科学意义上的因果关系理论逐步获得刑法的重视；在此背景下，条件说在当时被刑法学界广泛认同。④ 然而由于条件说是一种存在论意义上的因果关系理论，无法有效限制因果关系的范围。为了克服条件说的不足，后来出现了因果关系中断论和禁止溯及论等多种理论。这些学说提供的方法虽然在特定问题上可能比条件说有一定的进步，但是由于其大部分理论仍然属于存在论意义上的因果关系，即将因果关系作为事实问题来把握，因此无法从根本上克服条件说所遗留的问题。

不过，作为影响巨大的相当因果关系，随着不断发展完善，开始从存在论转向规范论。例如，持相当因果关系说的学者认为，只

---

① 陈兴良：《主客观相统一原则：价值论与方法论的双重清理》，《法学研究》2007 年第 5 期。

② [德] 克劳斯·罗克辛：《刑事政策与刑法体系》，蔡桂生译，中国人民大学出版社 2011 年版，第 76—77 页。

③ [德] 克劳斯·罗克辛：《构建刑法体系的思考》，蔡桂生译，《中外法学》2010 年第 1 期。

④ 张明楷：《也谈客观归责理论——兼与周光权、刘艳红教授商榷》，《中外法学》2013 年第 2 期。

有根据人类社会一般关系而言，足以导致特定的侵害事实发生的违法行为，才是相当的，否则即是不相当的。① 在此，因果关系不再是一种纯事实关系，而成为一种评价。② 20 世纪开始，从规范论角度肯定因果关系的研究越来越多。直到 20 世纪 60 年代末 70 年代初，随着规范保护目的理论的提出，客观归责理论形成。客观归责理论不是纯粹事实的因果关系理论，而是以事实的因果关系为前提的规范评价理论，它可以克服单纯采用条件说所形成的缺陷，实现从存在论到规范论的类型化判断。③

英美法系的因果关系理论同样展现出了以事实为基础的规范论特色。英美因果关系论的"事实——规范"双重评价，非常清楚地体现了刑法中的因果关系并不是单纯的存在论问题。在事实评价之后，必须通过规范判断。例如，法律因果关联判断的普通因果关联说、政策说和预见说等，无不体现了规范评价的一面。正如童德华教授所言，刑法中的因果关系，即行为和危害结果的联系之确证，并不仅仅是一种事实性联系的证明，它还包含某种必要的社会规范评价。④ 这种规范评价在因果关系理论中的作用主要体现在两个不同的方向（限制和扩大）：第一，即使有了自然科学意义的因果关系存在，也不一定就当然地将危害结果归属于行为人，而是要看是否具有相当性或者符合规范目的等，即进行价值层面的考量；第二，即使因果关系达不到诸如自然科学意义上的事实因果关系，也并不当然否定刑法上因果关系的存在，因为通过法规范或者社会一般观点的考量，可补强事实因果关系的不足，例如疫学因果关系理论。

---

① 许玉秀：《主观与客观之间》，台湾：元照出版有限公司 1997 年版，第 232 页。
② 陈兴良：《从归因到归责：客观归责理论研究》，《中国法学》2006 年第 2 期。
③ 张明楷：《也谈客观归责理论——兼与周光权、刘艳红教授商榷》，《中外法学》2013 年第 2 期。
④ 童德华：《刑法中客观归属论的合理性研究》，法律出版社 2012 年版，第 9 页。

再以刑法中更为具体的占有概念进一步说明规范论在刑法中地位和作用。本书所言的占有主要是指犯罪之客观构成要件中的"占有"。刑法理论通常将占有定义为人对物的控制支配关系，即个人基于主观的支配意思而在事实上控制特定物的状态。[1] 这是一种事实论、存在论、本体论意义上的占有。然而，纯粹从事实角度界定刑法占有，很难合理解决现实生活中的财产犯罪案件，得出的结论往往与社会一般观念与秩序不符。例如，学生在图书馆的书架上拿下书，放在手中阅读，很难说学生占有了图书馆的书。正因如此，在刑法理论上，学者们早已经开始关注占有的规范性问题。

比较早摆脱占有存在论束缚而开始从社会、规范的角度认定占有的是德国学者韦尔策尔。他认为，倘若仅从事实论的角度理解占有概念，那么对如何确定占有人就会存在困难。他进一步举例道，当行为人带着他的财物走到一个人流集中的公共场所，那么依照事实意义上的占有概念，很多人都可能因为满足近距离接触财物的要求，而变成财物的占有人。但是，这明显不合理。因此，为了保障正确地把握占有概念，需要添加额外的条件："在法律、道德观念或交往习俗上承认对于财物具备某种排他性的'权利'。"[2] 我国也有学者指出，把握占有概念的关键不在于事实上有无支配要素，而在于人们的社会生活习惯和一般性观念等规范性要素。[3] 正如车浩教授所言，这种观点，不再是单纯的从事实上的、物质性的、自然主义的角度界定占有概念，而是以规范性要素为主来构建占有概念。[4]

有学者强调占有必须从事实和规范两个层面加以界定。例如，德国有学者认为，所谓行为人对财物的真正占有，往往由事实上的

---

[1] 转引自车浩《占有概念的二重性：事实与规范》，《中外法学》2014 年第 5 期。

[2] 转引自车浩《占有概念的二重性：事实与规范》，《中外法学》2014 年第 5 期。

[3] 黑静洁：《论死者的占有》，《时代法学》2012 年第 2 期。

[4] 车浩：《占有概念的二重性：事实与规范》，《中外法学》2014 年第 5 期。

控制力和规范论意义上对控制之认可这两部分构成,而且二者具有补强彼此的功能。① 我国车浩教授也指出,一方面,在认定行为人是否占有时,通常不能仅仅依据单纯的客观物理性标准判断,而应在物理性标准的基础上,通过对规范论的把握,最终确定占有是否成立;另一方面,在多个主体具备了对财物的事实控制力时,法律或道德习俗等规范秩序的评价,起到了重要作用,即人们往往会用一种规范性的标准来评价事实控制关系的重要性。② 可见,占有问题不是纯粹的事实控制力问题,而是一个涉及规范论的问题。

除了上述所列举的教义学知识,还有行为论、不作为论、构成要件论、违法论、责任论等都彰显了刑法从存在论转向规范论的趋势。鉴于篇幅有限,在此无法一一具体展开。正如有学者所指出的,存在论倾向的刑法教义学支离破碎了。③ 规范论意味着刑法问题并不再是一个单纯的存在论问题,而是一个以一定事实为基础的规范论问题。价值判断、规范评价在刑法中作用与事实要素具有同等的地位,而且价值对事实具有补强的作用,价值可以弥补根据科学根据所获得科学结论的不足,即缓解因社会规范评价的缺位而导致的道德冲突。刑法中的价值判断必须以事实为基础,但是并不需要达到自然科学主义所要求的那种纯粹物理性的客观事实特征和联系。

在这样的背景下,正犯就能够不局限于行为人必须在存在论意义上亲自、直接实行刑法分则规定某罪的构成要件,重点则在于人们基于什么样的事实和评价标准能够将行为人的犯罪参与行为直接规范评价为符合刑法分则规定的构成要件。显然,正犯也不是一个纯粹的事实论、本体论、存在论问题,而是一个以一定事实为基础的价值论、规范论、实质论的问题。间接正犯、共同正犯与单独直

---

① [德]普珀:《法学思维小学堂》,蔡圣伟译,台湾:元照出版公司2010年版,第37页。
② 车浩:《占有概念的二重性:事实与规范》,《中外法学》2014年第5期。
③ [德]克劳斯·罗克辛:《构建刑法体系的思考》,蔡桂生译,《中外法学》2010年第1期。

接正犯，在存在结构上存在明显的差异，但是考虑到刑事处罚的目的，每个国家和地区都会承认它们的可罚性，并通过立法进行正犯规定或通过解释进行正犯归责。因此，正犯实质化的出现，与刑法本身的规范论品格具有天然的联系。正如江溯副教授所言，刑法对行为的评价，也并非不加选择地全盘接受行为客体的本然状态，而是在评价目的的支配下对自然行为适当地加以"整容"，因此能够在一定条件下，将他人的行为评价为自己行为，从而认定其符合刑法分则规定的基本构成要件。①

二 构成要件的实质解释

形式化的正犯，是亲自直接实行刑法分则规定某罪的全部构成要件行为的人。因此，对于判断是否符合基本构成要件，非常简单明了，几乎不存在争议。而实质化的正犯，可能不具有亲自直接实行刑法分则规定之构成要件的形式特征。但是，既然作为正犯，意味着必须要符合基本构成要件，而非修正的构成要件。由此，对于实质化的正犯而言，基本构成要件符合性的认定成为关键问题。与此相关的问题是，实质化的正犯是否存在实行行为，或者说究竟应该怎样理解实行行为，方能顺其自然地承认实质化的正犯。以上论题可以说是正犯最为本质的问题，其直接决定了采用何种共同犯罪理论体系和何种正犯标准等重大问题，其也直接关系到正犯实质化是否合理的问题。因此，有必要对基本构成要件（或实行行为）的判断作出正面的回答，以此阐明正犯实质化的重要教义学依据。

刑法理论一般认为，构成要件是形式化、类型化的判断。这似乎意味着认定一个人的行为是否符合刑法分则规定的构成要件是一件比较容易的事情。的确，从抽象层面或者说在一般犯罪的场合，基本构成要件符合性的判断任务比较容易完成。但是，这仍然只是

---

① 江溯：《犯罪参与体系研究——以单一正犯体系为视角》，中国人民公安大学出版社 2010 年版，第 13—15 页。

构成要件给我们的总体抽象印象或者说部分形象。因为在具体的情况下，构成要件符合性的判断并非易事。一方面源于构成要件的规定并非都为定式的类型，而是还存在大量不定式的规定。例如，杀人罪，对于什么样的行为才是杀人行为，刑法并没有作出具体行为方式的限定。事实上，刑法也无法作出定式的规定。但是，刑法并非规制一切侵害法益的行为，而是仅仅处罚一定的行为类型。[1] 因此，什么是杀人行为这一看似简单的问题就可能产生争议。

另一方面源于共同犯罪的规定。在共同犯罪中，即使是定式的构成要件类型，也会出现基本构成要件判定困难的问题。例如，主张单一正犯体系的学者认为，只要行为人与犯罪结果具有因果关系即可认为其符合基本构成要件；在正犯与共犯区分制下，采取形式客观说的学者认为，只有行为人实施了实行行为才能认为其符合基本构成要件；采取犯罪支配说的学者认为，只要行为支配了不法构成要件的实现即可认为符合基本构成要件；采取重要作用说的学者主张，在犯罪实现过程中实施了重要作用的行为人就符合基本构成要件。显然，在共同犯罪中，基本构成要件的判断标准分歧之大。而且，进一步值得思考的是，诸如因果关系、实行行为、犯罪支配、重要作用等形形色色的标准，与基本构成要件行为之间又是怎样一种关系？

此外，正犯是否必须有实行行为呢？传统理论认为，正犯行为等于实行行为。但是后来随着犯罪支配说、重要作用说的出现，很多学者认为这一基本公式并不能得到维持，即正犯也可以没有实行行为。因为他们认为重要作用说、犯罪支配说等学说认定的部分行为不符合实行行为的特征，但是在德日刑法理论中却是正犯。例如，组织犯、共谋共同正犯等。[2] 而有的学者将实行行为作不同的理解，

---

[1] 金光旭：《日本刑法中的实行行为》，《中外法学》2008年第2期。
[2] 丁胜明：《共同犯罪中的区分制立法模式批判——以正犯、实行犯、主犯的关系为视角》，《中国刑事法杂志》2013年第2期。

从而维持这一基本的等式。这折射的问题是,共同犯罪中实行行为应怎样理解的问题。这与上面涉及的如何理解基本构成要件的问题基本一致。而且,实行行为普遍被认为首先必须符合刑法分则规定的基本构成要件行为这一形式特征。因此,二者其实是不同视角的同一问题。

在笔者看来,可以肯定或者说必须肯定的是,既然实质化的正犯也是正犯,那么行为人的行为就须符合刑法分则规定的基本构成要件。既然正犯符合刑法分则规定的基本构成要件,那么也意味着正犯存在实行行为。由此,有两个重要问题需要解决和说明:其一,实质化正犯为何能符合基本构成要件。其二,实质化正犯为何能符合实行行为特征。这两个问题与构成要件符合性的实质判断、实行行为的实质理解有关。

第一个问题是实质化的正犯没有亲自直接实行刑法分则规定某罪的全部构成要件行为,为什么能说其符合基本构成要件?这是因为,在刑法教义学上构成要件符合性的认定是一个有关价值论、规范论、实质化的判断活动,而非存在论、本体论、形式论的认定。从德日犯罪论的演变过程来看,构成要件最初被理解为不含规范性要素的单纯记叙要素。此时,人们对于构成要件的理解倾向于形式化。而后来刑法学家们发现构成要件事实上也包括规范性要素,而且构成要件富有显示违法或者违法有责的功能。据此,人们开始对构成要件采取了实质解释的态度。此种意义上的形式解释论与实质解释论,与上文所言的法哲学根据有关,即法律的理解与适用与究竟要不要价值判断有关。如果具体到本部分论题,则转化为构成要件符合性的判断,到底是纯事实的判断,还是可能同时涉及价值判断。[①]

从概念法学到利益法学,从法律形式主义到法律现实主义,从

---

① [日]小野清一郎:《犯罪构成要件理论》,王泰译,中国人民公安大学出版社 2004 年版,第 124 页。

本体论到规范论的历史潮流，已经表明了法学中纯粹的形式解释理应退出历史舞台，实质解释才具有合理性。如上文所言，刑法不是一个纯粹的本体论、事实论、存在论问题，而是一个以事实为基础的规范论、价值论、实质论问题。因而，构成要件的解释也必然是规范性的。在刑法中，由于形式解释在最简单的理论和实践问题面前都显得无能为力，所以，实质解释理所当然地成为了刑法中的绝对主流。① 而且，刑法条文中本身就有很多规范性的构成要件要素和概括性条款，这也意味着仅仅通过纯粹的事实判断无法完成构成要件符合性的认定，而应重视价值判断的作用和实质解释的地位。②

既然构成要件符合性的认定不是纯粹形式化的本体论判断，这意味着行为人不必非得在存在论意义上实行刑法分则规定的构成要件行为，而只要其行为（事实基础）能够被规范性地、实质性地评价为亲自直接实行刑法分则规定的构成要件行为即可。也正是因为可以对构成要件采取实质解释，才出现了没有亲自直接实行刑法分则规定的构成要件行为，也被认为符合了基本构成要件。

如今，学者几乎都对构成要件的形式化解释的做法采取批判态度。例如，日本学者大塚仁教授指出，限制正犯概念由于忽视了符合刑法分则的实行行为这一概念所具有的规范内涵，而让正犯的认定过于狭窄；如若从规范论的角度审视，实行行为其实根本无须犯罪人以自己的身体动静来实施，而是只需要行为人能够将他人也作为物理性工具或者动物一样使用即可。③ 我国学者钱叶六教授也认为，限制正犯概念对实行行为的把握过于形式化，尚未认识到构成要件行为的本质特征，这会导致间接正犯也不是正犯的不当结论；

---

① 需要注意的是，本书的形式解释论与实质解释论，与当今都肯定价值判断的形式解释论与实质解释论具有不同的含义。参见罗世龙《形式解释论与实质解释论之争的出路》，《政治与法律》2018 年第 2 期。
② 劳东燕：《刑法解释中的形式论与实质论之争》，《法学研究》2013 年第 3 期。
③ [日] 大塚仁：《刑法概说》（总论），冯军译，中国人民大学出版社 2003 年版，第 142、239 页。

应从规范论的视角解释实行行为,唯有如此才能将间接正犯纳入到正犯的范畴之内。① 上述两位学者的观点虽然针对的是如何理解实行行为的问题,但是,由于实行行为必定是符合基本构成要件的行为,因此,这也能反映出他们赞成对基本构成要件符合性的判断采取实质化、规范性的理解。至于实行行为与构成要件符合性的先后关系问题,后文将作出说明。

目前的正犯理论,基本都对构成要件符合性采取了实质解释的做法。例如,单一正犯概念、扩张正犯概念在行为人与构成要件的实现上有可归责的因果关系时,就将其实质评价为符合基本构成要件。而规范的实行行为说认为,只要行为人的行为能够被规范评价为实行行为,就符合基本构成要件,也即对构成要件符合性采取了规范化、实质化的判断。犯罪支配说认为,行为人倘若能够支配犯罪结果的实现,那么就可以将其规范性地评价为符合基本构成要件。重要作用说认为,行为人倘若在犯罪实现的过程中起到了重要作用,那么就可从规范上肯定其符合刑法分则规定的构成要件。显然,上述做法的共同之处在于,它们都将没有亲自直接实行刑法分则规定构成要件的行为人,最终认定为实施了基本构成要件的正犯。而实现这一目的的方法就在于对构成要件符合性的判断采取实质化、规范化的理解。不同之处仅仅在于形成实质判断、规范判断的基础与标准不同。而这一问题是有关如何合理实现正犯实质化的问题,后文将作出交代。

第二个需要说明的问题是,实质化正犯行为为何能符合实行行为特征。正如上文所提到的,有不少学者认为,正犯可以是没有实施构成要件行为,或者说"正犯行为不显然是实行行为"。② 笔者认为这种观点是值得商榷的。因为,正犯意味着符合了基本构成要件,此时,倘若又说正犯没有实行行为,则存在自相矛盾之嫌疑。正如

---

① 钱叶六:《双层区分制下正犯与共犯的区分》,《法学研究》2012 年第 1 期。
② 范德繁:《犯罪实行行为论》,中国检察出版社 2005 年版,第 79 页。

日本学者所言，"只要是有关实行正犯，分离实行行为概念与正犯概念的做法，就存在疑问。"① 不过，之所以出现正犯没有实行行为的说法，根本原因在于刑法学者对实行行为的具体的规范理解存有差别。例如，同样赞成对实行行为进行规范性、实质性理解的学者，有的认为幕后支配的行为也是符合构成要件的实行行为，而有的学者则认为幕后支配行为不属于构成要件行为的实行行为。那么究竟应该如何规范化地理解实行行为呢？

现在的通说采取从形式侧面和实质侧面来界定实行行为。例如日本学者大谷实教授认为，实行行为是指"具有法益侵害的现实性危险，形式上、实质上该当于构成要件的行为"②。我国学者一般认为，实行行为是指符合刑法分则条文规定的对构成要件预定的法益具有现实危险性的行为。③ 其中，形式侧面是指符合刑法分则规定的构成要件行为，而实质侧面是指对法益具有现实危险性的行为。一直以来，人们在研究实行行为时，都将重点放在实质侧面。似乎形式侧面的识别是非常容易完成的事情，只需事实与规范的简单涵摄即可。可事实上并非如此，如上文所言，在共同犯罪中对于什么是基本构成要件行为的判断极其复杂，需要价值判断与规范理解。而且，共同犯罪中有关实行行为的争论，似乎更多聚焦在形式侧面。例如，很多学者提出，无论怎么理解望风行为、共谋行为、组织行为都不符合刑法分则规定的构成要件定型性的特征，因而均不是实行行为。④ 当然，这种批评是否恰当，是后文需要解决的问题。

---

① ［日］曾根威彦：《刑法中的危险·实行·错误》，转引自［日］奥村正雄《论实行行为的概念》，王昭武译，《法律科学》（西北政法大学学报）2013年第2期。

② ［日］中森喜彦：《论实行行为的概念》，转引自［日］奥村正雄《论实行行为的概念》，王昭武译，《法律科学》（西北政法大学学报）2013年第2期。

③ 何荣功：《论实行行为的本质》，载赵秉志《刑法论丛》，法律出版社2007年版，第47页。

④ 陈家林：《共同正犯研究》，武汉大学出版社2004年版，第89—96、146—149页；钱叶六：《双层区分制下正犯与共犯的区分》，《法学研究》2012年第1期；周啸天：《实行行为概念的批判与解构》，《环球法律评论》2018年第4期。

在此需要明确的是，什么是基本构成要件行为，即实行行为的形式侧面也是一个实质解释的问题。只要对实行行为的形式侧面也作实质理解，就有可能让实质化的正犯行为符合其形式特征。例如，行为人支配了犯罪结果的实现，但是没有亲自直接去实行刑法分则规定的构成要件行为的情形，如果此支配效果在实质上、规范上能够等价于亲自直接实行，那么正犯行为至少可以满足实行行为的形式侧面要求。需要注意的是，这种实质化的理解与实行行为的实质侧面有所不同，前者指从规范层面能够将某种行为等价评价为行为人亲自直接实行刑法分则规定的构成要件，后者所关涉的是对法益是否具有现实、紧迫的危险。

实质侧面需要探讨的是行为对法益有无现实、紧迫的危险。在形式上没有亲自直接实行刑法分则规定的构成要件行为，是否对法益不具有现实、具体的危险？这是一个涉及价值判断与立场选择的问题。对于危险的有无，可能因为判断的基本要素、判断的标准和判断的时间点的不同而有所区别。这也是行为无价值论与结果无价值论的分歧所在。此部分的目的不是为了解决危险有无的具体认定问题，而在于说明实行行为的实质侧面也是一个实质解释的问题。形式上是否直接亲自实行，对于从规范上实质判断行为有无危险并不是关键。亲自、直接实行的外在形式只是存在论意义上的事实要素，而现实中还可能存在其他非亲自直接实行的事实要素，同样能够在规范上得出具有直接、现实危险的结论。从根本上说这是由法学实质主义与规范主义的本质所决定的。

最后，倘若要厘清基本构成要件、实行行为与实质化正犯之间的关系，还必须注意区分存在论与规范论的不同叙事视角。在共同犯罪中，如果能将他人行为规范地视为自己的行为，那么从法律归责来说，所谓在存在论意义上的他人行为也就是自己行为的一部分。因此，探讨实质化正犯的构成要件行为，就不能仅仅看行为人自己在存在论上实施的一部分行为，而应包括规范评价上等同于自己实施的他人行为。在此意义上，给实质化的正犯扣上违背个人责任原则的帽子就是值得商榷的。因为，如果根据一定的事实基础，在刑法上能够将他人的行为评价为自己行为，那么从规范角度而言，就是在对行为人自己行为进行归责，不存在所谓的违背个人责任原则之说。造成这种误解的根本原因在于，没有分清存在论与规范论的视角，而是将其混为一谈。

三 正犯的独特评价功能

正犯实质化除了与上述基本构成要件的实质解释等因素有关之外，还与正犯（实行犯）本身在刑法中的地位和作用有关。虽然当前研究并没有直接去总结正犯与实行犯的地位和作用，但是大家有意无意地表现出了对正犯或者实行犯之名的情有独钟。例如，除了刑法分则规定的大部分普通实行犯外，很多国家在立法上还将预备性行为、帮助性行为、教唆性行为和组织性行为正犯化（或实行化）。[1] 在笔者看来，刑法中的正犯（或实行犯）之所以重要，源于其具备以下几个特殊的功能。

其一，正犯（或实行犯）具有标签犯罪行为相对严重的功能。这是正犯（或实行犯）本身所具有的社会评价作用。一般认为，刑法分则中的绝大部分犯罪都是以单独正犯（或实行犯）的形式确定下来的。而所谓共犯，是为了扩大处罚范围，通过刑法总则形式加以确立的特殊犯罪人类型。虽然，共犯也值得处罚，但是无论是从表面的汉语理解，还是从深层次的法理解读，几乎都天然地认为共犯对法益侵害的作用相对较小，处罚应该相对较轻。因此，在国民心中，只有一个人被认定为正犯（或实行犯），那么才能彰显他比其他犯罪参与人的作用更大，更值得刑事处罚。

这种观念其实不仅仅存在于普通大众的朴素正义情感之中。事实上，立法和司法实践也体现了对正犯（或实行犯）这一社会评价功能

---

[1] 何荣功：《实行行为的分类与解释论纲》，《云南大学学报》（法学版）2007年第3期。

的重视。例如，德日等国家的刑事立法中，通常明确规定了共犯之刑，应"依正犯之刑减轻之"。① 在我国刑法典中，则是通过主犯与从犯的形式加以明确的。鉴于主犯其实基本充当了正犯的功能，因此二者在实质上并无多大差别。在司法实践中，法官也往往通过明确表明行为人是正犯（或实行犯）的途径，从而达到从重处罚的结果。这无不凸显了正犯（或实行犯）这一标签所蕴含的特殊内涵与重要作用。

由于在人们的价值观念中，正犯（或实行犯）具有表明犯罪行为相对较严重的功能，因而当出现没有亲自直接实行，但是支配了犯罪结果的实现或者说在犯罪的实现中起到了重要作用的情形时，人们也就往往倾向于将其认定为正犯（或实行犯），从而达到强烈谴责其行为不当的社会评价目的。

其二，正犯（或实行犯）在定罪量刑时具有特殊的法律效果。首先，正犯（或实行犯）意味着行为人的行为符合基本构成要件。而如前所述，构成要件符合性的认定是规范化、实质化的判断。因此，对于非亲自直接实行但是在规范评价上能认定为符合基本构成要件的，就必须赋予正犯（或实行犯）之名。由此可见，正犯（或实行犯）恰好契合了构成要件符合性实质化解释的需求，可以达到对被实质化行为本身合理定罪的效果。其次，正犯成立只需根据自身行为是否符合刑法分则规定的构成要件为基准，而不需要以他人的违法行为或者犯罪行为为前提，这一独立性特征可以避免共犯从属性所带来的现实困境（例如必须以正犯存在为前提），方便刑事实体法与程序法的适用，提高刑事处罚的效率。再次，正犯（或实行犯）意味着不再按照刑法总则规定的共犯（或从犯）处理，即不得适用总则关于对共犯（或从犯）"依正犯减轻之"或者"应当从轻、减轻处罚或者免除处罚"的规定。相反，正犯（或实行犯）的刑罚

---

① 《德国刑法典》第27条，《日本刑法典》第63条。参见《德国刑法典》，王士帆、王玉全、王效文等译，台湾：元照出版公司2017年版，第21页；《日本刑法典》，陈子平、谢煜伟、黄士轩等译，台湾：元照出版公司2016年版，第53页。

在法律上一般规定的比共犯（或从犯）更重。正犯（或实行犯）的这一法律效果，与实质化正犯出现的初衷之一（即实现量刑上的妥当性）非常吻合。最后，正犯（或实行犯）意味着刑法还可以对其施加帮助或者教唆行为的共犯进行制裁，从而严密刑事法网。① 在理论上，如果某一行为被认定为共犯，则对于共犯的共犯是否可罚存在比较大的理论争议。因此将某些行为适当地实质化为正犯后，不仅可以实现对实质化行为本身的合理定罪量刑，还可以有效避免间接共犯理论的困境，实现对实质化行为之加功行为的规制。由此可见，人们千方百计地将某些行为实质评价为正犯（或实行犯），与正犯（或实行犯）本身在刑法中所具有的上述功能与效果密不可分。

四 定罪量刑的必然结果

一般认为，德日等国家出现正犯实质化趋势的主要原因在于量刑的需要。尤其是我国很多学者认为，德日国家没有像我国的共同犯罪立法一样，将定罪与量刑功能分开，因而其为了量刑的公正，不得不将其认定正犯，由此导致了正犯实质化趋势愈加明显。② 笔者认为上述观点有失偏颇。事实上，正犯实质化，首先是科学定罪的根本要求。而且，笔者认为主犯无法满足正犯实质化所欲实现的目的。

正犯实质化，首先一定是准确定罪的要求，而非妥当量刑的逼迫。即使刑法中有以刑制罪的理论，那么也是在定罪存有解释的空间才能予以适用的一种思考方法，否则就会出现违背罪刑法定原则的危险。从这个角度说，其实以刑制罪理论本身仍然是定罪本身起

---

① 张明楷：《论帮助信息网络犯罪活动罪》，《政治与法律》2016年第2期。
② 任海涛：《统一正犯体系评估》，《国家检察官学院学报》2010年第3期；张伟：《我国犯罪参与体系下正犯概念不宜实质化——基于中、日、德刑法的比较研究》，《中国刑事法杂志》2013年第10期；阎二鹏：《共犯教义学中的德日经验与中国现实——正犯与主犯教义学功能厘清下的思考》，《法律科学》（西北政法大学学报）2017年第5期。

到了决定作用，量刑只是对定罪起一个后果考量的指引作用。同样，正犯实质化实际上是构成要件符合性规范化、实质化认定的必然结果。换言之，那些被认定为实质化的正犯本身就能符合基本构成要件。不是因为量刑让定罪变得合理，而是因为定罪本身的要求，使其自身具有了正当性。所谓定罪本身的要求，也即构成要件实质解释的需要。下面以间接正犯和共同正犯的基本形式为例加以说明。

虽然间接正犯最初是为了弥补限制行为人理论加上严格从属性说所带来的处罚漏洞而被创造出来的一个应急概念，但是后来，即使刑法理论不再采取严格从属性说，间接正犯仍然被保留下来，而且得到了大家的一致认可。这是因为人们发现，间接正犯事实上是基于其正犯本质的属性而生成的概念。换言之，从规范性的角度而言，作为一种社会现象，现实生活中确实存在应该肯定间接正犯的情形。例如，将他人当作工具杀人的行为，从定罪的角度来看，本来就应该从规范角度将其认定为符合故意杀人罪的基本构成要件。倘若这种情形都不能认为符合基本构成要件，那刑法的解释似乎就出现了问题。现在几乎没有刑法学家认为，这种将他人当作工具一样支配了杀人罪不法构成要件实现的情形，不符合故意杀人罪的基本构成要件。

共同正犯也是如此。例如，甲、乙两人共谋抢劫，到达现场后甲持刀暴力威胁，乙负责劫取财物。此时，从形式上看，甲、乙任何一方，都没有实施抢劫罪之完整的构成要件。但是，刑法理论和司法实践几乎无一例外地认为，甲、乙都是抢劫罪的正犯。不仅如此，哪怕由甲一个人持刀暴力威胁并劫取财物，乙只是站在现场观看，也会认为甲、乙都构成抢劫罪的基本正犯。[①] 为什么会得出这样的结论呢？这首先仍然在于定罪时必须对基本构成要件的符合性作实质化、规范化的判断，而非仅仅为了量刑的妥当才如此为之。虽然不同学者对共同正犯的实质处罚根据可能持有不同的看法或者论

---

① 陈家林：《共同正犯研究》，武汉大学出版社2004年版，第28页。

述路径，但是大家的最终目的却是一致的，即期望在一定条件下，能够从规范角度将那些在形式上没有亲自直接实行刑法分则规定构成要件行为的情形，判定为符合基本构成要件。

由此可见，正犯实质化，是因为实质化正犯这种情形本身就能够符合刑法分则规定的构成要件，即对正犯实质化这种事实本身就应该以刑法分则规定的罪名定罪。如前所言，这与实质主义法哲学思潮、规范论的刑法学、构成要件的实质化解释等因素紧密相连。所以，归根结底正犯实质化是定罪本身的必然要求和结果。当今成为德日韩等大陆法系国家通说的一次性的正犯概念（即如何区分正犯和共犯的问题上首先要解决正犯是由哪些要素构成）[1]，与从定罪本身出发这一思路的旨趣相通。

正如大家所一致认为的，正犯实质化还与量刑紧密相关。从德日等大陆法系国家的共同犯罪立法来看，只有将行为人评价为正犯，才能让其受到比较重的刑事处罚，而共犯无法很好地发挥这一功能。在这一立法背景下，要想对那些在形式上没有亲自直接实行刑法分则规定构成要件行为但是在实质上却对犯罪结果的实现起到支配或者重要作用的行为人进行重罚，那么就只能通过将其认定为正犯的途径来实现这一量刑妥当性的目的。这也是为什么很多学者指出，德日正犯概念日趋实质化与司法实务上量刑的压力有关，与公正合理量刑要求有关。[2] 的确，诸如间接正犯、共同正犯等实质化的正犯，由于在规范评价上所起的作用至少等于亲自直接实行的正犯，因此，根据罪责刑相适应原则和预防的必要性原理等，都不应给与其共犯的刑罚待遇，而应给与正犯的处罚。后来发展出的共谋共同正犯等特殊类型的正犯，更加明显地体现了量刑倒逼定罪的特征。正如西田典之教授所言，是否承认共谋共同正犯，其问题不在于是

---

[1] 朴宗根：《正犯论》，法律出版社2009年版，第87页。
[2] 张伟：《我国犯罪参与体系下正犯概念不宜实质化——基于中、日、德刑法的比较研究》，《中国刑事法杂志》2013年第10期。

否作为"共犯"具有可罚性；相反，其问题仅仅在于，在作为"共犯"具有可罚性这一前提之上，探讨究竟谁应该作为共同"正犯"而受到重罚。因此，与共犯形式在区别上的明确性相比，应该允许优先考虑处罚上的具体妥当性。①

众所周知，我国共同犯罪体系立法采取的是分工和作用双重分类的标准②。其中有一种非常具有代表性的观点将其进一步解读为，我国采取的是分工标准定性和作用标准量刑的双层区分制，即我国刑法对犯罪参与人的定性及各参与人之间关系的确定，采用区分正犯与共犯的分工分类标准，而对量刑的把握，则采取区分主犯和从犯的作用分类标准，而且这两种标准彼此独立、并行不悖、功能各异。③ 依其观点，正犯实质化的出现，只能是因为定罪本身的需要；倘若只是为了量刑的需要，则没有必要赞成正犯实质化。这是因为，他们认为在我国只需将其认定为共犯，然后根据作用大的标准将其进一步认定为主犯，即可实现量刑的公正。概言之，正犯实质化与量刑妥当性有关的这一说法似乎就不适用于我国的实际情况。笔者认为这种观点值得商榷。

一方面，正犯实质化的出现首先与定罪有关，并不排斥其也受量刑的影响。事实上，坚持共犯——主犯认定路径的学者仍然认为间接正犯和共同正犯（实质化的正犯）应该受到重罚。定罪与量刑并不是排斥关系，恰好相反，定罪与量刑在共同犯罪中并行不悖。客观上要求比较重的量刑，往往也同时要求给与正犯之名；给与正犯的罪名，往往客观上也有量刑较重的需要。不能因为定罪的需要，而否认量刑的客观影响。

另一方面，所谓分工解决定罪，作用解决量刑，在实质上可能存在重合或者说这一定位本身就值得商榷。有论者正确地指出，分

---

① [日]西田典之：《日本刑法总论》，王昭武、刘明祥译，法律出版社2013年版，第311页。
② 高铭暄、马克昌：《刑法学》，北京大学出版社2011年版，第172页。
③ 钱叶六：《双层区分制下正犯与共犯的区分》，《法学研究》2012年第1期。

工本身并不能解决定罪问题，事实上定罪任务只能由构成要件符合性来完成。① 那么共同犯罪中，构成要件符合性如何认定呢？如前文所言，这是一个规范化、实质化的判断问题。如何规范化、实质化地理解共同犯罪中各参与人的行为，成为了问题的关键。首先需要肯定的是，根据现有的正犯与共犯理论来看，几乎都对构成要件符合性或者说实行行为作规范理解持肯定态度。例如，持上述共犯——主犯认定路径的规范实行行为说学者也认为，把他人当作道具加以利用，能在规范的层面上将其评价为如同自己亲自动手实施犯罪的，应认定为间接正犯。②

分歧之处在于大家对同一个行为的规范化判断、实质性理解有不同的看法。这是规范实行行为说与犯罪支配说、重要作用说的不同之处，也是我国很多学者认为我国不必像德、日国家一样承认共谋共同正犯等特殊类型的原因所在。这意味着，倘若大家认为对不法构成要件实现起了支配作用或者重要作用在规范层面上符合构成要件并无问题，那么所谓的主从犯作用标准，就会与所谓的分工标准重合。正如日本学者金光旭教授所言，完全有可能把中国的"主犯"和日本的"共同正犯"放在一个平台上加以探讨。③ 事实上，即使在我国也有不少学者赞成这种观点，集中表现在主犯正犯化的主张之中。一般而言，持犯罪支配说或者重要作用说的学者都采取这一立场。④ 在此意义下，因为量刑需要而出现的主犯，就相当于因量刑需要而出现了正犯实质化。

而且，主张共犯——主犯路径的规范实行行为说，并没有给出一个比较明确的规范理解的标准，只是宣称要规范理解和维持构成

---

① 田然：《论主从犯特殊区分制的共犯体系》，载陈兴良《刑事法评论》，北京大学出版社2017年版，第506—507页；[日]奥村正雄：《论实行行为的概念》，王昭武译，《法律科学》（西北政法大学学报）2013年第2期。
② 钱叶六：《双层区分制下正犯与共犯的区分》，《法学研究》2012年第1期。
③ 金光旭：《日本刑法中的实行行为》，《中外法学》2008年第2期。
④ 张明楷：《刑法学》，法律出版社2016年版，第450页。

要件定型性。当然从其认定的具体结果来看，似乎是主张，当行为人达到将他人视为工具利用的程度时，则规范理解为间接正犯，当行为人共同实施或者亲自分担具体犯罪的基本构成要件行为时，则规范理解为共同正犯。[1] 可是，为什么间接正犯不必亲自实行构成要件，而共同正犯则必须亲自分担部分构成要件？为什么间接正犯不作形式上的要求不会破坏构成要件的定型性功能，而共同正犯如果没有亲自实行的形式要求而作规范性理解就会违背罪刑法定原则？显然，规范实行行为说并没有给出令人信服的理由，反而给人时而规范化标准，时而形式化标准的不确定立场。从实质上说，上述争议的根本分歧在于构成要件符合性的规范解释问题，而不是量刑问题。

由此可见，从共犯——主犯角度来论证我国不必因为量刑需要而采取正犯实质化的做法本身就值得商榷。而且如上所述，论证本身并不一定能够成立，二者可能存在交叉。至于究竟应该如何实质化理解构成要件或者实行行为，则是下文有待明确的问题。综上可知，定罪与量刑的双重需要，促使刑法理论和司法实践不断突破形式化正犯概念的束缚，转而接受能够达到科学定罪与合理量刑的实质化正犯理论。倘若仅仅坚持形式化的正犯，那么对于实质化正犯的情形就只能作为共犯或者无罪处理，从而导致定罪与量刑失去妥当性，并有可能形成处罚漏洞。可以说，正犯实质化，既是定罪时合理解释构成要件的必然结果，也是量刑时公正处罚的客观需要。

---

[1] 钱叶六：《双层区分制下正犯与共犯的区分》，《法学研究》2012 年第 1 期。

第 三 章

正犯实质化之实现的基本原则

正犯实质化是一个普遍的现象。虽然当前从不同侧面涉及正犯实质化标准的研究之多,但是其基本停留在对具体正犯标准(或正犯与共犯区分标准)的把握上,而缺乏探讨正犯实质化之实现的一般性理论。可以说,这也是导致正犯实质化标准分歧之多,内容之繁杂的重要原因之一。为了更好地指导、解决正犯实质化的标准问题,笔者将从现有的具体研究之中,试图提炼、总结几个合理实现正犯实质化的基本原则。需要注意的是,本书提倡的正犯实质化之实现的基本原则,也可视为正犯实质化标准的另一种面向。

第一节 正犯实质化之合法性原则

一 合法性原则的释义

正犯实质化之合法性原则,主要是指在实现正犯实质化的过程中,必须始终遵守刑法分则条文的明确规定,维持基本构成要件的定型性,而不能违背罪刑法定的基本原则。正犯实质化之合法性原则,旨在强调共同犯罪中也应该坚守和贯彻罪刑法定原则,尊重国民的可预测性,充分发挥刑法作为行为规范的指导功能。

显然,要充分理解合法性原则,须对罪刑法定原则的含义与精神有一个基本的了解。现代法治国家一般将罪刑法定原则作为刑法的一项铁则,是指某种行为是否构成犯罪,构成什么犯罪和处什么刑,均由法律明文规定,一般表述为"法无明文规定不为罪,法无明文规定不处罚"。该原则最初是为了防止西欧封建刑法肆意处罚的问题,旨在最大限度地保障人权与自由。罪刑法定原则早期的思想渊源是自然法理论、三权分立说和心理强制说,现代的思想基础则为民主主义和尊重人权。①

罪刑法定原则强调犯罪与刑罚应该事先由成文的法律予以明确规定,反言之,缺少法律规定就无犯罪和刑罚。我国传统观点认为罪刑法定原则可以派生出四项具体原则:(1)禁止习惯法;(2)禁止不定期刑;(3)禁止事后法;(4)禁止类推。② 在德日大陆法系国家,一般从形式和实质侧面来解读罪刑法定原则。当然,如今我国绝大多数学者也赞成罪刑法定原则的这些基本内容。从形式角度而言,主要包括法律主义、禁止事后法、禁止类推适用原则、禁止绝对不定期刑原则;从实质内容而言,主要包括明确性原则和适当性原则。③

需要指出的是,罪刑法定原则经历了由绝对罪刑法定向相对罪刑法定的历史变迁过程。古典学派的学者一般坚持绝对罪刑法定主义。他们认为,司法人员不能造法,甚至不能解释法律,只能依据已经规定的条文被动地、僵硬地去执行,否则就违背了罪刑法定原则。④ 这种绝对的罪刑法定原则是一个不可以变通的原则,它意味着法律规定的绝对确定性,法官没有任何自由裁量的余地。⑤ 绝对罪刑

---

① 张明楷:《刑法学》,法律出版社 2016 年版,第 44—47 页。
② 高铭暄、马克昌:《刑法学》,北京大学出版社、高等教育出版社 2000 年版,第 26—27 页。
③ [日] 内藤谦:《刑法讲义总论(上)》,转引自王充《罪刑法定原则论纲》,《法制与社会发展》2005 年第 3 期。
④ 吕安青:《罪刑法定与自由裁量权》,《环球法律评论》2004 年(夏季号)。
⑤ 赵秉志、吴振兴:《刑法学通论》,高等教育出版社 1993 年版,第 33—34 页。

法定原则有着深厚的（法）哲学基础和政治社会历史背景。当时，人们崇尚理性，追寻确定性，相信人是万能的。在此种哲学范式下，法学家追求法典完美主义，相信法官只用机械地执行法律即可，忽视法律的价值性与开放性，仅强调逻辑技术上的尽善尽美。同时，在启蒙运动的历史背景下，为避免封建刑法侵犯人权的危险，被提出的罪刑法定原则的首要任务便是，消除罪刑擅断主义刑法中的恣意性因素，因而强调绝对的明确性与确定性，严格限制法官的自由裁量权。①

而后来兴起的刑事实证学派逐渐意识到绝对罪刑法定原则的局限性，开始主张比较灵活的相对罪刑法定原则。该原则对绝对罪刑法定原则进行了一定程度的改造，它贬低成文法典的意义，允许有利于被告人的类推，采用相对的不确定期刑，主张从旧兼从轻原则，提倡扩大法官的自由裁量权等。② 正如前文所提到的，随着利益法学等目的法学的兴起，法律的适用不再是单纯的逻辑演绎，法官也不只是宣告法律的嘴巴，而是强调法官的能动作用，主张法官在一定限度内拥有自由裁量权。加之，此时政治经济等社会背景与绝对罪刑法定原则提出之时有所不同。社会经济的发展带来了很多新犯罪类型的挑战，以往刑事古典主义学派的主张已经不能适应社会的发展。正是在此背景下，相对罪刑法定原则得以产生，并且影响至今。

可以说，国内外刑法理论现在几乎一致赞成相对罪刑法定原则。因为，该原则的主张不仅使各国刑法更加适应保障人权的需要，而且克服了其僵硬性的弊端，获得了一定的灵活性。③ 因此，对于罪刑法定原则的把握，不能形式化地理解刑法规范，机械化地涵摄案件事实，而应注重考查立法的真正目的与法条的实质含义，在法律体

---

① 王充：《罪刑法定原则论纲》，《法制与社会发展》2005年第3期。
② 赵秉志、吴振兴：《刑法学通论》，高等教育出版社1993年版，第33—34页。
③ 陈兴良：《罪刑法定主义的逻辑展开》，《法制与社会发展》2013年第3期。

系的框架内准确地理解和正确地适用刑法规范。①

二 合法性原则于正犯实质化的意义

为什么要在正犯实质化中提倡合法性原则呢？一方面，在现代法治国家中，罪刑法定原则本身非常之重要，因此，任何与定罪和刑罚有关的理论、实践或制度都必须经过罪刑法定原则的检验，正犯的认定也不例外。罪刑法定原则是为了防止刑罚擅断而提出的，其价值取向在于限制国家公权力，保障人权。罪刑法定原则与现代法治国家的核心价值——民主与人权——紧密联系在一起。如果要走向法治国家，那么首先就必须规定并且贯彻罪刑法定原则，否则就会导致国家刑罚权的滥用。② 倘若国民无法预测自己行为的性质，也无法知晓他人是否会侵犯自己，不知道国家何时会剥夺个人的自由，那么人人都将陷入惶恐之中，失去行动的自由。罪刑法定原则派生出的每一项基本内容，都直接关乎每个人的基本人权。总而言之，罪刑法定原则对保障人权具有不可忽视的作用，对于现代法治的形成具有强大的推动作用。正因如此，罪刑法定原则成为了每个现代法治国家所普遍坚守的铁则。

正犯实质化作为直接影响定罪与量刑的刑法理论与实践，也就不得不接受罪刑法定原则的检验。事实上，现有学者在对待正犯的基本问题时，都注意到了罪刑法定原则的问题，并声称自己所坚持的理论在罪刑法定原则范围之内。例如，坚持规范实行行为说的学者认为，其理论以刑法分则条文类型性规定的构成要件行为为基准，具有直观、简洁、明快的优点，可以与法治国刑法理论要求的构成要件的定型性相符合，与罪刑法定原则的基本旨趣相契合。③ 坚持客

---

① 陈正云、曾毅、邓宇琼：《论罪刑法定原则对刑法解释的制约》，《政法论坛》2001 年第 4 期。

② 张明楷：《罪刑法定对现代法治的贡献》，载高鸿均、邓海峰《清华法治论衡》，清华大学出版社 2002 年版，第 195 页。

③ 钱叶六：《双层区分制下正犯与共犯的区分》，《法学研究》2012 年第 1 期。

观实质说的学者也认为自己的理论是符合罪刑法定原则的。例如采取重要作用说的刘艳红教授认为，在认定行为人对法益侵害结果的发生是否起到重要作用时，该理论"仍然是站在以实行行为为基准的实质意义上来考虑犯罪实现的客观参与的重要程度的"。① 言下之意，刘艳红教授认为重要作用说以实行行为为基准，与罪刑法定原则并不冲突。暂且不论以上各种理论与罪刑法定原则是否真正契合的问题，至少可以看出各位学者都认为在正犯实质化中必须坚守罪刑法定主义的铁则。

另一方面，正犯实质化又并非是一个纯粹客观的存在论问题，而是一个规范论色彩浓厚的价值判断问题，因而与相对的罪刑法定原则容易形成一种内在的紧张关系。实质化意味着，可能并不存在一个如形式化一样具体可见的物理性、自然性的明确客观标准，相反它往往与不同个体的角色、特性、生活背景，以及国家的政策、社会环境等外界因素有关。因而，容易产生不同的结论。如果实质化把握不当或者说正犯过度实质化，就很容易导致与罪刑法定原则之明确性、可预测性等基本要求相违背。

当前研究对正犯实质化是否会违背罪刑法定原则已经产生了比较大的争议。从认定正犯的理论学说角度来看，主要体现在犯罪支配说、重要作用说与形式客观说或者说规范实行行为说之间的争论。坚持形式客观说或者规范实行行为说的学者认为，唯有坚持以构成要件为中心的认定标准才能保证构成要件的明确性，因此他们反对以犯罪支配和重要作用等更为实质的标准来认定基本构成要件行为的做法，并认为如此为之，必然会导致构成要件失去定型性，产生违背罪刑法定原则的问题。② 而坚持犯罪支配说或者重要作用说的大多数学者虽然并没有直接回应是否违背罪刑法定原则的问题，但是倘若非要他们回答是否违背罪刑法定原则，那么可以预测的是，答

---

① 刘艳红：《论正犯理论的客观实质化》，《中国法学》2011年第4期。
② 马聪：《论正犯与共犯区分之中国选择》，《山东社会科学》2018年第3期。

案必然是否定的。因为只要违背了罪刑法定原则,任何一项理论都会失去正当性。正如上所述,也有代表性学者明确作出了表态,其认为重要作用说仍然是以构成要件为基准的,对实行行为的规范化、实质化理解并没有违背罪刑法定原则。[①] 由此可见,在对构成要件和实行行为普遍作规范化、实质化理解的背景下,正犯实质化过程中的罪刑法定原则问题就更值得认真对待。

正犯实质化之合法性原则,既是正犯实质化之正当性的必然要求,也是正犯实质化之如何合理化的指导原则。一方面,如第一章所言,当前对正犯实质化的批评,虽然并不是反对正犯实质化本身,而是对所谓正犯过度实质化的批判。但是即使如此,无疑也会影响到正犯实质化之正当性的问题。罪刑法定原则是任何理论、实践与制度都无法逾越的门槛。因此,只有在正犯实质化中始终坚持罪刑法定原则,方能使其具有正当性。倘若正犯实质化之后,已经完全偏离构成要件定型性,违背国民基本预测可能性,那么就会严重损害国民的自由,破坏法治国家所试图构建的现代文明与秩序。另一方面,罪刑法定原则,可以作为检验正犯实质化之实现路径的第一道阀门,淘汰那些具有实质合理性但是缺乏形式合理性的标准与方法。例如,即使认为将其作为正犯处罚具有刑事处罚必要性,但是已经违背了人们对构成要件的一般预测可能性,则可以通过合法性原则将其排除在正犯理论之外。

三 正犯实质化中合法性原则的贯彻

既然罪刑法定原则在正犯实质化中如此重要,那么如何在正犯实质化的实现过程中不违背罪刑法定原则则成为了关键。由于实质解释、规范判断是法学的必然选择,因此,这一问题又可以转化为如何保证刑法的实质解释仍然符合形式规定的要求。换言之,在实质化、规范化解释的同时,需要尽最大可能保障构成要件的定型性,

---

[①] 刘艳红:《论正犯理论的客观实质化》,《中国法学》2011年第4期。

不违背法律之明确性要求和不损害国民之预测可能性。结合正犯实质化的主题，笔者认为可以从以下几个方面去贯彻正犯实质化之合法性原则。

其一，实质化、规范性的解释须始终围绕基本构成要件进行。从逻辑上说，也许有人会认为，这一说法可能存在循环论证的问题。因为如上文所言，共同犯罪中之所以会产生巨大分歧，原因之一就在于大家对什么行为能够符合基本构成要件的问题并不明确。既然如此，又怎么能指导解释者在实质化、规范性的解释时围绕基本构成要件进行呢？然而，这一质疑仍然站在形式化解释的立场，即认为构成要件是中立、价值无涉的。事实上，历史早已证明，构成要件的解释必定是规范化、实质性的解释。因此，存在一定争议实属正常，但是并不能因为有争议就认为不存在对基本构成要件的共识性判断。否则，所有法学问题，都将变得不可确定。

提倡实质化、规范性的解释必须围绕构成要件进行，意在强调不能仅仅因为行为有刑事处罚必要性，就将其解释为符合基本构成要件之规定。这种实质化的解释已经远远偏离了刑法的明文规定。事实上，即使主张考虑刑事处罚必要性的实质解释论者也是主张在构成要件范围之内进行实质考量。例如张明楷教授指出，实质解释并非脱离构成要件的规定而单纯对案件事实进行的实质判断，而是围绕刑法典规定的具体条文展开的，否则就会违背罪刑法定原则。[①]

由此，实质解释时必须寻找一个刑法分则的条文与之对应。其实，在共同犯罪中，虽然对哪种行为符合基本构成要件具有一定争议，但是对于整体的犯罪事实是否符合刑法分则规定的构成要件的判断一般没有认定上的困难。这意味着共同犯罪中的刑法解释往往与刑法已经规定的构成要件存在一定联系，哪怕行为与构成要件之间还只是具有可归责的因果关系。质言之，一般而言，共同犯罪中不会出现仅有刑事处罚必要性而完全无视立法的实质解释情形。笔

---

① 张明楷：《刑法学》，法律出版社2016年版，第56—57页。

者认为，共同犯罪中的这一特殊点应该得到足够的重视。倘若大家充分意识到这一点，也许共同犯罪中有关是否违背罪刑法定原则的争议会在一定程度上减少，并且可以避免单纯从抽象意义上批评实质解释违背罪刑法定原则的弊端。

因此，在对正犯进行实质化、规范化的解释时，须始终围绕基本构成要件进行。可以说，这是防止正犯实质化解释违背罪刑法定原则的第一步。只要始终使实质化、规范性的解释与构成要件产生联系，那么至少可以在解释的方向上保持正确。在此基础上，剩下的问题就在于，行为与构成要件具有什么样的联系才能视为符合基本构成要件。这是进一步贯彻罪刑法定原则所需要解决的问题。

其二，实质化、规范性的解释须以国民之预测可能性和可接受性为一般性标准。具体到正犯实质化中，就在于行为人与构成要件行为产生的联系，足以被国民评价为相当于自己亲自直接实行。唯有如此，方能不违背国民之预测可能性。如前文所言，现行的正犯理论提供了一些不同的标准。例如，形式化的正犯概念要求行为人必须在存在论意义上亲自直接实行刑法分则规定的构成要件；单一正犯概念要求行为人只要与构成要件结果具有一定的因果关系即可；规范的实行行为说认为行为人必须实施基本构成要件，且对间接正犯的实行行为作实质化解读，而对共同正犯则又局限于形式化的理解；犯罪支配说认为，只要行为人能够支配不法构成要件的实现就符合基本构成要件之规定；重要作用说认为，行为人在犯罪实现过程中起了重要作用就相当于实现了基本构成要件，等等。然而这些标准，哪个更为合理？则应以社会一般人的标准来衡量。

当前刑法学界中的形式解释论与实质解释论无不将国民的预测可能性或者说文字的通常含义、可能含义作为检测是否违背罪刑法定原则的标准和解释的限度。[①] 这都彰显了国民预测可能性对于坚守

---

① 欧阳本祺：《走出刑法形式解释与实质解释的迷思》，《环球法律评论》2010年第5期。

罪刑法定原则的重要性。事实上，国民预测可能性也属于罪刑法定原则之基本含义与内容。因此，无论何种解释方法或者价值立场，都不能违背国民的预测可能性，否则就会侵犯公民的基本自由与人权。那么，如何才能使实质化、规范性的解释不违背国民的预测可能性呢？

在方法论上，当今流行的形式解释论与实质解释论之争并不能提供有效的解决方案。笔者认为，应通过刑法论证途径达成共识性的意见。形式解释论指导司法者在解释构成要件或者刑法条文用语时不能因为行为具有法益侵害性和刑事政策上的处罚必要性，就将案件事实直接适用于该规范。而且，形式解释论强调只能在构成要件符合性判断结束后，才能在违法阶段考虑行为处罚必要性、法益侵害性；实质解释论者则告诉司法者在解释构成要件或者刑法条文用语（特别是在该当规范与案件事实能否涵摄有争议）时，应该以行为具有刑事政策上的处罚必要性为解释的指导原则。

从抽象上看，两种解释论似乎提供了解决问题的方法。但如若仔细思考，就会发现这两种解释论本身并没有提供具有可行性的方法。形式解释论者告诉司法者在解释构成要件或者刑法用语时不能首先考虑行为的处罚必要性，而应该从刑法体系内部演绎得出结论，以确保刑法解释在语义的可能性之中和国民的一般预测可能性之内，或者说提倡在有疑问时坚持有利于被告人的原则，以保障人权。

但是，有争议的地方往往无法从所谓的刑法体系内部演绎得出结论。另外，如果坚持有疑问时有利于被告人的原则，则不仅缺乏实质合理性，而且已经不属于形式解释的结论范畴。刑事诉讼法中坚持的存疑时有利于被告人的原则，涉及的是一个事实与证据的问题。任何定罪处罚必须以事实为基础，因此存有疑问时必须作出有利于被告人的认定，唯有这样才能保障人权。但是刑法解释存有疑问时，主要是一个涉及国民之预测可能性和可接受性的罪刑法定问题。因此，在法学问题必须作实质化、规范化解释的背景下，并不能只要出现争议就理所当然地作出有利于被告人的解释。正如张明楷教授所言，处罚范围并非越窄越好，而是越合适越好；只有不当扩大处罚范围，才会违背罪刑法定原则。①

更重要的是，在基本构成要件阶段就需要规范性、实质化的判断。因此形式解释论对于考虑处罚必要性之前的构成要件阶段如何判断并没有提供实际的方法。质言之，何种行为在规范上能够符合基本构成要件，且不违背国民的预测可能性，在方法论上并不清楚。

而实质解释论者也无法完成上述目标。因为其始终没有论证自己所作的扩大解释没有违背罪刑法定原则这个关键命题，而是给自己的解释直接加上一个前提即他们是在罪刑法定原则下进行解释的。如实质解释论者认为只要行为具有处罚必要性，即使行为不在用语的通常含义内，也应在罪刑法定原则的限制下作扩大解释："只要没有超出刑法用语可能具有的含义，只要行为具有处罚的合理性与必要性，即使是不利于被告人的扩大解释结论也是可以采纳的。"② 可见，解释结论是否违背罪刑法定原则的问题往往被忽视了。

形式解释论与实质解释论不仅遮蔽了实质化、规范性的解释所要解决的问题，而且尚未提供有效的解决方案。事实上，到底什么是罪刑法定原则所允许的解释限度，哪种解释更符合国民的预测可能性，哪种解释更能为大众所接受才是我们需要解决的问题。而要解决这一问题，笔者认为必须借由刑法论证的方法达成。简而言之，在开放的体系中采取对话的方式追求合理性的结论。③ 刑法论证，要求各个解释主体充分论证结论成立的正当性依据，并对他人的观点进行有效的反驳，在反复沟通、辩论、商谈的过程中，单个的解释都必须经受住各种反驳意见的考验，逐步获得一个可接受性的结论。刑法解释必须以"听众"和"解释的共同体"等复数主体的观念取

---

① 张明楷：《刑法学》，法律出版社 2016 年版，第 56—57 页。
② 张明楷：《实质解释的再提倡》，《中国法学》2010 年第 4 期。
③ 童德华：《从刑法解释到刑法论证》，《暨南学报》2012 年第 1 期。

代德沃金独白式的赫拉克勒斯法官形象[①]，解释者的观点必须接受其他主体的拷问，只有这样，在人与人之间能够理解不同的价值命题的基础上，通过多方对话、合理协商、认真甄别和筛选，最后使裁判中价值判断的客观性基于参与者的"主体间性"得以实现。

具体到国民预测可能性的判断，需要真实考量各个解释主体的解释理由与依据，如社会发展的现状、国民的理解与接收程度、必要的道德性与政治性影响因素等。例如，在认定虚拟财产是否属于"财物"时，如果根据社会的发展程度，国民基本都已形成了虚拟财产亦是"财物"的共识，那么就没有必要僵化地坚持非要修改法律方能处罚被告人的做法。之所以要坚持有利于被告人原则，实质在于"法无明文规定不为罪、法无明文规定不处罚"是法治国的铁则。反言之，不能因为行为具有刑事政策上的处罚必要性就舍弃罪刑法定原则的要求，而径直处罚被告人。但是，如果法律用语能够涵摄随着社会发展而赋予其的新内容，而且国民基本都认同，即国民具有了一般预测可能性，则所谓有利于被告人原则也无适用的空间。

同理，如果通过刑法论证之后，有足够充分的共识性理由认为，只要行为人与构成要件之间具有可归责的因果关系即可视为符合基本构成要件，那么基本构成要件符合性的认定自然也会属于国民可预测范围之内。但是，倘若经过对话、辩论之后，大多数意见认为这种因果关系的联系程度还不足以评价为符合基本构成要件，那么基本构成要件符合性的认定就有待寻找新的标准。对于合理标准的确定，刑法论证提供的方法论起到了决定性作用。最终的共识性结果不是简单的少数服从多数，而是经过充分论证在一定条件下达成的相对比较合理的结论。实质化的解释结果也不是形式解释论者或者实质解释论者所作出的个人价值选择，而是一个"主体间性"的真理。显然，这种实质化的解释同时符合了形式化之法定性、明确

[①] 焦宝乾：《从独白到对话——迈向法律论证理论》，《求是学刊》2006年第4期。

性、可预测性等要求。

以上是从方法论的角度对如何在正犯实质化中贯彻罪刑法定原则提出了本书的见解。而如果从具体标准角度来说，还可以通过等价性、类型化原则对行为人与构成要件之间的联系进行考量与构建，确保罪刑法定原则能够在实质化、规范性的解释中得到很好的坚持。何为等价性原则和类型化原则？为什么等价性原则和类型化原则有利于贯彻罪刑法定原则？笔者将在下文中予以详细阐述。

第二节　正犯实质化之等价性原则

一　等价性原则的界定

从存在论意义上说，形式化的正犯表现为亲自直接实行刑法分则规定某罪的全部构成要件行为，例如单独直接正犯；而实质化的正犯，表现为间接、部分（甚至没有）实行刑法分则规定某罪的构成要件行为，例如间接正犯和共同正犯。可见，从行为的表现形式上看，二者在存在论上有着明显的差别。形式化的正犯具有直观、具体、简单的外部表现形式，因而比较容易完成基本构成要件符合性的判断，将其作为正犯也能被大家认可和接受，一般不会产生违背罪刑法定原则的质疑。而实质化的正犯由于缺乏亲自直接实行刑法分则规定某罪全部构成要件行为的直观形式特征，因而将其视为符合基本构成要件的犯罪形态，就需要有充足的正当性理由。

如上文所述，在正犯与共犯二元区分体系下，实质说的内部给出了诸多具体的理由。例如，必要性说认为，因为行为人对犯罪行为的实现有不可或缺的加功作用，因而能作为正犯处理；优势说认为，因为行为人对犯罪事实具有优势的关系，因而能作为正犯处理；同时性说认为，因为行为人在犯罪实施时这一重要的时间点参与犯罪，因而能作为正犯处理；规范的综合理论认为，因为根据客观情况可以判定行为人的意志对犯罪的发生起到了控制、支配的作用，因而能作为正犯处理；犯罪事实支配说认为，因为行为人对犯罪事实的发生起到了支配作用，因而能作为正犯处理；目的行为支配说认为，因为行为人对他人的行为具有支配作用，因而能作为正犯处理；原因条件区别说认为，因为行为人与犯罪结果的发生具有重要的原因关系，因而能作为正犯处理；重要作用说认为，因为行为人在犯罪的完成中起到了重要的作用，因而能作为正犯处理；规范的实行行为说认为，因为行为人实施了在规范上等同于亲自实施的实行行为，因而能作为正犯处理，等等。在单一正犯体系下，单一正犯概念认为，因为行为人对不法构成要件的实现具有因果贡献，因而能作为正犯处理。

仔细考察这些实质化的正犯理论可以发现，虽然各种学说将行为人作为正犯处理的具体理由不尽相同，但是其背后却隐藏着一个共同的本质，即试图通过规范上的等价性评价弥补存在论的不足。具体而言，即使行为人在事实上没有全部亲自直接实行刑法分则规定的构成要件行为，但是只要他的行为能够在规范评价上相当于自己亲自直接实行刑法分则规定的构成要件行为，即可视为正犯。笔者认为，这是要求实质化的正犯必须符合等价性原则。诚然，上述学说所提供的标准未必都满足等价性的要求，或者说所谓的等价性标准未必合理。但是，这些学说都倾向于从规范论的角度寻找能够等价于形式化正犯的标准。

等价性问题在不作为犯研究中得到了充分的重视，但是在正犯研究中，除了涉及不作为的正犯问题外[①]，几乎不被提及，尚未得到应有的关注。那么笔者提倡在正犯实质化过程中必须贯彻的等价性原则的具体内涵是什么呢？

在不作为犯中，所谓等价性，是指从规范论角度而言，通过不

[①] 例如，有学者提到，不作为必须与作为犯在构成要件上具有等价性，才有可能在共同犯罪中成立正犯；不作为的正犯性建立在行为人对结果的事实性支配，以及违反功能性的保证人义务（补充性标准）这两种标准的基础之上。孙立红：《论共同犯罪中的不作为参与》，《法学家》2013年第1期。

作为方式实现不法构成要件的情形与通过作为方式实施不法构成要件的情形，在刑法价值上相同①，或者违反作为义务而导致刑法规定的法益侵害结果与以作为方式而引起的结果具有同等价值②。可见，不作为犯的等价性是相对于作为犯而言的。正犯实质化中的等价性，则是相对于形式化的正犯而言。从行为的外在表现形式来看，形式化的正犯与实质化的正犯之间存在结构上的差异。但是，这并不能代表二者没有共同之处，因为它们对构成要件结果发生的作用与功能在规范评价上可能是等同的。因此，正犯实质化中的等价性，是指非亲自直接实行刑法分则规定构成要件行为的犯罪人对不法构成要件的实现，在刑法评价上等价于亲自直接实行刑法分则规定构成要件行为的犯罪人。其具体内容表现为对犯罪结果的发生或者说对不法构成要件的实现具有刑法上的等价性。正如通过不作为与作为这两种手段导致的法益侵害结果，在法律评价上具有一致性，都具有非难的负价值。③

正犯实质化中的等价性原则，源于形式化正犯与实质化正犯在事实结构上的不同，在价值评价上的等同。等价性原则是在亲自直接实行全部构成要件行为之形式要求与公平正义之实质要求的冲突中应运而生的。正因如此，等价性原则不可能是存在论、事实论、形式论意义上的等价，而是价值评价意义上的等价。等价性，是一种价值判断，其不同于单纯的事实认定。正犯实质化及其等价性原则，表明了正犯理论也经历了如同因果关系理论一样从存在论向规范论发展的过程。

还需要注意的是，正犯实质化中的等价性原则，并不是可罚性层面的等价，而是如何罚层面上的等价。即正犯实质化中的等价性原则，不在于解决要不要处罚的问题，而在于解决能否认定与形式

---

① 林山田：《刑法通论》，台湾：台北三民书局1986年版，第306页。
② 韩忠谟：《刑法原理》，台湾：雨利美术印刷有限公司1981年版，第103页。
③ 李晓龙：《论不纯正不作为犯的等价性》，《法律科学》（西北政法大学学报）2002年第2期。

正犯一样的罪名和施加相应法定刑的问题。这是因为，正犯标准的理论，或者说正犯与共犯区分的理论，并不是在讨论行为人是否应该受到刑事处罚，而是探讨究竟应该将其作为正犯还是共犯（帮助犯或教唆犯）处理的问题。换言之，实质化的正犯所违反的罪名能否等价评价为形式化正犯所违反的基本构成要件的罪名。事实上，除了单独直接正犯外，对于什么样的情形能够直接认定为符合刑法分则规定的构成要件罪名，是一个极具有争议的主题。对于这一问题，将在等价性的判断中讨论。

二　等价性原则于正犯实质化的意义

等价性原则在正犯实质化的实现过程中具有关键作用，因为它在很大程度上决定了正犯实质化是否合理。等价性原则的贯彻，至少具有以下三个方面的积极意义。

其一，等价性原则符合公平正义的观念，能够实现科学定罪与合理量刑。第二章指出，正犯实质化是契合朴素正义感、符合刑事政策要求的必然选择。如果进一步追问为什么将非亲自直接实行刑法分则规定的构成要件行为的人作为正犯，能符合公平正义和刑事处罚的价值要求？答案就在于实质化的正犯与形式化的正犯在价值层面上具有等价性，也即二者对构成要件的实现或者说犯罪结果的发生在一定条件下具有同等的负价值。公平正义观念要求将这些虽然没有亲自直接实行刑法分则规定的构成要件但是对不法构成要件的实现起了很重要作用的行为人，与亲自直接实行刑法分则规定的构成要件的行为人作同等处罚。这恰好与等价性原则的旨趣相同。在人类的认知中，对犯罪结果实现具有等价作用的行为人都应作为正犯，给与重罚，而不应仅局限于直接、亲自实行这一种情形。这也是包括法官在内的社会大众所能接受的共识。等价性原则与人类的正义情感天然地结合在一起。从根本上说，正犯实质化中等价性原则是保证实质化正犯认定符合公平正义的关键。等价性原则符合公平正义的理念，就可以使得这些没有亲自直接实行刑法分则规定构成要件的行为人但是对不法构成要件实现起了很重要作用的行为人作为正犯处理，从而避免了将其作为共犯或者无罪处理的漏洞，实现了科学定罪与合理量刑的目的。

其二，等价性原则具有过滤功能，能够合理地限制正犯的范围。非亲自直接实行刑法分则规定的构成要件行为的人，只有在一定条件下才能达到等价评价的要求。唯有如此，也才符合人类普遍的认知。这意味着并非一切间接实行、部分实行刑法分则规定的构成要件情形都能被评为符合基本构成要件。例如，倘若将一般的帮助犯实质评价为相当于他亲自直接实行刑法分则规定的构成要件行为，则有违公平正义的法感情，很难被大众所接受。之所以认为帮助犯不能评价为正犯，从刑法教义学分析，原因就在于等价性原则的缺失。据此来看，单一正犯概念，将一切间接实行、部分实行的情形都作为正犯的做法就值得打一个大大的问号。换言之，单一正犯概念所蕴含的实质正犯是否符合等价性原则是值得探究的。如下文所述，将因果关系作为等价性原则的标准缺乏妥当性。

当然，如果将正犯的认定走向另外一个极致，即只有亲自直接实行才能认定为符合刑法分则规定的构成要件，则又会形成处罚漏洞或定罪量刑的不公。当今之所以都肯定正犯实质化的做法，很大一部分原因就在于刑事处罚的必要性与公正定罪量刑的共识性需求。也即只有将诸如间接正犯、共同正犯情形中的间接实行人、共同实行人作为正犯处理，才能避免刑法无法规制的尴尬局面和实现从重处罚的刑事政策要求。那么非亲自直接实行刑法分则规定的构成要件的行为人，在满足什么条件时作为正犯比较合适呢？笔者认为，只有从规范层面看，相当于行为人亲自直接实行刑法分则规定的构成要件时，即在不法构成要件的实现上具有等价性的时候，才能将其评价为正犯。显然，相对于形式化的正犯概念，等价性原则在此又适当地扩大了正犯的范围。

如果正犯范围过大，则不仅会破坏构成要件的定型性功能，还会导致定罪量刑的不公；如果正犯范围过小，则要么形成明显的处罚漏洞，要么也会导致定罪的不科学、量刑的不公正。而等价性原则很好地解决了这一问题，合理地限制了正犯的处罚范围。它充当着筛选、过滤正犯的功能，既可以防止正犯范围过大，将不具有等价性的非亲自直接实行行为的人不分情况地一律作为正犯，又可以避免正犯范围过小，只将亲自直接实行行为的人作为正犯。等价性原则为正犯实质化的标准指明了方向。

其三，等价性原则与构成要件紧密联系，能够有效解决正犯实质化违背罪刑法定原则的质疑。如前文所提到的，当前很多学者认为，正犯实质化有违背罪刑法定原则的嫌疑。笔者在第二章论证正犯实质化之正当性根据时指出，正犯实质化只有坚持一定的原则和贯彻合理的标准才可避免违背罪刑法定原则的弊端。而这一原则和标准就是等价性。如上文所述，正犯实质化是围绕刑法分则规定的构成要件而展开的，因此只要与构成要件具有紧密联系即可有效避免实质化所可能带来的失去定型性的问题。但是，行为人究竟要与构成要件具有什么样的事实和规范联系才能认定为符合了刑法分则规定的基本构成要件呢？

单一正犯概念认为只要具有因果贡献即可；犯罪支配说认为只要支配了犯罪构成要件的实现即可；重要作用说认为只要在犯罪实现中起了重要作用即可，等等。其实，在这些说法中行为人与构成要件都具有一定的联系，只是联系的方式与程度不同而已。笔者认为，这些标准是否合理，关键就在于是否具有规范上的等价性，即能否在规范评价上等同于亲自直接实行刑法分则规定的构成要件。进言之，形式化的正犯与实质化的正犯在构成要件的实现中具有规范评价上的等价性。试想，如果一个行为人不仅与构成要件有联系，而且是达到了与自己亲自实行一样的程度，例如把他人当作犯罪工具直接支配了犯罪构成要件的实现，那么还能指责其违背罪刑法定原则吗？

在等价性原则的支撑下，正犯实质化与仅仅考虑行为的社会危害性和处罚必要性而将刑法没有规定的行为入罪的做法有天壤之别。

因此，不能从抽象层面想当然地批评正犯实质化违背罪刑法定原则，而应看到实现正犯实质化的具体要求。等价性原则是正犯实质化之实现的关键性原则，其将行为人的行为与刑法分则规定的构成要件紧密地联系在一起，因而根本不会致使构成要件丧失定型性，更不会产生损害国民预测可能性的效果。随着社会的发展，犯罪结构也会愈加复杂，实现基本构成要件的方式必定多样。只要相应的事实能够在规范上与最简单的形式化正犯具有等价性，则将其直接认定为正犯，就属于对于构成要件的合理解释，不存在违背罪刑法定原则的问题。这种解释能被社会大众所接受，在国民预测可能性范围之内。

三　正犯实质化中等价性的具体判断

既然等价性原则是合理实现正犯实质化的关键性原则与标准，那么究竟如何具体判断等价性原则显得尤为重要。等价性的判断，是一个以事实为基础的规范性评价过程。价值判断意味着可能没有事实判断、形式判断那么容易达成共识性的意见，因此必须确定一个科学的适用标准，方能充分发挥等价性原则的功能。目前，学界似乎没有出现直接研究等价性判断标准的文献。但是，我们可以将各种正犯标准理论作为等价性的标准来解读，因为他们都将非亲自直接实行的情形作为符合基本构成要件的正犯处理。据此，当前存在的等价性标准的主要学说有主观说、规范实行行为说、必要性说、同时性说、优势说、规范的综合理论、犯罪支配说、目的行为支配说、原因条件区别说、重要作用说、单一正犯说，等等。

（一）现有等价性标准评析及其选择

1. 主观说

该说基于因果关系理论中的条件说主张，从规范角度而言，对犯罪结果实现均具有原因力的所有行为在价值上都具有等价性，因此只能根据犯罪参与人是否具有为自己犯罪的意思、目的、动机等主观要素来作为等价性的依据。① 如果具有这种主观方面的意思，则无论行为人在客观上是否亲自直接实行刑法分则规定的构成要件，都视为符合基本构成要件。换言之，主观方面是决定行为人是否符合刑法分则规定的罪名的关键。根据主观说，等价性标准为行为人的主观方面，例如为自己犯罪的意思、目的和动机等。这种等价性标准，在逻辑上可以成立，因为等价性标准可能因为个人的立场不同而有所区别。例如，特别注重主观方面的学者，则有可能将主观说作为等价性的标准。主观上有为自己犯罪的意思，就足以在规范论上将其评价为亲自直接实行基本构成要件。但是，以现代法治的观点来看，主观意思这种等价性标准明显不具有合理性。

其一，将主观意思作为符合基本构成要件的等价性标准，容易在判定基本构成要件的符合性的问题上犯主观主义的错误。主观主义与客观主义是刑法领域中重要争论之一。古今中外，主观主义与客观主义的争论从未停息，客观主义尚未完全胜出，主观主义也并未完全退出历史舞台。这一方面源于学者对主观主义和客观主义之基本内涵有认识上的分歧，另一方面也在于不同学者具有不同的价值立场。不过，即使如此，在刑罚对象维度（刑罚的对象究竟是对法益的侵害还是行为人的人身危险性）的主观主义与客观主义之争中，20 世纪中期以来刑法的发展已然表明客观主义是最终的胜出者。② 确立行为刑法的理论地位成为现代法治国家的共同选择。正犯的判断仍然是确定有关刑罚对象的问题。倘若仅仅根据行为的主观意思来判断，而忽视现代法治国家必须坚守的客观主义立场，则容易导致基本构成要件符合性的判定偏离行为刑法。

其二，将主观意思作为符合基本构成要件的等价性标准，与刑法明确规定的不法构成要件不相符。实质化的正犯，虽然并不要求

---

① 林山田：《刑法通论》（下册），北京大学出版社 2012 年版，第 10 页。
② 劳东燕：《刑法中客观主义与主观主义之争的初步考察》，《南京师大学报》（社会科学版）2013 年第 1 期。

行为人亲自直接实行刑法分则规定的构成要件，但是仍然以行为对不法构成要件的实现为标准。而主观说将主观意思作为等价性的标准，则违背了刑法大多系就客观方面加以描述与界定不法构成要件的结构原则。①

其三，将主观意思作为符合基本构成要件的等价性标准，可能得出亲自直接实现不法构成要件的行为人不构成正犯的不合理结论。亲自直接实行刑法分则规定的构成要件的行为人，无论是在社会的公众认知中，还是其他任何正犯的理论中，均应作为正犯处理。换言之，在原则上应该是"亲自实现不法构成要件之人，就毫无例外地成为正犯"，可是若根据主观理论却得出"亲自杀人之人，可能在特定情形下，仅成立帮助犯"的错误结论。② 显然，将主观说作为等价性标准，违背了公平正义的理念。

另外，有学者还指出，主观说以因果等价性为出发点，其出发点也已属错误，故其立论自然也就不正确。③ 下文详叙之。

2. 因果关系说

形式的单一正犯概念，根据条件关系的等价性观点，各参与人均被视为正犯，不再区分任何犯罪参与形态。④ 功能的单一正犯概念，在体系内强调了"类型化思维"，将正犯进一步类型性地划分为直接正犯、诱发正犯和援助正犯。⑤ 但是，这些不同种类的正犯类型仍然被正犯这一上位概念所包括。这意味着功能的单一正犯概念，仍然将因果关系作为正犯的标准。无论是形式的单一正犯还是功能的单一正犯，在本质上都是将具有一定因果关系的情形一律视为正

---

① 林山田：《刑法通论》（下册），北京大学出版社2012年版，第11页。
② 林山田：《刑法通论》（下册），北京大学出版社2012年版，第11页。
③ 林山田：《刑法通论》（下册），北京大学出版社2012年版，第11页。
④ 转引自王华伟《犯罪参与模式之比较研究——从分立走向融合》，《法学论坛》2017年第6期。
⑤ 转引自王华伟《犯罪参与模式之比较研究——从分立走向融合》，《法学论坛》2017年第6期。

犯，其既不作类型上的区别对待，也不作程度上的区别评价。换言之，只要具有一定的因果关系，行为人非亲自直接实行刑法分则规定的构成要件行为的情形就可以与直接亲自实行刑法分则规定的构成要件行为的情形作等价性的评价。

当然，需要注意的是，本书并不是主张，在单一正犯体系下，只要行为与构成要件结果具有因果关系，行为人就被刑事处罚。正如有学者指出的，形式单一正犯体系完全也可以通过客观归属理论来实现归责。① 但是，这种做法也只是单一正犯体系为了解决事实性的因果关系所带来处罚范围过大的问题，而不能否认单一正犯体系认为一切与不法构成要件实现具有事实上因果贡献的人在价值上都应作为正犯处理，而无须区分不同的参与形态。② 这种以因果关系为等价性的评价标准，与主观说相比，有进步的一面。因为其抛弃了以主观意思认定正犯的标准，至少避免了将直接亲自实现不法构成要件的情形作为非正犯的错误做法。但是，即使如此，将因果关系作为与直接亲自实现不法构成要件的等价性标准，仍然存在很大的问题。

首先，因果关系作为等价性标准，缺乏可接受性，与社会大众的规范评价不符，违背了公平正义的法感情。正如劳东燕教授所言，这种等价性的承认，不仅违背了社会大众的生活常识，而且不当地扭曲了事物的本来性质。③ 事实上，包括法律专家在内的社会大众一般都不会认为，任何情形下的非亲自直接实行刑法分则规定的构成要件行为的情形，在规范评价上都能等价于亲自直接实行刑法分则规定的构成要件的情形。"例如在杀人罪中只有提供杀手杀人用的凶器，或自己持刀刺杀被害人，则两者在客观评价上，即大不相同，

---

① 王华伟：《犯罪参与模式之比较研究——从分立走向融合》，《法学论坛》2017年第6期。

② 江溯：《犯罪参与体系研究——以单一正犯体系为视角》，中国人民公安大学出版社2010年版，第193页。

③ 劳东燕：《事实因果与刑法中的结果归责》，《中国法学》2015年第2期。

而非等价。"① 又如,"将他人当作纯粹的犯罪工具加以利用的行为与单纯引起他人犯意的行为或者为他人犯罪提供援助或便利的行为性质明显不同。若将之解释为教唆犯或者帮助犯,有违一般人的法感情。"② 在人类的认知中,要将非亲自直接实行的情形在规范评价上等同于直接亲自实行的情形,也必须达到一定程度才能符合公平正义的法感情。而因果关系标准,没有这种程度与强度的区分,很难筛选出符合社会基本规范的评价结果,也无法作出符合公平正义的价值判断。这也是为什么很多人并不赞同将一般的帮助犯等同于亲自直接杀人之正犯的原因。简言之,因果关系标准不具有等价性。

其次,因果关系作为等价性标准,不符合构成要件明确性要求,可能导致处罚范围的不当扩大。有学者在批评单一正犯概念时指出,如果不考虑共同犯罪内部的类型划分和互动关系,那么将会导致任何一个没有亲自直接实行基本构成要件的行为人,都被认定为符合基本构成要件;如此为之,对行为人的归责就会远离基本构成要件的规定,共犯可罚范围也将被扩张。③ 为什么该论者认为"参与类型和参与类型之间的互动关系及其评价,是实现共同犯罪领域罪刑法定和合理限缩处罚范围的必要元素"呢?④ 在笔者看来,之所以强调参与类型和参与类型之间的互动关系,在于每个参与行为与基本构成要件的联系程度和吻合程度不一样。在法治国明确性原则的要求下,有的行为能够被规范评价为符合刑法分则规定的构成要件行为,有的则只能根据共同犯罪的立法,将其认定为修正的构成要件行为。例如,把出借工具的行为,直接作为刑法分则规定的杀人行为,则明显违背了构成要件行为的定型性、明确性要求。正如罗

---

① 林山田:《刑法通论》(下册),北京大学出版社 2012 年版,第 11 页。
② 钱叶六:《双层区分制下正犯与共犯的区分》,《法学研究》2012 年第 1 期。
③ 王华伟:《犯罪参与模式之比较研究——从分立走向融合》,《法学论坛》2017 年第 6 期。
④ 王华伟:《犯罪参与模式之比较研究——从分立走向融合》,《法学论坛》2017 年第 6 期。

克辛教授所言，单一正犯概念，将因果关系疏远的参与行为也与构成要件行为等价，破坏了构成要件的界限，降低了法律的确定性。[①]

虽然支持单一正犯概念的江溯副教授反驳道，倘若主张严格意义上的构成要件明确性标准，那么正犯与共犯区分体系也存在这个缺陷。[②] 但是，这似乎是从形式论角度进行批评的，即如果坚持形式化的正犯概念（直接亲自实行刑法分则规定的构成要件行为），那么间接正犯以及共同正犯就也存在不明确的问题。倘若构成要件的明确性是指纯粹形式、僵硬地理解行为，那么这种指责是成立的。但是，构成要件明确性争论，早已不再是要不要实质判断的问题，而是在于实质判断是否符合社会共识的问题，即构成要件的实质判断结果，是否仍然在国民的预测可能性范围之内。实际上，实质判断如果要不违背法治国的基本原则，那么就必须坚持等价性原则，坚持社会大众对行为的一般认知规律。单一正犯概念，以因果关系为等价性标准，"背离社会上一般人对行为的理解，例如很难把出借工具的举止，理解成窃取他人之物的行为"[③]。单一正犯概念，根据因果关系标准，对参与程度不同的行为在构成要件层次上赋予等价评价[④]，容易造成处罚范围扩大。这是因为，因果关系无法筛选出具有真正等价性的构成要件行为，从而造成了扩大解释基本构成要件行为的后果。正如有学者所言，单一正犯概念以因果关系为基础，不可避免地将狭义的共犯行为也解释为基本构成要件行为，无疑违背了法治国的原则，扩大了刑法的处罚范围。[⑤]

最后，因果关系作为等价性标准，偏向行为人刑法，主观主义

---

① 许玉秀：《刑法的问题与对策》，台湾：成阳印刷股份有限公司2000年版，第14页。

② 江溯：《犯罪参与体系研究——以单一正犯体系为视角》，中国人民公安大学出版社2010年版，第185页。

③ 林山田：《刑法通论》（下册），北京大学出版社2012年版，第6页。

④ ［韩］李在详：《韩国刑法总论》，［韩］韩相敦译，中国人民大学出版社2005年版，第367—368页。

⑤ 林山田：《刑法通论》（下册），北京大学出版社2012年版，第6页。

色彩浓厚。罗克辛教授指出，单一正犯概念以因果关系为等价性标准，破坏了构成要件的界限，最终走向了行为人刑法。① 对此，我国支持功能单一正犯体系的江溯副教授明确表示反对。一方面，江溯副教授认为，单一正犯体系并不必然与行为人刑法相关联，有的学者之所以将行为人刑法与单一正犯体系对应，乃是因为他们仅仅观察到单一正犯模式没有区分正犯与共犯这一形式上的特征，没有正确认识到单一正犯模式同样是以"行为"为基础的。另一方面，江溯副教授还指出，如果区分实施构成要件的正犯和实施共犯行为的教唆犯、帮助犯，那么作为刑法评价对象的行为就只是一些被分割出来零散的、独立的行为。这也就意味着将共同犯罪理论当作了单独犯罪理论的修正，忽视了共同犯罪与单独犯罪在构造上的根本不同，显然不妥。江溯副教授认为，在共同犯罪的场合，刑法的评价对象并不是被分割的各个行为人的部分独立行为，而应该将各个行为人自己的行为作为整体来考察。因为，各行为人实施的无论是构成要件行为，还是所谓狭义的共犯行为，在本质上不过是共同分工合作现象内部各行为人的某种态度而已。而这种态度就是各行为人在共同犯罪中的责任基础。②

江溯副教授的反驳理由主要可以归纳为三点：第一，单一正犯体系仍然以行为人的整体行为为基础，因此不存在行为人刑法之说。第二，犯罪参与是共同合作的现象，行为只有在共同合作现象内部才有意义，因此，必须将各行为人的行为作为一个整体来进行考察。由此，每个犯罪参与行为必然都符合基本构成要件，因而也不存在行为人刑法的问题。第三，各行为人无论是实施构成要件行为还是狭义的共犯行为，无外乎是共同合作现象内部各人的某种态度而已。而这种态度实则指行为征表的人身危险性。如此，刑罚的对象、责

---

① 许玉秀：《刑法的问题与对策》，台湾：成阳印刷股份有限公司2000年版，第14页。

② 江溯：《犯罪参与体系研究——以单一正犯体系为视角》，中国人民公安大学出版社2010年版，第181—183页。

任的基础就具有了一致性,即使参与形态不一样,也不影响基本构成要件的符合性判断。然而,在笔者看来,这三个理由都值得商榷:

其一,将整个行为作为刑法评价的基础,并不能说明单一正犯体系没有违背行为人刑法。这是因为行为刑法和行为人刑法都会涉及行为,但是二者对行为的法律评价,对行为的地位和功能有不同的看法。如下文所言,江溯副教授似乎是站在行为人刑法的立场看待这个整体行为的。

其二,将整体行为一律直接作为各个参与者的归责基础,并不符合行为刑法的要求。从正犯认定角度而言,直接将整体行为作为符合基本构成要件的行为,就意味着将他人的参与行为视为自己的行为,作为一个整体进行评价。但是,在什么条件下才能将他人行为作为自己的行为?对这一问题的回答,本身就有重大分歧,需要充分论证,而不能将自己的结论直接当作论证前提。更重要的是,仅因为共同合作现象就一律将他人行为视为自己行为。这对于回答为什么能够将他人的参与行为视为自己的行为,是远远不够的,也很难具有说服力。因为,共同合作现象并不代表都是诸如共同正犯的情形,可以将他人行为在规范层面视为自己行为。例如,在共同犯罪中,简单提供犯罪工具的行为,并不能直接等同于亲自实施杀人的行为。单一正犯概念,之所以将犯罪参与形态一律视为正犯,还是在于行为人与构成要件之间具有因果关系。但是,正如上文所言,以因果关系作为等价性标准,违背了公平正义理念,不符合社会大众的认知,不具有构成要件的明确性。因此,试图通过简单一句共同合作关系的言辞,或者说仅仅根据因果关系标准,而将他人行为一律视为自己行为,进而说明不违背行为刑法的做法,是不能获得成功的。

其三,根据犯罪人的态度认定各类参与行为符合基本构成要件,明显是一种行为人刑法,具有主观主义的色彩。为什么能够将他人行为视为如同自己亲自直接实行?除了上述所谓的共同合作现象或者说因果关系之外,江溯副教授认为还在于犯罪参与者实施的构要件行为、教唆行为或者帮助行为,是共同合作现象内部各人的某种态度,这种态度就是犯罪参与者在共同合作中承担责任的基础。如果要进一步追问,这种态度具体指的是什么?其实就是行为人刑法所主张的一种通过行为征表出的犯罪人的危险性格。也正因为单一正犯概念注重的是行为人的危险性格,所以各类参与行为是否符合基本构成要件的明确性原则,不再那么重要。这是一种典型的主张行为人刑法的观点。行为刑法只针对单个行为进行惩罚,而非对行为人整体生活导向的惩罚,更非对一种行为人来说期待的未来危险的惩罚;只有行为人刑法才将处罚与行为人的危险性格与态度相联系。[①]

现在刑法理论在刑罚的对象上一般都赞成行为刑法的基本主张,反对行为人刑法注重危险性格的做法。因为,行为人刑法的主张不具有可操作性,容易造成侵犯人权的危险。罗克辛教授认为,从罪刑法定的宪法原则出发,应当认为行为刑法比行为人刑法更妥当。[②] 我国劳东燕教授也明确指出,在客观主义与主观主义之争涉及刑罚对象之争时,为贯彻法治国原则,我国刑法应该坚持客观主义(行为刑法)。[③] 单一正犯概念所坚持的因果等价性标准,明显与法治国所应坚持的刑事处罚原则不相符。[④]

3. 功能性作用说

第三种等价性标准,笔者将其概括为功能性作用说。其主要指,从行为的功能性作用看,非亲自直接实施基本构成要件行为的犯罪人在不法构成要件的实现中所起的作用,相当于亲自直接实行基本

---

① [德]克劳斯·罗克辛:《德国刑法学总论》(第2卷),王世洲译,法律出版社2013年版,第105—106页。
② [德]克劳斯·罗克辛:《德国刑法学总论》(第2卷),王世洲译,法律出版社2013年版,第106、110—114页。
③ 劳东燕:《刑法中客观主义与主观主义之争的初步考察》,《南京师范大学学报》(社会科学版)2013年第1期。
④ 林山田:《刑法通论》(下册),北京大学出版社2012年版,第6页。

构成要件行为的犯罪人所起的作用。这种功能性作用，针对的是不法构成要件的实现，或者说特定构成要件所涉及的法益侵害或者危险的发生。在当前的正犯理论（在此主要指正犯与共犯区分理论）中，各种实质说（例如，必要性说、同时性说、优势说、犯罪支配说、规范的综合理论、目的行为支配说、原因条件区别说、重要作用说、规范的实行行为说等）所提出的正犯标准，基本属于功能性作用说。将功能性作用作为符合基本构成要件的等价性标准是否合理，还在于其判断功能性作用的具体依据是否合理。

必要性说认为，正犯是对犯罪的实现施加了必不可少、不可或缺的行为。① 将有重要加功行为的人规范化评价为亲自实施刑法分则规定构成要件之人，意味着不可或缺的、重要的加功行为成为了认定符合基本构成要件的等价性标准。以重要加功行为作为等价性标准的主要问题在于，对于什么是重要加功行为或者说必不可少的加功行为，很难寻找到一致的判断标准。正如有学者所言，一般而言，犯罪参与行为对犯罪的实现可能都具有一定的贡献作用，而在诸多原因引起不法构成要件发生的过程中，很难判断哪种行为是不可或缺的，从这个意义上说，必要说可能披上了主观主义的外衣。② 另外，纯粹的自然因果概念不能直接适用于法的价值判断，因此借助因果关系的方法论试图找出必不可少的因果的原因，这本身就是与应按照法的意义去区别的对象不相符的方法论。③

同时性说认为，如果在犯罪正在发生的时候，共同地参与犯罪造成犯罪结果的是正犯。这种以是否参与正在实行的犯罪行为为等价性标准，虽然试图筛选出对不法构成要件实现具有重要作用的行为的初衷值得肯定，但是其标准太过于死板，不具有全面性，完全排挤了共犯参与形态的多样和具体性，不可能正确地把握正犯的实

---

① 刘艳红：《论正犯理论的客观实质化》，《中国法学》2011 年第 4 期。
② 刘艳红：《论正犯理论的客观实质化》，《中国法学》2011 年第 4 期。
③ 朴宗根：《正犯论》，法律出版社 2009 年版，第 47 页。

质。① 除了有可能解释某些共同正犯外，对于解释间接正犯、事中帮助犯等情形，都无能为力；该说没有提供一个规范的标准，因此，亦不可取。②

优势说主张，对不法构成要件的实现具有优势地位的行为人是正犯，亦即优势地位成为了实质化的等价性标准。该说同样存在问题。例如，如何准确、客观判断优势说主张的优势地位是一个难题，仅仅"套用一个流行的客观描述"，还无法解决该说缺乏操作性、规范性标准的问题。③

目的行为支配说认为，对他人的行为支配就是作为实质正犯的等价性标准。应该说，能够达到对他人行为的支配程度，将其在规范层面理解为符合亲自直接实行刑法分则规定的构成要件行为，也未尝不可。但是，目的行为支配的内容，存在较大分歧。例如，有的学者重视行为的主观方面，认为实现犯罪结果的目的意思是其一般要素；有的学者认为对行为的主观方面和客观方面作了大致相同的理解，认为对符合构成要件的事态进行有目的的控制就是行为支配。④ 以此来看，同样很难说狭义共犯对被教唆者或被帮助者没有行为支配，然而教唆犯、帮助犯这类狭义共犯并不是正犯。⑤ 而且，以目的行为论作为基础并不妥当。例如，目的行为论无法解释不作为、过失犯等问题。⑥

原因条件区别说认为，实施了能够被认定为结果原因行为的行为人是正犯。据此，即使没有亲自直接实行刑法分则规定的构成要件行为，只要实施了相当于结果原因行为的，即具有等价性，可以评价为正犯。但是，以结果原因行为作为等价性标准的最大问题在

---

① 朴宗根：《正犯论》，法律出版社2009年版，第48页。
② 转引自刘艳红《论正犯理论的客观实质化》，《中国法学》2011年第4期。
③ 刘艳红：《论正犯理论的客观实质化》，《中国法学》2011年第4期。
④ 黎宏：《日本刑法精义》，法律出版社2008年版，第255页。
⑤ 黎宏：《日本刑法精义》，法律出版社2008年版，第255页。
⑥ 童德华：《外国刑法导论》，中国法制出版社2010年版，第181—182页。

于，原因与条件区分非常之困难，基本不具有可操作性。

规范的综合理论，源于主观说。依据该理论，行为人是否具有正犯意思需要法官根据所有情节作出价值判断。在价值判断上能否得出构成要件的实现取决于行为人意志的主要依据有：其一，行为人自己的利益与不法构成要件结果发生关系的大小程度；其二，行为人在犯罪实现中所实施行为的范围；其三，行为人在客观上对犯罪事实的支配或者行为人意志对犯罪事实控制的强弱程度等。[①] 虽然规范的综合理论遵循客观形式的评价规则，但是，其仍然没有从根本上超越主观说所带来的一系列问题，尤其是将主观意思等价于基本构成要件符合性的标准，违背了构成要件的定型性要求，偏离了法治国所坚守的客观主义原理。

而且，这种标准本身就是非常不确定的。首先，如何根据客观要素来认定犯罪结果的发生取决于行为人的意志，这点并不清楚。这意味着价值判断的标准可能并不明确。其次，行为人利益与犯罪结果达到多大程度的关系才将能将其认定为正犯也是缺乏清晰界限的。最后，当客观事实与主观意志并不一致时，该如何处理也没有提供可操作性的办法。此外还有学者指出，当客观要素之间发生冲突时，该如何衡量它们也是相当不确定的。例如，行为人在客观上具有行为支配作用但是与自身却没有什么利益关联，或者与之相反，此时应该给与何者以优先的地位，似乎是没有定论的。[②]

重要作用说认为，行为人对犯罪结果发生起重要作用的为正犯。据此可以认为，如果行为人对犯罪结果发生所起的作用等价于形式化的正犯之作用，则可将其认定为实质化的正犯。即通过强调"相

[①] ［德］克劳斯·罗克辛：《德国刑法学总论》（第2卷），王世洲译，法律出版社2013年版，第13页。

[②] ［德］克劳斯·罗克辛：《正犯与犯罪事实支配理论》，劳东燕译，载陈兴良《刑事法评论》，北京大学出版社2009年版，第4—5页。

当于实行行为"的重要贡献来考虑共同正犯的正犯性。① 换言之，正犯实质化的等价性标准为对犯罪结果发生所起的重要作用。该说作为等价性标准是否合理？有学者认为，重要作用说与主观说不同，它以客观外在可视的贡献大小为标准，避免了主观揣测的弊端；而且该说坚持以实行行为为基准的实质意义上来确定行为人对犯罪实现的作用大小，克服了无法把握、不易操作的缺陷。② 但也有批判意见认为，重不重要应该如何认定，其标准非常暧昧，这最终可能会导致正犯的认定流于肆意。③ 例如，有学者指出，仅仅根据作用的重要性可能无法很准确地区分共同正犯和教唆犯。这是因为，教唆犯是"造意者"，也可以说其对犯罪事实的发生有着重要作用。如此为之，一切教唆犯均可纳入到共同正犯的范畴之内。④

犯罪事实支配说认为，在大多数犯罪中（支配犯），如果行为人能够决定性地支配犯罪过程，则为正犯。⑤ 换言之，即使没有亲自直接实行刑法分则规定某罪构成要件的行为，但是只要决定性地支配犯罪过程，则可以在规范评价上等价于亲自直接实行刑法分则规定的构成要件。例如，通过他人实行犯罪行为的人，通过意思支配不法构成要件的实现；多人共同实施犯罪的情形中，通过功能性支配整个犯罪事实的实现。这种以犯罪事实支配为等价性标准的做法，在德国、韩国以及我国等国家和地区获得了很多学者的支持。但是，仍然有很多学者反对犯罪事实支配说。例如，日本有学者认为，犯罪事实支配理论既无法很好地指明行为支配的具体内容，也无法确

---

① ［日］松原芳博：《刑法总论重要问题》，王昭武译，中国政法大学出版社2014年版，第299页。
② 刘艳红：《论正犯理论的客观实质化》，《中国法学》2011年第4期。
③ 黎宏：《日本刑法精义》，法律出版社2008年版，第255页。
④ ［日］松原芳博：《刑法总论重要问题》，王昭武译，中国政法大学出版社2014年版，第299—300页。
⑤ ［德］克劳斯·罗克辛：《德国刑法学总论》（第2卷），王世洲译，法律出版社2013年版，第15页。

定地回答狭义共犯是否具有行为支配的疑问。① 我国台湾学者也指出，"行为支配""意志支配"或"功能支配"皆过于空洞。②

犯罪支配理论与重要作用说并没有明显区别③。日本学者松原芳博教授也认为，只要将缓和的行为支配理解为"重要的作用"的具体内容，重要作用说与行为支配说并非两种相互对立的观点，行为支配说可以作为"重要的作用"的具体化的指导理念。④ 将犯罪支配理论与重要作用说作同等理解是合适的。它们之间更多的只是表述的不同。如果要追问什么样的情形才叫犯罪事实支配或者具有重要作用，那么它们可能言说的是本质上相同的内容。将犯罪支配理论或重要作用说作为等价性标准是否合理？笔者也基本持肯定态度。

上述针对他们的主要批评可以概括为标准不明确。例如，上述有反驳意见认为，重要作用如何认定存在分歧，犯罪事实支配的具体内容过于空泛等。倘若以事实论意义上的亲自直接实行作为说明是否明确的参照依据，那么以价值论意义上的犯罪支配说或者重要作用说的标准无疑就具有不明确的一面。但是，在人文社科领域，要达到这种类似自然科学意义上的明确性的要求似乎不太可能。刑法领域中的犯罪论体系、因果关系理论、责任论、占有概念等无不说明了这一道理。相对于主观说、优势说、原因条件区别说、目的性支配说等其他学说，重要作用说和犯罪事实支配说已经比较明确。重要作用说，以行为人对犯罪结果实现的重要贡献为判断标准；犯罪事实支配理论，以行为人对犯罪结果的发生起到了规范性的支配作用为判断标准。它们注重客观外在的作用，比较容易判断。这也

---

① ［日］大塚仁：《刑法要论》，转引自朴宗根《正犯论》，法律出版社2009年版，第47页。

② 陈子平：《共同正犯与共犯论》，台湾：五南图书出版公司2001年版，第151—152页。

③ 张明楷：《刑法学》，法律出版社2016年版，第392页。

④ ［日］松原芳博：《刑法总论重要问题》，王昭武译，中国政法大学出版社2014年版，第299—300页。

是法官在认定共同犯罪时，必须根据具体案情去完成的任务。法官不可能像自动售货机一样去适用法律。

更重要的是，重要作用说和犯罪事实支配说作为亲自实施构成要件的等价性标准，具有实质合理性。这种价值评价，具有程度上的要求，符合公平正义的理念，能被社会大众所认同与接受。一个行为人比其他参与人在犯罪实现过程中所起的作用更大，或者说与直接亲自实行人的作用相当，那么不将其评价为正犯，就有失公允；一个行为人都能支配刑法分则规定的有关犯罪事实的发生，那么不将其认定为正犯，立法目的就会落空。

需要注意的是，如前文多次提及的，在我国很多学者认为坚持重要作用说或者犯罪支配说会违背罪刑法定原则。对此，笔者已经在等价性的意义部分作出了交代。简言之，等价性原则将正犯的实质化与构成要件紧密地联系在一起，因此只要等价性原则具有实质的合理性，那么将非亲自直接实行的情形认定为符合构成要件的规定，就属于合理的解释范围，不存在违背罪刑法定原则之说。

4. 规范的实行行为说

现在的形式客观说或者规范的实行行为说认为，正犯是指实施了刑法分则规定的具体犯罪的基本构成要件行为（实行行为）的犯罪类型。[①] 在笔者看来这种所谓以构成要件为中心的实行行为标准说，其实没有提出一个具体的标准。规范的实行行为说为了避免严格意义上形式客观说的不足，提出应该从规范上理解实行行为。但是，如何规范理解，规范理解的依据与标准是什么，都没有交代清楚。

为什么规范理解实行行为，就可以将他人作为工具利用的情形作为间接正犯，将共同实施或者分担具体犯罪的基本构成要件行为的情形作为共同正犯？而有的非亲自直接实行的情形又不能规范理解为正犯？例如望风行为，组织支配行为等。显然这一学说无法提

---

① 钱叶六：《双层区分制下正犯与共犯的区分》，《法学研究》2012 年第 1 期。

供答案。张明楷教授也指出，虽然形式客观说是一种容易被我国接受的观点，但是其缺乏清晰、可操作的标准，即究竟什么情形下的行为才能被视为符合基本构成要件的正犯行为，什么情形下的行为又才能作为符合修正构成要件的狭义共犯行为，事实上是无法确定的。①

如上所述，根据现有正犯实质化的标准，可以发现等价性标准主要有：主观说、因果关系说、功能性作用说、规范实行行为说。这些学说并未提供了一个十全十美的等价性标准。这与实质化正犯需要价值判断、规范理解有关。不过即使这样，价值判断仍需要一定客观性，否则正犯的认定就可能走向肆意。既然要具有等价，则标准须具有实质上的相当性。而且，现代法治国家必须强调判断的客观性，避免走向主观主义。所以，相较而言，功能性作用说中的重要作用说或者犯罪支配说作为支配犯实现正犯实质化的等价性标准比较合理。

（二）等价性的判断要素、方法与基准

当前共同犯罪研究缺乏的不是具体标准的精细化研究，而是方法论的研究。就正犯实质化的等价性判断而言，更重要的是，从上述各种等价性标准中总结出等价性判断的方法论。认识到争论表象后的本质，不仅可以减少误解与争议，还可以为问题的解决指明方向，形成理性的共识。为此，笔者试图从等价性的判断要素、等价性判断的方法和等价性判断的基准三个方面提出一些一般性的见解。

1. 等价性的判断要素

等价性的判断要素，是指判断等价性的基础资料。哪些事实可以作为判断等价性的要素？从理论上而言，判断要素一般都包括了主观方面和客观方面的事实。从当前等价性标准来看，其判断要素主要体现为四种模式：

其一，以主观要素为判断基础。例如，主观说认为，正犯与共

---

① 张明楷：《刑法学》，法律出版社2016年版，第392页。

犯的区分不可能从客观方面进行，而应该以行为人的主观心态（行为人的意思、意向或动机）加以区别。① 依其见解，只要行为人以实现自己犯罪的意思、或者为自己利益实行犯罪，即使其没有亲自直接实行刑法分则规定的构成要件行为，也可作为正犯处理。这种观点，将单纯的主观方面作为判断行为人作为正犯是否具有等价性的资料。这无异于将实现自己意志的行为与犯罪的实行行为作了等价处理。② 德国司法实践中的规范综合理论，虽然遵循客观形式的评价规则，但是在根本上仍然是由犯罪利益决定客观方面，所以该理论在很大程度上体现的也是以主观方面作为等价性的判断要素。

其二，以客观要素为判断基础。正犯与共犯区分理论中的实质客观说，就是将各种客观要素作为判断正犯实质化等价性标准的典型代表。例如，必要性说主张对犯罪行为的实施给予必不可少的加功行为，同时性说重视在犯罪行为实行之时共同地起作用的行为，优势说认为对犯罪事实具有优势关系，原因条件区别说寻找客观可见的原因结果行为，等等。虽然这些形形色色的客观实质说提出的等价性标准并非合理，但是其共同特征就在于从客观方面判断行为人是否具正犯等价性。应该说，判断要素的客观化成为正犯理论的主要发展方向。

其三，以主观与客观综合要素为判断基础。例如，蔡墩铭教授认为，目的行为支配说是主观说与客观说的折中说。③ 林山田教授认为，关于正犯与共犯之区别问题，应采用综合主观理论与客观理论的犯罪支配说。④ 虽然这些观点重点在于说明等价性标准的主客观综合性。但是这也意味着，在判断是否具有目的行为支配或者犯罪事

---

① ［德］汉斯·海因里希·耶塞克、托马斯·魏根特：《德国刑法教科书》，徐久生译，中国法制出版社2003年版，第785页。
② 刘艳红：《论正犯理论的客观实质化》，《中国法学》2011年第4期。
③ 陈子平：《共同正犯与共犯论》，台湾：五南图书出版公司2001年版，第129页。
④ 林山田：《刑法通论》（下册），北京大学出版社2012年版，第9页。

实支配的效果时，需要根据主观要素与客观要素综合判断。

其四，以主观要素或者客观要素为判断基础，即主观或客观的择一模式。这主要出现在刑事司法实务中。例如，我国台湾地区在刑事司法实务中明确指出，只要行为人具有自己犯罪的意思，那么无论行为人所实施行为是构成要件之行为，还是构成要件以外的行为，都是正犯；只要行为人实施了构成要件行为，那么无论行为人是具有为自己犯罪的意思，还是具有为他人犯罪的意思，亦是正犯。① 这同样是判断要素与判断标准合一的表现。不过在此仅需明确，等价性的判断资料可能只是主观要素，也可能只是客观要素。在择一模式下，等价性的判断要素并不确定。

究竟应该以哪些要素作为判断等价性的资料比较合理？笔者认为，实质正犯的等价性判断需要将客观要素和主观要素都作为判断资料。首先，只将主观要素作为判断资料，可能导致等价性的认定偏离客观主义的轨道，不符法治国行为刑法的要求。其次，单纯将客观要素作为判断资料，很难为等价性标准的判断提供充足的依据。在共同犯罪中，要将他人行为评价为自己行为，必然离不开主观方面的要素。最后，将主观和客观要素同时作为实质正犯等价性的判断资料，可以形成具有可接受性的等价性标准。之所以说可以形成具有可接受性的等价性标准，在于主观要素与客观要素能够全面展示行为人在共同犯罪中的地位与作用，从而为提炼出合理的规范性标准奠定充足的事实基础。

2. 等价性判断的方法

一方面，等价性的判断应该坚持从客观到主观，最后综合评价的方法。首先确认行为人在客观上实行了哪些具体的行为，具有什么样的因果关系，造成了什么样的危害后果，以及行为人实施行为的具体客观情境。然后看行为人具有什么样的犯罪意图，是只有帮

---

① 民国二十四年最高法院刑庭总会决议；陈子平：《共同正犯与共犯论》，台湾：五南图书出版公司2001年版，第105—106页。

助、教唆他人实行犯罪的意思还是想为自己实行犯罪或者说共同实行犯罪的意思。最后，根据主、客观要素，判断行为人能否对不法构成要件的行为起到了重要作用或者说支配了犯罪事实的发生。坚持客观到主观的过程，在方法论上可以起到避免过于依赖主观要素而完全忽视客观要件的作用。

另一方面，等价性标准的确定应该避免独断式的价值判断，主张对话与辩论的开放式刑法论证。如前文所言，等价性判断是一种价值判断。即使确定了共同的判断资料，也可能因为不同的主体而有所分歧。从很大程度上说，当前刑法解释仍然是一种现代诠释学所批判的哲学本质主义思维方式；它倡导的是唯理性主义的主观与客观二元对立思维，认为所有的法律问题存在着一种等待被发现的最终客观真理，而解释者被赋予了发现真理的身份和使命。① 在这种认知模式与思维方式中，解释主体单一，解释结论容易脱离现实情境缺乏可接受性。解释者往往通过独自沉思来实现个人强势的价值判断，刑法解释被结构化在一种真空状态之下，不论法律现实的要求如何，他人的理解和感受都被排除在外，形成了所谓封闭式"自我导控系统"。②

然而，绝对客观的真并不存在，人类的理性也是有限的。刑法解释的真理性应在于其有效性，在于多元主体对同一客体所形成的共识性意见。确定一个判断的效力，不再是通过直接获取提供经验证据和理想直观的事实，也不再是解释主体寻求真理的独自沉思，而是致力于多元主体之间的协商、对话和讨论，形成主体间性的共识性真理。③ 等价性根源于社会伦理规范之中，其价值判断应具有社

---

① 罗世龙：《形式解释论与实质解释论之争的出路》，《政治与法律》2018年第2期。

② ［德］哈贝马斯：《在事实与规范之间——关于法律与民主法治国的商谈理论》，童世骏译，生活·读书·新知三联书店2003年版，第62页。

③ 焦宝乾：《法律论证理论研究》，博士学位论文，山东大学，2005年，第61—63页。

会相当性，符合人类的基本认知与公平正义的理念。为此，就必须注重刑法论证，加强对话、交流与辩论，从而实现等价性判断的妥当性。

3. 等价性判断的基准

价值判断具有相对性。面对同样的判断资料，也可能会因为价值判断主体的不同而导致等价性评价结论有所不同。如上文所述，有的选择将因果关系作为等价性的标准，有的将主观要素直接作为等价性标准，有的将功能性作用作为等价性的标准。价值判断的多元化，不等于价值判断的合理化。本书认为，是否具有等价性的价值判断，应该坚持一般理性人的标准，而不是具体人的标准。这样既能有效保证等价性标准符合国民的预测可能性，不违背罪刑法定原则，又可以促使结论符合公平正义的理念。事实上，在社会通常观念中，是否具有等价性是存有一定共识的。即使有争议，如上文所述，也可通过沟通、交流、对话与辩论，明确各种标准的优劣之处，然后得出一个相对比较合理的判断标准。

第三节　正犯实质化之类型化原则

一　正犯实质化导入类型化原则的知识背景

（一）概念式思维的局限与类型化思维的兴起

一般认为，严格意义上的概念式思维是指，在19世纪流行于德国、法国等国家和地区的一种有非常大影响力的法律思维方法。甚至在今天，有很多学者仍然被它巨大的魅力所吸引。[1] 概念式思维有以下几个主要特征。

其一，具有封闭性与抽象性。何为概念？德国法学家拉伦茨认

---

[1]　［德］卡尔·拉伦茨：《法学方法论》，陈爱娥译，商务印书馆2005年版，第317页。

为，严格意义上的概念可以把某一事物的全部特征与要素得以清晰描述与界定。[①] 质言之，只有具备所有特征时，概念才能存在；事物只有"是"或"不是"，非此即彼。倘若要使概念尽可能涵摄所有对象，那么采用的语言应具有一定程度的概括性。这意味着概念往往具有抽象性的特征。[②]

其二，排斥价值或目的分析。概念式思维，在法学方法上，以实证主义态度看待法律，注重从逻辑角度研究法律，避免规范性的分析。从司法实践层面上看，概念式思维认为立法者制定的法律完美无缺，法官只需考虑案件事实中是否存在抽象概念所必备的要素即可，反对在适用法律时进行价值分析、利益衡量或者目的考量。[③]

其三，追求逻辑性与系统性。概念式思维的著名学者普赫塔强调，法律规范不外乎是概念逻辑推演的产物和结论，与社会存在、民族意识均无关。[④] 概念法学特别强调法律的逻辑一致性和法律的高度系统化，主张在适用法律时，将三段论式的演绎法作为其最主要的研究和分析手段[⑤]，认为案件正确结论只需要法官在抽象的概念体系中通过逻辑推演即可得出。[⑥]

依上所述，概念式思维最大的优点在于稳定性。正如有学者指出的，在概念式思维下，适用法律之人无须承担价值判断之任务，

---

① ［德］卡尔·拉伦茨：《法学方法论》，陈爱娥译，商务印书馆2005年版，第95页。

② 杜宇：《再论刑法上之"类型化"思维——一种基于"方法论"的扩展性思考》，《法制与社会发展》2005年第6期。

③ 梁迎修：《类型思维及其在法学中的应用——法学方法论的视角》，《学习与探索》2008年第1期；蒙晓阳：《为概念法学正名》，《法学》2003年第12期。

④ ［德］伯恩·魏特士：《法理学》，丁晓春、吴越译，法律出版社2003年版，第209页。

⑤ 蒙晓阳：《为概念法学正名》，《法学》2003年第12期。

⑥ 梁迎修：《类型思维及其在法学中的应用——法学方法论的视角》，《学习与探索》2008年第1期。

只需进行逻辑演绎即可，因此法的适用也就趋于"安定"。① 然而，随着新的社会生产关系、法律关系以及各种各样的价值观念不断出现，概念式思维的局限性初现端倪。② 其主要表现为以下几个方面。

其一，概念式思维过于抽象与封闭，无法提供有意义的方案。一方面，在概念式思维下，价值观点被挑选出的形式要素所遮蔽，因而往往在对象与概念的关系判断中隐而不显。③ 概念式思维的这种特性，无疑阻碍了对关键问题的探寻。另一方面，概念式思维由于其抽象化的概念遮蔽了具体的实践问题，因而无法提供针对具体性、特殊性及中间性问题的有效手段。④ 事实上，随着社会不断发展，新的法律现象与法律关系也会逐步增多且变得更加复杂，而封闭式的概念式体系却无法作出预见。因此，概念式思维在面对现实生活中的新问题时将会产生法律适用上的困难。⑤

其二，概念式思维幻想普遍一致性，忽视社会的多元复杂性。概念式思维试图通过尽可能抽象的概念涵摄一切对象，一劳永逸地解决法律的普遍性问题。虽然这种做法的初衷是好的，但是，人类的认识是有限的，理性不是万能的，社会现实是多元、复杂的。很多问题哪怕属于同一法律主题，也可能因为具体情境的不同而应有所区别。例如，一般认为传统社会与风险社会的刑事归责逻辑就应有所不同。概念体系的封闭性和抽象性特点，致使法律体系无法涵

---

① ［德］阿图尔·考夫曼：《法律哲学》，刘幸义等译，法律出版社 2011 年版，第 101 页。

② 吴学斌：《刑法思维之变革：从概念式思维到类型思维——以刑法的适用为视角》，《法商研究》2007 年第 6 期。

③ 杜宇：《类型思维的兴起与刑法上之展开路径》，载谢进杰《中山大学法律评论》，广西师范大学出版社 2014 年版，第 157 页。

④ 童德华、赵阳：《类型化思维在刑事司法中的适用》，《法律适用》2018 年第 10 期。

⑤ 齐文远、苏彩霞：《刑法中的类型思维之提倡》，《法律科学》（西北政法大学学报）2010 年第 1 期。

盖社会生活中复杂多样的现象与形态。概念式思维为了提供一个客观统一的普世性标准，而忽视社会的现实情境，无视事物复杂性与多样的一面，其代价可能是对特殊问题的漠视，使结论失去妥当性与可接受性，无法实现公平正义的理念。正如有学者指出的，在概念式思维下，主体在选择事物特征时容易走向过度抽象化的极端，因此，不仅难以顾及法律上的个别正义，还容易致使法律过度僵化。①

其三，概念式思维迷恋逻辑形式完美，置法律的价值于不顾。正如德国法学家拉伦茨所言，法学是一门规范科学，主要在于探讨规范的意义。② 法学与中立无色的自然科学不同，它需要价值判断、利益衡量与目的分析。③ 概念式思维排斥价值判断与目的分析，在某种程度上偏离了法学作为规范科学的品格，不利于法律问题的真正解决，很难提供有意义的指导。同时，法学也是一门面向实践的学科，其最终目的在于解决现实问题。然而，概念性思维对法律逻辑推理及理论体系中的问题的重视程度，要远远超过对法律所面临的现实问题的合理解决，这势必会导致法学理论与现实需求的脱节。④ 正如有学者所言，概念式思维痴迷于超脱现实社会的抽象存在方式，沉醉于与社会生活隔绝的逻辑形式主义，容易使法学变得更加空洞化、抽象化。⑤

鉴于概念式思维的不足，在 20 世纪上半叶，类型化思维应运而

---

① 张斌峰、陈西茜：《试论类型化思维及其法律适用价值》，《政法论丛》2017年第 3 期。
② ［德］卡尔·拉伦茨：《法学方法论》，陈爱娥译，商务印书馆 2005 年版，第 87 页。
③ 杜宇：《类型思维的兴起与刑法上之展开路径》，载谢进杰《中山大学法律评论》，广西师范大学出版社 2014 年版，第 160 页。
④ 童德华、赵阳：《类型化思维在刑事司法中的适用》，《法律适用》2018 年第 10 期。
⑤ 吴学斌：《刑法思维之变革：从概念式思维到类型思维——以刑法的适用为视角》，《法商研究》2007 年第 6 期。

生并成为当前比较有影响力的一种法律思维模式。在一般方法论上，研究类型化思维的著名学者有卡尔·恩吉施、亚图·考夫曼、卡尔·拉伦茨等。恩吉施认为，类型代表了一种更为具体化的思考方式[1]；考夫曼指出，"对事物本质的思考直接指向类型的思考方式"[2]；拉伦茨强调，类型对构建整个法律的内在系统具有重大的意义。[3] 一般认为，类型具有开放性、意义性、整体性和直观性的典型特征。

开放性，首先意味着类型具有层级性，即类型是一个系列，可以将程度不同的要素组合成类型；其次意味着组成要素的非固定性，即类型是弹性的要素结构；最后意味着边界的不明确性，即类型与类型之间是"流动的过渡"。[4] 类型并不是一种非此即彼的思考模式，而是或多或少的思考方式。

意义性，可以理解为事物的共同本质特征。类型化思维往往需要在价值观点的指导下考察事物的特征，因为这一中心价值是类型形成的核心要素。[5] 具言之，当我们判断某一要素能否归类于某种特定类型时，就需要根据某种评价性标准来确定该要素是否与该类型具有相同的意义性。[6] 它是事物归类于不同类型的关键决定因素。正

---

[1] ［德］卡尔·拉伦茨：《法学方法论》，陈爱娥译，商务印书馆 2005 年版，第 378 页。

[2] ［德］亚图·考夫曼：《类推与事物本质——兼论类型理论》，吴从周译，台湾：学林文化事业公司 1999 年版，第 103 页。

[3] ［德］卡尔·拉伦茨：《法学方法论》，陈爱娥译，商务印书馆 2005 年版，第 377 页。

[4] 齐文远、苏彩霞：《刑法中的类型思维之提倡》，《法律科学》（西北政法大学学报）2010 年第 1 期。

[5] ［德］卡尔·拉伦茨：《法学方法论》，陈爱娥译，商务印书馆 2005 年版，第 101 页。

[6] 梁迎修：《类型思维及其在法学中的应用——法学方法论的视角》，《学习与探索》2008 年第 1 期。

如有学者所言，意义或评价的观点指示了法律上类型形成的建构因素。[1]

整体性，意在强调类型是由不同的弹性要素所组成的结构性整体。在勒伦看来，类型内部的组成要素并非简单的堆砌，而是相互联系、密不可分的整体；正是通过这些要素整体的类型才得以形成。[2] 在该结构整体中，任何一个要素的存在都与价值或意义中心紧密相联，每一个要素的功能与意义在结构整体中方能确定。[3] 类型化的任务之一就在于对个别现象的抽象和归纳，是在个别现象之间建立起"整体性的意义联系"。[4]

直观性，是指类型总是给人以直观图景的印象。当指涉某种类型时，人们总能很快想到相应的作品。一般认为，类型比抽象的概念更加具体，但与个别的直观相比，又稍显抽象。概言之，它几乎处于抽象概念与个别具体之间。[5] 虽然类型也具有一定程度的抽象性，但是这种抽象性始终无法阻止类型给人以直观而普遍"图景"的印象。[6] 事实上，对类型的把握也是诉诸一种"对意义性的直观"，而非一一核对组成类型的每一个特征。[7]

类型的开放性、意义性、整体性与直观性的特性决定了类型化思维在法学领域具有以下几个方面的特点与优势。

首先，类型化思维是一种或多或少的弹性思维模式，具有开放

---

[1] 转引自齐文远、苏彩霞《刑法中的类型思维之提倡》，《法律科学》（西北政法大学学报）2010年第1期。

[2] 齐文远、苏彩霞：《刑法中的类型思维之提倡》，《法律科学》（西北政法大学学报）2010年第1期。

[3] 吴从周：《论法学上之"类型思维"》，载《法理学论丛——纪念杨日然教授》，台湾：月旦出版社股份有限公司1997年版，第328页。

[4] 杜宇：《再论刑法上之"类型化"思维——一种基于"方法论"的扩展性思考》，载梁根林《刑法方法论》，北京大学出版社2006年版，第121—123页。

[5] ［德］卡尔·拉伦茨：《法学方法论》，陈爱娥译，商务印书馆2005年版，第338页。

[6] 阎军：《概念与类型法律思维之比较》，《福建法学》2009年第2期。

[7] 林立：《法学方法与德沃金》，中国政法大学出版社2002年版，第129页。

性，能够使法律比较好地适应复杂多变的社会。如上所述，类型具有层级性、流动性与非绝对固定性的特点，因此类型化的思维与封闭的概念式思维不同，它强调事物是或多或少的关系，而非是或不是的择一关系。事实上，社会生活中法律问题并不像概念式思维所呈现的非此即彼的状况，也不会完全固定在概念式思维所抽象的概念之中。相反，人类社会极其复杂多变，生活事件毋宁说是一种流动的、亦此亦彼的过渡系列。① 类型化思维的开放性特性，正好为社会生活中的各种复杂法律现象和随时可能出现的新问题，提供了比较有意义的指导与方案。尤其是，它能够妥当地掌握所谓的中间形态或混合形态。②

其次，类型化思维是一种相对具体化和抽象化的思维模式，具有实用性，能够为法律问题的解决提供具体可行的方案。概念式思维，往往因为高度的抽象性，而无法凸显比较直观的图像，也很难展现概念背后所需要解决的真正问题。而类型化思维是对抽象概念等"元叙事"的进一步区分和演绎，其表现为一种具体化的精致思考，有利于问题的条分缕析，从而可以更为具体、细致地把握生活事实。③ 正如卡尔·恩吉施所指出的，类型思维最为重要的功能就在于，它为"抽象理念的具体化"提供了某种可能途径；相对于法学中的抽象概念而言，类型代表了一种更为具体可感的形象从而为更加精细化、具体化地处理法律素材增添了思维工具。④

---

① 齐文远、苏彩霞：《刑法中的类型思维之提倡》，《法律科学》（西北政法大学学报）2010年第1期。

② 杜宇：《类型思维的兴起与刑法上之展开路径》，载谢进杰《中山大学法律评论》，广西师范大学出版社2014年版，第154—155页。

③ 杜宇：《再论刑法上之"类型化"思维——一种基于"方法论"的扩展性思考》，《法制与社会发展》2005年第6期；杜宇：《类型思维的兴起与刑法上之展开路径》，载谢进杰《中山大学法律评论》，广西师范大学出版社2014年版，第154—155页。

④ ［德］卡尔·拉伦茨：《法学方法论》，陈爱娥译，商务印书馆2005年版，第378页。

最后，类型化思维是一种以价值为导向的思考模式，具有合目的性，能够比较好的实现法律的公平正义价值。抽象式的概念式思维，为了维护法的安定性与普遍性，会试图排除价值判断与目的分析。然而，法学作为一门规范科学，不可能像自然科学一样价值无涉；相反，法学在本质上更多的是一门研究规范价值判断的学科。类型化的思考不再一味地追求逻辑形式的完美性，而是注重结论的合理性与可接受性，强调价值判断对解决法律问题的重要性。重视价值判断，也就意味着在制定与适用法律时必须考虑法规范的目的，唯有如此，方能将公平正义的理念落到实处。概言之，类型化思维容纳合目的性的考量，更容易实现法律的实质正义。①

（二）类型化思维在刑法领域中初见端倪

在法学研究中，学者们不仅从宏观的视角研究类型化思维的方法论问题，而且从微观视角研究类型化思维在部门法中的具体运用问题。② 从类型化思维在我国刑法领域的研究来看，类型化思维仍然没有获得充分的发展。在我国，人们所熟知和擅长的尚是传统的概念式思维，对运用类型思维分析刑法问题并不熟悉或不重视。③ 不过，可喜的是，有少部分刑法学者已经开始直接以类型化思维为工具研究刑法问题。代表性学者有杜宇、吴学斌、齐文远、苏彩霞、童德华、马荣春等。另外，需要注意的是，虽然直接在刑法中研究类型化思维的著述不多，但是刑法理论与司法实践中有意识无意识地运用类型化思维的地方却非常之广。例如，学者们一致认为，刑

---

① 杜宇：《类型思维的兴起与刑法上之展开路径》，载谢进杰《中山大学法律评论》，广西师范大学出版社2014年版，第154—155页。

② 杜宇：《类型思维的兴起与刑法上之展开路径》，载谢进杰《中山大学法律评论》，广西师范大学出版社2014年版，第147页。

③ 齐文远、苏彩霞：《刑法中的类型思维之提倡》，《法律科学》（西北政法大学学报）2010年第1期；杜宇：《类型思维的兴起与刑法上之展开路径》，载谢进杰《中山大学法律评论》，广西师范大学出版社2014年版，第154页；吴学斌：《刑法思维之变革：从概念式思维到类型思维——以刑法的适用为视角》，《法商研究》2007年第6期。

法中的构成要件理论是类型化思维最直接、最真实的体现。无论是立法层面上构成要件相对抽象的规定，还是刑事司法实践中构成要件的具体涵摄过程，都体现了类型化思维在刑法中的具体运用。还有学者认为，刑法中的违法类型、责任类型以及行为人类型都是类型思维提供给刑法学的最大贡献。①

在这样的知识背景下，检视刑法中的正犯理论，我们可以发现正犯具体类型的构建体现了类型化思维。例如，在支配犯领域，一般将正犯具体化为三种具体的类型。《德国刑法典》第 25 条规定："自己实行犯罪行为，或利用他人实行犯罪行为者，皆为正犯；数人共同实行犯罪行为者，均依正犯论处（共同正犯）。"② 显然，德国刑事立法区分了正犯的三种形式：直接正犯、间接正犯和共同正犯。其他国家和地区的立法或者司法实践基本也承认了正犯存在直接正犯、间接正犯和共同正犯的基本形式。这三种基本形式既是立法者对多种具体犯罪行为逐步抽象与归纳的结果，也是立法者对正犯这一过于抽象的概念的具体化、精致化的思考结果。

又如，间接正犯具体类型的划分。虽然刑法学术界对间接正犯的本质与标准有分歧，但是不可否认的是，间接正犯已经形成了比较固定的类型。例如，通过暴力或者施加精神压力而强制、压制被害人或者第三者的情形；利用不知情的情形；利用他人的错误情形等。③ 并且，在这些类型之下又可以再分为几种具体的类型。例如，在"利用不知情的情形"的类型下，又可以分为被利用者的正当化事由的错误和禁止错误；在"利用他人的错误情形"的类型下，又可以分为利用不同性质的犯罪类型之间的错误情形等。间接正犯的

---

① 杜宇：《类型思维的兴起与刑法上之展开路径》，载谢进杰《中山大学法律评论》，广西师范大学出版社 2014 年版，第 148 页。

② 《德国刑法典》，王士帆、王玉全、王效文等译，台湾：元照出版公司 2017 年版，第 21 页。

③ ［日］西田典之：《日本刑法总论》，王昭武、刘明祥译，法律出版社 2013 年版，第 294—298 页。

这些类型及其子类型其实都源于犯罪现象的多元复杂和个体现象之间某种意义的关联。刑事司法实践者为了更好地解决间接正犯的刑事归责问题，根据意义的关联，而解构了间接正犯的概念，构建了间接正犯的类型。

再如，共同正犯的具体类型。如同间接正犯一样，共同正犯也在类型化的影响下形成了一些具体的类型。共同正犯的类型，也都是根据某些要素的相似特征而有机组合在一起。例如，在刑法理论上一般提炼出了分担型共同正犯（例如，甲与乙谋议抢劫丙的钱财，甲对丙实施暴力，乙从被暴力压制反抗的丙身上夺取了钱包）和附加型共同正犯（例如，甲与乙谋议杀死丙，两人分别向丙开枪，结果只有甲的子弹命中，并致丙死亡）。此外，还形成了所谓片面共同正犯、过失共同正犯、承继的共同正犯等不同的共同正犯类型。类型并不能直接等于真实的案件事实，而是在与其他个案的比较中发现共同点，然后将其转为相对的普遍性。[1] 共同正犯的这些类型都是因为某一方面的本质特征相同而聚合在一起，无不体现了类型化思维在共同正犯中的具体运用。

二　正犯实质化贯彻类型化原则的重大意义

如上所述，类型化原则其实在正犯理论中已经被广泛运用。但是，这种运用似乎更多是无意识的。当前研究强调在正犯实质化中贯彻类型化原则的观点并不常见。这对于更好的发挥类型化原则的功能来说，无疑是不够的。更重要的是，还有学者批评正犯中贯彻类型化原则会带来标准的不统一。例如，有学者明确指出，通说构建间接正犯类型化的方法是不妥当的，因为类型意味着没有标准，不能从一个类型推导出另一个类型能否作为间接正犯处理。[2] 暂且不

---

[1] 顾祝轩：《制造拉伦茨神话：德国法学方法论史》，法律出版社2011年版，第181页。

[2] 徐伟群：《通往正犯之路：透视正共犯区分理论的思路》，《台大法学论丛》2011年第1期。

论这种批评是否站得住脚，但这种观点无疑在一定程度上否定了类型化原则的价值。有鉴于此，笔者认为有必要强调在正犯实质化中贯彻类型化原则的重大意义。

首先，类型化原则有利于在正犯实质化过程中实现罪刑法定原则的明确性要求。有学者指出，罪刑法定原则的明确性原则必须通过作为类型的构成要件才能得以保障，因此明确性原则表现为构成要件的明确性。① 如果说从抽象的概念与类型化的构成要件的对比角度来看，则类型化的构成要件确实有利于实现刑法的明确性要求。但是，这并不能说明正犯实质化贯彻类型化原则也有利于实现罪刑法定原则的明确性原则。因为正犯实质化是否违背罪刑法定原则的争议本身就是在具有类型化的构成要件基础上产生的。那么，为何笔者还坚持认为类型化原则会有助于解决正犯实质化违背罪刑法定原则的诘难？原因在于，在正犯实质化中贯彻类型化原则，意味着可以从多人参与犯罪的复杂结构和多变情形中，归纳、抽象和建构出一些典型的、符合公众认知的实质化正犯。换言之，可以对于那些没有亲自直接实行刑法分则规定构成要件行为的人为何符合基本构成要件提供活生生的、具体的、典型的类型化样本。这样可以有效避免抽象价值判断带来的不确定性问题。此外，需要注意的是，类型思维是关于事物本质的思维，其核心意义与法律文字规定的目的能够吻合，因此，类型思维是忠实于规范正义的，而非对罪刑法定原则的背叛。②

其次，类型化原则有利于在正犯实质化过程中考虑复杂的现实情境，得出合理的正犯认定结论。一方面，类型化思维注重结论合理性，放弃单纯的追求逻辑形式主义和普遍一致性。类型化思维面向生活事实，走向法律的真实世界，观察到了社会生活的复杂多元

---

① 赵春玉：《罪刑法定的路径选择与方法保障——以刑法中的类型思维为中心》，《现代法学》2014年第3期。

② 吴学斌：《刑法思维之变革：从概念式思维到类型思维——以刑法的适用为视角》，《法商研究》2007年第6期。

性，因此，注重在不同情境下采用不同的标准。这种类型化思维的运用可以使得复杂多样的犯罪类型在多人参与犯罪的情境下能够具体问题具体分析，寻找到不同类型所具有的特殊之处，从而分门别类地构建正犯的标准。另一方面，类型化思维具有开放性，能够比较好地掌握社会发展带来的正犯新类型。社会的高速发展不可避免地会带来多人参与犯罪现象的不断变化，而概念形成的基础是抽象我们已经观察到的若干事物的某些相同特征。[1] 因此，概念式思维很难适应社会发展带给法律的冲击。但是，如上所述，类型化思维并不是封闭和僵化的，它具有层级性，它的组成要素是流动的，它的边界是非固定的。只要行为人与正犯的核心意义一致，那么无论其外在的形式特征是什么，都可以把它纳入到同一正犯类型。因此，将类型化思维作为正犯实质化中的一项基本原则，可以很好地容纳正犯出现的新类型。这就避免了僵化的概念所可能带来的处罚漏洞或者量刑不公的问题。

再次，类型化原则有利于在正犯实质化过程中抓住概念背后的焦点，为正犯的认定提供具体的方案。概念式思维往往只重视概念的形式特征和偏重于概念的语言学特征，因此很难直接从概念中凸显法律适用的关键问题。例如，正犯的认定，如果只从正犯概念抽象表述的"直接实行刑法分则规定的构成要件行为"来思考，则无法揭示和得知刑事司法实践中出现的间接正犯、共同正犯等类型能否涵摄于正犯的概念之下。换言之，正犯的抽象概念对于正犯的具体把握缺乏比较有价值的指导意义。而如果采用类型化思维，则能够从规范意义的角度来理解正犯的概念内涵，能够比较妥当地理解和判定基本构成要件符合性问题。正如有学者所言，要准确把握法律所构建类型的法律内涵，就"必须回溯到某些直观的事物，回溯

---

[1] 吴学斌：《刑法思维之变革：从概念式思维到类型思维——以刑法的适用为视角》，《法商研究》2007年第6期。

到有关的具体生活事实"。①

最后，类型化原则有利于在正犯实质化过程中重视价值要素的作用，实现公平正义的理念。"所有的法律，都是充满'规范性的精灵'"②，要准确理解法律，就必须重视价值判断与目的分析，从规范论意义上把握它的含义。事实上，法律适用者在判断某一规范类型能否涵摄社会生活中的案件事实时，仅仅通过比对二者在外观上是否具有共同特征是难以得出正确结论的，而是要抓住类型的核心意义，以某种价值标准来判断二者在本质特征上是否具有一致性。③类型化思维就是一种典型实质的、规范的、价值的思维模式。④ 在正犯实质化过程中贯彻类型化原则，则可以使得正犯认定并不仅仅限于正犯概念所定义的直接实行刑法分则规定构成要件行为的人，而将在规范和价值判断上等价于形式化正犯的情形也认定为正犯。这无疑符合了刑事处罚的现实需要，实现了公平正义的价值要求。

有学者总结道：在刑法适用的过程中运用类型思维，既可以准确把握构成要件的实质内涵，实现刑法的公平正义目标，又可以确保价值判断的规范性，实现刑法的安定性目的。⑤ 事实上，在正犯实质化过程中贯彻类型化原则也不例外，同样具有以上优势。

此外，要能够充分说明在正犯实质化中贯彻类型化原则的价值，还必须对针锋相对的批评作出正面回应。有学者以间接正犯类型化为例，对类型化的做法提出了质疑。该论者认为，间接正犯这个概

---

① ［德］亚图·考夫曼：《类推与事物本质——兼论类型理论》，吴从周译，台湾：学林文化事业公司1999年版，第89页。
② ［德］阿图尔·考夫曼：《法律哲学》，刘幸义等译，法律出版社2011年版，第126页。
③ 齐文远、苏彩霞：《刑法中的类型思维之提倡》，《法律科学》（西北政法大学学报）2010年第1期。
④ 吴学斌：《刑法思维之变革：从概念式思维到类型思维——以刑法的适用为视角》，《法商研究》2007年第6期。
⑤ 吴学斌：《刑法思维之变革：从概念式思维到类型思维——以刑法的适用为视角》，《法商研究》2007年第6期。

念是由几个"支配类型"支撑起来的,如"利用被害人的行为""利用他人无故意的行为""利用无责任能力人的行为""利用组织支配关系"等。为什么会有这么多类型?因为这些状况是陆陆续续被看到的。换言之,这一次我们看到有人叫未成年人杀人,这时若把教唆之人说成只是教唆犯,会让我们良心不安,所以我们就决定以"利用无责任能力人的行为"的情形都要视为杀人罪。可是下一次碰到叫一个不知情的成年人拿毒药给第三人喝的时候,我们没有办法从"利用无责任能力人杀人构成杀人罪"这一个规则得知"叫一个不知情的成年人拿毒药给第三人喝"该怎么处理,但是良心又不安,怎么办,于是又说以后"利用他人无故意的行为"也都要视为杀人罪。就这样,我们需要树立很多标准来解决没有标准可以遵循的状况,以使我们能够对某些事情得到满意的结论。质言之,类型化并不等于建立标准。一方面,"利用被害人行为"的支配类型并不能推知"叫不知情之人拿毒药给人吃"该如何处理;另一方面"利用被害人行为"的支配类型也不能阻止我们为"叫不知情之人拿毒药给人吃"建立一个"利用他人无故意行为"的新类型。按照这个建构间接正犯概念的方法,类型的提出是没有止尽的。[①]

笔者认为上述观点值得商榷。该论者的批评源于对类型化思维的误解。首先,类型并不是绝对排斥概念,而是以自身的优势丰富完善概念的内涵。事实上,正犯概念是随着正犯的具体类型而不断丰富完善的,而不是先验的存在一个包括所有正犯情形的抽象正犯概念。因此,试图从抽象概念推延具体标准的逻辑思路不尽科学和合理。

其次,类型并不等于没有标准。该论者之所以认为类型没有标准,在于其只看到了不同类型所具有的截然不同的形式特征,而尚未看到支撑类型的核心意义,忽视了类型背后的本质意义。例如,

---

[①] 徐伟群:《通往正犯之路:透视正共犯区分理论的思路》,《台大法学论丛》2011年第1期。

"利用被害人情形"与"叫不知情之人拿毒药给人吃"这两种间接正犯的类型,虽然在外在形式上截然不同,但是其本质都是通过支配他人实现了不法构成要件。即使新出现的实现犯罪的具体方式不同,但是只要在价值评价上能够等同于行为人自己的行为,则能够将其作为正犯处理。将新的实现犯罪方式构建为一种新的具体类型也是司法理解和适用方便的必然要求。

最后,新的类型的出现本身就不是从已经有的类型推演而来,而是在于主导类型构建的价值观点。归纳与构建新类型的背景是犯罪现象新情形的出现和法律规范目的吻合。"利用被害人行为"的支配类型本来就不是用来推演出"叫不知情之人拿毒药给人吃"的间接正犯新类型,更不应该阻止建立一个"利用他人无故意行为"的新间接正犯类型。其实,间接正犯新类型的标准,在于每种类型背后的核心意义,即在价值评价上能否等同于自己亲自直接实行刑法分则规定某罪的全部构成要件行为。

三 正犯实质化运用类型化原则的具体思路

只有将刑法类型化思维贯彻到具体的研究中,才能充分地认识到它的价值与意义。[①] 的确,提倡在正犯实质化中贯彻类型化原则,也必须深入到如何运用类型化原则研究正犯实质化的实际问题。笔者认为,类型化思维至少在以下几个方面得到运用。

其一,通过类型化的正犯丰富完善正犯概念。概念是在现已存在的事物基础上抽象而来。这意味着,概念的准确性可能受两方面的影响:一方面,在界定概念时是否已经全面、完整认识到已经存在的相关事物;另一方面,随着社会的发展,生活中出现了影响概念内涵的新事物。如果在界定概念时,意识到类型化思维所构建的诸多类型,则可以为概念的归纳抽象提供完整素材;如果在界定概

[①] 马荣春:《刑法类型化思维:一种"基本的"刑法方法论》,《法治研究》2013年第12期。

念时，运用类型化思维的开放性，则可以为概念的进一步扩充或者变更提供现实基础。检视我国正犯概念，可以发现不少学者对其界定并不科学。例如，有学者将正犯定义为，只能是自己实施了构成要件该当行为之人。① 从理论上说，这些学者在界定概念时可能没有观察到社会现实中还存在通过他人实行的正犯情形。但是，实际上，这些学者又承认间接实行和部分实行情形也可以构成正犯。但无论如何，至少在界定正犯概念时，他们忽视了已经存在的特殊正犯类型，进而使用了不规范、不科学的表述语言。如前文所言，这也造成了很多学者指责他们存在自相矛盾的问题。为此，在界定正犯概念时，需要全面、充分考虑已经存在的正犯类型。更重要的是，随着社会的发展，犯罪形式会更加复杂多元化，因此新的正犯类型也可能随时出现。由此，为了使正犯概念科学化，就必须根据新出现的类型调整、丰富与完善正犯的概念。

其二，依靠类型化思维把握正犯的具体内容。概念的抽象化特征意味着它无法为刑法提供具体的内容，不能将刑法变成"血肉"之躯；而类型化则可以对抽象的概念进行某种程度的改造和转化，使刑法变得具有可操作性。② 法律作为面向社会生活的实践学科，不能过度沉迷于高度抽象化的概念，而应重视"整体意义"的类型。③ 以正犯概念为例，究竟什么是实行刑法分则规定的构成要件行为，看似简单，实则是一个争议比较大的抽象问题。什么情况下行为人才算犯罪过程中的核心人物，也是一个非常抽象的问题。这种高度抽象的概念，对于正犯的具体认定或者说对究竟什么是正犯的回答

---

① ［德］汉斯·海因里希·耶塞克、托马斯·魏根特：《德国刑法教科书》，徐久生译，中国法制出版社2003年版，第782页；［日］山中敬一：《刑法总论》，转引自叶良芳《实行犯研究》，浙江大学出版社2008年版，第13页。

② 杜宇：《再论刑法上之"类型化"思维——一种基于"方法论"的扩展性思考》，《法制与社会发展》2005年第6期。

③ 张斌峰、陈西茜：《试论类型化思维及其法律适用价值》，《政法论丛》2017年第3期。

并没有太大的指导意义。但是，倘若运用类型化思维，将正犯相对具体化，构建出合适的类型，则可以使正犯的核心内容得到彰显，从而有利于正犯标准的探索。这也是为什么罗克辛教授指出，核心人物的准则当然不是能够从中演绎出具体界限的概念，而是必须借助于真实的、既有的犯罪举止才能逐步地展开与具体化。[1] 因此，有必要运用类型化思维构建正犯的具体类型，从而使刑法类型化思维在司法实践中展示自己真正的意义。[2]

其三，根据类型化思维提出多元正犯标准。类型化思维不单纯追求绝对的普遍一致性，而是强调结论的合理性。这是因为类型化思维关照社会现实，注重根据不同的情境构建不同的类型标准。在多元复杂的社会，这无疑具有合理性。现有的正犯理论表明，正犯的标准也会因为正犯类型的不同而应该有所区别。这种类型化的正犯标准，并不是没有标准，而是在各自的范围内有相应的唯一标准，因此，正犯标准的多元化同样满足刑法要求的安定性与确定性原则。更重要的是，运用类型化思维提炼出的具有可接受性的类型，具有实质合理性。

其四，采用类型化思维指导构成要件符合性的认定。正犯都是符合基本构成要件的情形。然而，现实生活中的正犯，并不只是存在单独直接正犯这种最简单的形式。在多人参与犯罪的场合，由于刑事政策处罚的需要，需要在教义学上将某些通过他人实行的情形也认定为正犯。而这就必然涉及价值判断，并可能引发分歧，导致构成要件的定型性功能受损。为了使得价值判断客观化，维护罪刑法定原则的明确性要求，可以运用具有价值导向的思考方式，将基本构成要件符合性的判断类型化。

---

[1] ［德］克劳斯·罗克辛：《正犯与犯罪事实支配理论》，劳东燕译，载陈兴良《刑事法评论》，北京大学出版社2009年版，第1页。

[2] 杜宇：《再论刑法上之"类型化"思维——一种基于"方法论"的扩展性思考》，《法制与社会发展》2005年第6期。

第 四 章
正犯实质化之间接正犯的展开

一般认为，间接正犯是指利用他人之手实现不法构成要件的行为人。由于国内外学者在间接正犯的具体标准（或者说对间接正犯之性质、正犯性）上持有不同的见解，因而对间接正犯的学术界定也有所不同。德国学者李斯特认为，间接正犯是指通过他人而实现构成要件的行为人，而非通过自身的行为完成犯罪的人。[①] 日本学者川端博认为，将他人当作工具加以利用而实现犯罪的形态，就是间接正犯。[②] 意大利帕多瓦尼教授认为，利用不负刑事责任的他人实施犯罪的行为人是间接正犯。[③] 我国学者张明楷教授认为，构成要件行为不一定只限于行为人自身的身体动作，和利用动物、工具一样，将他人作为媒介实行犯罪亦很常见，这种通过利用他人实现犯罪的情况就是间接正犯。[④] 当然，还有学者直接以列举方式定义间

[①] ［德］弗兰茨·冯·李斯特：《德国刑法教科书》，徐久生译，法律出版社2000年版，第363页。

[②] ［日］川端博：《刑法总论二十五讲》，余振华译，中国政法大学出版社2003年版，第374页。

[③] ［意］杜里奥·帕多瓦尼：《意大利刑法原理》（注评版），陈忠林译评，中国人民大学出版社2004年版，第298页。

[④] 张明楷：《刑法学》，法律出版社2016年版，第401页。

接正犯。① 但无论如何定义，间接正犯都体现了正犯实质化的特征，因为它体现了将在本体论意义上行为人没有亲自直接实行刑法分则规定构成要件行为的情形规范评价为正犯。间接正犯与直接正犯的区别仅体现在存在论意义层面，即实现犯罪的方式不一样：前者通过利用他人实现犯罪，后者亲自直接实施犯罪。二者在规范论意义上具有相同的本质，即都是符合基本构成要件的正犯。

第一节 间接正犯判断标准的确立

一 间接正犯判断标准的学说及其评析

一般来说，直接实施犯罪的情形，由于行为人亲自实施刑法分则规定某罪的构成要件行为，而使基本构成要件符合性的判断比较容易完成。但是在利用他人实现犯罪的场合中，基本构成要件符合性的判断却并非易事。因为在存在论意义上行为人没有亲自直接实施刑法分则规定某罪的构成要件行为，这意味着正犯的认定失去了肉眼可见的形式标准。由此，需要寻找一个相当于行为人亲自直接实施基本构成要件行为的等价性标准。而这种实质性的标准由于涉及价值判断而容易产生认定上的分歧。即使立法上有像德国明确规定"利用他人实行犯罪行为"的是间接正犯，也脱逃不了如何实质解释与规范判断间接正犯的基本构成要件符合性问题。

严格来说，间接正犯的判断标准只有一个，即与单独直接正犯一样，都是基本构成要件符合性。但是如上所述，如何认定间接正犯的基本构成要件符合性存在困难，因此，需要借助一个中间性的标准来进一步说明为什么利用他人的情形可以实质解释为符合基本

---

① [日] 木村龟二：《刑法学词典》，顾肖荣、郑树周等译，上海翻译出版公司1991年版，第335页；韩忠谟：《刑法原理》，中国政法大学出版社2002年版，第220页。

构成要件。当前，学界提出了很多间接正犯的判断标准，也即间接正犯之正犯性的学说，例如工具说、实行行为说、规范障碍说、行为支配说、因果关系说、主观说和国民道德感情说等。这些标准是否适合作为间接正犯的判断标准，虽然在学界讨论已久，但是如下文所述，很多观点值得商榷。在明确这些学说只是服务于间接正犯基本构成要件符合性判断的大前提下，本节尝试对当前学界提出的各种判断标准进行梳理、反思，以期明确间接正犯的判断标准。

（一）工具说的内容、批评与评价

工具说，又称道具说。该说是解释间接正犯之正犯性理论中比较有影响力的一种朴素理论。主张工具说的学者认为当利用者像利用工具一样利用被利用者的行为时即成立间接正犯，其将间接正犯情形与直接正犯作等同性质看待。有学者直言，间接正犯在价值和规范层面能够等同起来，也即从实质角度而言，利用有生命、有灵魂的工具与利用物理工具、动物等情形一样，他们利用的工具都只不过是自己手足的延长线而已。[1] 显然，工具说认为被利用者与直接正犯所使用的刀、枪、棍、棒等工具在性质上并无差别，因此行为人利用被利用者实施犯罪的行为与使用刀、枪、棍、棒等工具实行犯罪的行为一样也应该成立正犯。[2]

虽然工具说影响之大，历史地位之高，但是仍然遭受到了很多质疑。其面临的主要批评有。

其一，将被利用之人比作工具不妥。因为人与无生命的物理性工具之间存在本体差异，即人具有意志自由、精神与灵魂，而物理性工具完全无意识、无思想。既然如此，作为有生命、有意志自由的人就应该在法律性质上不能等同于无生命，无意志自由的工具。[3]

---

[1] 转引自朴宗根《正犯论》，法律出版社2009年版，第88—89页。
[2] 转引自张明楷《外国刑法纲要》，清华大学出版社2007年版，第103页。
[3] 黎宏、姚培培：《间接正犯概念不必存在》，《中国刑事法杂志》2014年第4期。

这种批判所隐含的逻辑和结果是，只要利用的是有生命的人，则无论人处于什么样的状态都不能将其视为工具。事实上批评工具说将排除"利用有故意的工具"这种间接正犯的学者①，仍然是对将有意志自由的生命视为工具的做法提出了质疑。他们认为，工具说并没有充分交代将有责任能力之人作为工具的理由，没有积极论证为什么有责任能力之人可以被他人当作工具加以利用。②

其二，工具说本身存在标准不明确的问题。批评者认为工具理论虽然比较通俗形象，但是实际上判断被利用之人成为工具的内容和标准并不明确，尤其是工具性的判断是纯粹的事实判断还是涉及价值要素的规范判断也不明晰。③ 这也是导致工具说招致理论性不足，明确性欠缺之批评的原因所在。

其三，工具说可能促使司法人员在认定实行着手时过于提前，从而不当地扩大间接正犯的未遂范围。批评者认为，如果将被利用人视为工具，那么只要利用者实施了利用行为即可认定为实行行为已经着手，即使被利用人没有实施实行行为，利用者仍应按未遂犯处理，扩大了未遂犯的处罚范围。例如，被利用之人在开始具有犯罪的意思，但是在后来忘记甚至放弃了犯罪的意图，因而没有实施基本构成要件行为；依据工具理论，在此场合也将肯定未遂犯的成立。④

笔者认为，工具说不仅从规范论意义上将间接正犯等价于直接正犯，抓住了间接正犯的本质，而且提供了利用工具这一规范性标准，为基本构成要件符合性的判断提供了具体的指导。事实上，以

---

① 黎宏、姚培培：《间接正犯概念不必存在》，《中国刑事法杂志》2014年第4期。
② 林维：《间接正犯研究》，中国政法大学出版社1998年版，第63页。
③ ［日］高桥则夫：《间接正犯》，王昭武译，载马克昌、莫洪宪《中日共同犯罪比较研究》，武汉大学出版社2003年版，第74页。
④ ［日］西原春夫：《犯罪实行行为论》，戴波、江溯译，北京大学出版社2006年版，第203页。

上三点批评意见均值得商榷。

首先，在规范论意义上，具有自由意志的人在特定情形完全可能被当作工具利用。世界上没有完全相同的事物，如果仅仅因为本体上的差异而直接认为有自由意志的人不能被视为工具，那么即使被利用者为物理性工具也很难说完全满足这一要求。当然，批评者更想强调的是，因为人具有意识、生命、灵魂，因而可能不会如利用者所愿，果真像利用物理性工具那样利用具有意志自由的人。对此，笔者仍然不敢苟同。本体论上的差异并不直接意味着在规范论上也必定不同。我们应具体分析本体论上的差异是否能够影响到规范评价。人有生命、灵魂、意识，并不代表就不能像物理性工具一样被利用，关键在于利用之时，被利用者的这些特性能否影响到利用的状态。例如，在被利用者受欺骗或者强制的情形下，即使被利用者有生命、灵魂、意识，也不影响利用者能够像利用物理性工具一样利用他人。存有某种特性，不代表任何时候一定会发生作用。同理，人具有意志自由，不代表任何时候都可以不受他人利用，都可以形成反对意志。正如有学者所指出的，被利用者没有认识到自己被利用而照旧实行自己的行为时，利用者对此加以利用的，有着利用工具的性质。[①] 由此可见，工具说完全可以说明利用有故意的工具情形构成间接正犯。

其次，工具说的规范性、抽象性特征在罪刑法定原则范围内，不存在标准不明确的问题。需要注意的是，作为间接正犯成立的一般性判断标准，本身就应有一定程度的规范性和抽象性，否则就不能成为指导纷繁复杂案件处理的标准。我们并不能要求法学都像自然科学那样提供纯粹数学式的量化标准。只要规范性的标准能够符合国民预测可能性，那就不能指责其不明确。事实上刑法学界都承认工具说是一种非常形象、朴素的理论学说，换言之，利用者是否如同利用工具一样利用他人，在具体的案件情形中是比较容易得出

---

① 童德华:《正犯的基本问题》,《中国法学》2004 年第 4 期。

结论的。当然，不可否认，规范性的判断在某些特殊的情形中的确会存在一些分歧，但是这已经不是标准本身的问题，而是人们价值立场的根本分歧，采用其他规范性标准也会面临同样问题。

最后，准确把握间接正犯的实行行为内容和实行着手的认定，就不会存在扩大处罚范围的弊端。学界对间接正犯的实行行为和实行着手存有比较大的分歧，鉴于篇幅有限，在此处仅简单阐释本书的观点，以期说明工具说不会导致处罚范围的扩大。笔者认为，间接正犯的实行行为是支配不法构成要件实现的行为，也即包括诱致行为和被利用者的行为。需要注意的是，存在论意义上的被利用者行为，在规范论意义上是被视为利用者之行为的。因此，间接正犯的实行着手既可能是诱致行为，也可能是被利用者行为，认定的关键在于结合具体情形判断哪一部分行为开始时具有法益侵害的现实、紧迫危险。以上批评源于没有认识到间接正犯的本质特征，而且缺乏存在论与规范论的观察视角。

（二）实行行为说的内容、批评与评价

实行行为说主张，当利用者实施实行行为之时，即利用者的利用行为具有引起一定法益侵害的现实的危险性时，为间接正犯。[1] 该说将作为正犯之统一基准的实行行为作为间接正犯的标准，即认为间接正犯实际上也具备与直接正犯同样性质的实行行为，因此具有正犯性。例如，日本的大塚仁教授认为，在间接正犯的场合，利用他人实施犯罪的行为人，实质上具有了和直接正犯毫无差别的实行行为；因为幕后利用之人不仅具备了实行犯罪的主观意思还在客观上促使被利用之人实行基本构成要件行为，即幕后者之行为如同直接正犯的实行行为一样，具有侵害、威胁法益的现实危险性。[2] 持此见解的还有团藤重光、福田平、内田文昭等学者。

---

[1] 张明楷：《外国刑法纲要》，清华大学出版社2007年版，第103页。

[2] 转引自许青松《间接正犯研究》，博士学位论文，华东政法大学，2010年，第20页。

刑法理论界一般认为，实行行为说从构成要件的角度说明间接正犯的正犯性，肯定正犯的优先性、一次责任类型，因而在方向上具有一定的进步性。但是，很多学者认为，实行行为说仍然不足以说明间接正犯的正犯性，并认为该说存在以下两方面的重大问题。

一方面，实行行为说存在循环推论的逻辑谬误，尚未提供真正的正犯标准。例如，有学者指出，在肯定正犯行为等于实行行为的前提下，以间接正犯具有引起法益侵害的危险为由而认为间接正犯的行为是实行行为，就相当于说"因为间接正犯具有实行行为性，所以间接正犯具有实行行为性"；显然这是一种循环论证。[1] 这种循环论证，在本质上就意味着该说无法合理充分地论证利用者行为为何具有实行行为的性质。[2]

另一方面，实行行为说会导致间接正犯陷入两难困境。批评者认为，如果认为利用行为是实行行为，那么会存在如工具说一样的问题，导致间接正犯的实行着手过于提前，与通常观念不符，不当扩大处罚范围。换言之，如果将利用行为作为间接正犯的实行行为，则可能出现实行行为不具有法益侵害的现实危险性，扩大处罚范围；倘若将被利用者的行为作为间接正犯的实行行为，那么又意味着不承认间接正犯的实行行为性，这与实行行为说本身的主张相矛盾。[3]

笔者认为，实行行为说从规范论角度出发将实行行为作为间接正犯与直接正犯等同看待的依据在逻辑上并无太大问题。因为间接正犯和直接正犯在本质上都是正犯，那么其必然都具有实行行为。但是，实行行为说作为间接正犯判断标准却未必合适。因为实行行为说这一判断标准不能为认定间接正犯的成立提供实际的帮助。实行行为说至多指明了利用行为需要具有法益侵害的现实危险性。但

---

[1] 黎宏、姚培培：《间接正犯概念不必存在》，《中国刑事法杂志》2014年第4期。

[2] 肖志锋：《间接正犯的正犯性学说述评》，《法学评论》2009年第3期。

[3] 黎宏、姚培培：《间接正犯概念不必存在》，《中国刑事法杂志》2014年第4期。

是，这种具有法益侵害现实危险性的行为是否符合刑法分则之明文规定值得商榷。因为具有法益侵害现实危险性的行为并不能直接等价于行为人亲自直接实行的情形，例如，共犯行为也可以具有法益侵害的现实危险性。正如有学者所言，"实行行为与非实行行为的区别并不在于法益侵害的有无，而在于法益侵害的危险性的程度不同。"① 概言之，笔者认为实行行为的实质侧面（法益侵害的现实危险性）并不能当然地满足形式侧面（符合基本构成要件）的要求，尤其是在共同犯罪的情形中。

需要说明的是，认为实行行为说存在循环推论的说法未必妥当。依据实行行为说的含义，应作如下理解："因为利用者之行为具有实行行为性，所以利用者是正犯"，而非批评者所言的"因为间接正犯具有实行行为性，所以间接正犯具有实行行为性"。批评者对实行行为说似乎存在误读。事实上，实行行为说存有的问题是能否先行找出符合刑法分则规定的构成要件行为，即是否具有可操作性的问题。认为实行行为说存在两难困境（要么导致实行着手过早而致使处罚范围扩大，要么导致实行过迟而违背自身立场）的说法也值得商榷。如上文所述，这与如何认识间接正犯的实行行为内容和实行着手有关。从本质上说这种批评同样是源于没有认识到间接正犯的本质特征且缺乏存在论与规范论的观察视角。如果认识到间接正犯的实行行为是指支配不法构成要件的行为，那么就不会把存在论意义上的被利用者的行为不视为利用者的行为。在规范论意义上，被支配人的行为也是利用者的行为。何时为实行着手，关键在于法益侵害的现实紧迫危险产生的时间，由此可知，在具体的情形下，既可能认定诱致行为为实行着手，也可能将被利用者的行为认定为实行着手。无论哪种结果都不违背自身立场。

（三）规范障碍说的内容、批评与评价

持规范障碍说的学者主张，幕前者不知道犯罪情况，不可能产

---

① 何荣功：《实行行为研究》，武汉大学出版社2007年版，第24页。

生反对实施犯罪行为的想法,不能期待行为人实施合法行为。因此,存在规范障碍的人就相当于物理性工具、动物,利用者利用规范障碍之人犯罪也就理所当然的可以成为间接正犯。① 规范障碍说以日本西原春夫教授为主要代表。例如西原春夫教授认为,如果从法秩序角度考虑,当幕前者具有规范障碍时,幕后者利用其实施犯罪的,就如同凭借自己的身体动静实现犯罪一样,理应视为正犯。② 野村稔教授也指出,幕前者具有规范障碍的场合,形式上利用幕前者的情形在实质上就相当于自己实施犯罪,因而应将其认定为正犯。③ 我国学者黎宏教授也曾支持此说,他认为间接正犯之所以能够成为正犯,关键在于被利用者是具有规范障碍的工具,由此利用行为可以评价为实行行为。④

然而,批评者认为规范障碍说仍然面临着以下问题。

其一,规范障碍说认定间接正犯的方法论存在问题。批评者指责,规范障碍说判断间接正犯之正犯性的思路不对。例如我国有学者提道,幕后者是否能够视为正犯,本应从幕后者的行为角度展开论证,而规范障碍说却从幕前者是否具有反对动机的角度反过来展开论证,即采用了"因为幕前者具有非正犯性,所以幕后者具有正犯性"的思路来推进,这在方法论上存在问题。⑤ 日本川端博教授也有类似看法,他指出,规范的障碍之观点过于将重点置于利用行为之"非共犯性"上而忽视利用行为之"正犯性"的论证。⑥

---

① 黎宏:《刑法学》,法律出版社2012年版,第273页。
② 马克昌:《比较刑法原理》,武汉大学出版社2002年版,第632页;转引自朴宗根《正犯论》,法律出版社2009年版,第89页。
③ [日]野村稔:《刑法总论》,全理其、何力译,法律出版社2001年版,第411页。
④ 黎宏:《刑法总论问题思考》,中国人民大学出版社2007年版,第103页。
⑤ 黎宏、姚培培:《间接正犯概念不必存在》,《中国刑事法杂志》2014年第4期。
⑥ [日]川端博:《刑法总论二十五讲》,余振华译,中国政法大学出版社2003年版,第383页。

其二，规范障碍说以规范的责任论判断正犯性不妥当。依规范障碍说之观点，利用者构成正犯的理由在于幕前者无法形成反对犯罪行为的动机，不具有期待可能性。① 依据规范责任论之观点，这正好是有责性的基本内容。质言之，规范障碍说仍然局限于这样一种逻辑：因为幕前者缺乏有责性，所以幕后者不是狭义共犯，而是间接正犯。这属于责任共犯论的观点，其并不妥当。② 日本的高桥则夫教授明确指出，规范的障碍说依据规范的责任论认定正犯的做法，存在理论根基不充分的问题。③

其三，规范障碍说存在不当缩小间接正犯之范围的问题。批评者认为，规范障碍说无法解释很多理应被承认的间接正犯类型。例如，无法解释当被利用者被强制而实施犯罪行为的情形和在利用"无身份有故意"的场合。因为批评者认为，在类似这种情况下，被利用者是能够形成反对动机的，很难说存在规范障碍。④ 日本曾发生了一起养父利用养女实施盗窃的案件：养父指使养女盗窃，养女由于害怕养父平日经常对自己违反命令的残忍惩罚（例如，用烟火烫或者用刀戳脸部）的再次来临，而实施了盗窃。日本最高法院判断指出："由于利用的是自己的日常行动使对方感到恐惧，进而压制了对方意志的养女实施盗窃，即便该养女当时具有善恶是非的判断能力，也认定养父的行为构成盗窃罪的间接正犯。"⑤ 概言之，规范障碍说不能涵盖所有可能成立间接正犯的情形。

---

① ［日］西原春夫：《犯罪实行行为论》，戴波、江溯译，北京大学出版社2006年版，第239页。

② 黎宏、姚培培：《间接正犯概念不必存在》，《中国刑事法杂志》2014年第4期。

③ ［日］高桥则夫：《间接正犯》，王昭武译，载马克昌、莫洪宪《中日共同犯罪比较研究》，武汉大学出版社2003年版，第74页。

④ 黎宏、姚培培：《间接正犯概念不必存在》，《中国刑事法杂志》2014年第4期。

⑤ 转引自钱叶六《间接正犯与教唆犯的界分——行为支配说的妥当性及其贯彻》，载陈兴良《刑事法评论》，北京大学出版社2011年版，第364页。

规范障碍说从被利用者具有规范障碍来论证利用者之利用行为如同利用物理性工具一样，实则是工具说或者说行为支配说的一种具体化判断。① 规范障碍说的优势在于提供了比较明确且具有现实操作性的标准。这是因为判断幕前者是否具有规范障碍，是一件比较容易的事情。② 笔者认为学界对规范障碍说的这一定位和优势的评价是准确的。但是，关键问题在于这种通过幕前者是否具有规范障碍的具体化判断是否能够为间接正犯的成立提供可靠、合理的标准。对此，上述三点批评意见实质上是从方法论角度（第一点批评）和标准本身的角度（第二点和第三点批评）进行了反思。

笔者认为，规范障碍说从被利用者角度着手判断间接正犯是否成立，不存在判断思路不对的问题。判断被利用者是否存在规范障碍，表面上只是对被利用者行为的认定，实质上则是为了评价利用者之利用行为的效果与性质。事实上，认定利用行为者之行为的性质，并不能仅局限于自身的行为，相反还需结合与利用行为相关的对象来判断。诸如杀人行为，必须要审查杀人行为所侵害的对象，判断这个对象是否为人、是否死亡等。换句话说，被利用者的情形完全可能决定利用行为的性质与范围。如上所言，问题的关键在于被利用者达到什么样的特征，才能说利用者具有正犯的性质，即是否只要幕前者具有规范障碍即可承认利用者的正犯性。显然，正如批评意见所言，规范的障碍说试图仅以规范的责任论作为认定正犯标准的理由不够充分。幕前者不具有期待可能性（非正犯）并不当然决定了幕后者是正犯。幕前者的工具性和被支配性无法通过其是否具有反对动机而完全涵括。例如学界认为无法解释当被利用者被强制而实施犯罪行为的情形和在利用"无身份有故意"的场合，因为在类似这种情况下，被利用者能够形成反对动机，很难说存在规

---

① 马克昌：《比较刑法原理》，武汉大学出版社2002年版，第632页。
② 黎宏、姚培培：《间接正犯概念不必存在》，《中国刑事法杂志》2014年第4期。

范障碍，而此种情形应被认定为支配不法构成要件实现的间接正犯。正因如此，有学者提出只有被利用者同时具备"非正犯性"和"可支配性"两个条件，方能评价利用者为间接正犯。①

（四）行为支配说的内容、批评与评价

行为支配说，在我国又被翻译成犯罪事实支配说、犯罪支配说、犯行支配说等。该说从利用者对被利用者的行为是否具有支配性的角度来说明间接正犯的正犯性。罗克辛教授认为，在大多数犯罪（即支配犯）中，能够支配犯罪事实发生的关键人物、核心人物就是正犯。间接正犯是指，借助优势的主观认识（例如强制、欺骗场合等）在犯罪现场或现场之外支配着他人的行为，从而实现对犯罪事件控制的情形。② 还有德国学者指出，只要当利用者具有强势的意志支配，能够将他人当作工具一样把握"在手"，控制着实行行为的实施，那么就应将其认定为间接正犯；这意味着间接正犯与教唆犯的区别体现在利用者对被利用者的"行为支配"是否具有"意志支配"。③

行为支配说不仅在德国是通说，在日本和我国也是一种有影响力的学说。在日本有诸如西田典之、金光旭、高桥则夫、大谷实等学者支持该说。例如，大谷实教授认为，间接正犯的场合，幕后者能够凭借优越的认识支配幕前者的行为，从而实现预期的犯罪，因此幕后者也应认定为正犯。④ 我国支持的学者代表有张明楷教授、陈兴良教授等。例如，张明楷教授认为，从实质上来看，间接正犯是行为人通过支配他人行为造成构成要件规定的实害结果或者危险结

---

① 刘士心：《论间接正犯之范围》，《法商研究》2006年第3期。

② ［德］克劳斯·罗克辛：《德国刑法学总论》（第2卷），王世洲译，法律出版社2013年版，第15页。

③ ［德］约翰内斯·韦塞尔斯：《德国刑法总论》，李昌珂译，法律出版社2008年版，第302页。

④ ［日］大谷实：《刑法讲义总论》，黎宏译. 中国人民大学出版社2008年版，第143页。

果的情况。① 陈兴良教授在其著作中也明确赞成犯罪事实支配说的合理性②。

虽然行为支配说居于重要地位,但是在学界仍然面临着以下批评。

第一,行为支配说容易导致判断的肆意性。有学者提出,不同人对何为"行为支配"这一问题具有不同的回答,可谓支配的判断标准不统一,支配的具体内容之模糊。③ 有学者明确指出,事实上教唆和帮助这类狭义的共犯行为,也是"承担目的、实现意思的支配行为",因此,行为支配说不适宜作为正犯的标准。④

第二,行为支配说与罪刑法定原则存在紧张关系。批评者认为,依据行为支配说,间接正犯的正犯性不在于与构成要件相关联,而在于是否存在比构成要件更为具体的行为支配,这种脱离构成要件来认定正犯的做法,显然违背了法治国所要求的罪刑法定原则。⑤

第三,行为支配说与客观主义刑法观相抵牾。批评者认为,依据犯罪支配说,间接正犯的正犯性主要在于幕后者凭借优越的认识而对他人产生的意志支配,这意味着不满足正犯客观要件的行为也被视为正犯,显然这违背法治国所要求的客观主义刑法立场。⑥ 批评者进一步指出,在罗克辛教授所举的稻草人案中⑦,被害人戊是被甲

---

① 张明楷:《刑法学》,法律出版社 2016 年版,第 392、401 页。
② 陈兴良:《教义刑法学》,中国人民大学出版社 2010 年版,第 199 页。
③ 黎宏:《日本刑法精义》,法律出版社 2008 年版,第 286 页。
④ [日] 大谷实:《刑法总论》,黎宏译,法律出版社 2003 年版,第 299 页。
⑤ 黎宏、姚培培:《间接正犯概念不必存在》,《中国刑事法杂志》2014 年第 4 期。
⑥ 黎宏、姚培培:《间接正犯概念不必存在》,《中国刑事法杂志》2014 年第 4 期。
⑦ 案情为:"甲为了放纵的目的,而想向稻草人开枪射击,为此,明知稻草人其实是流浪者戊的乙,仍然将枪支借给甲。"[德] 克劳斯·罗克辛:《德国刑法学总论》(第 2 卷),王世洲译,法律出版社 2013 年版,第 25—26 页。

开枪射击而死，乙提供枪支的行为在客观上仅仅是一个帮助行为，尚不能支配犯罪事实，仅因为乙具有认知上的优势并且利用了这种优势，而将其认定为间接正犯，实质上是过于重视乙的主观恶性，这种做法明显与当今流行的客观主义刑法学立场相矛盾。①

笔者认为，行为支配说从规范论意义上出发，将支配不法构成要件实现的行为人认定为正犯，是合理解释基本构成要件符合性得出的正确结论。上述针对行为支配说的三点批评值得商榷。

首先，给行为支配说扣上"判断肆意性"的帽子言过其实。行为支配说与工具说一样，作为间接正犯成立的规范性标准必然具有一定的抽象性。不同学者对于行为支配说内容的不同理解并不能代表这种标准不合理，更不意味着这种标准会导致判断的肆意性。行为支配说只要界定在对不法构成要件实现的支配或者对刑法分则规定的构成要件结果或危险的支配，那么在通常情况下判断行为人是否具有规范意义上的支配效果并不是难事，即一般而言都能形成共识性的价值判断。当然，判断行为人是否具有行为支配效果的确会在某些情形下产生分歧，但这不仅是其他标准也可能产生的问题，还因为这在本质上源于判断主体的价值立场、公平正义感等因素的不同。在面临千差万别的案件情形时，基本构成要件符合性的实质解释所产生的分歧不能直接归咎于行为支配说。事实上，行为支配说已经为其判断提供了进一步的分析工具。

其次，给行为支配说扣上"违背罪刑法定原则"的帽子并不准确。批评者认为罗克辛教授在认定正犯时选择了比构成要件更加具体的行为支配，而非构成要件本身，因此行为支配说属于脱离构成要件之情形。如果某种认定正犯的理论脱离了基本构成要件，那么指责其违背罪刑法定原则毫无争议。但是，以更加具体的行为支配说认定正犯，并不是脱离构成要件，而是对抽象构成要件的具体化。

---

① 黎宏、姚培培：《间接正犯概念不必存在》，《中国刑事法杂志》2014年第4期。

这不仅不违背罪刑法定原则,反而行为支配说由于为基本构成要件符合性的判断提供了进一步的标准而有利于罪刑法定原则的实现。构成要件的具体化认定与构成要件之偏离具有天壤之别,不可同日而语。以该论者的逻辑,刑法中针对抽象问题的任何具体化的解释都将被冠以偏离解释目标之污名,显然这不具有合理性。

最后,给行为支配说扣上"违背客观主义"的帽子也值得商榷。笔者认为这种批评似乎源于该论者对客观主义和行为支配说的双重误读。一方面,客观主义强调刑罚的处罚根据在于行为人之行为的法益侵害性,而非行为人的人身危险性,其中行为人之行为包括主观方面和客观方面,而非纯粹的客观方面。另一方面,行为支配说并不只是以行为的主观要素认定犯罪,而是同时强调客观要素的重要性。这也是为什么很多学者将行为支配说定性为综合说的原因所在。[1] 所谓间接正犯的意思支配,只是表达了能够将他人进行支配的主要原因或者特征,例如受到欺骗、强制等,并不代表行为人没有实施客观行为,更不代表行为人对不法构成要件的实现没有发挥客观作用。意思支配本身就是一种客观性的支配状态。依此来看,兼顾行为人之客观和主观方面的行为支配说并不存在违背客观主义的问题。另外,行为人不亲自实行刑法分则规定的构成要件,就必须借助主观方面的优势实现客观上的支配效果,否则就只能要求行为人将他人当作工具置于手中。显然,这是一种不合理、不现实的要求。而且,同样的一个客观行为,完全可能因为主观方面的不同,而导致行为的客观效果不一样,法律定性也不同。即使批评者认为,仅有提供工具的行为和认识地位上的优势还不足以满足支配的要求,那么也只是对行为支配效果本身产生的分歧,应该说与是否违背客观主义还不完全是一回事儿。

(五) 因果关系说的内容、批评与评价

因果关系说,具体又分为两种学说:其一,原因条件区别说。

---

[1] 林山田:《刑法通论》(下册),北京大学出版社2012年版,第9页。

该说主张对犯罪结果之实现具有原因作用的行为人可以视为正犯。间接正犯的情形中,幕后者的利用行为是犯罪事实实现的原因行为,因而是正犯。该说面临的主要批评有:如何准确清晰地区分条件与原因行为的标准并不明确,而且通过因果关系理论阐释间接正犯的正犯性不具有说服力。① 其二,因果关系中断说。该说认为在间接正犯情形中,被利用者的介入行为,并不会导致利用者所引起的因果关系被中断,因此利用者仍然可以成立间接正犯。② 有学者进一步指出,在间接正犯场合,因果关系不中断的具体情形包括被利用者是无责任能力的行为人、狭义的共犯,以及利用者可以预见他人介入等情况。③ 因果关系中断说面临的批评是:在什么情形下因果关系可以被中断并不明确,例如被利用者有故意或者过失时,因果关系是否中断就存有疑问。④

笔者认为因果关系的确不适宜作为间接正犯的判断标准。一方面,如上述批评者所言,其提供的标准存在区分困难或者判断存疑的问题,其不具有可操作性,无法完成正犯的认定;另一方面,因果关系本身无法说明间接正犯的本质是正犯,换言之,将与结果具有因果关系的行为人直接认定为符合刑法分则规定的构成要件并不合理。正如有学者所言,仅依因果关系无法合理的判定构成要件符合性。⑤ 这种立论的起点就是不正确的,因为它违背了人们对于构成要件之定型性的认识。⑥ 事实上,共犯也具有因果性。

(六) 主观说的内容、批评与评价

主观说以条件说为基础,正是因为具有因果关系的都被认为是

---

① 许青松:《间接正犯研究》,博士学位论文,华东政法大学,2010年,第18页。
② 肖志锋:《间接正犯的正犯性学说述评》,《法学评论》2009年第3期。
③ 转引自林维《间接正犯研究》,中国政法大学出版社1998年版,第64页。
④ 肖志锋:《间接正犯的正犯性学说述评》,《法学评论》2009年第3期。
⑤ 许青松:《间接正犯研究》,博士学位论文,华东政法大学,2010年,第18页。
⑥ 林山田:《刑法通论》(下册),北京大学出版社2012年版,第11页。

正犯，才发展出以行为人的主观方面区分正犯与共犯的理论。该说认为，在间接正犯的场合，幕后者在主观上具有为了自己犯罪的意思或者具有为了自己利益的目的，因此即使其没有亲自直接实施实行行为，也应认定为正犯。

该说面临的批评主要有：其一，违背了刑法大多系就客观方面加以描述与界定不法构成要件的结构原则；其二，导致亲自实施构成要件的行为人不是正犯的不合理结论。在原则上应该是"亲自实现不法构成要件之人，就毫无例外地成为正犯"，可是若实行主观理论却得出"亲自杀人之人，可能在特定情形下，仅成立帮助犯"的错误结论；其三，主观说以客观行为的因果等价性为出发点，其出发点也已属错误，故其立论自然也就不正确。① 对此，笔者完全赞成上述批评意见。

（七）国民道德观念说的内容、批评与评价

该说主张，利用他人实现不法构成要件的行为能否被认定为正犯，关键在于国民的意识和道德观念是否认同。根据该说，间接正犯就是"社会生活上之通念"的产物。虽然有学者认为，此说从社会一般人的角度来论述间接正犯的正犯性，符合一般人的法感情，容易被国民所接受。② 但是，批评者认为，间接正犯毕竟是刑法理论的产物，仅以这种易于接受的生活用语来论述间接正犯之正犯性，其理论上的科学性是会打折扣的。③ 笔者认为，间接正犯的判断标准必然涉及价值判断，因此国民道德观念说也必定会在认定正犯时发挥一定的作用，但是，倘若仅根据道德感，而忽视客观事实的作用，则很有可能得出违背法治国基本原则的结论。

---

① 林山田：《刑法通论》（下册），北京大学出版社 2012 年版，第 11 页。
② ［日］大塚仁：《犯罪论的基本问题》，冯军译，中国政法大学出版社 1993 年版，第 75 页。
③ 肖志锋：《间接正犯的正犯性学说述评》，《法学评论》2009 年第 3 期。

二 间接正犯判断标准的选择及其适用

（一）间接正犯判断标准的选择

通过上文对工具说、实行行为说、规范障碍说、行为支配说、因果关系说、主观说和国民道德观念说等学说的介绍与反思，笔者认为工具说和行为支配说比较合理。鉴于上文已经对各种学说的问题展开过比较详细的分析，在此仅概括选择工具说和行为支配说的几个优势。

其一，工具说和行为支配说为间接正犯符合基本构成要件提供了等价性的标准。间接正犯突破了行为人必须亲自、直接实施基本构成要件行为的形式要求，转向了实质化的路径，即只要从规范论意义可以将行为人利用他人的情形实质评价为自己亲自直接实行即可认定为正犯。而工具说和行为支配说就为这一价值判断提供了具体的等价性标准。如果在规范论意义上能够认为行为人利用他人如同利用工具一样或者相当于自己支配不法构成要件的实现，那么将其认定为正犯就是合理解释基本构成要件符合性的结果。依据工具说和行为支配说进行的规范化判断和实质解释，可以实现形式与实质的完美统一：既保证间接正犯的判断符合形式法治的要求，不违背罪刑法定原则之明确性要求，又能有利于实现实质正义，合理妥当地定罪量刑。因果关系说、主观说等其他学说无法满足等价性的要求，进而面临着破坏构成要件定型性和扩大正犯处罚范围的质疑。

其二，工具说和行为支配说能够比较好地解释所有间接正犯的基本类型。虽然学界对于有些间接正犯的基本类型存有争议，但是如果能够认为行为人将他人作为工具利用或者说支配了不法构成要件的实现，那么将其作为间接正犯处理就是合理的。工具说和行为支配说具有比较强的解释力和包容力。正如有学者指出的，德国通说将间接正犯定义成"利用他人为工具实施犯罪"或者说德国的犯罪支配说，不仅可以涵摄大家一致肯定的间接正犯类型（主要是被利用者不构成正犯的情形,例如,利用他人实施的不符合构成要件的行为,利用他人无故意的行为,利用他人缺乏不法目的的行为,利用他人阻却违法或者阻却责任的行为),还可以包括正犯背后的正犯类型(主要是被利用者成立故意或过失的正犯情形)。[1]

其三,工具说和行为支配说对间接正犯的认定具有较强的指导性和可操作性。虽然工具说和行为支配说也只是一个规范性的标准,具有一定程度的抽象性与开放性,但是它们本身所具有的指导性和可操作性特征并没有因此消失。指导性和可操作性体现在,它们告诉人们只有当利用他人之行为达到如同利用工具的效果或者达到支配的程度时,才能将其规范化、实质化评价为自己亲手实现了不法构成要件。需要注意的是,不能因为需要根据具体情况判断,就直接认为间接正犯的判断标准不具有明确性、具体性和可操作性。一方面,现实生活复杂多样、千变万化,作为法律标准必须对具体生活事实进行概括抽象,并保持一定的开放。另一方面,任何法律标准也只能根据具体的事实来认定,不可能直接给出结论与答案。

(二) 间接正犯判断标准的适用

在具体适用工具说和行为支配说时需要注意以下几点。

首先,工具说和行为支配说在本质上属于同一内容,其可以成为互相描述的对象。质言之,达到工具支配效果就相当于支配不法构成要件实现;达到支配不法构成要件实现的程度就相当于将他人作为了工具加以利用。有学者明确指出,"透过'利用'与'工具'等用语,也清楚地表达了幕后者相对于被利用者所具有的优势地位,直接点出了刑法上归责的核心概念:对于犯罪程度的支配关系。"[2]很多学者在论述间接正犯时也经常表述为,幕后者利用犯罪工具、

---

[1] 蔡圣伟:《论间接正犯概念内涵的转变》,《东吴法律学报》2008 年第 3 期。
[2] 蔡圣伟:《论间接正犯概念内涵的转变》,《东吴法律学报》2008 年第 3 期。

支配犯罪工具，以实现犯罪目的。① 日本的前田雅英教授，在最新出版的著作中更是直接指出，工具理论作为认定利用者之正犯性的学说是合理的，而且工具性作为用以考虑对于结果的支配是否达到了可以说得上正犯的程度的标准，是非常有用的概念；行为支配说给出的说明是利用者支配着被利用者的行为，二者在实质上所采用的是同样的思考方法。②

其次，工具性和支配性是一个含有主观价值判断的、以一定事实为基础的规范性概念。换言之，是否具有工具性和支配性效果，既不是纯粹物理性、自然主义的客观事实认定问题，也不是一个脱离客观事实的纯粹价值评价问题。因此，在判定利用他人之行为能否评价为利用工具或者支配不法构成要件实现的时候，一方面，既不能要求利用者亲手、直接拿着工具去实施，也不能要求被利用者必须是没有生命、灵魂的工具，即在规范评价上能够得出利用工具或支配不法构成要件实现的结论即可；另一方面，需要考虑哪些主观与客观事实能够充分支持理性一般人形成工具性或者支配性的评价，即价值评价仍然要与客观事实紧密绑定在一起，否则就会导致判断的肆意，违背罪刑法定原则。

再次，需要正确把握被利用者之特征在什么情况下才会对工具性和支配性的评价产生影响。各种学说和案例所反映的被利用者之自由意志、故意、期待可能性、负完全刑事责任等情况，是否影响幕后者的正犯性认定？在笔者看来，被利用者具有上述特征也不当然否定工具性和支配性评价的形成。因为只要被利用者和利用者之间没有犯意的联系，那么被利用者即使具有自由意志、故意、期待可能性、构成犯罪等状况也完全可能因为其受到强制、欺骗、错误

---

① ［德］克劳斯·罗克辛：《德国刑法学总论》（第2卷），王世洲译，法律出版社2013年版，第21页；伊子文、徐久生：《行为控制理论下"正犯后正犯"的边界归属》，《政治与法律》2014年版第6期。

② ［日］前田雅英：《刑法总论讲义》（第6版），曾文科译，北京大学出版社2017年版，第73页。

认识或者其他原因而被法律评价为利用工具或者支配犯罪。被利用者对自己实施的行为有认识或者需要负正犯责任与利用者承担什么责任没有对应关系。事实上，往往也只有利用有思想、有意识、有故意的人，方能实现幕后者所想实现的犯罪。例如，罗克辛教授指出，在强制案件中，幕后人的意志控制恰恰就是以实施人的行为控制为前提的。[1]

最后，工具性和支配性的效果不能简单地等同于因果关系。罗克辛教授指出，一般而言，如果行为人只是要求他人实施一个不法构成要件，或者向其提供建议或工具的人，那么行为人并没有控制构成要件的实现，因为关于实行的重要决定存在于直接实行人之处，由他单独掌握着对行为的控制。[2] 显然，罗克辛教授在强调利用者只有支配了不法构成要件实现才能成为核心人物（正犯）。但是，当前很多学者（尤其是支持单一正犯体系的学者）认为，与法益侵害结果具有因果关系，就相当于支配了不法构成要件的实现，并由此认为二元区分体系实质也走向了单一正犯体系。[3] 然而，有因果关系不一定具有支配效果。将因果关系作为判断符合基本构成要件的标准，违背罪刑法定原则，破坏构成要件的定型性，扩大了正犯处罚范围。张明楷教授在认定间接正犯时也特别提醒：幕后者必须要达到支配犯罪事实程度，否则不能认定为间接正犯。例如，甲诱导 X 对乙进行不法侵害，乙正当防卫杀害了 X。由于甲并没有支配犯罪事实，因此仅能针对 X 成立教唆犯。[4]

---

[1] ［德］克劳斯·罗克辛：《德国刑法学总论》（第 2 卷），王世洲译，法律出版社 2013 年版，第 21 页。

[2] ［德］克劳斯·罗克辛：《德国刑法学总论》（第 2 卷），王世洲译，法律出版社 2013 年版，第 20 页。

[3] 刘明祥：《间接正犯概念之否定——单一正犯体系的视角》，《法学研究》2015 年第 6 期；张伟：《间接正犯泛化与统一正犯体系的确立》，《法商研究》2018 年第 3 期。

[4] 张明楷：《刑法学》，法律出版社 2016 年版，第 403 页。

第二节　间接正犯基本类型的把握

虽然工具说和行为支配说具有一定的抽象性，但可喜的是，现有研究已经将支配犯中的间接正犯归纳为几种基本的类型。这种类型化的方法既有利于间接正犯判断标准的具体展开，也有利于司法人员准确、统一地适用规范性的标准。同时，还可以为我国刑法中的部分组织犯的定罪处罚提供深层的法理基础。

德国学者罗克辛教授从利用者的手段出发，将支配犯的间接正犯划分为三种基本类型：其一，利用者凭借强迫被利用者直接实施犯罪行为支配不法构成要件，即幕后者通过强迫实现的意思支配。其二，利用者通过隐瞒犯罪事实，欺骗被利用者来支配不法构成要件的实现，即幕后者通过错误达成的意思支配。其三，利用者通过权力组织机构的资源将被利用者作为随时可以替换的零部件，从而达到对整个犯罪事实的关键支配，即幕后者通过权力组织的支配。除此之外的其他情形，例如，利用无责任能力、减轻责任能力和未成年的情形，在构造上也只是强制支配与错误支配的结合而已。[1]

不过学术界在讨论间接正犯基本类型时，有很多学者也会同时从被利用者的特征出发，将其划分为不同的类型。一般而言，这种划分方法所得出的基本类型要更多。例如利用无责任能力者的情形、利用他人合法行为的情形、利用被害人进行自我侵害的情形、利用无故意的情形、利用有故意无目的的情形、利用没有违法性认识可能性的情形等。[2]

---

[1] 转引自张明楷《刑法学》，法律出版社2016年版，第401—402页。

[2] 朴宗根：《正犯论》，法律出版社2009年版，第109—134页；张明楷：《刑法学》，法律出版社2016年版，第402页；钱叶六：《间接正犯与教唆犯的界分——行为支配说的妥当性及其贯彻》，载陈兴良《刑事法评论》，北京大学出版社2011年版，第367—375页。

上述两种不同角度划分类型的方法没有绝对的对错之分。不过笔者更加倾向于从利用者手段角度先进行大的类型划分，然后在每种手段下结合被利用者的特征进行分析。从利用者之手段划分，更能从直观上显示利用工具或者支配犯罪事实的效果，体现间接正犯的本质特征，指导间接正犯的准确认定。倘若直接从被利用者角度出发，则很难凸显出上述优势。例如，利用有故意无目的之情形，很难显示出为什么可以作为间接正犯的问题。而且，从被利用者出发不仅会导致类型的划分过于烦琐，而且会因为每个标准独立、缺乏包容性，而导致类型不断增多。因此，将已经出现的被利用者之特征都分别放在能体现间接正犯之本质特征的类型（利用者角度）之下讨论比较妥当。

一　通过强制实现的意思支配

甲拿枪顶在乙的脑袋上，威胁乙如若不杀死丙，自己就会被开枪打死，乙迫于无奈杀害了丙。这是典型的通过强制实现的意思支配类型。对于这一种间接正犯类型，需要注意两点。

第一，幕后人施加的压力必须达到什么程度才能形成工具性和支配性效果。这是把握该类型最为重要的一点。倘若要求过低，则会让被利用者不认真履行不侵犯他人利益的一般义务；如果标准过高，则又会强人所难，让被利用者负担过高的风险。有鉴于此，笔者认为应该坚持以理性一般人的标准，得出符合常情常理常识的结论。虽然案件类型可能千奇百怪，且不同主体对是否足以达到工具性和支配性效果的判断也会有不同的看法。但是，在具体的情境下，往往存在一个共识性的结论。这个共识性结论，往往源于特定历史背景下国民的基本伦理道德规范和朴素的正义法感情。而且，即使不同主体有不同意见，通过沟通、交流、辩论、对话等形式，也可以逐步达成一个比较合理的结论。

德国主流观点采取了罗克辛教授提出的责任原则，即当被利用者符合了德国刑法第 35 条规定的阻却责任的紧急避险的条件，才能认为幕后者具有支配效果，承认其正犯性。① 因为他们认为，根据刑法中已经存在的规范性标准来判断强制程度在什么范围比较合理，可以有效避免程度判断的随意性。另有少数观点不依赖被利用者的责任，而是根据具体案件事实来区分间接正犯与教唆犯。显然，这两种不同的思路没有根本性的分歧。阻却责任紧急避险已经形成了一些比较固定的判断要素（例如限定了法益种类），能够比较好地把握强制程度的合理标准，从这一方面而言值得借鉴。当然，具体情况具体分析，只要最终能够形成一个符合常情常理常识的共识性结论，基本也会得出与责任原则相同的判断。而且诸如"不得已"等标准的判断最终也需要落实到具体案件之中，根据理性一般人的标准进行认定。因此，二者并非完全对立，而是哪个更为具体、更为规范的问题。

　　第二，被利用者可以是存在意志自由、存有故意的正犯。显然这里出现了正犯背后之正犯的第一种情形，即学理上归纳的"免责的正犯后的正犯"。被利用者即使被强制，仍然具有意志自由，对于侵害的对象也存有故意，只是在这种特殊情况下，行为人不具有期待可能性，故而免责。但是这并不影响幕后者对直接实行人已经形成了支配工具的效果。这种评价是实质化的判断，是法学领域所提倡的规范化评价。故而，不需被利用者具备无生命、无灵魂、无意志自由与无故意等本体论上的形式化要求。这种正犯后的正犯完全能够被纳入工具说和行为支配说的理论之中。这也可以看出，间接正犯概念已经完全脱胎换骨，不再是最初那个填补处罚漏洞的空洞概念。②

---

　　① ［德］克劳斯·罗克辛：《德国刑法学总论》（第2卷），王世洲译，法律出版社2013年版，第21页。《德国刑法典》第35条关于阻却责任的紧急避险的规定指出："为使自己、亲属或其他与自己关系密切者的生命、身体或自由免受正在发生的危险，不得已而采取的违法行为不负刑事责任。"《德国刑法典》，徐久生、庄敬华译，中国方正出版社2004年版，第13页。

　　② 蔡圣伟：《论间接正犯概念内涵的转变》，《东吴法律学报》2008年第3期。

二 通过错误达成的意思支配

罗克辛教授将通过认识错误的意思支配分为了四种：其一，被利用者因为错误认识不具有故意；其二，被利用者具有构成要件故意，但是存在禁止性错误；其三，被利用者的行为符合构成要件且违法，但是对免责性紧急状态的条件有错误认识；其四，被利用者负完全责任，但是幕后者比利用者更清楚损害的性质或者范围，即"有责的正犯后的正犯"类型。[①]

显然，罗克辛教授是从被利用者的错误类型角度划分的。从表面上看，第一种到第四种类型，体现了被利用者逐步变成完全负刑事责任之人的特征，但是，需要注意的是，这并不能代表工具性或者支配性的评价逐步减弱。这是因为被利用者的状况，只有相对于利用者而言才具有意义。例如，即使被利用者负完全责任，但是利用者仍然具有优越的认识，而被利用者缺乏此种认识，因此在利用者意图实现的目的范围内，完全负责任的人仍然可能被当作工具利用。换言之，在利用者欲实现的犯罪上，被利用者仍然是无知者，而利用者具有优越的认识，可以将被利用者纳入自己的计划之中。

一般认为，上述四种类型中的第一种间接正犯类型几乎没有争议。其他三种类型都存在一定程度的争议。而且，每种类型之下也会因为具体案例的实际情况不同，而得出不同的结论。关键之处仍然在于把握工具性和支配性的一般判断方法。因此，本书仅以禁止错误和有责的正犯后的正犯为例展开说明。

（一）利用直接实行人在禁止错误中的行为

禁止错误分为可以避免的禁止错误和不可避免的禁止错误。其中，人们一致认为幕后者利用不可避免禁止错误中的行为的情形，可以肯定间接正犯。有争议的是，如果被利用者是在可避免的禁止

[①] ［德］克劳斯·罗克辛：《德国刑法学总论》（第2卷），王世洲译，法律出版社2013年版，第25页。

性错误中实施行为的情形。对此，主要有三种观点。

其一，教唆犯说。该说认为，幕后者利用被利用者在可以回避的禁止错误中实施的行为的场合，成立教唆犯。① 其核心理由在于，被利用者自己作为故意的实行人而需要承担责任，幕后之人则只能作为教唆犯处理。

其二，间接正犯说。该说认为，幕后者利用被利用者在可以回避的禁止错误中实施的行为的场合，成立间接正犯。因为，在不可避免和可以避免的禁止错误中，被利用者具有相同的意识状态，他们在事实上都没有正确认识到自己行为的性质，即使法律规范本要求他们拥有这种认识。②

其三，原则上间接正犯说，例外情况下教唆犯。该说主要为德国联邦最高法院和罗克辛教授所主张，也是德国的主流学说。之所以原则上肯定间接正犯，在于直接实行人因为禁止性错误消除了抑制性因素，而且从心理上看，可避免错误中对事件的控制一点也不比在不可避免错误下的控制更少。但是，倘若可避免的禁止错误认识是以直接实行人敌视法律为基础的，或者幕后者仅仅支持已经形成犯罪决意且自己承担违法性认识错误的实行人，则不能成立间接正犯。前者在于，仅具有形式违法性的错误，而这种错误在法律上评价是无关紧要的，因为社会对实行人的行为的无法忍受是显而易见的，行为人认识到了自己行为的实质违法性。在这种情形下，幕后者无法真正操纵敌视法的人。后者在于，幕后者并没有决定性的影响实行者去实施应受惩罚的行为，而是仅仅注意到，并且表示支持。③

---

① 转引自［德］克劳斯·罗克辛《德国刑法学总论》（第 2 卷），王世洲译，法律出版社 2013 年版，第 29—30 页。

② ［德］克劳斯·罗克辛：《德国刑法学总论》（第 2 卷），王世洲译，法律出版社 2013 年版，第 25 页。

③ ［德］克劳斯·罗克辛：《德国刑法学总论》（第 2 卷），王世洲译，法律出版社 2013 年版，第 30—32 页。

笔者支持原则上成立间接正犯，例外情况下成立教唆犯的观点。本书认为关键问题仍然在于判断幕后者是否具有决定性的支配力。而这不仅是一个事实论问题，还是一个涉及价值判断的规范论问题。可以避免的禁止错误中，被利用者在事实上仍然具有错误认识，因此，幕后者完全可能在事实上支配被利用者。而且，从规范视角来看，这种错误往往对于认定幕后者具有支配效果非常重要。至于法律规范对被利用者是否需要进行追责，则是另外一回事。不过，当被利用者的错误情况足以影响到幕后者不能形成支配他人的效果时，则只能将幕后者作为教唆犯处理。归根结底，在于被利用者的错误认识这个事实是否在法律规范上足以支持工具性或者支配性效果的形成。这是一个规范的问题，而不是纯粹事实的判断。所以即使在事实上有认识错误，也会因为这种错误在规范评价上已经不重要，即在实质上可以直接评价为实行人没有认识错误，从而否定了幕后者能够形成支配效果的事实基础。这也是为什么罗克辛教授提出的两种情形中，虽然存在错误认识，但是仍然作为教唆犯处理的原因。

（二）意思错误下的有责正犯后的正犯

意思错误下的有责正犯后的正犯理论认为，虽然被利用者的行为符合构成要件、违法性和有责性，但是，幕后者通过欺骗行为仍然可能支配完全负责任的被利用者实施不法构成要件的实现，因而成立间接正犯。罗克辛教授归纳了对不法程度的欺骗、对加重情节的欺骗和对被害人身份的欺骗。[①] 在此，以对被害人身份的欺骗为例讨论行为支配是否成立的问题：甲想要枪杀 A，幕后人乙得知后，欺骗甲说正在走过来的 B 是甲欲想杀害的 A，结果甲由于对象认识错误而杀害了 B。此案中，根据错误理论，一致认为甲的对象认识错误由于不属于对法定构成要件的认识错误，不能阻却故意，因而

---

① ［德］克劳斯·罗克辛：《德国刑法学总论》（第 2 卷），王世洲译，法律出版社 2013 年版，第 34—36 页。

成立杀人罪的正犯，即甲是需要负责任的正犯。而幕后乙具有优越的认识，并用自己的欺骗行为引起了甲产生了认识对象错误，进而导致了整个事件不可避免的发生。换言之，针对杀害 B 的犯罪事实而言，甲成为了乙一个盲目的工具。正如罗克辛教授所指出的，本案中甲已经决定要实施犯罪，因此乙不可能是教唆犯，同时在一个犯罪计划失败的犯罪中也不可能有帮助人；正确的解决办法在于，将通过欺骗而变换被害人的幕后者认定为"正犯背后的正犯"，因为幕后者已经引起了相对于他而言的另一个不法构成要件。[1]

由此可见，如果被利用者对其实施的重要事实因为自己被欺骗而无法认识，而其行为与否恰好又取决于此等（受到欺骗的）事实，那么幕后者应基于其优越的认知成立间接正犯。[2] 在此类案件中，同样需要注意的是，直接实行者应负刑事责任，并不能成为利用者免责的挡箭牌。问题的关键在于利用者对于犯罪事实的发生有无支配作用。正如许内曼所言，"每个人个别的负责性是依据他对法益的地位而决定，不须取决于他人负责性是否被完全排除"，"对间接正犯而言，幕前之人的状态并非决定性的因素，而是取决于幕后之人对于构成要件实现的力量"。[3] 其实，在此亦可以看出规范论在刑法中的重要作用。例如，针对甲产生的具体对象认识错误这样的一个事实，于甲本身而言，在法律评价上认为这个错误的事实并不重要，因而仍然要肯定其具有杀人的故意；而相对于幕后者乙而言，则在法律评价上认为这个错误的事实是如此的重要，以至于直接决定了乙对杀害 B 具有支配作用。因此，认定间接正犯时，一定要持有一个事实论与规范论的分析视角。同时，需要意识到规范论于刑法的

---

[1] ［德］克劳斯·罗克辛：《德国刑法学总论》（第 2 卷），王世洲译，法律出版社 2013 年版，第 37 页。

[2] 蔡圣伟：《论间接正犯概念内涵的转变》，《东吴法律学报》2008 年第 3 期。

[3] 转引自陈毅坚《作为组织支配正犯后的正犯——支配型共谋的德国理解与中国问题》，《河北法学》2010 年第 4 期；转引自李波、周建航《组织支配与组织犯的归责基础》，《苏州大学学报》（法学版）2018 年第 4 期。

重要性。唯有如此，才能拨开迷雾，厘清思路，正确判定。

三 通过组织产生的意思支配

（一）间接正犯说及其不足

组织支配作为间接正犯的一种新的形式，最早由罗克辛教授于1963年提出。罗克辛教授认为，"幕后者可以通过有组织的权力机构将实施者作为随时替换的机器部件进行操纵，并且据此不再将实施者视为个别的正犯而命令，进而达成对犯罪事实的关键支配。"[1]因此，幕后者可以成立间接正犯，而直接实行者基于独立的自由意志成立直接正犯，并且应负刑事责任。显然，这也是一种免责的正犯后的正犯。罗克辛认为，直接实行人的正犯性与幕后者的正犯性处于不同的条件基础上，前者是居于亲手性的直接控制的基础之上，后者则在操纵国家的基础之上，他们在逻辑上是完全并列地存在的。[2]

不过，组织支配的间接正犯性，并非没有争论与疑问。概括而言，主要有两点批评：其一，被命令者可能选择不去实行犯罪，因而幕后者事实上根本无法控制犯罪结果的实现；其二，通过更换直接实行人来保证命令的执行，已经不属于同一个构成要件。换言之，替代的人无法否认在每个个别案件中缺少的实际控制。对于第一点批评，罗克辛教授反驳道，任何间接正犯的类型，都可能存在未遂的情形，更重要的是，不在于直接实行人能够在任何个别案件中发挥作用，而在于其随时可替换性，从而保证任务的完成。对于第二点批评，罗克辛教授指出，对于幕后者而言，无论被替换的人有多少，也不管最终完成这个构成要件的是哪个工具，其控制的只是一个构成要件，事实上，幕后者从一开始也就只打算实施一种构成要

---

[1] 转引自张明楷《刑法学》，法律出版社2016年版，第401—402页。

[2] ［德］克劳斯·罗克辛：《德国刑法学总论》（第2卷），王世洲译，法律出版社2013年版，第38页。

件，即使他可能利用了不同的人来实现这个行为。①

在笔者看来，其他间接正犯中的直接实行人也可能存在不去实行的说法，并不能成为反驳第一个批评的理由。原因在于，直接实行人在事实上没有去实行的情形，或者说间接正犯出现未遂的情形，与是否具有支配效果的判断属于两个不同的问题。尚未完成犯罪或者说未遂，是很多故意犯罪都可能出现的情况，即使直接单独正犯也不例外。第一点批评的重点如果在于直接指出幕后者无法支配直接实行者，那么这一点批评就能成立，罗克辛教授的反驳也就多少显得没有说服力。

组织支配中被命令者与发布命令者之间的关系明显不同于强制支配和错误支配的情形。虽然强制支配和错误支配中的被利用者也可能存在自由意志、故意、期待可能性甚至应受刑罚处罚的特征，但是此类案件中利用者在认识上仍然具有优越的认识地位，能够形成支配关系，因而可以认为幕后者能够控制犯罪结果的实现。而在组织支配的情形中，发布命令者并没有优越的认识地位，没有能够支持在规范评价上形成行为支配效果的事实基础，即从对单个命令者角度而言，幕后者完全无法控制不法构成要件的实现。

那么，用随时可替换性的说法能否解决这一问题？换言之，能否因为幕后者可以随时不受限制地选择其他人去实施而说其具有可支配性？笔者认为，答案同样是否定的。虽然最终有人选择去实施了命令者的任务，但是仍然不能说幕后者支配这个人实施了不法构成要件。因为，替换的每个能够负刑事责任的人都没有与幕后者形成支配关系。既然如此，即使可以替换无数人，而且任务被替换的某个人完成了，也不能说是幕后者支配直接实行人完成的，而是直接实行人自己完成，其至多受到了鼓励教唆而已。概言之，从判断支配性或者说工具性的一般角度而言，幕后者与直接实行者无论如

---

① ［德］克劳斯·罗克辛：《德国刑法学总论》（第2卷），王世洲译，法律出版社2013年版，第40页。

何都无法形成间接正犯所要求的意思支配关系。

而对于第二点批评,罗克辛教授认为对幕后者而言只存在一个构成要件,虽然该理由具有一定说服力,但是这也仅仅是对构成要件数量的回应。第二点批评的重点理应在于指出,幕后者对每个具体构成要件的实现都缺乏实际控制。由此可知,构成要件数量的辩驳没有解决幕后者是否具有支配性的问题。

我国有学者指出,个体犯罪建立在对自己或他人行为的支配之上,组织犯罪则建立在对组织运作的支配之上。也就是说,在组织支配情形中,下令者通过支配组织运作控制了犯罪因果流程,通过对组织的支配间接地支配着实行人。具体而言,体现为"下令者→组织→直接实行人"的垂直归责模式。[1] 诚然,下令者可以支配组织,接受命令者也可能受组织权力的影响,但是,倘若每个可以被随时替换的直接实行者受到权力组织的影响并没有达到相当的强制程度,则还是不能说明下令者如何支配了不法构成要件实现。如果认为,接受命令者因为受组织权力的影响而达到了被支配的效果,那么直接将其归纳为通过强制的意思支配类型即可。但事实上,在组织支配的情形中组织权力机构并没有达到支配接受命令者的程度。也正因如此,大多数学者才未将其并入间接正犯的第一种类型。换句话说,这也是为什么必须要建构间接正犯之组织支配类型的原因所在。在此意义上,我国学者张明楷教授直接将组织支配的情形归入通过强制达成的支配类型是存有疑问的。[2]

罗克辛教授之所以将接受命令者的随时可替代性作为组织支配的必备要件,在于说明下令者对犯罪因果流程具有支配作用。具体而言,接受命令者被代替的可能性越大,他的意志自由在犯罪发生的过程中越不值一提,下令者对犯罪因果流程的支配越有力。然而,

---

[1] 李波、周建航:《组织支配与组织犯的归责基础》,《苏州大学学报》(法学版) 2018 年第 4 期。
[2] 张明楷:《刑法学》,法律出版社 2016 年版,第 402 页。

组织支配均是现实的支配。以接受命令者的可替代性（即假设的第三人执行任务的可能性）来论证下令者对犯罪因果流程的支配，则属于采用假定因果关系的论证法。① 这不具有合理性。

综上，下令者能够支配组织，而组织事实上又不能支配接受命令者，因而从事实论的支配角度观察，间接正犯之正犯性或者说幕后者的行为支配性存有疑问。既然这些理由都不能很好地说明组织支配的支配效果，那么是否意味着组织支配的情形事实上不能成立间接正犯呢？本书暂且先不给出结论，而是在分析其他几种有影响力的解决途径之后，再来回答这一问题。

以何种方式对组织支配情形中的下令者进行追责，除了间接正犯说之外，还存在教唆说和共同正犯说这两种观点。它们是否更能合理的解决下令者的归责问题呢？这有待从教唆犯和共同正犯的基本理论知识进行检验。

（二）教唆犯说及其问题

持教唆犯说的学者认为，幕后下令者不是作为正犯去实施由其命令的犯罪，而是作为教唆人引发了这些犯罪。这是因为接受命令者对上级给的指令和自己要实施的行为有明确的认知，能够负独立的刑事责任，而且没有在事实上达到诸如通过强制或者错误的意思支配，因而不存在行为支配，只能是教唆犯。从事实角度审视，组织中的下令者其实根本不可能借助组织本身而直接支配接受命令者，因为犯罪是否被实施，以及如何实施犯罪，都由接受命令者自己决定，而且接受命令者也并非随时可以替换的人。②

不过，反对意见认为，组织支配的场合，即使直接实行者需要独立负刑事责任，幕后者也是犯罪实现的控制性核心人物。因为如

---

① 转引自李波、周建航《组织支配与组织犯的归责基础》，《苏州大学学报》（法学版）2018年第4期。

② 冯圣晏：《犯罪之组织支配》，硕士学位论文，台湾政治大学，2010年，第77页。

前所述，他们认为对于发布命令者而言，由于操纵组织这个机器而产生了更高层级的意志控制。而且，他们认为，教唆人必须自己先去寻找一个正犯，而组织支配的场合只要幕后者发布命令即可；教唆犯必须与潜在的正犯接触，让对方赞同自己的计划，还有在必要时克服对方的反对，而在政权机器等等级制度中发布命令的人则不需要做这些。[1] 德国学者安博斯强调，"这种大屠杀的组织者与命令发布者的举止行为，与那种单纯的教唆人加以确定的构成行为之间，在事实性根本上就具有不可比较性"[2]。

的确，不得不承认，在组织支配的场合下命令者与一般的教唆犯确实存在许多重要的差别。至少从法感情上说，绝对的统治者让人杀死他们的敌人时，就应该是他们的作品，即使不仅仅是他们的作品，否则就是违背了社会的、历史的，还有司法的对实行人归责的理性原则。[3] 可是，不能作为教唆犯进行归责的理由，并不能直接说明作为间接正犯的合理性。因为，如前所述，组织支配是如何实现对整个犯罪的因果流程支配存有疑问。组织的等级性、权力性以及接受命令者的随时可替换性，并没有真正说明幕后者具有事实上的行为支配性。

需要注意的是，笔者并不是因为直接实行人能够完全负刑事责任而直接认为其不能被支配。事实上，本书在论述第一种和第二种间接正犯的基本类型时已经多次强调，直接实行人具有自由意志、故意、期待可能性或者完全负刑事责任，并不意味着幕后者不能对其进行支配。因为只要有认识上的优越地位，例如相当程度的强制场合或者错误意思的场合，直接实行人仍然是可以在规范上评价为

---

[1] ［德］克劳斯·罗克辛：《德国刑法学总论》（第2卷），王世洲译，法律出版社2013年版，第43页。

[2] 转引自［德］克劳斯·罗克辛《德国刑法学总论》（第2卷），王世洲译，法律出版社2013年版，第43页。

[3] ［德］克劳斯·罗克辛：《德国刑法学总论》（第2卷），王世洲译，法律出版社2013年版，第43页。

工具的。只是组织支配的场合，很难"通过对组织本身的掌控支配直接实行人"[①]。换言之，我们在分析教唆犯说时，不能简单地认为该说只是因为接受命令者能负独立刑事责任而将其作为教唆犯，而应看到该说的实质在于认为幕后者在此种情形下没有支配的事实效果。

（三）共同正犯说及其缺陷

很多学者认为，在有组织的国家机器范围内实施应受惩罚行为的幕后人，不是间接正犯，而是共同正犯。共同正犯要求共同的构成要件行为决意和共同构成要件的实施。为了能够将幕后者与接收命令者评价为共同正犯，持该学说的学者认为，"构成要件的决定所具有的共同性，会通过领导人与实施人的意识产生，即一个确定的构成要件行为或者多个同类的构成要件行为都应当是在符合这个领导的指示下被执行的"，或者认为这个直接实行人实际上"推理性地把犯罪计划当作自己的"，或者认为共同实行人不要求在行为参与人之间具有个人联系，不要求共同计划，只要有"静悄悄地产生的同意"就足够了。[②] 而对于缺乏共同构成要件行为的实施这一难题，持该学说的学者则认为，即使没有实施实行行为，但是预备阶段如果对实行阶段发挥了一种实质性的共同影响，则也可以认为是具有共同的行为。

针对上述共同正犯的解读，罗克辛教授明确提出了质疑。首先，对共同正犯之共同行为决意的理解不当。"意识到成为接受命令的人""当作自己的""静悄悄的同意"都不是一种共同的决定，否则教唆也意味着一种共同行为的决意。事实上，在组织支配场合下，下命令者并没有就行为的计划与接受命令者进行任何的商量，接受

---

① 冯圣晏：《犯罪之组织支配》，硕士学位论文，台湾政治大学，2010 年，第 77 页。

② 转引自 ［德］克劳斯·罗克辛《德国刑法学总论》（第 2 卷），王世洲译，法律出版社 2013 年版，第 41—42 页。

命令者往往只是单纯地接受命令，这更多体现的是一种上下级垂直的关系，而根本无法体现共同的决定。

其次，下令者与接受命令者在客观上并不存在共同的行为。下令者在实施阶段并没有参与，缺乏一种共同的实施或者说没有形成机能性支配。下令者对构成要件的独特贡献在于他计划并引起了这个构成要件。而且，在当权者把完全实现命令交由一个实施机关时，就谈不上那种今天一般被认为是共同正犯核心要素的"分工"了。

最后，如果将此种情形认定为共同正犯，则间接正犯与共同正犯的结构性区别就以威胁法治国原则的方式夷为平地了。间接正犯是一种垂直的结构，而共同正犯是一种水平的结构，二者成为正犯的具体性标准并不相同。①

下令者与接受命令者之间虽然没有形成诸如通过强制或者错误的意思支配效果，但是由于二者是上下级的从属关系这一点不容否定，即下令者和接受命令者之间体现的是一种垂直关系。这意味着很难将组织支配的情形从规范评价上将其认定为具有平行关系的共同正犯。因此笔者认为，罗克辛教授认为组织支配的场合没有共同意思决定和共同行为的分担基本上是正确的。

不过，我国有学者指责，把下令者所实施的犯罪预备行为视为具有侵害法益现实危险性的实行行为是荒谬的。② 换言之，该学者认为下令这个行为只是一个预备行为，不是实行行为，没有对实行阶段产生实质的影响。殊不知，持此说法的人都是赞成将组织支配的情形认定为间接正犯的学者。这意味着，这种说法至少存在自相矛盾的嫌疑。因为如果认为下令者的下令行为通过组织的影响力可以支配整个犯罪因果流程的实现，那么下令者的下令行为必然是一个能够支配法益侵害的行为。为了否定共同正犯而否定下令者行为的

---

① ［德］克劳斯·罗克辛：《德国刑法学总论》（第2卷），王世洲译，法律出版社2013年版，第41—42页。

② 李波、周建航：《组织支配与组织犯的归责基础》，《苏州大学学报》（法学版）2018年第4期。

实行行为性，在笔者看来就等于"搬起石头砸自己的脚"。事实上，问题的关键在于下令者的行为究竟是作为共同行为的分担而被评价为共同正犯，还是作为垂直关系的间接正犯。下令行为最终要么被评价为机能地支配了犯罪的实现，要么被评价为通过意思支配了犯罪的实现，因此不能否认下令行为的实行行为性。也就是说，即使肯定下令行为的实行行为性或者对犯罪实现的支配性作用，也不一定就是肯定共同正犯。所以持间接正犯学说的学者没有必要为了否定组织支配的情形构成共同正犯，而一定要否定下令行为的实际支配性作用或者说实行行为特性。

（四）间接正犯说的确立及其规范解读

如上文所述，下令型的组织支配的情形并不符合教唆犯说和共同正犯说的基本原理，因此应该放弃通过这两种形式的归责模式。而间接正犯说在定罪处罚上，更加符合公平正义的理念，因此仅就归责的结果而言相对比较合理。但是，如上文所指出的，间接正犯说存在着正犯性说理困难的问题，即下令者是如何通过组织的影响力而支配须负完全刑事责任的接受命令者？上文的分析已经表明，以下令者支配整个犯罪因果流程的抽象表述来说明正犯性，是经不起推敲的；试图通过组织这一个媒介论证支配（不计其数且随时可以替换的）直接实行人的方案也是不能获得成功的。换言之，只要从支配行为人的事实角度理解行为支配，就不可能得出下令者具有行为支配的作用。要知道每个机器零件根本没有陷入劣势的认知地位（例如，被欺骗、强制等），相反接受命令者对下令者吩咐的事情完全知情且有完全的自由意志，因而不可能实现所谓的行为支配。

笔者认为，组织支配的情形可以认定为间接正犯。不过，幕后者对犯罪事实的支配更多的是一种规范意义上的支配。也就是说，从事实角度审查，幕后者实际上并没有达到行为支配的效果，但是在有足够且充分的正当理由情形下，可以视为其具有支配功能。在存在论意义上认为其不具有支配功能，而价值评价意义上可以认为其具有支配效果。这种矛盾与困惑源于存在论与规范论的复杂关系。

一般而言，在人文社会科学领域中，价值判断以一定的事实为基础，而且很多情况下二者很容易达到统一。但是，有些情况下，事实并不能完全与规范评价协调。具体而言，在诸如强制或者错误情形下，这种相当程度的强制事实与错误状态事实能够很容易支持行为支配的形成，即事实与规范达成了统一。而组织支配的情形，组织的特殊地位与影响、上下级的隶属关系、接受命令者的随时可替换性等客观事实都不足以说明，下令者具有真正的行为支配效果，即事实论与规范论并没有实现统一。但是，鉴于组织支配情形在社会中的特殊性以及刑事政策的需要，即使没有真实层面的行为支配效果，也可以在实质的价值评价角度将其视为具有支配效果。

需要注意的是，虽然下令者与组织拥有的权力、资源，接受命令者的随时可替换性，下令者与组织对接受命令者尤其是对整个犯罪最终实现的不断贡献等素材不足以完全支撑事实层面之支配作用的形成，但是它们仍然是规范评价的重要依据。例如，虽然每个资源的利用没有达到支配的程度，但是由于其利用的资源之多，因此在规范论意义上，就可以认为其达到支配犯罪的效果或者说对犯罪的实现具有重要作用，即这种利用效果聚合在一起就促使规范评价得出支配效果的结论。可见，在组织支配的情形下，哪怕直接实行人没有陷入错误或者强制状态并能够清醒认识、自由决定自己的行为，也可以因为幕后者与直接实行人在社会评价中的特殊地位不同，而认为下令者支配了不法构成要件的实现。换言之，真实层面的行为支配性并不是规范评价的充分必要条件。

第三节　间接正犯化实行着手的认定

间接正犯作为实质化的正犯面临着实行着手难以认定的问题。间接正犯在存在论意义上不完全是自己亲自实行犯罪行为，因而哪部分行为才能作为实行着手在学界产生了很大分歧。从本质上说，这与是否认识到间接正犯的本质和是否有规范论的视角有关。截至目前，大部分学者并没有完全意识到这一问题，更没有达成共识。另外，实行着手和实行行为是紧密相关的，但是当前研究间接正犯实行着手时往往忽视了对间接正犯实行行为的探讨，间接正犯的实行行为问题从来都是从间接正犯实行着手的时间这一角度展开讨论的。① 这对于阐明间接正犯实行着手来说是一种缺陷。最后，未遂犯的处罚依据本身存在诸多理论分歧，这也直接影响到间接正犯实行着手究竟如何判断的问题。有鉴于此，本节尝试着弥补当前研究的不足，为间接正犯实行着手的合理认定提供一个方法论的指导。

一　当前间接正犯实行着手的学说及其焦点

（一）间接正犯实行着手的基本观点梳理

1. 利用者说

利用者说认为，利用者开始实施利用行为时就是着手。需要强调的是，在该理论下，作为间接正犯之实行着手的利用行为仅仅指利用者在存在论意义上实施的行为，即诱致行为，而不包括被利用者的行为。坚持利用者说的理由因各个学者所持的实行着手学说不同而有所不同。

持形式客观说的学者认为，只要行为人实施了一部分符合构成要件的行为便是实行行为的着手，而间接正犯的利用行为是符合构成要件的实行行为，因此利用者开始实施利用行为便是实行行为的着手。②

持实质行为客观说的学者认为：第一，对实行行为应着眼于利用者的行为，并进行规范主义的理解。第二，坚持利用者说有利于保持实行意思与实行行为间的一致性，防止二者间的脱离，避免出现在利用者的行为终了后还将他人的行为认定为着手的情况。其原

---

① 转引自何荣功《实行行为研究》，武汉大学出版社2007年版，第123页。
② 转引自张明楷《未遂犯论》，法律出版社1997年版，第95页。

因在于，行为人的实行行为应该仅限于正犯者自身所实施的行为，而其他人的行为应当被排除在外。第三，虽然被利用者的行为可以看成是利用者的实行行为因果流的自然发展的结果，但是间接正犯情形中的被利用者的行为并不能征表行为人的人格，因而其并不属于刑法意义上的实行行为。第四，利用行为也可以表现出行为人实施某种犯罪的现实危险性，因此可以将其认定为实行着手。[1]

持实质结果客观说的学者指出，在行为人客观上切断了自己对事物经过的支配、将其依赖或者委托于自然经过时，发生结果就基本上是确定的，其放置不顾的行为本身就具有侵害法益的具体危险性。[2] 虽然该说主张被利用者之行为是利用行为的延长线，但是由于其认为被利用者的行为通常都会发生，因而利用行为本身具有导致结果发生的确实性，所以利用行为才是间接正犯的实行着手。持折中说的学者提出的理由，有的与上述实质结果客观说的基本理由一致，有的与上述实质行为客观说的第一点理由基本上一致。

2. 被利用者说

被利用者说的观点是，被利用者开始实施犯罪行为时是实行行为的着手。如平野龙一教授指出，被利用者的行为只不过是正犯实施的行为因果关系发展过程的一部分，而在刑法理论中处罚未遂犯的原因在于未遂行为也具有发生特定危害的具体危险，但仅有利用者的利用行为并不会带来具体的危险，因而只有当被利用者开始实施其行为并具有导致结果发生的具体危险时，才应当被认定为间接正犯的着手。[3] 西田典之教授进一步指出：在行为人实施具体的犯罪行为开始到最终结果发生的过程中，结果发生的危险一直处于一种阶段性的增长之中，实行着手这一概念所对应的正是具体危险开始发生并具有未遂犯处罚可能性阶段的用语。[4] 我国张明楷教授也认

---

[1] 转引自张明楷《未遂犯论》，法律出版社1997年版，第94—95页。
[2] 转引自张明楷《未遂犯论》，法律出版社1997年版，第96页。
[3] 转引自张明楷《未遂犯论》，法律出版社1997年版，第99页。
[4] 转引自张明楷《未遂犯论》，法律出版社1997年版，第100页。

为，由于只有当被利用者开始实施行为才开始产生现实、紧迫的危险，因而采用被利用者说来认定间接正犯的实行着手更为合理。①

3. 个别化说

持个别化说学者的基本立场是，考虑到不同情形中被利用行为与利用行为二者间关系的特殊性，在有的情况下以利用者开始实施诱致行为时为着手，在另一些情况下以被利用者开始实施犯罪行为时为着手。例如，德国威尔泽尔认为，通常情况下以利用者开始实施利用行为时为着手，而当行为人利用有故意的工具的间接正犯场合便是例外情形，在这种情形中，我们应当将行为着手延后至利用者开始实施犯罪行为时。而日本学者西原春夫则认为，间接正犯的着手原则上是以被利用者开始实施其行为时为时间节点，只有从时间上来看利用者的利用行为与被利用者的行为紧密相连、并且被利用者近乎肯定将会实施其行为时，利用行为的开始才可以被认定为着手。②

我国不少学者的观点在本质上也属于折中说。例如，周光权教授认为："由于间接正犯是利用者把被利用者的行为当作工具加以支配，被利用者没有单独的实行行为，其行为就是利用者的行为，利用者以被利用者作为媒介指向法益，所以当利用者开始实施产生损害法益的现实危险的行为（利用者行为说），便是间接正犯的着手。当然，在极其特殊情况下，由于被利用者的原因致使具体危险不可能发生时，即使利用者的行为事实完毕也不是着手，而只成立犯罪预备。"③ 朴宗根博士认为，间接正犯的实行着手应该分为两种类型："第一种是间接正犯的利用行为直接导致了被侵害法益的危险性的情况下的实行着手；第二种是利用行为已经完成，至于犯罪的实现与否完全依赖于被利用者的情况下的实行着手。"④

---

① 张明楷：《刑法学》，法律出版社2016年版，第343页。
② 转引自张明楷《未遂犯论》，法律出版社1997年版，第106页。
③ 周光权：《刑法总论》，中国人民大学出版社2016年版，第276页。
④ 朴宗根：《正犯论》，法律出版社2009年版，第150页。

（二）间接正犯实行着手学说凸显的焦点

间接正犯实行着手的不同观点，凸显了以下几个核心问题。

1. 间接正犯的实行行为能否包括被利用者的行为

利用者说认为，只有存在论意义上的利用行为才可能是间接正犯的实行着手，而被利用者的行为不是由利用者实施的，因而不可能属于间接正犯的实行着手。被利用者说认为被利用者的行为才是间接正犯的实行着手，个别化说认为利用者的行为和被利用者的行为都有可能是间接正犯的实行着手。以上分歧在本质上表现为这样一个问题：行为是否必须由行为人在存在论意义上亲自、直接实施。利用者说得出肯定结论，因此批评被利用者说和个别化说存在以下问题：（1）导致利用者的实行意思与实行行为分离。例如，大塚仁教授指出，实行意思存在于利用者，但他却没有实行行为；而实行行为存在于被利用者，但他却没有实行意思，这不合适。（2）导致处罚对象与实行着手分离。例如有学者指出，持被利用者说的学者既将利用者的利用行为作为处罚对象，同时又指出被利用者实施导致结果发生的行为才是利用者的着手，这存在自相矛盾。（3）导致实行行为与身体动静的分离。例如有学者认为，离开身体动作的判断因为没有可操作性标准，会导致实行的着手失去统一性。这一批评的前提正是认为实行行为必须是利用者亲自、直接实施。（4）导致着手标准不统一。例如有学者指出，个别化说认为间接正犯的实行着手存在利用者的诱致行为和被利用者的行为两个判断对象，缺乏一个统一的标准。[①]

2. 间接正犯的实行行为是否一定是实行着手

间接正犯实行着手产生分歧的第二个原因还在于学者们对于实行行为是否一定是实行着手存在不同看法。有学者认为间接正犯的实行行为和实行着手存在着明显的对应关系，实行行为和实行着手

---

① 转引自张明楷《未遂犯论》，法律出版社1997年版，第101、108页；朴宗根《正犯论》，法律出版社2009年版，第148页。

在概念上具有高度的统一性：一般主张间接正犯的实行行为是利用者实施了（存在论意义上的）利用行为的，就会认为利用者的诱致行为就是间接正犯的实行着手；一般主张间接正犯的实行行为是被利用者实施的犯罪行为的，就会认为间接正犯的实行着手是被利用者实施的身体动静行为；而一般主张间接正犯的实行行为是由利用者的诱致行为和被利用者的实行行为的，就会主张间接正犯的实行着手应该分别考察。①

虽然上述论断未必完全正确，但是实行着手与实行行为的关系的确会影响到实行着手的认定。根据利用者说的立场（被利用者的行为不能视为利用者的行为），基本可以推定利用者的利用行为是实行行为也是实行着手，二者具有重合和对应关系。正因如此有个别学者指出，只要行为人实施了一部分符合构成要件的行为便是实行行为的着手；间接正犯的利用行为是符合构成要件的实行行为，所以利用者开始实施一部分利用行为便是实行行为的着手。② 即开始有实行行为存在时一定是实行着手。但根据被利用者说的立场，只能推出其认为被利用者的行为是实行着手，也是实行行为，利用者的利用行为是否为实行行为则不明确。如果被利用者说认为利用者的利用行为也是实行行为，那么可以判定其认为有实行行为不一定实行着手。由此可见，就不存在上述学者所言的绝对对应关系。不过可以肯定的是，实行行为和实行着手的关系会影响到实行着手的认定。例如，如果在承认间接正犯的实行行为包括利用行为和被利用者的行为的前提下，坚持实行行为可以不是实行着手的观点，就可能支持被利用者说，坚持有实行行为一定是实行着手的立场，就一定会支持利用者说。

3. 哪部分行为最早具有法益侵害的现实危险性

间接正犯实行着手产生分歧还有一个重要原因在于学者们对哪

---

① ［日］大塚仁：《犯罪论的基本问题》，冯军译，中国政法大学出版社1993年版，第87页；何荣功：《实行行为研究》，武汉大学出版社2007年版，第123页。

② 转引自张明楷《未遂犯论》，法律出版社1997年版，第95页。

部分行为开始产生具体、紧迫危险的认定不同。例如，上述支持利用者学说的学者（有的以主观说为理论依据，有的以形式客观说为理论依据，有的以实质行为客观说为依据，有的以实质结果客观说为理论依据，有的以折中说为依据）认为利用者开始实施利用行为是就产生了法益侵害的具体、紧迫危险。但是被利用者说却认为只有当被利用者开始实施行为才开始产生现实、紧迫的危险。个别化说则根据具体情形得出不同的结论。

二 间接正犯实行着手认定的思路及其标准

（一）准确认识间接正犯实行行为的内容

间接正犯的实行行为在理论上存在三种不同观点：第一，利用者的诱致行为，即利用者将被利用者朝着犯罪实现的方向加以利用的行为；第二，被利用者的身体动静行为，即被利用者现实的进行犯罪活动的行为；第三，利用者的诱致行为和被利用者的身体动静相结合形成的整体行为。本书认为，间接正犯的实行行为是支配刑法分则规定的不法构成要件实现的行为，即应该包括诱致行为和被利用者的身体动静行为。理由在于：

其一，间接正犯的实行行为首先必须是间接正犯实施的行为，且能作为实行行为的行为须是表明支配他人的行为，而这就意味着包括利用者的诱致行为。虽然在能够肯定构成要件符合性的场合并非一定要行为人亲自直接实行，但是如要将他人直接实行的行为在规范上评价为自己实行的行为，那么就必须存有表明行为人支配他人行为的事实。正如山口厚教授所言，"要肯定引起构成要件结果的正犯性，就必须要对引起构成要件结果起了支配作用，严格地说，就必须能说成是支配了引起构成要件结果的原因。"[①] 这意味着，利用者的诱致行为必须作为间接正犯之实行行为的内容。事实上，间

---

① ［日］山口厚：《刑法总论》，付立庆译，中国人民大学出版社2011年版，第67页。

接正犯和直接正犯在本质上并无差别,"直接正犯和间接正犯的差异不过是肯定了(正犯的)该当性事例中的事实上的区别而已"[1]。直接正犯的实行行为,其实也是包括了表明行为人支配构成要件的行为,只不过直接正犯是通过身体支配,因而支配的行为和身体动静几乎合为一体。而间接正犯的诱致行为就是支配行为的具体内容之一。因此,只将被利用者的身体动静作为间接正犯实行行为的观点不妥。

其二,间接正犯的实行行为必须是符合刑法分则规定的行为,这意味着间接正犯的实行行为必须包括被利用者实行的构成要件行为。既然间接正犯也是正犯,那么其行为必定是符合基本构成要件的。而符合基本构成要件的行为就是刑法分则规定的实行行为。能够直接表明行为人实现了刑法分则规定的构成要件的事实,除了行为人的利用行为(就存在论意义而言,也即诱致行为)外,还必须包括被利用者的身体动静,否则实行行为就失去了核心的依据。被利用者的身体动静由于是被利用者亲自直接实行刑法分则规定的构成要件,因而比较容易接受。这也是为什么不少学者偏爱采用第二种观点的原因所在。由此可知,仅仅承认存在论意义上的诱致行为,还无法完全包括或者说正确说明间接正犯的实行行为。不过,大塚仁教授认为,实行行为应该是某犯罪的正犯者自己所实施的行为,他人的行为不能归为正犯者的行为。[2] 换言之,被利用者的身体动静不能作为间接正犯的行为。这种说法存在严重的问题。因为间接正犯,本来就是一种实质化的正犯,即在规范上能够将他人行为作为自己的行为,否则间接正犯之正犯性也就无从谈起。因而第一种观点也不妥当。

其三,割裂、独立地看待利用者的诱致行为和被利用者的身体

---

[1] [日]山口厚:《刑法总论》,付立庆译,中国人民大学出版社2011年版,第67页。

[2] [日]大塚仁:《犯罪论的基本问题》,冯军译,中国政法大学出版社1993年版,第87页。

动静，实则没有认清间接正犯的本质结构，导致从自然主义角度理解实行行为。事实上，间接正犯的本质结构是通过支配他人实现不法构成要件。正因为有支配且被支配的人实行了刑法分则规定的构成要件，才认为行为人在规范上具有构成要件符合性。也就是说，在间接正犯的场合，支配不法构成要件实现的行为就等于符合刑法分则规定的构成要件，也即间接正犯的实行行为。上述第一种观点中的利用者的诱致行为指的是，利用者在存在论意义上的身体动静，而非规范意义上的完整利用行为或者说支配行为，这种不包括被利用者的身体动静的观点犯了自然主义的错误。而第二种观点也仅仅观察到了作为间接正犯实行行为最直观的存在论部分，忽视了正犯的利用行为部分，不能全面说明间接正犯实行行为的内容。因为从间接正犯这一实质化正犯的本质出发，其实行行为必须是由能够说明支配不法构成要件实现的行为事实构成。

（二）正确把握实行行为与实行着手的关系

大家通常认为实行着手是指实行行为的开始[①]。反言之，有了实行行为，则一定已经是实行着手。但是这并不完全正确，而只是通常的情形。事实上，在有些犯罪中实行行为的开始并不意味着具有法益侵害的现实、紧迫危险。[②] 例如，我国刑法规定的诬告陷害罪，虽然捏造犯罪事实的行为是刑法明确规定该罪的部分构成要件行为，但是倘若行为人仅仅只实施捏造犯罪事实的行为，刑法理论通说和司法实践认为还不具备侵害本罪法益的现实、紧迫危险，因而只能认定为犯罪预备，而非实行着手。类似的罪名还有保险诈骗罪、招摇撞骗罪等部分复行为犯。

对此，有学者反驳道：第一，保险诈骗罪中制造事故的行为只是客观存在的事实，不具有虚构事实、隐瞒真相的欺诈性质，因而这种客观存在的事实行为并不是本罪的一部分，唯有当行为人开始

[①] 张明楷：《未遂犯论》，法律出版社1997年版，第74页。
[②] 何荣功：《实行行为研究》，武汉大学出版社2007年版，第252页。

向保险公司索赔时,方能认定为实行的着手;同理,由于诬告陷害罪的法益是受害人的人身权利,而捏造事实的行为并不具有侵犯该法益的可能,不具有独立可罚性,因而不是本罪的实行行为,唯有当行为人实施告发行为时,才可能对本罪的法益产生现实紧迫的危险,也即告发行为才是实行着手。① 第二,我国刑法分则规定的构成要件行为本身就意味着具有危险性,无须在判断实行着手时又去具体把握行为对所保护的法益是否具有危险性。②

笔者认为,上述两点意见均值得商榷:首先,否认制造事故行为不是刑法分则规定的构成要件行为,明显违背法律的明确规定。刑法分则明确规定了保险诈骗罪的构成要件包括为了诈骗而实施制造事故的行为,该论者却认为不属于该罪的构成要件行为,实属诡辩。而且,是否是构成要件行为和是否实施了完整的构成要件行为并无关系,只要是刑法分则规定的构成要件,哪怕只实施了一部分也不能否认其构成要件行为的法律性质。另外,制造事故的行为本身属于"客观存在的事实",并不能排斥其仍然可能属于构成要件行为。事实上,无论何种构成要件行为都是一种客观存在的事实。正如有学者所言,不可否认,制造事故的行为确实是一种客观事实,但这种事实仍然在我国刑法分则规定的范畴内,即属于保险诈骗罪的手段行为。③

其次,即使承认上述实施刑法分则规定之构成要件的一部分行为(制造保险事故行为、捏造犯罪事实行为)有危险性,那也可能只是具有与法益侵害比较远的、高度抽象的危险,而不具有现实、紧迫的危险。因为,犯罪的实施过程的不同阶段,其侵害法益的程度是具有明显差别的。

最后,当行为人尚未实施完整的构成要件行为时,需要具体、

---

① 刘士心:《犯罪实行"着手"的判断标准新探》,《天津法学》2010年第2期。
② 陈家林:《论实行行为的着手:马克昌教授八十华诞祝贺文集》,中国方正出版社2005年版,第543—544页。
③ 何荣功:《实行行为研究》,武汉大学出版社2007年版,第244页。

实质的判断是否具有侵害法益的现实、紧迫的危险。从理论上说，并不是只要实行了刑法分则规定的构成要件就具有侵害该罪的危险，刑法分则至多告诉公民如果实施了完整的构成要件行为，则一定是侵害了本罪所保护的法益，至于没有实施完整的构成要件行为到什么程度之时，才具有侵害本罪法益的危险，则是需要具体的、实质的判断的。某种行为是否符合刑法分则规定的构成要件，除了形式判断之外，本身就还需要考虑实质判断。[1] 而并非如上述论者所言不需要实质判断，否则可能会导致违反规范的保护目的。

可见，有实行行为不一定是实行着手。那么，反过来，实行着手一定是实行行为吗，即它是构成要件行为的某一部分吗？目前无论是刑法理论界和还是司法实务界，似乎都承认实行行为与实行着手分离的情况，即认为实行着手可以不是实行行为（构成要件行为）。[2] 例如，实行着手学说中的形式客观说所称的"与构成要件秘接的行为"[3]，实质客观说所称的"对法益侵害具有现实危险性的行为"（可能并不是构成要件行为）[4]。学界经常举的案例有：基于故意而用枪支杀人的场合，瞄准是着手，但是不是杀人罪之杀人的构成要件行为，只有扣动扳机时才是构成要件行为；入室盗窃开始物色财物为着手，但是不是盗窃罪之窃取的构成要件行为，只有当手伸向财物之时才是构成要件行为。

由此需要思考的是：其一，惩罚不符合构成要件的行为是否违背罪刑法定原则？换言之，惩罚未遂犯时可以没有刑法规定的构成要件行为？其二，上述被认定为着手的行为能否直接视为实行行为（构成要件行为）？

---

[1]　周光权：《刑法总论》，中国人民大学出版社 2016 年版，第 105 页。

[2]　张明楷教授在其最新论著中，明确赞成实行行为可以与实行着手分离，实行着手可以前置于实行行为（构成要件行为）。参见张明楷《刑法学》，法律出版社 2016 年版，第 340 页。

[3]　转引自张明楷《未遂犯论》，法律出版社 1997 年版，第 56 页。

[4]　转引自朴宗根《正犯论》，法律出版社 2009 年版，第 140 页。

笔者倾向于将上述着手行为认定为构成要件行为，从而维持实行着手一定是构成要件行为（实行行为）的结论。换言之，将这种大家认为是前构成要件行为，或与构成要件具有紧密关系的行为直接纳入到了构成要件行为的范畴。由此，不会出现未遂犯完全没有构成要件行为的问题。将这种对法益具有现实、紧迫危险的行为，直接认定为构成要件行为，符合构成要件之规范理解的要求，可以实现实质与形式的统一。换言之，杀人罪、盗窃罪的构成要件行为，并不是只有杀人的那一刻才叫杀人行为，或者说并不是伸手拿东西的那一瞬间才叫窃取行为。杀人罪的实行行为可以包括瞄枪的行为，或者盗窃罪的实行行为可以包括物色东西的行为，只要其行为对刑法已经规定的法益侵害具有现实、紧迫的危险即可。由此可以得出的结论是，实行着手的行为一定是实行行为（构成要件行为），但是实行着手的行为可能不是实行行为的开始，而是实行行为的中间阶段或者更后面的阶段。具体到间接正犯，由于其实行行为包括了利用者诱致行为和被利用者的身体动静，那么其实行着手只可能是这个完整行为中的一部分。而且，不能因为诱致行为属于实行行为（构成要件行为）的一部分，就直接认为其行为是实行着手。因为实行行为不一定是实行着手。

（三）合理选择实行着手认定的一般理论

实行着手，是一个划定未遂与只不过在例外情况下才成为处罚对象的预备之间的界限的概念。[①] 但是，究竟如何判断实行着手是一个非常棘手、并不容易的事情。这个问题在刑法理论和司法实践中一直存在很大的争议。间接正犯的实行着手只是实行着手的一种具体类型，因此，除准确认识间接正犯实行行为的内容和实行行为与实行着手的关系外，仍然需回归到着手认定的关键问题，即如何判断行为最早具有紧迫、具体的危险。刑法理论界关于实行着手的理

---

① 转引自朴宗根《正犯论》，法律出版社2009年版，第139页。我国立法虽然在原则上处罚预备犯，但是司法实践中也只是例外情况下才处罚。

论主要有主观说、客观说和综合说。

1. 主观说及其缺陷

主观说乃系新派之主要观点，属于主观主义刑法理论。持该说的学者主张，犯罪是犯罪人危险性格的发现，危险性格是犯罪人承担刑事责任的唯一基础，而行为只具有彰显行为人危险性格的作用；因此，在认定行为人是否实行着手时，不能只根据客观方面，而应兼顾主观方面来考察，也即只有当犯罪人的意思危险表现于外部时就是实行的着手。① 现在理论界几乎不支持主观说，这主要源于该说存在"理论有破绽""判断标准不明确""着手时期过于提前""理论根基错误"四个重要的缺陷。② 对此笔者也表示赞同。简述如下。

第一，理论有破绽。这主要是指责主观说在理论上偏离自身立场的问题。为什么这么说呢？一方面，主观说主张犯罪人犯意是着手的认定依据；另一方面，在具体实践中又必须借助犯罪人之行为判断是否存在犯意。这便与主观主义不协调，偏离了主观说的本意。③ 正如有学者所言：主观说实际上是暗自从客观方面寻求着手的认定。④

第二，判断标准不明确。这主要体现在两方面：一方面主观说所主张的所谓"犯意的飞跃的表动"，非常缺乏明确性，有损法之安

---

① 张明楷：《未遂犯论》，法律出版社1997年版，第50—55页。
② 张明楷教授在其早期著作中总结了主观说的四个缺陷，后来我国学者文献中几乎完全重述了其观点。例如何荣功教授在其专著中的论述基本与其一致。参见张明楷《未遂犯论》，法律出版社1997年版，第52—54页；何荣功《实行行为研究》，武汉大学出版社2007年版，第220—221页。
③ 张明楷：《未遂犯论》，法律出版社1997年版，第52页；何荣功：《实行行为研究》，武汉大学出版社2007年版，第220页。
④ [日]小野清一郎：《犯罪构成要件理论》，王泰译，中国人民公安大学出版社2004年版，第127页；转引自张明楷《未遂犯论》，法律出版社1997年版，第52页。

定性①；另一方面主观说主张根据主观意思认定着手，而预备行为同样可以说是犯意的表现，因此容易导致预备行为和实行行为混同。②

第三，着手时期过于提前。这在根本上源于新派所坚持的社会防卫的观点。在主观说的指导下，预备行为往往也会被视为危险主观意思的表现，进而将其认定为实行着手。例如，为了侵入室内盗窃而将玻璃打破的行为，由于犯意明显表现于外部，因而认定为实行着手，显然不当地扩大了实行行为的范围。③

第四，理论根基错误。理论根基指的是，主观说所依赖的主观主义刑法理论。该理论主张不容易确定的犯罪人的危险性格是刑罚的处罚对象。这不免会造成打击面泛化、侵犯人权、违背法治国基本原则的问题。正因如此，自20世纪中期以来将人身危险性作为刑事责任基础的主观主义已经退出历史的舞台。④

2. 客观说及其问题

客观说，与主观说截然相反，其主张从客观方面来把握着手。该说又具体分为两种不同的学说：形式客观说和实质客观说。

形式客观说。该说认为，如果行为人实施了一部分构成要件行为，则为实行着手。⑤ 形式客观说内部也存在一些细微的差别。例如，有学者认为，为了避免不当限缩处罚范围，行为人实施了与构成要件行为具有"密切联系的行为"也应认定为着手。⑥ 日本其他

---

① ［日］团腾重光：《刑法纲要总论》，转引自张明楷《未遂犯论》，法律出版社1997年版，第52页。

② ［韩］李在详：《韩国刑法总论》，［韩］韩相敦译，中国人民大学出版社2005年版，第319页。

③ ［日］平野龙一：《刑法总论Ⅱ》，转引自张明楷《未遂犯论》，法律出版社1997年版，第53页；［日］西原春夫：《刑法总论Ⅱ》，转引自张明楷《未遂犯论》，法律出版社1997年版，第53页。

④ 劳东燕：《刑法中客观主义与主观主义之争的初步考察》，《南京师范大学学报》（社会科学版）2013年第1期。

⑤ 张明楷：《未遂犯论》，法律出版社1997年版，第55页。

⑥ 转引自张明楷《未遂犯论》，法律出版社1997年版，第56页。

很多学者也提出了类似看法。例如"秘接行为说"[①] "直前行为说"[②]。

形式客观说主张从客观行为方面着手，其强调罪刑法定原则的初衷值得肯定，尤其是摆脱了主观主义的影响。但是，形式客观说自身仍然存在很多问题。归纳起来，主要有以下几个方面的缺陷：

其一，形式客观说并未进一步说明如何判断符合构成要件的行为。实行着手，意味着实行行为的开始，而实行行为是符合构成要件的行为，那么只有符合构成要件的行为，才能认定为着手。但是，对于什么行为是符合构成要件的行为？形式客观说认为，符合构成要件的行为才是符合构成要件的行为。对此，刑法理论界一般认为，在此意义上，形式客观说并没有回答什么是着手。[③] 换言之，形式客观说没有进一步给出判断构成要件行为的具体标准，从而犯了循环论证、语义反复的错误。

其二，形式客观说所坚持的构成要件行为标准存在不明确的问题。例如，有学者举例指出，在行为人掏枪射击被害人的情形中，究竟在哪一阶段行为人实施了刑法规定的杀人罪的一部分行为，是很难确定的。据此，该说无法区分预备与未遂。[④] 而且，形式客观说还主张所谓的"整体行为""密接行为""直前行为"更是相当不明确，难以确定。[⑤] 这实际上仍然是在指责形式客观说没有给出判断构成要件行为的具体标准，尤其是没有给出实质的标准。

其三，如果坚持严格意义上的形式客观说，则容易造成着手的认定过迟。按照严格意义上的形式客观说，必须等到行为人直接实行刑法分则规定的具体构成要件行为才能认定为实行着手。比如，

[①] ［日］泷川幸辰：《犯罪论序说》，王泰译，载高铭暄、赵秉志《刑法论丛》，法律出版社1999年版，第410页。
[②] 转引自张明楷《未遂犯论》，法律出版社1997年版，第56页。
[③] 张明楷：《未遂犯论》，法律出版社1997年版，第58页。
[④] 转引自张明楷《未遂犯论》，法律出版社1997年版，第58页。
[⑤] 转引自张明楷《未遂犯论》，法律出版社1997年版，第59页。

只将扣动扳机的行为认定为杀人罪的实行着手,而否定瞄准行为的着手性质;只将伸向财物的行为认定为盗窃罪的实行着手,而排除接近或者物色财物的行为,则不免造成未遂范围不当缩小。① 后来形式客观说意识到了这个问题,才出现了修正的形式客观说,即将所谓"整体行为""密接行为""直前行为"也认定为着手。

其四,如果坚持修正的形式客观说,意味着明确承认实行着手可以不是构成要件行为,这存在违背罪刑法定原则的问题。虽然修正的形式客观说,坦然承认实行着手可以不是构成要件行为(实行行为),可以满足处罚的现实要求,但是如上文所言,这必然导致实行着手的处罚缺乏法律规定的质疑。

实质客观说,主张从实质上把握实行着手的客观方面。这里所谓的实质具体指,行为对法益侵害的客观危险。当然,对于什么是危险,行为无价值论和结果无价值论也存在不同的看法。主要有两种危险概念:一个是作为行为属性的危险,即行为本身造成构成要件结果的可能性;另一个是行为所造成的危险状态,被称为"作为结果的危险"。② 据此,出现了两种不同的实行着手学说。实质的行为客观说主张,只要行为人实施了具有实现构成要件结果的危险行为,即可认定为着手。③ 该说强调行为无价值的重要性,主张未遂犯的处罚根据应该从行为违反规范的角度把握,因此主张只要行为具有抽象的一般性危险即可作为未遂犯处罚。④ 而实质的结果客观说则坚持当行为具备侵害法益的具体危险时才能视为实行的着手。该说重视的是结果无价值论,主张未遂犯是具体的危险犯,因此行为只是具有发生结果的危险的一般属性时,还缺乏处罚的根据,只有发生了侵害法益的具体的或者一定程度的这种结果时,才能作为未遂

---

① 转引自张明楷《未遂犯论》,法律出版社1997年版,第59页。
② 张明楷:《未遂犯论》,法律出版社1997年版,第60页。
③ 转引自张明楷《未遂犯论》,法律出版社1997年版,第60页。
④ 张明楷:《未遂犯论》,法律出版社1997年版,第60—61页。

犯予以处罚。①

实质客观说，主张从客观方面和实质方面考察着手具有非常大的进步意义。而且这也是判断着手必须继续坚持的内容。但是，实质客观说仍然存在一些不足之处。笔者认为，实质客观说的主要问题在于标准不明确。这表现在两方面：一方面，如果坚持严格的客观说，不承认主观要素对危险的影响，那么很难正确判定行为人的行为是否具有现实的危险。②正如有学者所言，倘若完全抛弃行为人的目的、行为人实施犯罪的手段、方式等，则很难准确识别行为人所实施的行为是否是构成要件的行为，很难判定行为人所实施的行为是否具有侵害法益的现实危险性。③另一方面，如果没有形式判断的限定（构成要件符合性），完全依靠实质判断很可能造成不符合构成要件行为的也受刑法处罚。

在此，涉及一个非常重要的问题，即究竟如何理解形式与实质的关系。可以说，这个问题直接决定了实质客观说是否存在标准不明和违背罪刑法定原则的缺陷。针对这个批评，大多数学者并没有明确作出回应。④不过，还是有个别学者在支持实质客观说时反驳道：实质客观说既不违背罪刑法定原则也不排斥形式客观说。形式客观说和实质客观说并非对立的概念，而是如同形式与实质之关系，本应属于对应的范畴。具体而言，实质客观说只是在形式客观说所提供的实质判断的框架内对形式客观说进一步的具体化、明确化、

---

① 转引自张明楷《未遂犯论》，法律出版社1997年版，第61—62页。
② 罗世龙：《机能行为无价值论之提倡——兼评结果无价值论与行为无价值论》，载陈兴良《刑事法评论》，北京大学出版社2017年版，第36—37页。
③ 转引自张明楷《未遂犯论》，法律出版社1997年版，第62页。
④ 例如张明楷教授在其早期著作《未遂犯研究》中明确承认实质客观说可能造成"本来不符合构成要件的行为，由于没有形式判断的限定，也可能被认为有发生侵害法益的具体危险或迫切危险"。但是，在其最新教科书中说，张明楷明确赞成实质客观说中结果危险说，而且没有对之前自己提出的批评作出回应。参见张明楷《未遂犯论》，法律出版社1997年版，第62—63页；张明楷《刑法学》，法律出版社2016年版，第342页。

深入化。换言之,实质客观说亦是形式客观说的判断标准。据此,实质客观说在认定着手时,也坚持了形式客观说,并对其进行了实质解释。①

笔者认为,上述观点并不完全妥当。该论者认为实质客观说是形式客观说的进一步深入化、明确化、具体化的基本观点是正确的,例如,形式上符合构成要件行为还不一定具有法益侵害的现实、紧迫危险。但是,仅依据实质说能否完成构成要件行为符合性的判断却是存在疑问的,也即具有法益侵害危险的行为一定能够满足形式的要求?这就需要思考,形式客观说和实质客观说的标准是否具有各自独立的内容,换言之,形式客观说能够完全被实质客观说的内容具体化吗?

答案是否定的。因为形式客观说所言的符合构成要件行为,包括特定的行为方式和主观要素等内容,当然,在实质上说,也包括了法益侵害的内容。而实质客观说仅仅包括的是对法益侵害的现实、紧迫危险,不能包括行为之具体方式如何、主观要素为何等特定内容。这意味着,对于是否符合构成要件的明确规定,实质客观说本身是无法独自完成形式客观说之具体化、明确化任务的。倘若实质客观说也是考虑形式客观说所有内容,那么其已经不是实质客观说而是综合说的主张,这种综合说同时兼具形式客观说和实质客观说的部分主张。

概言之,实质客观说和形式客观说其实是无法完全一一对应的,二者并不是角度的不同,而是存在内容上的差别。上述论者对二者关系抽象的论述看似完美无瑕,实质是对二者的内容与关系没有充分正确的认识。由此可知,实质客观说虽然对判断行为是否具有现实、紧迫危险作出了贡献,但其自身却无法解决罪刑法定原则的问题。当然,面对刑法领域中的很多问题,实质判断和形式判断确实可以实现完美的统一,例如不定式犯罪的构成要件判断、共同犯罪

---

① 何荣功:《实行行为研究》,武汉大学出版社 2007 年版,第 251 页。

中的实质正犯判断等。但是，即使如此，也需要注意审视实质和形式各自的内容，而不是只要有形式与实质之称的命题就直接进行对应。例如，间接正犯的情形是否符合基本构成要件，如果根据具有等价特性的行为支配说这一实质标准进行认定，则基本就同时完成了形式上是否符合构成要件规定的任务。

学界还因为危险是一种有程度或者幅度的概念而批评其不合理。例如，有学者指出，从较小可能侵害法益的危害行为到具有很大侵害法益可能性的犯罪行为，有一个法益侵害程度区分问题，未遂犯作为具体的危险犯，那么什么样的行为才具有侵害法益的具体危险，或者说什么行为才符合实质客观说所提出的各项实质标准，则是一个判断起来很困难的问题。[1] 笔者认为，这种批评不具有合理性。作为规范论性质的法学，并不能对其提出自然科学所要求的精确标准要求。事实上，实质化、规范化必然意味着具有一定的抽象性、程度性或者说争议性，但是这并不等于它不合理。否则，刑法中的绝大部分理论都将是一个问题。正如有学者指出的，不可否认的是，"侵害法益危险紧急、紧迫"的概念，不是非常具体的，还需要司法人员的进一步规范评价将其具体化。但是这并不意味着因为实行行为本身存在这种缺陷就不应当作出这样的要求，因为刑法中存在诸多规范要素，这些规范要素都需要司法人员的规范评价。[2]

3. 折中说及其评价

在支持折中说的学者看来，应当同时从主观和客观两个方面来判断行为是否着手，其主张从行为人的整体犯罪计划来进行判断，当侵害法益的危险性迫切时，就是实行行为着手。在学说上又分为所谓的主观的折中说和客观的折中说。

按照主观的折中说之观点，行为人的"整体计划"是判断的基础，当行为人明确将犯罪意思表现于外并直接威胁构成要件所保护

---

[1] 转引自张明楷《未遂犯论》，法律出版社1997年版，第62页。
[2] 参见何荣功《实行行为研究》，武汉大学出版社2007年版，第251页。

的法益时，便是实行的着手。木村龟二教授认为，该说与主观说有明显区别：主观说以行为人的犯罪意思所认识的事实为前提，仅根据行为人的见解认为实施了构成要件行为的场合就是着手；而主观折中说，虽是以行为人的犯罪意思所认识的事实为前提，但不是根据行为人见解，而是采取客观标准判断，行为人在客观上实施了具有直接侵害法益的危险行为，才是实行的着手。[1] 这种观点除了表达二者在判断资料上有不同之外，似乎还表明判断的标准有所不同，只不过该论者似乎只指出了主观说是行为人标准，而尚未直接明确指出主观折中说采取的是什么标准。西原春夫教授认为该说与主观说的差别在于：主观说中的外部行为仅仅作为能否确定犯意或者能够作为认定犯意表动材料的意义；而主观折中说中的外部行为既是犯罪意思的征表，又在某种程度上作为客观危险把握。[2]

客观折中说认为，犯罪行为包括主观和客观两个方面，其作为一个统一体，我们应该是从主观和客观方面分别判定行为的危险性，从而认定行为着手的时间节点。例如支持该说的福田平教授认为，在故意犯罪的场合，行为人在实现某一特定犯罪构成要件的主观犯意的支配下，实施了一部分符合构成要件的行为便是实行的着手。[3] 庄子邦雄教授也提出，为了肯定行为人基于实现犯罪的决意而着手实行，必须考虑其是否实施了符合基本构成要件行为的一部分的行为，而该行为是否又属于与构成要件行为密切联系的意思活动，从而根据具体情况进行常识性的决定，而不应该仅根据客观说或者仅根据主观说来认定实行着手。[4] 可见庄子邦雄似乎同样除了提出判断资料包括主观和客观的问题，还表明了判断标准的不同，即根据常识性的决定。

折中说招致的批评主要有：其一，该说会导致一般人认为通常

---

[1] 转引自张明楷《未遂犯论》，法律出版社1997年版，第63页。
[2] 转引自何荣功《实行行为研究》，武汉大学出版社2007年版，第232页。
[3] 转引自张明楷《未遂犯论》，法律出版社1997年版，第64页。
[4] 转引自张明楷《未遂犯论》，法律出版社1997年版，第65页。

并不存在的事情，只要行为人将其纳入犯罪计划而实现该计划时，就被肯定为着手，这扩大了着手的范围。例如，行为人认为白糖有毒，于是以杀人故意将该"有毒的白糖"放入他人咖啡杯中，依据折中说就会认定该行为是杀人行为的着手，显然不合理。其二，犯罪计划成为主观的违法要素并不合理。其三，只有查明、证明了行为人的犯罪计划，才可能认定为着手，这在实践上会带来不方便。其四，折中说存在主观说和实质客观说所具有的缺陷，例如何时具有迫切危险不甚明确。①

第一点批评是有关如何处理判断资料的问题，具体而言涉及判断标准与判断时间的选择。如果主观说将行为人所有的犯罪计划都毫无筛选的作为判断依据，则确实会存在问题。另外，这还涉及对未遂犯的具体理解不同，因而可能并不能直接说该批评毫无道理。

第二点批评是有关在什么范围内可以承认主观违法要素的问题。如果折中说主张考虑一切主观的内容，那么其的确存在问题。因为并非任何主观要素都能作为违法要素对待。

第三点批评并不妥当。不能因为是主观的东西，就认为其不合理，否则刑法中要求定罪考虑主观方面，也即失去了正当性。事实上，主观要素本来就还可以从客观方面来认定。而且，刑事诉讼证明难的问题，不能成为实体理论不合理的依据，二者之间没有必然联系。

第四点批评并不符合实际。事实上，主观说和实质客观说所有缺陷恰恰因为主观和客观的结合而克服。例如，实质客观说不考虑主观要素的弊端，折中说已经不存在。另外，如上文所言，所谓实质客观说的危险程度问题，并不能被作为一个批评靶子。

4. 本书之着手判断的立场

通过对上述几种学说的反思与评价，本书赞成折中说。需要注

---

① 张明楷：《未遂犯论》，法律出版社1997年版，第65—67页；何荣功：《实行行为研究》，武汉大学出版社2007年版，第232—236页。

意的是，笔者赞成折中说，并不是赞成所有其他学者所提出的具体观点。主要是赞成其考虑主观要素和客观要素的方法论，而且在理论上该说可以包括形式客观说和实质客观说的内容。因此与原本的折中说可能在具体内容上有所差异。也可以说本书所赞成的折中说是有学者总结的所谓"综合说"，即着手实行的认定需要进行"综合性"判断，具体而言应当综合实行行为的形式特征和实质内容、主观犯意和客观危险进行具体的判断和认定。[①]

赞成折中说，或者说综合说的理由在于，它主张主观与客观、形式与实质的结合，因而能够克服其他学说的缺陷，比较合理地认定实行的着手。例如，不存在所谓主观主义刑法理论的弊端，不存在不考虑主观要素无法判断法益侵害是否存在或者紧迫的问题，不存在只考虑实质要素而不考虑行为之特定形态所引起的违背罪刑法定原则的质疑等等。当然，支持从主观与客观角度判定实行着手，从根本上说，是因为笔者认为在绝大多数场合，二元行为无价值论具有合理性，而折中说正好兼具了行为无价值与结果无价值论的内容。支持形式与实质的结合，在于二者在一定程度上可以实现功能互补，使得认定的着手行为既符合罪刑法定原则的要求，又具有现实、紧迫的法益侵害危险。即使赞成折中说或者综合说，着手的认定仍然会因为每个学者的基本立场不一样而有所不同。例如，包括哪些具体的主观要素，判断危险的标准与时间的选择等问题。有鉴于此，本书也需要对判断的具体资料、判断的时间与判断的标准表明自己的立场。

一方面，就判断资料而言，必须考虑主观和客观两方面的内容。例如，主观要素包括行为人的特别认知、故意、目的等。而客观要素主要包括特定的行为样态，以及行为造成的客观性危险状态等。但是，将这些作为判断资料的客观要素，并不能被直接用作影响或者决定危险判断的资料。这与后面的判断标准有密切关系，可能会

[①] 刘士心：《犯罪实行"着手"的判断标准新探》，《天津法学》2010年第2期。

经过一个筛选淘汰的规范化过程。例如，主观要素，最终可能只会认定与法益侵害有关的内容。又如，行为人投的白色粉末，究竟是砒霜还是白糖，在判断着手时必须予以明确。但是，是将其作为白糖还是作为砒霜，可能并不能因为行为人的认识而认定为是砒霜，或者也可能并不会因为事后查明的事实而认定为白糖，而应根据一般人的经验法则来判断，从而决定危险性的有无。事实上，这其中又涉及一个事实论与规范论如何处理的问题。在很多场合往往规范论起了决定作用，而个人的实际认识变得并不那么重要。

另一方面，针对判断时间与标准问题，本书认为事前判断（行为时）比较合理，即站在行为人实施某种行为时，以全部查明的事实为判断的事实基础，根据一般人的标准来判断危险的有无。理论上还存在一种对立的观点，主张事后判断，即采用所谓的科学法则将所有相关联的事实都纳入判断范围进行判断。如果按照事后判断的科学准则来判断的话，由于硫磺客观上不可能造成人死亡，所以行为人出于杀害他人的目的而将硫磺投放到被害人的饭菜时，便不能认定行为人的故意杀人罪未遂成立；相反，如果按照事前一般人经验法则，则应当肯定一般人都能感觉到紧迫危险，便可以成立未遂。[1] 由此可见，根据科学法则的事后判断标准，所有没有引起结果的行为都可能被认定为绝对不能，从而所有的未遂犯都可能被认定为不能犯。正因如此，很多学者后来采用修正的客观说。但是，修正客观说存在违背立场和难以判断危险的困境。[2] 作为规范性之强的刑法，危险及其判断不应限制在纯粹自然科学的基础之上，否则就失去了法律本身的意义。

---

[1] 周光权：《刑法总论》，中国人民大学出版社2016年版，第273页。
[2] 罗世龙：《机能行为无价值论之提倡——兼评结果无价值论与行为无价值论》，载陈兴良《刑事法评论》，北京大学出版社2017年版，第34页。

第 五 章

正犯实质化之共同正犯的展开

正犯实质化的基本类型除了间接正犯这种纵向的结构形态之外，还存在一种横向的结构形态，即共同正犯。共同正犯是共同实行的情形被正犯化的结果。虽然单个行为人并没有实施刑法分则规定某罪的全部构成要件，但是最终被实质化评价为符合基本构成要件。因此，共同正犯也是正犯实质化的基本类型之一。

何谓共同正犯？很多国家的立法对共同正犯作出了规定。例如，《德国刑法典》第25条规定："数人共同实行犯罪行为者，均依正犯论处（共同正犯）。"①《日本刑法典》第60条规定："二人以上共同实行犯罪者，皆为正犯者（共同正犯）。"②《韩国刑法典》第30条规定："二人以上共同实行犯罪时，各自按其罪的正犯进行处罚。"③一般认为，我国刑法第25条规定隐含了共同正犯的规定，即"共同犯罪是指两人以上共同故意犯罪"。

学者也对共同正犯作出了界定。有学者的定义与本国立法的表述基本一致。例如，日本的山中敬一认为："共同正犯是两人以上共

---

① 《德国刑法典》，王士帆、王玉全、王效文等译，台湾：元照出版公司2017年版，第21页。

② 《日本刑法典》，陈子平、谢煜伟、黄士轩等译，台湾：元照出版公司2016年版，第53页。

③ 转引自朴宗根《正犯论》，法律出版社2009年版，第194页。

同实行犯罪的情形。"有学者从共同正犯成立的实质根据作出界定。例如,韩国有学者指出,"共同正犯是指二人以上依据共同的犯罪计划,通过在各自的实行阶段分担本质性机能而实施犯罪成立的正犯形态。"① 我国学者则根据我国的立法和犯罪理论作出了中国式的定义。例如,马克昌教授指出,共同正犯指的是二人以上主体基于共同故意实行某一具体犯罪客观要件的行为。② 陈兴良教授则认为,共同正犯是指两人以上共同故意实施犯罪构成客观方面行为的实行犯。③ 陈家林教授在其《共同正犯研究》的专著中提出,"共同正犯是指两人以上共同故意实施刑法分则中的犯罪构成客观方面行为的犯罪形态。"④ 后来,随着德日刑法理论对我国的强势影响,我国学者也作出了类似德日的定义。例如,张明楷教授认为,"共同正犯是指二人以上共同实行犯罪的情况。"⑤ 还有学者认为,"共同正犯是二人以上共同实施犯罪的正犯形态。"⑥

以上定义并没有绝对的对错之分,因为概念的不同与各国的立法、刑法理论以及界定的角度密切相关。而且,语言有一定的抽象性,从概括性的语言中也不能十分明确地知晓学者对共同正犯之成立标准、范围以及具体类型的看法。因此,本章的重点在于探讨共同实行部分行为的情形被正犯化(简称为"共同实行正犯化",也即学界讨论的"部分实行,全部责任")的实质根据和从教义学上进一步明确其成立的条件。虽然现有共同正犯的研究成果非常之丰富,但是这些研究成果争论之多,很多问题尚未达成共识,而且如下文所分析的,不少问题没有得到正确的认识。因此,有必要在正

---

① 参见[韩]金日秀、徐辅鹤《刑法总论》,转引自朴宗根《正犯论》,法律出版社 2009 年版,第 195 页。

② 马克昌:《犯罪通论》,武汉大学出版社 1999 年版,第 525 页。

③ 陈兴良:《论我国刑法中的共同正犯》,《法学研究》1987 年第 4 期。

④ 陈家林:《共同正犯研究》,武汉大学出版社 2004 年版,第 35 页。

⑤ 张明楷:《刑法学》,法律出版社 2016 年版,第 395 页。

⑥ 转引自朴宗根《正犯论》,法律出版社 2009 年版,第 194 页。

犯实质化理论的指导下对现有共同正犯的研究展开反思。

第一节 "部分实行，全部责任"的实质根据

在刑法理论与实践中，倘若数人共同完成刑法分则规定的某种犯罪，则根据共同犯罪的不同情况，行为人可能被评价为共同正犯，也可能被视为帮助犯或教唆犯。从基本构成要件符合性的视角观之，比较特殊的情形是共同正犯。因为每个行为人可能仅亲自、直接实施某罪的部分构成要件行为，甚至没有亲自、直接实施某罪的构成要件行为，最终也被视为符合基本构成要件的正犯。例如，甲、乙两人共谋抢劫，到达现场后甲持刀暴力威胁，乙负责劫取财物。此时，从形式上看，甲、乙任何一方，都没有实施抢劫罪之完整的构成要件。但是，刑法理论和司法实践几乎无一例外地认为，甲、乙都是抢劫罪的正犯。此种现象可概括为"部分实行，全部责任"。

当然，有学者可能会提到，符合共同正犯的构成要件不一定符合基本构成要件，而且根据传统理论，共同正犯被很多学者视为修正的构成要件。对此说法，本书的基本立场是，一方面，共同正犯只是判断构成要件符合性的一个工具、模型，共同正犯与间接正犯、单独直接正犯一样，最终也是落脚于构成要件符合性问题之上的；另一方面，从存在论与规范论视角来看，事实上共同正犯在规范评价上同单独直接正犯一样，也是符合基本构成要件的正犯。具体理由下文将叙之。在此，需要明确和强调的是，"部分实行，全部责任"在实质上不是单纯的共同正犯之实质根据问题，而是一个基本构成要件符合性的问题，与是"共同型"还是"间接型"并无太大关系。它归根结底是要解决正犯性的问题。因此，探讨"部分实行，全部责任"的实质根据也即探讨"部分实行正犯化"或者"共同实行正犯化"的实质根据问题。应该说，"部分实行，全部责任"包

括了存在论与规范论的内容,其中"部分实行"为存在论的内容,"全部责任"为规范论的内容。这是理解其法理内涵最为关键的地方,也是本书着力想澄清的问题之一。

"部分实行,全部责任"在学界长期以来被作为共同正犯的归责原则。但事实上,它并非一种归责原则。因为其仅仅描述了行为人实施部分行为需要负全部责任这样一种归责现象、特征或者说结果,而尚未进一步追问为何"部分实行",需要承担"全部责任"?而且,从法治国家的归责原则来看,只可能是"部分实行,部分责任""全部实行,全部责任",而非"部分实行,全部责任",否则就违背了个人责任原则。换言之,所谓"部分实行,全部责任"的归责原则实质上应该转换为,在规范论意义上的"部分实行"="全部实行"="全部责任"。由此可见,关键问题仍然是,为什么行为人在存在论意义上只实施部分行为,却在规范论意义上能够被评价为全部实行?也即部分实行在共同犯罪中达到什么样的效果方能将全部行为和结果归属于行为人?

针对这一问题的回答,当前学界至少已经存在十余种理论学说。例如,出现了共同惹起说、团体责任说、共同意思主体说、犯罪共同说、行为共同说、相互成立间接正犯说、功能支配说、三机能结合说、正犯性与共犯性结合说、相互教唆说等纷繁复杂的学说。然而,正如下文所指出的,这些理由存在很多问题。这不仅导致了"部分实行,全部责任"的实质根据没有得到正确、充分的认识,而且造成了"黑暗之章"更加"黑暗"的困境。事实上,不仅说理内容至关重要,而且说理逻辑、说理思路和说理视角也直接决定了答案的准确性、针对性与有理性。在某种意义上,对现有学说进行梳理、反思,以及规范的解读与引导是共同犯罪理论研究的当务之急。

有鉴于此,本节将从以下三个方面展开:首先对当前"部分实行,全部责任"的实质根据进行一个归纳与梳理,便于识别各种理论学说的本质。然后对"部分实行,全部责任"的实质根据进行整体性与具体性的反思，揭示当前研究存在的问题。最后，提炼出确立"部分实行，全部责任"之实质根据的基本要求，据此选择或确立"部分实行，全部责任"的实质根据，并对其进行规范的解读。

一 "部分实行，全部责任"实质根据的梳理

（一）以因果关系为视角的理论

在共犯处罚依据中，责任共犯论和不法共犯论主要是针对狭义共犯（教唆犯、帮助犯）的学说，而因果共犯论则可以在理论和逻辑上包括共同正犯之情形，因此不少学者主张从因果关系角度寻找"部分实行，全部责任"的实质根据。根据因果共犯论，处罚共犯的原因在于，共犯通过正犯的行为因果地引起了侵害法益的危害后果或者导致了构成要件的该当事实的发生。[1] 因果共犯论内部存在纯粹引起说、修正引起说和折中引起说。鉴于这些学说的争论主要在于对狭义共犯成立的影响，因而本书不作赘述。本书仅对根据因果关系论述共同正犯处罚依据的观点加以介绍。

日本学者中胜义认为，共同正犯的处罚根据在于在共犯之间通过相互实行行为共同地导致危害结果的发生。[2] 平野龙一指出，共同正犯的处罚依据在于，共犯者通过实施自己的实行行为，同时也起到了教唆或者帮助其他共犯者的作用，从而对于该结果而言，凡因果关系所及之范围，皆应适用"部分实行，全部责任"。[3] 山口厚教授认为，根据因果共犯论（在指向法益保护的刑法体系中）明确了共犯所固有的犯罪性，因而是妥当的；根据这样的理解，单独犯是法益侵害的直接引起类，共同正犯是法益侵害的共同引起类，而教

---

[1] 陈家林：《共同正犯研究》，武汉大学出版社2004年版，第47页。

[2] ［日］中胜义：《讲述犯罪总论》，转引自陈家林《共同正犯研究》，武汉大学出版社2004年版，第50页。

[3] ［日］平野龙一：《刑法总论Ⅱ》，转引自陈家林《共同正犯研究》，武汉大学出版社2004年版，第51页。

唆犯、帮助是侵害法益的间接引起类。① 换言之，根据法益侵害的共同惹起，推出共同正犯之"部分实行，全部责任"。我国学者陈洪兵教授也认为，"部分实行，全部责任"的归责根据在于因果性。在陈教授看来，共犯归责的因果性在于共犯行为对法益结果的物理因果性和强化其他共犯人犯罪意志的心理因果性两方面。②

（二）以集团主义原理为视角的理论

1. 团体责任说

日本著名学者藤木英雄认为，根据共犯原理，共犯人除对自己实施的危害犯罪行为承担刑事责任外，还需要对他人的犯罪行为所导致的危害后果承担刑事责任，这一点已经突破了传统刑法理论中的个人责任原则的规定，而属于一种共同责任（团体责任）。③ 显然，藤木英雄将共同正犯作为个人原则的例外，明确地把"部分实行，全部责任"视为团体责任。

2. 共同意思主体说

在持共同意思主体说的学者看来，基于特定的共同犯罪故意，两人以上异心别体的个人结成一种作为超个人存在的共同意思主体，而部分构成成员所实施的行为也属于该共同意思主体行为的特定组成部分，所以全体成员都属于共同正犯。④ 该学说从"以意思了解为媒介的共同犯行之一体性"来奠定共同正犯之"部分实行，全部责任"的理论基础。这种将共同意思主体作为犯罪主体，认可将其刑事责任归属于各构成成员，实际属于基于团体责任的

---

① ［日］山口厚：《刑法总论》，付立庆译，中国人民大学出版社2011年版，第298—299页。

② 陈洪兵：《共同正犯"部分实行全部责任"的法理及适用》，《北方法学》2015年第3期。

③ ［日］藤木英雄：《新版刑法》，转引自陈家林《共同正犯研究》，武汉大学出版社2004年版，第54页。

④ ［日］西田典之：《日本刑法总论》，王昭武、刘明祥译，法律出版社2013年版，第311—312页。

观点。①

（三）以共同性为视角的理论

1. 犯罪共同说

犯罪共同说将刑法总则规定的共同正犯视为构成要件的修正形式，并以因果关系理论为基础，其认为共同正犯是数人进行特定的犯罪。不过至于如何理解特定的犯罪的问题，具有完全犯罪共同说和部分犯罪共同说的分歧。完全犯罪共同说认为，不但犯罪须特定，而且罪名须同一。基于这样的要求，共同正犯是指数人共同实现一个且同一故意之犯罪，其成立要求共同犯罪人在构成要件行为存在共同之外，还要求共犯间有意思联络，即二人以上必须具有共同的故意。② 而支持部分犯罪共同说的学者则认为，尽管数人所实施的犯罪在构成要件方面并不完全相同，但是在其实施的构成要件同质重合的限度内仍可以成立共同正犯。③

2. 行为共同说

该学说最初为主观主义学者所主张，在他们看来犯罪行为是行为人主观恶性的征表，在共同正犯场合，数位共同犯罪人借助于共同的犯罪行为在实现其各自的犯罪的同时也征表出各自的主观恶性。④ 详言之，相较于单独正犯，共同正犯场合中，借助其他共犯人的协力，各共犯人更容易达成自己的目的，因此对于共犯人共同实施的犯罪行为产生的全部结果，自应归属于各人承担。⑤ 需注意的是，行为共同说中的行为是自然行为，也就是说行为共同实际上指

---

① ［日］松原芳博：《刑法总论重要问题》，王昭武译，中国政法大学出版社2014年版，第290页；西田典之：《日本刑法总论》，王昭武、刘明祥译，法律出版社2013年版，第312页。

② 张明楷：《共犯的本质——"共同"的含义》，《政治与法律》2017年第4期。

③ ［日］团腾重光：《刑法纲要总论》，转引自甘添贵《共同正犯的本质》，《月旦法学教室》2003年14期。

④ 甘添贵：《共同正犯的本质》，《月旦法学教室》2003年14期。

⑤ 参见陈子平《共同正犯之本质》，载《刑法学之理想与探索》，学林出版社2002年版，第408页。

的是前构成要件或者前法律事实的共同。

后来的行为共同说，以客观主义刑法理论为基础，与以主观主义刑法学者将行为界定为责任行为不同，在他们看来犯罪不能离开构成要件而思考，行为的共同指的是符合构成要件的实行行为的共同。所以，客观主义学者所支持的行为共同说指的是实行行为的共同。[1] 依其观点，共同正犯是指，与他人共同实现自己的犯罪，亦即数人因实行行为的共同而实现各自本身的犯罪。所以，共同正犯的成立并不局限于某一特定的犯罪，也不要求必须有共同的犯罪故意，而只要共犯者的行为同属于符合构成要件并相互间有协力关系即可；至于数人的行为是否符合同一构成要件，甚或不符合任何构成要件，亦具有实行行为的共同或者利用的意义。[2]

（四）以支配性为视角的理论

犯罪支配理论是判断正犯的标准，虽然一般认为正犯必须在犯罪实现过程中居于核心、关键地位。然而，对于共同正犯的情形，为何具有支配或者说具有什么样的支配可以作为正犯，则是有待明确的问题。由此，出现了主观目的的犯罪支配（全体共同决意下之共同行为＝全体支配），客观目的的犯罪支配（全体之共同行为于客观实属必要＝全体支配），价值关系之犯罪支配理论（部分支配＋精神强化＝全体支配），以及功能（或机能）行为支配说（该行为于犯罪中具有功能上之重要意义＝全体支配）等理论。[3] 鉴于以上学说的视角基本一致，本书仅以居于主流地位的功能行为支配说为代表展开论述。另外，德国帝国法院还出现了相互成立间接正犯说，

---

[1] ［日］山中敬一：《刑法总论》，转引自甘添贵《共同正犯的本质》，《月旦法学教室》2003年14期。

[2] 陈子平：《共同正犯之本质》，载《刑法学之理想与探索》，学林出版社2002年版，第408页。

[3] 当然，各种学说在具体观点和成立理由、标准上还是存在很多不同之处，可参见黄鹏连《论犯罪参与体系之检讨与重塑——以共同正犯之归责法理为论述中心》，硕士学位论文，中国文化大学，2016年，第145—153页。

其对支配内容的理解与上述支配有所不同，因此，本书将略作介绍。

1. 功能行为支配说

功能的行为支配说的代表人物是罗克辛教授，我国也有很多学者支持此种学说。他认为，立法者规定的共同正犯在结构上与直接正犯（行为支配）和间接正犯（意思支配）并不相同，共同正犯是通过分工实施来完成构成要件的。共同正犯对犯罪的支配具体是体现在犯罪实行过程中，行为人通过共犯故意承担了部分对行为计划十分重要的任务，并经由犯罪行为实现构成要件从而使其对整个事件的控制成为可能。此类正犯的核心在于，二人以上于共同支配下的参与行为，都具有不可替代的功能，也即其中任何一个人的行为被抽离，都将导致整个犯罪计划失败。故而，罗克辛教授将此种控制称为"功能支配"。此种支配性，在本质上是从"共同合作"的结构，"相互依存"的效果中产生的。依前述之构造，罗克辛教授认为，功能支配的产生需要存在三个核心要件：第一，必须存有共同的犯行决意；第二，必须有在实行阶段共同的实施行为；第三，在实施阶段必须作出实质性的贡献。①

2. 相互成立间接正犯说

将相互成立间接正犯说作为思考间接正犯之归责法理者，为德意志帝国法院。其要旨为：各行为人为实现自身之犯意，利用他人之活动，犹如以自己之意思将他人之行为为因果，并使全体产生相互为"部分之间接正犯"之关联性。② 此见解提出后，德国有不少学者提出了类似的观点。例如，有学者认为，共同正犯是结合众人之力为己用，借以完成自身所欲实现之犯罪过程，而属相互成立间接正犯之类型；易言之，其将共同正犯解析为"一部亲自亲为且一

---

① ［德］克劳斯·罗克辛：《德国刑法学总论》（第2卷），王世洲译，法律出版社2013年版，第59—68页。

② 黄鹏连：《论犯罪参与体系之检讨与重塑——以共同正犯之归责法理为论述中心》，硕士学位论文，中国文化大学，2016年，第153页。

部他人所为之犯行"以及"一部间接且一部直接正犯"之结构。①我国也有学者认为,共同正犯并非特别的犯罪参与形式,从其行为构造来看,各参与者互为间接正犯。因为该论者认为,在共同犯罪中共犯人间的犯罪行为互为补充与延伸,并同属于一个为实现特定不法而形成的有机整体之中,因而每个行为人既对自己所实施的行为负责,也要对他人的行为负责,继而对整个不法事态负责。②

(五) 以多角度为视角的综合理论

有学者认为,"部分实行,全部责任"的法理基础无法从单一的视角阐明,而是需要从多个方面来理解。为此,有学者明确地从所谓的共犯性与正犯性两个角度来展示"部分实行,全部责任"的法理内涵;有学者认为归责扩张机能、统合机能和正犯性赋予机能这三者重叠性地为"部分实行,全部责任"奠定了基础;还有学者从其他多个角度挖掘"部分实行,全部责任"的法理。

1. 兼具正犯性与共犯性的理论

日本学者高桥则夫认为,多数正犯必须共同归责之问题,若以正犯性或者共犯性之择一为思考方式并不妥当,倘若从将他人行为视为自己行为而支配全体事实之观察,共同正犯确实具有正犯性,唯就该行为人只实行部分行为之部分探究,则具有共犯性,因此,共同正犯应同时具有正犯性与共犯性之特质,此二论点仅系不同面向之观察而已,不应舍此就彼,毋宁应兼顾二者为当。所以,就正犯性而言,应以"行为人之主观意思、客观行为、对共同意思主体所起之作用与内部地位、现实之危险性、是否直接造成危险以及对有否之支配力"等决定,至于共犯性之面向上,则应采取共同意思主体说为妥。③

---

① 转引自黄鹏连《论犯罪参与体系之检讨与重塑——以共同正犯之归责法理为论述中心》,硕士学位论文,中国文化大学,2016年,第153页。
② 张伟:《过失共同正犯研究》,《清华法学》2016年第4期。
③ 黄鹏连:《论犯罪参与体系之检讨与重塑——以共同正犯之归责法理为论述中心》,硕士学位论文,中国文化大学,2016年,第155—156页。

针对共犯性而采取共同意思主体说的问题，高桥则夫进一步指出，共同意思主体说点出数人犯罪于社会上之事实面固属无疑，唯应填充其在规范论上之基础，始能完整解释共同正犯具有共犯性根据。为此，高桥则夫认为，日本刑法第60条为规定部分行为全部责任效果之制裁规范，该制裁规范直接产生结果归属；而从制裁规范之派生之行为规范，产生了相互行为归属，由是得出共同意思主体说于规范上之基础，在于各行为人透过共谋知悉接下来即将为共同之参与行为，且并得在后续所为之犯行所产生预期之结果之中，以各自之行为确认全体中自身之地位或作用，故有此等行为所产生之结果，自当共同归属于全体个人。①

我国学者陈家林教授也认为，共同正犯的处罚根据，应该从共同正犯既是正犯又是共犯的性质出发。为此，陈家林教授认为，"部分行为全部责任"的法理根据在于：其一，从引起法益侵害的视角观之，共同正犯与狭义共犯间接惹起法益侵害明显不同，其是共同惹起法益侵害，具体表现为各犯罪参与人的行为相互利用、相互促进共同导致法益受到侵害或者威胁。因此，各参与人均应对整个行为及其结果负责。其二，从各犯罪参与人之内部关系审视，共同故意的主观心态将各犯罪参与人的行为黏合为一体，相互利用、相互补充的客观行为将各犯罪参与人的部分行为有机结合为一个整体。正是这些行为共同导致了犯罪的发生。其三，从正犯性的角度分析，各犯罪参与人只需实施一部分刑法分则规定的构成要件行为即可要求其承担整体行为造成的结果。② 我国还有学者也明确提出，共同正犯之"部分实行，全部责任"的法理根据在于，参与人对结果的实现具有心理的因果性（主观）、共同分担了法益侵害事实，即共犯性

---

① ［日］高桥则夫：《规范论与刑法解释论》，转引自黄鹏连《论犯罪参与体系之检讨与重塑——以共同正犯之归责法理为论述中心》，硕士学位论文，中国文化大学，2016年，第156页。

② 陈家林：《共同正犯研究》，武汉大学出版社2004年版，第60页。

与正犯性的统一。①

2. 归责扩张机能、统合机能和正犯性赋予机能

日本学者松原芳博认为，利用他人行为也必须是利用了与自己之行为具有因果关系的他人行为，倘若缺乏这种因果关系而对他人行为承担刑事责任，则仍然会出现责任主体与犯罪主体不一致的情况。而且，根据行为刑法理论，因果性也是承担责任的最低限度要求，因此，为贯彻个人责任原则，需要首先以因果性作为"部分实行，全部责任"的理论基础。这里的因果性，就是相互之间形成合意而起到的心理上的强化、促进作用，即心理上的因果性。

然而，仅具有因果性还不足以说明"部分实行，全部责任"的实质根据。教唆犯、帮助犯也是具备因果性这个共通前提的，因此松原芳博教授认为，相互利用、相互补充的关系，即各个参与者的行为之间的因果性互动以及基于行为意思的统合，可以视为"部分实行，全部责任"的第二个依据，也是其所谓的"结合机能"。具言之，在共同正犯中，自己的行为与其他共犯的行为为实现一个犯罪事实而共动，再加上两者被行为人的一个行为意思所承担，因此各个行为就被一个犯罪所统合。

除此之外，松原芳博教授还认为，行为人的行为支配是"部分实行，全部责任"的第三个实质依据。其认为，共同正犯的行为支配较单独正犯更为缓和，这种支配的具体内容有二：一是行为人通过分担必要的犯罪行为而功能地支配整个犯罪事实；二是基于行为人之间的合意所形成的缓和的意思支配。据此，松原芳博教授主张共同正犯之"部分实行，全部责任"的基础有三个方面：第一，因为肯定心理因果关系而使得对行为人的归责范围有所扩大，即所谓"归责扩张机能"；第二，因为相互利用、相互补充的关系而使得个

---

① 王俊、冀洋：《论共同正犯"部分实行全部责任"的归属逻辑——以反思"行为共同说与犯罪共同说"为中心》，《北京理工大学学报》（社会科学版）2017年第2期。

人的行为合为一体,即所谓"统合机能";第三,因为缓和的行为支配而使得行为人具有正犯的性质,即所谓"正犯性赋予机能"。①

3. 整体的因果性、"同舟共济,荣辱与共"及整体责任个体承担的不可分割性

我国有学者提出,应该从整体的因果性、"同舟共济,荣辱与共"及整体责任个体承担的不可分割性这三个方面来说明"部分实行,全部责任"背后的法理。所谓整体的因果性是指,构成要件规定结果的发生并不是由单个参与人之行为所造成,而是由全体参与人之行为整体所导致。据此,该论者认为,在多人参与犯罪的场合,刑事责任的根据在于全体参与人之行为整体,而非单个参与人之犯罪行为。所谓"同舟共济,荣辱与共",本质在于强调参与人之间的意思联络使实行行为彼此有机结合在一起。由此,可以将他人行为视为自己的行为。是故,每个犯罪参与人均需对彼此的行为及其造成的结果负责。所谓整体责任个体承担的不可分割性是指,由于刑罚的目的在于对单个行为人的惩罚和预防犯罪,因此应将整体行为应承担的责任直接分配到具体的个体。②

4. 扩张的因果性与主观意思联络

我国有学者指出,共同正犯之"部分实行,全部责任"的基础有二:其一,从客观方面来说,行为人之间存在相互利用、相互补充的关系,因此能够将他人的行为视为自己行为因果性的一部分,使得个人对共同行为导致的结果负刑事责任。其二,从主观方面来说,行为人之间具有意思联络,因此促使了行为人之间相互鼓励、相互支持、相互促进。③

---

① [日]松原芳博:《刑法总论重要问题》,王昭武译,中国政法大学出版社 2014 年版,第 290—291 页。

② 邹兵:《论共同正犯"部分实行全部责任"原则之根据》,《社会科学战线》2011 年第 8 期。

③ 尹晓静:《论片面共同正犯的成立依据——基于"部分行为全部责任"原则的解读》,《法学》2012 年第 11 期。

(六) 以重视主观方面为视角的理论

以重视主观方面为视角的理论，也即刑法学界出现的"相互教唆说"。德国有学者认为，以判断单独正犯具有正犯之标准，来说明共同正犯之正犯的并不妥当，从而应改为以"共同行为计划或共同行为决意"为判断的必要。所谓共同正犯间之共同行为决意，乃基于各个共同正犯间，在"相互交换动机"下形成之计划，且该计划正是属于各行为人实施参与行为之际，使各个参与者形成同伙间依存性之来源。因此，各个参与者分担其他参与者之部分行为后，需共同归责，其决定性之根据是因为各行为人具有"不法协议"，亦即在该不法协议中，由于多数正犯中的一人对其他正犯所生之影响力，存在相互间事实上的实行义务，故彼此自当相互归责。

该学者进一步提醒道，虽该理论十分强调共同行为计划或者行为决意之重要性，似乎又将共同正犯导向极端的教唆犯之缺陷，然而此种观点恐有误解，因为该理论并非仅以主观要件之存在作为唯一根据，毋宁认为因反对共同正犯之构造为分担任务之重要性（即功能支配）之下，始强调共同行为计划或者行为决意也具有相当程度之重要意义，且其重要性之关键在于，各个行为人于主观上相互交换动机后，始让彼此在实行其所分担之任务时，对全体结果产生共同支配力。[1]

有论者认为，该理论之理论基础似乎与犯罪心理学中群体犯罪之观点紧密相关。[2] 犯罪心理学理论认为，作为一种特殊类型之犯罪群体文化，往往构成犯罪群体内之"心理气氛"，且犯罪群体中之不成文规范与压力下，更使该群体成员之间形成了某种共同之"心理

---

[1] "相互教唆说"之内容转引自黄鹏连《论犯罪参与体系之检讨与重塑——以共同正犯之归责法理为论述中心》，硕士学位论文，中国文化大学，2016年，第154—155页。

[2] 黄鹏连：《论犯罪参与体系之检讨与重塑——以共同正犯之归责法理为论述中心》，硕士学位论文，中国文化大学，2016年，第155页。

契约",从而加强群体犯罪心理之契合性与一致性。①

二 "部分实行,全部责任"的实质根据反思

(一)共同正犯之本质不能成为"部分实行,全部责任"的法理根据

如上所述,现今不少文献,都将共同正犯之本质,即共同犯罪说和行为共同说,视为"部分实行,全部责任"法理根据的一种。虽然论者并非完全赞成犯罪共同说或者行为共同说的观点,但是,可以肯定的是,在不少论者眼里犯罪共同说或者行为共同说理所当然是"部分实行,全部责任"的一种实质根据。我国学者阎二鹏教授认为,"共犯本质论的研讨不仅解决共同犯罪的成立范围问题,而且为'部分实行,全部责任'原则提供实质的理论根据。"② 张明楷教授也曾指出,犯罪共同说与行为共同说,可以为适用"部分实行,全部责任"的原则提供依据。③ 从这些表述中至少可以看出,学者们有将共同犯罪的本质直接作为"部分实行,全部责任"之理论根据的嫌疑。

当然,值得注意的是,这两位学者在其同一篇文章中又似乎表达了不同的观点,例如,阎二鹏教授在文章后面说道,"在行为共同说的框架下,共同犯罪中每个行为人负担刑事责任的基础都在于他自己的行为已经符合了单独犯罪的成立标准。"④ 所谓"在行为共同说的框架下"的说法,似乎又并没有将行为共同说直接作为"部分实行,全部责任"的理论根据,而有点作为前提的意味。张明楷教授则在其文章中更是直接表明,"'共同'与否只能按结果归属的要

---

① 罗大化、何为民:《犯罪心理学》,浙江教育出版社2002年版,第360页。
② 阎二鹏:《共犯本质论之我见——兼议行为共同说之提倡》,《中国刑事法杂志》2010年第1期。
③ 张明楷:《共犯的本质——"共同"的含义》,《政治与法律》2017年第4期。
④ 阎二鹏:《共犯本质论之我见——兼议行为共同说之提倡》,《中国刑事法杂志》2010年第1期。

求设定条件,或者说只能按部分实行全部责任原则的适用前提设定条件"①。这些前后不太一致的表述,足见大家对长期以来将共同犯罪本质直接作为"部分实行,全部责任"之实质根据的做法缺乏一个清晰、准确的认识。笔者认为,无论犯罪共同说或者行为共同说理论本身是否合理,都不宜作为"部分实行,全部责任"的法理基础。主要理由有二。

其一,共同犯罪本质只解决了什么意义上的共同部分行为作为共同正犯处理才合理的问题,而尚未进一步追问为什么有了共同部分行为,就要承担全部责任的问题。完全犯罪共同说要求二人以上就实现特定的犯罪具有共同行为和共同的故意;部分犯罪共同说认为,即使行为属于不同的构成要件,但只要在同质重合的限度内仍成立共同正犯;行为共同说认为,共同正犯之共同应该指构成要件实行行为的共同。显然,无论是犯罪共同说,还是行为共同说,落脚点都在于共同正犯之"共同"的含义问题,而尚未阐述"部分实行,全部责任"的实质根据,即为什么有了犯罪共同说或行为共同说中的共同行为,就可以将共同的部分行为,规范评价为彼此的行为?

其二,所谓的犯罪团体责任或者因果共犯理论虽然可以作为"部分实行,全部责任"原理的一种实质根据来讨论,但是其已经不属于犯罪共同说或行为共同说原有的内容。不少学者之所以将犯罪共同说,或者行为共同说理所当然作为"部分实行,全部责任"的实质理论根据,就在于犯罪共同说和行为共同说实质上分别赞成犯罪团体责任和因果共犯论。如此为之,犯罪共同说和行为共同说就与"部分实行,全部责任"有了紧密联系。但是,需要注意的是,诚然犯罪共同说和行为共同说在阐述自己的立场时使用了与"部分实行,全部责任"有关的理论,即犯罪团体责任和因果共犯论,但是,它们也只是借用了别处的理论来解决自己需要解决的问题(即

---

① 张明楷:《共犯的本质——"共同"的含义》,《政治与法律》2017年第4期。

行为人实施什么样的共同行为后才能成立共同正犯的问题),二者不可混同。正因如此,很多学者指出在共犯本质问题上采(部分)犯罪共同说还是行为共同说与"部分实行,全部责任"原则无关[1],其"只能按部分实行全部责任原则的适用前提设定条件"[2]。

(二)共犯性不应成为"部分实行,全部责任"的法理根据

如上所言,日本学者高桥则夫教授、我国学者陈家林教授等人在说明"部分实行,全部责任"的实质根据时,提出应该从正犯性和共犯性两个视角共同阐释。笔者认为,如此为之,可能存在以下三个方面的问题。

首先,这些论者的观点存在自相矛盾之嫌疑。一方面这些论者认为,共同正犯的归责法理,在于说明适用"部分实行,全部责任"的法理根据,即阐明为什么共同实行部分行为能被正犯化,更简单地说,是要说明共同正犯之正犯性的实质根据。[3] 另一方面,这些论者又非常直接、异常明确地将共犯性与正犯性作为共同正犯(同等位阶的、并列的)法律性质,即承认所谓共同正犯既是正犯也是共犯。由此产生的疑问是,共同正犯在本质上究竟是正犯,还是同时为共犯?"部分实行,全部责任"之实质根据到底是要说明行为人具有正犯性,还是同时说明行为人具有共犯性?

其次,用共犯性说明正犯性存在明显的逻辑错位和定性错误。可以说,这一问题最为明显但又容易被忽视。殊不知,既然是并列

---

[1] 转引自陈洪兵《共同正犯"部分实行全部责任"的法理及适用》,《北方法学》2015年第3期。

[2] 张明楷:《共犯的本质——"共同"的含义》,《政治与法律》2017年第4期。

[3] 也许有人会认为这是误读,因为"部分实行,全部责任"的原理在他们看来本来就是,既要说明其具有共犯性,又要说明其具有正犯性。笔者认为,持这种观点的学者对"部分实行,全部责任"所要解决的问题(正犯性、基本构成要件复合型)尚未弄清楚。出现这种观点的根本原因在于本书所指出的,混淆了存在论与规范论的视角。

的共犯性质，又怎么能用它说明其具有正犯性？除非所谓的共犯性，其实已经不属于共犯性，而是正犯性的内容。上述学者所说的共犯性内容（共同意思主体、共同行为决意、共同惹起等），只要是用来说明"部分实行，全部责任"的实质根据，就不应该再标签为所谓的"共犯性"，而应直接视为说明"正犯性"的资料。例如，虽然狭义的共犯处罚根据也可能采用因果论，但是此处说明共同正犯的因果关系即使是同一内容也只能是作为说明正犯性的根据，而非共犯性的根据。更何况，此处的因果关系是共同惹起，与狭义共犯的因果关系有别。

最后，这些论者出现了存在论与规范论混同的错误。这是出现所谓共同正犯同时具有正犯性和共犯性，以及所谓共同正犯之归责法理需要同时从共犯性视角加以说明等错误观点的根本原因。无论是共同正犯的性质，还是共同正犯的归责法理，在规范论意义上都只具有正犯性，不可能还存在共犯性。然而很多学者在讨论共同正犯性质时，明确提出共同正犯具有共犯性，甚至认为共同正犯就是共犯而不是一种正犯。例如，除了上述学者外，我国蔡墩铭教授也认为，刑法将共同正犯不仅视为正犯，亦将其视为共犯，其共犯性在于从形式上看共同正犯之行为也可以不是构成要件行为或者只是构成要件行为的一部分。[①] 国外很多学者更是直接赞成共同正犯的法律性质是共犯。日本学者西原春夫认为共同正犯是共犯，因为共同正犯的归责并不能完全适用单独正犯的理论；倘若共同正犯的归责可以用单独正犯的理论完全予以阐明，则有关共同正犯的立法最终将成为提示性的规定。[②] 正田满三郎指出，行为人为实现犯罪计划，具有相互援助的关系，而非单向度的利用关系，因此，共同正犯是

[①] 蔡墩铭：《刑法精义》，台湾：翰芦图书出版有限公司1999年版，第325页。
[②] ［日］西原春夫：《犯罪实行行为论》，转引自林亚刚《共同正犯相关问题研究》，《法律科学》2000年第2期。

具有最完全的行为结合形态（即全体共犯者的结合）的共犯形式。①我国林亚刚教授也是直接指出，共同正犯的本质属性应该是共犯。他认为，共同正犯是"共同"的犯罪行为，不是单独实行犯实行行为的相加，而是各个参与实行犯罪实行行为的有机整体。②

上述认为共同正犯的法律性质包括共犯或者只能是共犯的观点值得商榷：其一，"行为人只实施部分构成要件或者构成要件之外的行为""行为人之间为犯罪计划的实现而相互援助"等内容仅描述了共同正犯在存在论意义上是"共同"实施这种结构，与其在法律性质上或者说规范层面上最终是作为符合基本构成要件的正犯还是作为符合修正构成要件的共犯不是一回事儿。如果以此逻辑，则会得出所有共同犯罪中的行为人都是共犯的结论。

其二，共同正犯无法适用单独正犯理论的说法本身存有问题。从存在论的角度而言，共同正犯与单独正犯有根本的差别。但是在规范论意义上，二者归责的原理实质一样，即符合"部分行为，部分责任"或"全部行为，全部责任"的个人责任原则。正如有学者指出的，在共同正犯场合，从规范的视角分析，每个行为者都实施了"全部"的实行行为，而非部分实行行为，因此每个行为者归责的基础都在于他自己的行为已经符合了单独犯罪的成立标准。③

概言之，共同正犯之"共同"仅仅是犯罪参与现象在存在论、事实论意义上的特征概括与表述。理论界认为共同正犯与狭义共犯（多人参与现象）具有相同一面的真正含义仅在于此。从法律性质与规范论意义而言，共同实行部分行为的情形，仍为"正犯"。这也是各国立法规定两人以上共同实行的，均为"正犯"的原因所在。其

---

① ［日］正田满三郎：《刑法体系总论》，转引自林亚刚《共同正犯相关问题研究》，《法律科学》2000 年第 2 期。

② 转引自林亚刚《共同正犯相关问题研究》，《法律科学》2000 年第 2 期。

③ 阎二鹏：《共犯本质论之我见——兼议行为共同说之提倡》，《中国刑事法杂志》2010 年第 1 期。

实这与间接正犯的道理一样,"间接"二字只是存在论意义上的一种标签,而在规范论意义上它仍然为"正犯"。同理,"共同"二字也只具有存在论意义上标签正犯类型的作用,而在本质上它仍然为一种实质化的"正犯"。正如德国学者耶塞克、魏根特所言,"与间接正犯一样,共同正犯也是正犯的一种形式"。①

(三)因果关系不宜单独作为"部分实行,全部责任"的实质根据

如上文所列举的,以因果关系为视角的理论,鉴于行为人以"共同实行的因果关系来实现结果",或者说"对其他共同者的实行起了教唆或者帮助的作用",或者说"是法益侵害的共同引起类",而将他人的行为在规范上评价为自己的行为,从而实现"部分实行,全部责任"的归责。

笔者认为,这种规范评价的标准不具有合理性。因为单纯的因果关系,而且是一种扩张性的因果关系,不足以形成一种等价性的评价,即不足以支撑将他人行为直接规范评价为自己的行为。所谓等价性,是指从规范论角度而言,能够将他人实施的行为直接等同于或者说视为自己亲自、直接实施。而因果关系至多可以说明行为人具有刑事处罚必要性,而无法说明正犯性。正犯实质化的标准须满足等价性要求,否则就会导致构成要件实质解释的不当扩张和定罪量刑的不公。事实上,狭义共犯也是具有因果关系的,正如日本学者松原芳博所言,仅具有因果性还不足以说明"部分实行,全部责任"的实质根据,教唆犯、帮助犯也是具备因果性这个共通前提的;例如,案例中,X 与 Y 谋议抢劫 A 的钱财,X 对 A 实施暴力,Y 从被暴力压制反抗的 A 身上夺取了钱包,仅凭 X 对 Y 的行为施加了心理压力这一理由,理应是构成有自己的实行行为所成立的暴行罪的单独正犯,以及针对 Y 所实施的盗窃罪

---

① [德]汉斯·海因里希·耶塞克、托马斯·魏根特:《德国刑法教科书》,徐久生译,中国法制出版社 2003 年版,第 815 页。

的教唆犯或者从犯的想象竞合,而尚不足以对构成抢劫罪的共同正犯也予以正当化。[1]

(四)共同者之整体应该承担责任与个体须负全部责任无必然联系

上文梳理的实质根据理论中,不少学说仅因为犯罪结果是各个行为人共同导致的,而直接认为参与的个体也应理所当然地对整个行为所违背的构成要件负全部责任。例如,共同意思主体说认为,因为存在一种作为超个人的社会性存在的共同意思主体,因而各参与人也应承担全部行为的正犯责任;以因果关系为视角的理论(共同惹起或者整体因果性的说法)认为,因为行为人共同导致了结果的发生,因此个体应当承担全部责任;相互利用、相互补充或结合机能等学说认为,因为行为者相互利用、共同发挥作用造成了犯罪结果,因此应该对发生结果适用"部分实行,全部责任"原则;整体责任个体承担的不可分割性的主张更是直接指出,刑事责任侧重在对行为人个体行为的惩罚和对犯罪的预防,因此,应将整体的刑事责任分配到每个个体。

这些说法犯了一个共同的错误,即将共同者之整体应该承担责任等同于个体须负全部责任。这种论证是存有疑问的。本书也支持犯罪结果是由于各个行为人相互配合而共同导致的说法,并认为整体行为者或者说如果存在一个超个人的共同意思主体的话,则它们理所当然应该负全部责任,此所谓符合"全部行为,全部责任"之个人归责原则。但是,上述论证,仅仅论证了整体行为违背了基本构成要件或者说共同行为者(或共同意思主体)应负全部责任,而尚未进一步说明作为个体的行为人为何也理所当然承担全部责任。在共同正犯中,最重要的是各人的(实行)行为是否支配了

---

[1] [日]松原芳博:《刑法总论重要问题》,王昭武译,中国政法大学出版社2014年版,第290—291页。

整个犯罪。① 所谓"整体责任个体承担的不可分割性",完全没有说明为什么不可分割,其提出的"刑事责任侧重在对行为人个体行为的惩罚和对犯罪的预防"与个体应对整体责任承担责任没有必然关系。毫不客气地说,这和直接承认团体责任没有实质区别。这也是为什么有学者认为将共同意思主体作为犯罪主体,并进而认可将其全部责任直接归属于各构成成员,实属肯定团体责任的观点。②

实际上,只有承认团体责任,才不用进一步说明组成团体的个人要承担全部责任的理由。因为团体责任本身就意味着,如果团体这个抽象的共同体须对整体负责,那么团体成员就理所当然需要承担全部责任。但是这与现代法治国家的个人归责原则相冲突,有违公平正义原则。在此,需要注意的是,笔者在后文也会将上述有些要素(例如,相互利用、相互补充,共同实行之因果关系等)作为共同正犯之正犯性("部分实行,全部责任")的具体认定资料。但是,不同的是,笔者并不会采用上述的论证逻辑和规范性评价标准来说明"部分实行,全部责任"的实质根据。

(五)将共同正犯之"部分实行"直接作为"全部责任"的实质根据不妥

以多角度为视角的综合理论中,有学者将扩张的因果性直接作为"部分实行,全部责任"的法理根据之一,即因为行为人对他人之行为具有心理上的因果联系,因此得以扩张归责范围。有学者认为,共同正犯之正犯性与单独正犯之正犯性不同,始终是一种扩张的正犯性,因此,行为人即使只实施了一部分实行行为,也要对全部行为及其结果承担责任。概言之,其逻辑为,因为共同正犯场合只需要行为人实施部分实行行为,所以行为人须适用"部分实行,

---

① 张召怀:《片面共同正犯否定论——基于交互支配性的证成》,载陈兴良《刑事法评论》,北京大学出版社 2017 年版,第 81 页。
② [日]松原芳博:《刑法总论重要问题》,王昭武译,中国政法大学出版社 2014 年版,第 290 页;[日]西田典之:《日本刑法总论》,王昭武、刘明祥译,法律出版社 2013 年版,第 312 页。

全部责任"。① 有学者直接指出，一部实行全部责任原则的适用根据是因果性的扩张性和实施部分实行行为的正犯性。② 另外，如前文所言，很多理论还认为，因为行为人共同导致结果的发生，所以行为人只实施"部分行为"，也须负"全部责任"。

上述说法存在一个共性的问题，即将共同正犯的存在论结构或者事实特征直接作为"部分实行，全部责任"的实质根据。换言之，因为共同正犯有这样的存在论结构或者事实特征，所以共同正犯是共同正犯。最明显的例子为，上述所谓"因为共同正犯场合只需行为人实施部分实行行为，所以行为人只实施部分就是共同正犯"的说法。显然，这种说法仅仅承认了共同正犯场合"部分实行"的事实，而并未探求为何要负"全部责任"的法理。殊不知，共同正犯的存在论结构或者事实特征是大家都赞成的一个共同前提，我们的任务在于探求为什么实施"部分行为"，却负"全部责任"。

可见，以上说法只是从不同侧面描述或者总结了共同正犯与单独正犯在存在论意义上的差别。但是很多学者并未认清这种实质化正犯的本质，或者说缺乏存在论与规范论的观察视角，因而将存在论的差别直接作为了共同正犯之正犯性的理由，并认为与单独正犯归责存有差别，从而提出了所谓扩张的归责、扩张的因果性、扩张的正犯性等。其实，这些都只是存在论意义上的特征性事实。从规范论角度而言，这些存在论的差别都会因实质评价过程而变得与单独直接正犯一致。同样需要强调的是，本书并不是否认这些存在论的事实，也不否认共同正犯与单独正犯在事实上存在很多差别，并认为这些事实是实质根据的具体认定资料。但不同的是，笔者将从规范论出发，寻找、提炼与单独正犯归责原理一致的实质标准。总而言之，为避免上述不当的理论叙事，应持有一个存在论与规范论的视角。

---

① 陈家林：《共同正犯研究》，武汉大学出版社2004年版，第60页。
② 陈洪兵：《我国未规定共同正犯不是立法疏漏》，《东南大学学报》（哲学社会科学版）2011年第1期。

（六）以个人对整个犯罪或者他人行为具有支配性的视角值得肯定

功能行为支配说的核心和落脚点在于说明，行为人通过实施部分构成要件行为而使他对整个事件的控制成为可能，即具有了罗克辛教授所言的机能行为支配。同样，相互成立间接正犯说，通过"一部分亲自亲为且一部分他人所为之犯行"以及"一部分间接且一部分直接正犯"之结构，来证明行为对不法构成要件实现具有支配作用。另外还有以重视主观意思为视角的理论（所谓的相互教唆说），根据其理论观点，共同正犯行为之重要性关键在于，各个行为人于主观上相互交换动机后，始让彼此在实行其所分担之任务时，对全体结果产生共同支配力，也是一种从支配角度说明正犯性（"部分实行，全部责任"）的理论。

上述理论值得肯定的地方在于，从个体对整个行为或者犯罪结果具有支配的角度论述正犯性（"部分实行，全部责任"）的实质根据。这一方面避免了从团体责任出发的弊端，即避免了"因为行为人之整体造成的结果需负全部责任，所以个体也应该负全部责任"的弊端。以行为人对整个犯罪事实的支配为视角，就回归了个人归责的原则，符合现代刑法的基本要求。另一方面，避免了直接将共同正犯之存在论的事实作为"部分实行，全部责任"的实质根据，而是根据"部分实行"的事实基础，提炼出了规范标准，即有无支配性，从而实现了在规范上与单独正犯的等价性评价。这种能够合理处理存在论与规范论之关系的做法值得认可。

当然，以上各种具体不同的支配提炼是否合理，观点是否具有说服力，标准是否具有等价性与是否符合客观主义原则等，都有待商榷。例如，相互成立间接正犯说，一方面，违背了间接正犯的标准，即行为人之间根本无法形成利用工具或者说支配他人行为的效果。而且，并不是如我国学者所理解的只要在规范上能将他人行为视为自己行为的一部分，就一定是间接正犯，共同正犯就属于另一种形式的支配。另一方面，即使认为可以成立间接正犯，那么根本没有必要将其又认定为共同正犯，实属多此一举。① 而相互教唆说单纯以主观意思决定分担行为之重要性有主观主义的色彩，不符合现代法治的基本原则。

三 "部分实行，全部责任"的实质根据选择

（一）实质根据确立的基本要求

事实上，通过对现有学说的梳理与反思，已经基本清楚在确立"部分实行，全部责任"的实质根据时应该注意的问题。概括而言，主要有以下几点。

其一，应该明确"部分实行，全部责任"的法理根据在于寻找行为人具有正犯性的实质根据，而非所谓兼具正犯性与共犯性的实质根据。一方面，倘若在将共犯性作为共同正犯之本质的同时，又将其作为正犯性的理由，则在逻辑上存在错位，在说理上缺乏说服力。另一方面，共同正犯的本质在规范论意义上只可能是正犯。无论是"共同"二字，还是所谓"共犯性"，都只具有存在论意义上的描述功能。对共同正犯持兼具正犯性与共犯性的论者，犯了将存在论与规范论混同的错误。

事实上，"部分实行，全部责任"的实质根据在本质上是有关基本构成要件符合性的问题，也即存在论意义的"部分实行"为什么在规范意义上符合了基本构成要件。它并非是一个单纯符合共同正犯的问题。因为所有的定罪最终都必须落脚于构成要件的符合性。共同正犯概念的构建也只是判断基本构成要件符合性的一种分析工具与模型。正犯，就意味着行为人符合基本构成要件。② 因此，共同

---

① 黄鹏连：《论犯罪参与体系之检讨与重塑——以共同正犯之归责法理为论述中心》，硕士学位论文，中国文化大学，2016年，第154—155页。

② 正犯概念在学界存在很大的争议，例如有学者就认为正犯不必实施构成要件行为。我国组织犯就是典型的例子。笔者认为从规范论角度和实质角度而言，正犯必定是符合基本构成要件且实施了基本构成要件行为的，组织犯在规范论和实质层面也是一种正犯。争议产生于界定正犯的视角不同和对正犯实质化的程度不同，即是从存在论角度界定还是规范论角度界定，是坚持形式角度认定正犯还是实质角度认定正犯。

正犯在规范论意义上来说也是一种与单独直接正犯一样的正犯。即使有立法明确在总则规定了共同正犯，也不能否定其在实质上是因为通过解释能够将他人行为规范评价为自己的行为。总则有关共同正犯的规定可以作为提示性、强调性规定予以理解。

其二，必须从单个行为人角度着手阐明正犯性，而不能从整体行为或者团体责任视角论证正犯性。这是现代法治国家个人归责原则的基本要求。只有个人的行为符合了构成要件才能作为正犯，他人的行为不能当然作为自己的行为。如上所述，很多学者只是论述了数人的整体行为或者超个人共同体符合了构成要件，而尚未进一步阐明为什么个人行为要对整体行为负责。概言之，我们提出的实质根据必须是针对单个行为人来说，足以将整个行为归属于他。当然需要说明，这与将其置于共同犯罪的情境中分析并不矛盾，恰恰相反，要分析个人的行为具有什么样的作用，必须将其置于共同犯罪的真实情境中。

其三，需要抽象一个说明正犯性的规范性根据，而应避免因有"部分实行"之事实，所以要负"全部责任"的不当说理逻辑。换句话说，不能因为有"部分行为""共同合作""主观意思联络"等存在论意义上的事实特征，就直接认为单个行为人需要对全部行为负责。在个人归责原则下，正犯性意味着实质根据必须是能够说明单个行为人的部分行为是如何符合基本构成要件的。例如单独直接正犯的实质根据是直接支配不法构成要件的实现。直接支配就是将其评价为正犯的规范性标准。同样，"共同实行情形"中，行为人能够评价为正犯的标准也应该是一个具有一定抽象性的规范性标准。

其四，确立"部分实行，全部责任"的实质根据，在本质上也就是要寻找将他人行为视为自己（亲自、直接）实行的规范标准，因此，该标准须符合等价性原则。例如间接正犯的工具说、支配说就具有等价性。因为既然行为人能够像支配工具一样支配他人、支配不法构成要件的实现，那么在价值评价上将其等价于直接行为人就是合理的。只有符合等价性原则，才能保证构成要件的定型性功能，才能符合公平正义观，否则就会不当地扩大正犯的范围。并非任何规范性标准都能符合等价性原则。例如，因果关系的标准，就不足以将他人行为直接视为自己的行为。因此，"部分实行，全部责任"的实质标准应遵循等价性的原则。

（二）机能行为支配说的规范解读

由此观之，笔者认为，罗克辛教授提出的机能行为支配说基本合理。[①]

首先，机能行为支配说是一个直接说明行为人具有正犯性的理论。众所周知，罗克辛教授提出的机能行为支配说是与直接正犯之直接支配、间接正犯之意志支配相并列的另外一种正犯（即共同正犯）理论。可以说，这抓住了"部分实行，全部责任"原理所要解决的问题。因此，机能行为支配说至少在方向上是正确的。

其次，机能行为支配说强调的是个人对整个犯罪事实或者他人行为具有一种规范意义上的机能支配，而非只强调整体行为人的支配。机能行为支配说认为，共同正犯的犯罪支配产生于行为人在实施中的功能；行为人接受了一项对实现这个行为计划非常重要的任务，并且通过其所实施的构成要件部分而使其对整个事件的控制变成为可能。[②] 此类正犯的核心在于，二人以上于共同支配下的参与行为，都具有不可替代的功能，其中任何一个人的行为被抽离，都将导致整个犯罪计划失败，也即行为人对犯罪事实的发生产生了"机能支配"（或功能支配）。虽然机能行为支配说与其他所有学说一样，也承认这个犯罪事实是共同支配实现的，但是，需要注意的是，该说的落脚点在于说明单个的行为人产生了"机能支配"（或功能支配），即使行为人的这种支配不同于直接正犯的直接支配或者共同

[①] 当然，并不意味着机能行为支配说是唯一合适作为"部分实行，全部责任"的实质根据的理论。笔者认为只要提出的实质根据符合本书提炼的几个标准，则它基本上是合适的。

[②] ［德］克劳斯·罗克辛：《德国刑法学总论》（第2卷），王世洲译，法律出版社2013年版，第59页。

行为人整体的直接支配。当然，如何判断这种机能支配的形成，仍有待于进一步讨论，例如每个人的行为是否必须具有不可替代的功能等。

再次，机能行为支配说对存在论的事实进行了规范评价，并使其符合了个人归责原则。机能行为支配说，并不是因为两人以上的行为人共同导致了结果的发生，就直接认为每个行为人就应该承担全部责任；也不是行为人对他人行为存在心理因果关系，就理所当然将他人行为可以视为自己行为；更不是因为共同正犯本来就只需实施部分构成要件，所以适用"部分实行，全部责任"。相反，机能行为支配从这些人们都认可的部分实行、共同惹起、相互利用、相互补充、共同决意、犯罪计划等存在论意义上的事实中，提炼出"机能行为支配"这一规范性的说理根据。因此，机能行为支配说避免了以存在论事实直接作为正犯规范性依据的弊端，也避免了所谓共同正犯之兼具共犯性与正犯性，或者说共同正犯之扩张因果性、扩张正犯性等不必要的、不准确的说法。更重要的是，机能行为支配说经过这种规范性的评价，而使其自身回归了个人责任原则，契合法治国家的基本精神。既然能说行为人支配了不法构成要件或者说犯罪事实的实现，那么让其负全部责任也就不存在什么疑问。显然，"部分实行，全部责任"在规范论的视角下，实质就是"全部行为，全部责任"。

最后，机能行为支配说所提出的规范性根据（即机能支配）符合正犯实质化的等价性原则。机能支配或者功能支配是一个规范意味很浓的概念。虽然它和单独直接正犯的物理性、身体性支配有所不同。但是，在人们的价值观、法感情或公平正义的理念中，行为人基于共同的行为计划共同实行、相互配合、相互补充而实现犯罪的情形，是能够等价于行为人自己直接实施完整犯罪的。也即在规范评价上，行为人的这种功能性支配已经足以支撑其个人应承担全部责任。事实上，上述学者也是赞成将某些共同实行情形中的每个行为人的行为，视为彼此行为的。所谓的结合机能、相互利用与相互补充说、行为一体说等不同的表述，在实质上都证明了这种规范性评价的合理性。例如，张明楷教授认为，在共同正犯的场合，虽然各行为人只实施了部分实行行为，但是由于各个正犯者相互利用、补充其他人的行为，便使自己的行为与其他人的行为成为一体导致了结果的发生（即结果应当归属于每一个行为人），因此，分担了一部分实行行为的正犯者，也要对共同的实行行为所导致的全部结果承担正犯责任。[1] 张明楷教授从客观因果性与主观意思联络两个方面说明相互利用、互相补充而产生一体之效果，从而将在存在论层面上看是他人实行的行为，在规范上评价为自己的行为，进而说明了"部分实行，全部责任"的法理内涵。既然在规范上认为其支配了犯罪事实或者说不法构成要件的实现，那么也就符合等价性原则。这就意味着，机能行为支配说可以契合罪刑法定原则，得出公平正义的结论，合理限制正犯的处罚范围。

此外，需要说明两点：一是价值判断、规范标准与事实论、存在论在法学领域是既相对区别、又有联系的关系。二者属于不同层面的事物，不能等同、不能直接替代。但是，价值判断、规范标准的形成又需要以一定的事实、客观存在为基础。例如，机能行为支配说是一个价值判断结果，是一个规范性标准，它与数人共同实行、相互配合、犯意联络等基础事实不能混同。但是，是否具有机能行为支配，又必须以这些客观事实为基础。所以本书赞成机能行为支配说，也并不排斥将以因果关系、相互配合与合作、共同实施等存在论意义上的事实或特征作为判断资料。本书避免了直接将事实与存在作为规范标准的弊端。二是赞成机能行为支配说并不等于赞成其成立的具体条件。换言之，究竟共同实行满足什么样的主观条件和客观条件后，才能认为每个行为人支配了犯罪事实的实现是有待讨论的问题。例如，有学者赞成片面共同正犯，有学者则

---

[1] 张明楷：《刑法学》，法律出版社2016年版，第395页。

持反对态度。① 还有诸如过失共同正犯、共谋共同正犯究竟能否成立，在学界和实务界也存在很大争议。它们成立与否与赞成机能行为支配说并无直接的对应关系。在机能行为支配说的指导下，仍然可能出现共同正犯成立范围的不同。从本质上说这是由机能行为支配说本身的规范性特征所决定的。

第二节　共同实行正犯化的主观要件

探讨共同实行正犯化的成立要件，也即明确"部分实行，全部责任"的适用条件，更具体的说，是为了明确机能行为支配效果之形成的具体要件。由于机能行为支配是一个规范性很强的概念，因此，在判断时难免会有一定的分歧。为避免规范性判断的随意化，避免实质化正犯的泛化，本节拟对"将他人行为视为自己之行为"的基本要件作出交代，主要以现有理论和实践中出现的特殊共同实行情形为例展开讨论。鉴于共同正犯研究中，创造出的理论学说非常之繁杂，具体观点千差万别，而且各种学说未必能够直接、完全对应拟待研究的主题②，本书无意于、也不愿意从杂乱的理论学说自身展开，而是直接从需要探讨的问题出发，即共同实行中需要具备什么样的主观要素和客观要素才能在规范上将对方行为评价为自己行为比较合理的问题。概言之，以需要讨论的问题为主线，直接归纳有关理论学说对该问题的相关回答，并反思其观点的合理性，而

---

① 杨安、王丽芳：《片面共犯评析》，《广西大学学报》（哲学社会科学版）2008年第S2期。

② 例如，现在很多研究片面正犯的学者直接将犯罪共同说和行为共同说直接对应片面共同正犯之肯定论与否定论的立场。然而，它们并不存在必然的对应关系。行为共同说，也完全可能要求必须有意思的相互联络，从而否定片面正犯，例如支持行为共同说的黎宏教授就持此观点。黎宏：《刑法总论问题思考》，中国人民大学出版社2007年版，第495页。

非无目的地单纯叙述与介绍理论学说的全部内容。

如果仅从客观上观察共同实行的情形，则至少存在同时犯、片面共同正犯和一般的共同正犯（故意的共同正犯和过失的共同正犯）三种情形。达成共识的是，并非只要客观上存在共同实行，就能够将他人之行为在规范上评价为自己之行为。例如，同时犯，大家几乎毫无例外地认为不能将对方之行为及其造成的结果归属于本人。可见，主观方面的要件，对于规范化、实质化之评价是不可或缺的。但是，究竟需要什么样的主观要件，是存有很大争议的。笔者主要讨论两个角度的争议：其一，从行为人之主观方面的相互联系来看，存在片面共同正犯肯定说和否定说之争；其二，从行为人之主观方面的具体内容来看，存在过失共同正犯肯定说和否定说之争。

一　单方面的犯意联络之探讨：以片面共同正犯为例

片面共同正犯的情形是指，行为人单方面具有与他人共同实施犯罪的主观故意（利用、补充他人行为或者说帮助他人行为的意思），并暗地实施了在客观上具有共同性行为的情形。为方便理解和叙述，笔者首先展示几个学界经常讨论的例子。

案例一：A 明知 B 要开枪射死 C，A 想要 C 成功地被射死，便暗自参与其中，并同时开枪射击 C，最终 C 被 B 射击而死。

案例二：A 知道 B 意欲放火烧毁 C 的房屋，A 想与 B 一起烧毁 C 的房屋，便在 B 不知情的情况下，同时从 C 的房屋的另一方放火，最终 C 的房屋被两面的火烧毁。

案例三：B 意欲毒死 C，便在 C 的事物中放入毒药，但是投放毒药的量并不足以致死，A 知道这一情况后，便暗自增加了同种类毒药的量，最终导致 C 死亡。

案例四：A 为了使入室盗窃的 B 行窃成功，便暗自用枪威胁手持木棍的主人 C 不许动，最终 B 实现了盗窃的目的，并成功逃离。

案例五：A 明知 B 意欲强奸 C，为了让 B 实现犯罪，便单方面提前给 C 投药使其昏迷，不知情的 B 顺利完成了犯罪。

案例六：在 B 想要杀死 C 的时候，A 为了帮助 B 完成犯罪，便将 C 的唯一逃生通道堵住，最终 B 成功杀害了 C。

以上案例中，能否对 A 以片面共同正犯（而非 B 的共犯或者单独正犯）的形式归责呢？对此，理论界和实务界出现了分歧。当前主要存在片面共同正犯肯定说和片面共同正犯否定说的尖锐对立。一般认为，片面共同正犯的情形，实质在于讨论知情一方是否应该作为共同正犯处理的问题。在本书看来，更准确、更直接的说法应该是，不知情一方的行为是否可以在规范论意义上直接视为知情一方的行为，即 A 的行为是否能在规范论意义上评价为单独支配不法构成要件实现的情形？①

从目前的研究来看，虽然肯定说论者和否定说论者提出了纷繁复杂的理由，但是正如下文所指出的，他们的论证视角和理由本身均存在很多值得商榷的地方。这无形地加剧了"黑暗之章"的混乱，也无益于问题的解决。有鉴于此，本部分将对当前的研究作一番全面地检视，在此基础上，就是否赞成片面共同正犯的成立发表自己的看法，并为如何解决片面共同正犯的情形提出具体的方案。

（一）片面共同正犯肯定说主要理由的梳理

1. 物理因果关系说

持该说的学者认为，片面共同正犯的情形中存在物理因果关系，而物理因果关系符合共同惹起的法益侵害要求，所以可以承认片面共同正犯的概念。例如，山口厚教授认为，倘若从需要归责的片面参与者的视角观察，且以物理因果关系或者单方面的心理因果关系

---

① 共同正犯之所以能够适用"部分实行，全部责任"的原则，实质在于从规范论意义上看，每个行为人都能够因为他们的意思联络、相互配合、相互补充的事实而相互归属，即对方的行为能等同于自己亲自实行的行为（"部分实行"在规范论意义上也就变成了"全部实行"）。由此，可以说每个行为人都支配了不法构成要件的实现，因而他们属于（共同）正犯。参见罗世龙《论"部分实行，全部责任"的实质根据论》，《中国刑事法杂志》2020 年第 1 期。

为基础，那么认为片面参与者和其他的参与者共同导致了法益侵害的发生，并无疑问；据此，就可以承认片面共同正犯的成立，否则就会形成处罚漏洞。① 张明楷教授指出，犯罪参与中的因果关系实际包括了物理的、客观的因果关系和心理上、精神上的因果关系；只要肯定犯罪参与中物理的、客观的因果关系，那么片面参与者就存在共同惹起法益侵害的可能，因此可以构成共同犯罪。② 我国其他诸多论者也表明了相同的看法③。在此基础上，持类似观点的学者一般会进一步指出，既然有学者承认片面的狭义共犯，尤其是片面帮助犯，就没有理由否认片面的共同正犯。④

2. 双重因果关系说

持该学说的论者认为，知情一方事实上既满足了共同犯罪所要求的物理的、客观的因果关系，也满足共同犯罪所要求的心理因果关系，因此将知情一方认定为共同正犯并无不妥。片面共同正犯场合的物理因果关系一般没有什么争议，存有疑问的是心理因果关系。对此有论者认为，在片面共同正犯的情形中，根本没有必要要求强化每个犯罪参与人的犯罪心理，仅需强化片面参与者的心理即可，因此不需要行为人之间具有相互的意思联络。片面参与者的心理如何得到了强化呢？该论者进一步指出，片面参与者"知道有他人一同与自己做坏事，自然会'心安理得'一些"，因此即便只有单方面的意思联络，对于片面参与者而言，也可以对其产生心理上的影响，进而影响法益侵害性；概言之，心理的因果关系本身通过作用于他人的心理而得以肯定。于是，一方面，只要知情者利用了不知

---

① [日]山口厚：《刑法总论》，付立庆译，中国人民大学出版社 2011 年版，第 351 页。

② 张明楷：《刑法学》，法律出版社 2016 年版，第 435 页。

③ 例如，陈洪兵教授也认为，倘若片面参与者所实施的行为的确与结果之间存在物理的、客观的因果关系，那么就可以承认共同正犯的概念。参见陈洪兵《共同正犯"部分实行全部责任"的法理及适用》，《北方法学》2015 年第 3 期。

④ 刘涛：《片面共同正犯的成立及其范围》，《政治与法律》2014 年第 11 期；张明楷：《刑法学》，法律出版社 2016 年版，第 435 页。

情者的行为，将他人行为纳入自己行为来实现自己的犯罪，就可以符合片面共同正犯的处罚根据；另一方面，片面的意思联络也可能影响行为人的心理，片面知情者以不知情人的行为为心理依托，客观上也会致使法益侵害结果的扩大。①

3. 物理因果关系与行为重要性说

持该学说的论者认为，鉴于物理因果关系和知情一方参与行为的重要性可以肯定某些情况下的片面共同正犯。例如，西田典之教授认为，即便片面参与者的行为与结果只具有物理性的因果关系，也可以成为共犯的处罚依据，加之参与行为的重要性，因此可以肯定片面共同正犯的成立。比如，在 B 想要杀死 C 的时候，A 为了帮助 B 完成犯罪，便将 C 的唯一逃生通道堵住，最终 B 成功杀害了 C。在这种"作为的片面的共犯"的情形中，鉴于 A 之参与行为的重要性，将其认定为片面共同正犯似乎更容易被接受。② 周光权教授也有类似的看法。周教授指出，如果片面参与者的参与对该犯罪的实行来说必不可少的话，那么，将这种参与行为评价为（片面）共同正犯，也没有太大问题。③ 陈洪兵教授从所谓罪刑相适应原则出发，也表达了相同看法。其举例说道，在"捆绑抢劫案"中④，"行为人明明实施了抢劫罪的实行行为，其行为不仅使被害人遭受了人身侵害，而且方便了 B 获取被害人的财物，也就是说，A 的行为与被害人所遭受的人身及财产损害之间均具有因果关系，若将其降格评价为帮

---

① 尹晓静：《论片面共同正犯的成立依据——基于"部分行为全部责任"原则的解读》，《法学》2012 年第 11 期。

② ［日］西田典之：《日本刑法总论》，王昭武、刘明祥译，法律出版社 2013 年版，第 319 页。

③ 黎宏：《刑法学总论》，法律出版社 2016 年版，第 281 页。

④ "捆绑抢劫案"：A 提前知道 B（两人事先无通谋）想要入户抢劫 C 的财物，于是独自提前潜入 C 宅，将 C 捆绑起来，并将其扔到床下。B 进入 C 宅后没有遇到任何抵抗而成功将 C 的财物洗劫一空。

助犯，则通常只能被认定为从犯，导致罪刑不相适应。"①

4. 单方面内心存在说

持该学说的论者认为，意思联络并不是共同正犯的主观要件，只需要行为人内心存在共同实行的意思即可。例如牧野英一指出，共同实行犯罪的意图其实属于犯罪参与者自己的心理事项，而所谓要求犯罪参与者之间必须有意思交换、联络的要件，只不过是一种外界的事项；是故，片面共同正犯的场合，实际上已经满足共犯的主观要求。② 泽登俊雄也认为，共同正犯的成立要件本身就只要求行为人具有利用他人犯罪行为的主观意思，而无须考虑被利用者的主观认识与主观意思。因此，应该肯定片面共同正犯的成立。③

5. 主客观相统一与双性说

持该学说的论者认为，片面共同正犯一方符合主客观相统一的犯罪构成，具有社会危害性和人身危险性，因此对其适用"部分实行，全部责任"的原理。林亚刚教授等认为，片面实行者对不知情一方的犯罪行为具有清楚认识。在此认识基础上，一方面，片面参与者把对不知情一方的认识纳入到自己的犯意之中，从而彰显出更大的主观恶性；另一方面，片面参与者在客观上去利用、促进不知情一方的犯罪行为，在事实上将自己之行为纳入不知情一方的行为之中，从而实现自己的犯罪目的。可见，对此类片面参与者以共同正犯的形式归责，乃是主客观相统一的犯罪构成以及行为人实行犯罪的社会危害性和人身危险性之统一的刑事责任的必然结论，也是责任主义的当然要求。④

---

① 如前所述，该学者主要还是因为物理因果关系而肯定片面共同正犯的。陈洪兵：《共同正犯"部分实行全部责任"的法理及适用》，《北方法学》2015 年第 3 期。

② 转引自陈家林《共同正犯研究》，武汉大学出版社 2004 年版，第 153—154 页。

③ 转引自陈家林《共同正犯研究》，武汉大学出版社 2004 年版，第 154 页。

④ 林亚刚、何荣功：《片面共同正犯刑事责任的探讨》，《法学评论》2002 年第 4 期。

(二) 片面共同正犯肯定说主要理由的反思

1. 物理因果关系无法满足正犯的要求

行为人与结果仅有单纯的（共同惹起的）物理因果关系，不足以将其评价为正犯。"部分实行，全部责任"的实质根据在本质上是要解决个人之"部分实行"能符合基本构成要件的问题。[①] 结合片面共同正犯的问题，就意味着片面参与人的"部分实行"能够在规范论意义上评价为包括了不知情一方的行为。唯有如此，才能让其承担"全部责任"。持物理因果关系说的论者仅依据共同惹起的物理、客观因果关系，就将不知情一方的行为等价于知情一方的行为，不符合正犯实质化的等价性原则。[②] 按照此标准，狭义的共犯也可以作为正犯处理。因为，狭义共犯也具有因果关系，而且正如下文指出的片面共同正犯情形还只具有物理因果关系，缺乏心理因果联系。这意味着不知情一方完全在自己的意志支配下活动，无法形成一种配合知情一方完成犯罪的氛围和实际效果。因此，在规范论意义上不能将不知情一方的行为当然地视为知情一方的行为，也即无法说明片面共同正犯之正犯性。

另外，以承认片面帮助犯只需单方意思为由认为片面共同正犯也应该成立的观点不妥。实质上这是没有认识到共同正犯与帮助犯具有不同结构和本质而得出的错误看法。正犯要求的是将他人行为直接在规范评价上视为自己亲自实行，由此相互之间的意思联络与心理影响就尤为重要；而帮助犯并不要求能够在规范评价上直接将他人行为等价为自己亲自直接实行，因此仅具有物理因果关系即可。

[①] 罗世龙：《论"部分实行，全部责任"的实质根据论》，《中国刑事法杂志》2020年第1期。

[②] 罗世龙：《论"部分实行，全部责任"的实质根据论》，《中国刑事法杂志》2020年第1期。

2. 心理因果关系的认定值得商榷

双重关系说的论者认为当单方面知情一方具有心理因果关系，并将其作为成立共同正犯的依据。笔者认为，这种观点值得商榷。所谓知情一方也具有心理因果关系，是指知情的行为人"知道有他人一同与自己做坏事，自然会'心安理得'一些……即便是单方面的意思联络对于片面共同正犯也可以产生心理影响，进而影响法益侵害性"。[①] 显然，这种心理因果关系仅是行为人面对客观事物自己内心产生了一些想法，而非沟通后产生的心理效果。而且，这种单方面的臆想完全也可以与其相反，例如，"他不知道我要帮助他完成犯罪，他会不会不去实施，我到底要不要提前或者在他实施犯罪时帮助他呢……"这种心理因果关系，与因为意思联络而产生的相互鼓励或者说约束的心理因果关系具有明显不同的效果和特征。意思联络可以形成一种团体力量，这种力量能够对法益侵害结果产生支配影响。而上述论者所言的心理因果关系完全起不到如此效果，甚至起到相反的效果，因而不足以支持将他人的行为等价于自己的行为。

3. 重大作用说与共同正犯的成立并无直接联系

重大作用说在感性认知上很容易引起大家共鸣。因为在人们看来，诸如上述案例一到案例六中的片面行为对犯罪的实现起到了很大作用，而且从主观方面来看，其在道德上也值得强烈谴责。因而，肯定共同正犯的成立似乎很有现实必要性。但是，需要注意的是：一方面，即使对犯罪的实现具有重要作用，也并不一定能够作为共同正犯处理。例如，单独正犯、间接正犯对犯罪实现具有绝对的支配控制作用，但却没有作为共同正犯处理。所以，重大作用并不是成立共同正犯的唯一条件。另一方面，需要思考的是，所谓对犯罪实现具有重大作用，达到了支配不法构成要件实现的程度吗？笔者

[①] 尹晓静：《论片面共同正犯的成立依据——基于"部分行为全部责任"原则的解读》，《法学》2012年第11期。

认为，虽然知情一方的行为可能是犯罪实现必不可少的条件，或者说对犯罪的实现起到了看似重要的作用。但是，从客观角度而言，这些行为还尚未达到支配不法构成要件实现的强度。而且，帮助行为或者教唆行为往往也是犯罪实现必不可少的要件，如果如此理解正犯所要求的重大作用，将会导致无法区分正犯与共犯。因此，这里所谓的重大作用与共同正犯成立所要求的重大作用并不能作等同理解。

4. 单方面内心存在说不符合共同正犯的要求

持单方面内心存在说的论者认为，意思联络并不是共同正犯的主观要件，只需要行为人内心存在共同实行的意思即可。此种说法并没有准确理解共同正犯的成立要件。共同正犯只实施了部分行为（存在论意义的行为），却需要负全部责任，原因在于行为人通过共犯故意承担了部分对行为计划十分重要的任务，并经由犯罪行为实现构成要件从而使其对整个事件的控制成为可能。而这个支配效果正是从"共同合作"的结构、"相互依存"的效果中产生。[①] 由此观之，如果一方都不知道另一方要跟自己完成犯罪，何谈"共同合作""相互依存"？单方面的臆想又如何能起到鼓励的效果？事实上，在片面共同正犯的场合，如果犯罪参与人之间缺乏意思联络，那么片面参与者并不能对不知情者施加较强的心理约束，是故无法在规范论上将他人之行为理所当然地视为自己行为。[②]

5. 主客观相统一与双性说无法说明正犯性

将主观客相统一的犯罪构成以及社会危害性与人身危险性作为片面共同正犯的实质根据不妥。这种理论无法说明共同正犯之正犯性的问题。殊不知，所有犯罪的认定必定是主客观相统一的，也可能同时考虑行为人的社会危害性与人身危险性。换言之，这种说法

---

① ［德］克劳斯·罗克辛：《德国刑法学总论》（第2卷），王世洲译，法律出版社2013年版，第59—68页。

② 张召怀：《片面共同正犯否定论——基于交互支配性的证成》，载陈兴良《刑事法评论》，北京大学出版社2017年版，第78—79页。

无法判断行为人之行为是符合基本构成要件还是修正构成要件，是符合单独正犯还是符合同时犯、共同正犯等。不知情一方的行为能否评价为知情一方的行为，关键在于二者是否存在意思联络和任务分工等，而非简单的理解为认定单独正犯意义上所需要的主客观统一以及社会危害性与人身危险性。当然该论者在具体展开中分析到，行为人在单方面的认识和意志的指导、支配下实施自己的行为，并去利用、加工他方的实行行为（主客观相统一，且主观恶性和人身危险性大），因而可以将他人行为视为自己行为的一部分。显然，问题的症结仍然在于，这种单纯的自我臆想和物理因果关系是否能产生一种机能的行为支配效果。正如文章多次提到的，答案是否定的。以片面的共同故意和单方的实行行为参加他人犯罪的，这种没有相互依存关系的行为不能被评价为共同正犯实行行为的一部分。①

（三）片面共同正犯否定说主要理由的提炼

1. 相互利用、相互补充说

否定片面共同正犯的第一个理由是，没有相互意思联络意味着缺乏心理联系，无法形成相互补充、相互利用之效果，因而不能为"部分实行，全部责任"奠定基础。日本学者大塚仁教授基于共同正犯只有相互利用、相互补充才能为"部分实行，全部责任"奠定基础的角度出发来否定片面的共同正犯。例如，他指出，要成立共同正犯，就需要犯罪参与人之间存在相互利用、相互补充的效果，否则对犯罪参与者施加正犯责任就欠缺实质合理性，因此，缺乏意义联络的片面共同正犯场合，由于行为人之间不能满足相互利用、相互补充这一要件，因而无法成立共同正犯。② 日本也有判例从各行为人之间必须相互配合才能成立共同正犯出发，否定片面共同正犯的

---

① 朴宗根：《正犯论》，法律出版社2009年版，第258页。
② ［日］大塚仁：《犯罪论的基本问题》，冯军译，中国政法大学出版社1993年版，第265页。

成立。① 在德国也有很多学者不承认片面共同正犯的成立。例如，金德·霍伊泽尔教授认为，在共同正犯的场合中，作为正犯者的行为人都必须根据共同的行为决意相互地作出行为贡献；如果只是单方面的认可或者利用其他参与者的犯罪行为，则不能视为具有共同行为决意。②

在我国有很多学者更加明确地指出了这一理由。例如，黎宏教授最初在否定片面共同正犯时指出，缺少意思联络（即心理上的因果关系），就无法营造一种强化个人之犯罪心理的内部氛围，客观上所存在的共同行为，也就是一盘散沙，各个共同人也只是一群乌合之众，根本无法在规范评价上将他人之行为当然地视为自己之行为，在刑法上，最多就是一群同时犯而已。③ 陈子平教授也认为，共同正犯之所以被肯定，在于行为人之间在物理上和心理上具有相互补充的效果，共同导致了危害结果的发生；反言之，如果犯罪参与人之间缺乏相互补充、相互利用的意思，也即没有行为人之间的犯意联络，那么就无法适用"部分实行，全部责任"的原理。

2. 共同意思主体说

持该说的论者认为，共同犯罪是共同意思主体的活动，而要成为共同意思主体，就必须存在相互的意思联络。这种理论将共犯解释为一种特殊的社会心理现象，进而将共同意思主体犯一罪作为共

---

① 最典型的判例是日本大审院大正11年（1922年）2月25日作出的刑事判决。被告人得知一些人共谋要闯入某家实施毁损建筑物、器物以及伤害等行为，被告人为了参加袭击而尾随前往，先行达到的人正在实施毁损建筑物、器物行为之时，被告人也侵入该住宅持刀实施了种种胁迫行为。大审法院认为，"如果行为者之间欠缺意思联络，纵令其中的一人以与他人一起以共同实行的意思参加了他人的犯罪，但是由于不能认为靠全员的协力实行了犯罪事实，故不能认定共同正犯的成立。"《日本大审院刑事判例集》（第1卷），第79页。转引自朴宗根《正犯论》，法律出版社2009年版，第255—256页。

② ［德］乌尔斯·金德霍伊泽尔：《刑法总论教科书》，蔡桂生译，北京大学出版社2015年版，第430—431页。

③ 黎宏：《刑法总论问题思考》，中国人民大学出版社2007年版，第495页。

同正犯之本质特征，并认为共同意思主体是共同正犯成立的条件。因此，"只要采用共同意思主体说，那么所谓共犯，即是两人以上异心别体的个人在实现犯一罪的共同目的下，成为同心一体，既如此，自然否认片面的共犯。"①

3. 行为共同否定说

持该学说的论者认为，只有坚持行为共同说才有赞成片面共同正犯的可能，但是行为共同说在我国并不能成为共同正犯的本质。因为行为共同说既没有阐明对什么罪构成共同正犯，也不能说明我国刑法中犯罪集团的归责法理。而且，行为共同说有主观主义的嫌疑。是故，行为共同说的理论根基不稳，正因如此，用其说明片面共同正犯也就缺乏合理性。②

4. 现行立法与传统理论说

该说的主要观点是，片面共同正犯不符合我国共同犯罪的立法规定和传统的共同犯罪理论。有学者指出，我国刑法典第25条明文规定"共同犯罪是指二人以上共同故意犯罪"，我国传统刑法理论一般都认为共同犯罪所要求的共同故意不仅指的是相同的故意，而且包括了犯罪参与人之间基于故意的相互意思联络，这表明"片面共犯"成立的必要前提在我国并不存在。③ 还有学者提出，"我国共犯制度是以'共犯关系'为核心的……作为'共犯关系'存在的主观要件的共同犯罪故意必须是全面的、双向的"，而在片面共犯的场合，仅有片面参与者知道自己与其他行为人共同实行犯罪行为，而其他行为人在事实上却不知道自己被帮助、被利用，是故，缺乏全面的、双向的故意，不存在共犯关系，因此也无法通过共同犯罪制

---

① 转引自陈家林《共同正犯研究》，武汉大学出版社2004年版，第60页。
② 陈家林：《共同正犯研究》，武汉大学出版社2004年版，第163页；郑泽善：《片面共犯部分否定说证成》，《政治与法律》2013年第9期。
③ 夏勇：《我国犯罪构成理论研究视角疏议》，《法商研究》2003年第2期。

度对片面共犯追责。①

5. 一人共同犯罪说

该说认为,片面共同正犯会得出一人共同犯罪的荒谬结论。有论者指出,"片面共犯"本身就是一个自相矛盾的概念,共同犯罪只能在有两个以上的人共犯某罪的情况下才能成立,而"片面共犯"中的片面,实际上指仅知情的犯罪参与人才是共犯,而其他在客观上共同实施犯罪的犯罪参与人却只是单独犯而非共犯。这就等于说,仅有一个行为时也可以构成共同犯罪,显然,"一人的共同犯罪"是不可思议的。②

6. 单方故意危害性说

该说主张,单方面的故意没有双方之间具有意思联络的危害性大。例如有学者提出,不能承认片面共同正犯概念的理由在于:就共同正犯而言,在各个犯罪参与人都具有共同实行的意思,即行为人之间具有意思上的相互联络时,与仅有片面参与者具有共同一起实施犯罪的意思相比,更具有危险性和冲击性,因此,有必要区别这两种情形。③ 换言之,社会危害性相对较小的、单方面的共同故意情形不能构成共同正犯。

7. 不会出现说

该说认为,现实中片面共同正犯几乎不存在,因此没有承认的必要。例如有观点认为,片面共同正犯在人们的现实生活中根本不可能真的出现。④ 试想在共同实行犯罪的场合,一方正在实行犯罪,而另一方以实行行为在现场相助,彼此还不知情、无沟通的情况几乎不可能发生。⑤

---

① 王志远:《我国现行共犯制度下片面共犯理论的尴尬及其反思》,《法学评论》2006 年第 6 期。
② 叶高峰:《共同犯罪理论及其运用》,河南人民出版社 1990 年版,第 309 页。
③ 郑泽善:《片面共犯部分否定说证成》,《政治与法律》2013 年第 9 期。
④ 高铭暄、马克昌:《刑法学》,北京大学出版社 2014 年版,第 166 页。
⑤ 阮齐林:《刑法学》,中国政法大学出版社 2010 年版,第 221 页。

8. 其他犯罪形态说

该说认为，片面共同正犯的情形实质上是符合其他犯罪形态的情形。例如，陈兴良教授认为，如果主观上没有犯意的互相联络，即使一方具有片面的共同犯罪的故意，也没有必要承认其为片面共同正犯，对其以单独正犯论处也可以定罪。[1] 有学者认为，"所谓片面共犯的行为，实际上是利用他人作为工具而实行自己的犯罪行为，应以间接实行犯论。"还有学者认为，对所谓片面共同正犯的各种情形，可以按照间接正犯、同时正犯或帮助犯处理。[2]

（四）片面共同正犯否定说主要理由的评析

1. 相互利用、相互补充说的相对肯定

相互利用、相互补充说在整体上值得肯定。因为它从共同正犯之"部分实行，全部责任"的实质根据着手。例如，有的从所谓相互利用、相互补充、共同惹起的角度阐述意思联络的重要性，还有的从所谓"交互"归责角度论述意思联络的重要性等。无论具体观点是否合理，但是这种做法至少在论述"部分行为"需要承担"全部责任"的依据。也即在论述为什么能够将他人的行为视为自己之行为的根据。当然存有疑问或者说不足之处在于有些论者只强调意思联络是共同正犯的成立条件[3]，而尚未真正展开说明为什么意思联络如此重要，似乎有把前提当作结论的嫌疑。正因如此，有论者一针见血地指出，否定说立论的核心在于意思联络，但为何意思联络必不可少，有的理由却没有说出一个所以然来。[4]

2. 共同意思主体说的全面否定

该说将共同意思主体作为论证片面共同正犯需要意思联络的前提不妥。该学说从"以意思了解为媒介的共同犯行之一体性"来奠

---

[1] 陈兴良：《教义刑法学》，中国人民大学出版社2010年版，第667页。
[2] 周光权：《刑法总论》，中国人民大学出版社2016年版，第332页。
[3] 朴宗根：《正犯论》，法律出版社2009年版，第258页。
[4] 张召怀：《片面共同正犯否定论——基于交互支配性的证成》，载陈兴良《刑事法评论》，北京大学出版社2017年版，第75—76页。

定共同正犯之"部分实行，全部责任"的理论基础。但这种将共同意思主体作为犯罪主体，认可将其刑事责任归属于各构成成员，实属基于团体责任的观点①，不具有合理性。既然如此，依据错误前提得出的结论，也就不可采信。

3. 行为共同否定说的质疑

行为共同否定说认为只有行为共同说才有肯定片面共同正犯的可能，而且认为行为共同说在我国行不通。这两个判断都过于绝对。一方面，犯罪共同说也完全有承认片面共同正犯的可能，因为其只是要求两个人有共同的犯罪故意，但是并不一定要求具有双向的联系。共同犯罪的本质与"部分实行，全部责任"的实质根据并无必然联系，二者属于两个不同的问题。② 换言之，片面共同正犯的成立与所谓行为共同说和犯罪共同说并无太大的联系，因为它们本来就不是"部分实行，全部责任"的实质根据。另一方面，行为共同说近年来在我国也是一种非常有力的观点，其合理性不容忽视。③ 因此，仅把犯罪共同说作为共同正犯的前提条件本身就值得商榷。

4. 现行立法与传统理论说的反思

该说将我国刑法中的共同正犯立法和理论限制在两个人以上须有共同故意且双方具有意思联络的范围内。但事实上，也可以将我国刑法第25条解释为只是限制在故意犯罪的范围内，而非两个人必须具有共同的犯罪故意，更没有要求双方必须具有意思联络。正如有学者指出的，该条文理解为二人以上共同（去）故意犯罪，或者二人以上共同（地）故意（地）犯罪（而非共同地故意地犯罪），

---

① ［日］松原芳博：《刑法总论重要问题》，王昭武译，中国政法大学出版社2014年版，第290页；［日］西田典之：《日本刑法总论》，王昭武、刘明祥译，法律出版社2013年版，第312页。

② 罗世龙：《论"部分实行，全部责任"的实质根据论》，《中国刑事法杂志》2020年第1期。

③ 黎宏：《共同犯罪行为共同说的合理性及其应用》，《法学》2012年第11期；张明楷：《共犯的本质——"共同"的含义》，《政治与法律》2017年第4期。

就可以为片面共同正犯奠定法律基础。① 而且，共同犯罪在于解决不法或者说客观归属问题，而并非三阶层的全部判断，因此共同犯罪根本不需要回答"共同犯罪犯的是什么罪"的问题；这也是有学者提出在刑法理论与司法实践中完全可以淡化"共同犯罪"概念的原因所在。②

5. 一人共同犯罪说的批判

该说认为一个人的共同犯罪不可思议，并且指出片面与共同正犯自相矛盾。这种观点源于该论者尚未认识到片面共同正犯的本质，以及对片面共同正犯进行完全形式化的语义解读。正如有论者正确地指出，这种观点显然没有准确把握"片面共同正犯"这个概念的关键，片面共同正犯旨在解决知情一方行为人的归责问题；具言之，它试图借助共同正犯之"部分实行，全部责任"原理，解决片面实行者的结果归属问题。③"既然是片面共犯，当然仅对知情的一方适用共同犯罪的处罚原则，对不知情的一方不适用共同犯罪的处罚原则。"④ 而且，所谓"片面"是对形态的描述，"共同正犯"则是对本质的概括，二者不属于同一层次，自然也无矛盾之处。⑤

6. 单方故意危害性说的否定

该说以单方面的故意没有双方意思联络的危害性大而否定片面共同正犯，不仅存在论证视角的错误，而且这一判断本身值得怀疑。一方面，即使单方面的故意情形下的危险性小，也与是否能够将他人行为在规范论上评价为自己行为无关，即与片面共同正犯是否能

---

① 张明楷：《刑法学》，法律出版社2016年版，第382页；李强：《片面共犯肯定论的语义解释根据》，《法律科学》（西北政法大学学报）2016年第2期。

② 张明楷：《共同犯罪的认定方法》，《法学研究》2014年第3期。

③ 张召怀：《片面共同正犯否定论——基于交互支配性的证成》，载陈兴良《刑事法评论》，北京大学出版社2017年版，第70页。当然，这与是否赞成片面共同正犯的成立属于不同问题。

④ 张明楷：《刑法学》，法律出版社2016年版，第435页。

⑤ 张召怀：《片面共同正犯否定论——基于交互支配性的证成》，载陈兴良《刑事法评论》，北京大学出版社2017年版，第70页。

够成立无关。概言之，危险性大小与片面共同正犯是否能够成立无关。另一方面，单方面的意思与具有意思联络的情形，哪个危害性更大并不能得出绝对确定的结论，而应该根据具体情况分别判断。事实上，危险性的大小在客观上还可能是完全相同的。

7. 不会出现说的舍弃

该说以现实中可能不存在或者说很少存在片面共同正犯情形为由否定片面共同正犯，这种做法不具有合理性。事实上，现实中完全可能发生片面共同正犯的情形，正如前文所述日本就发生了真实的案例。而且，即使现实中还没有发生或者发生很少，也不能作为否定片面共同正犯成立的理由，因为这二者之间没有必然的联系，至多是一个实践意义有多大的问题。

8. 其他犯罪形态说的相对肯定

该说因片面共同正犯情形可能已经符合单独正犯、间接正犯、同时犯或者帮助犯而认为片面共同正犯概念无必要。这一观点在视角上并无太大问题。但有论者批评道没有必要采用片面共同正犯的概念，不等于不可以采用此概念，且采用何种概念不仅影响定罪的有无，还可能影响量刑，因此单纯的必要性论证并没有触及是否应该承认片面共同正犯的核心。[1] 这一批评值得商榷。首先，倘若片面共同正犯的情形果真已经符合了其他犯罪形态，那么意味着其不可能再是共同正犯的一种类型。如果认为其可能既符合单独正犯，又符合间接正犯或者同时犯，甚至帮助犯，那么就等于否定了这些犯罪形态或者类型的区分。其次，笔者也赞成采用诸如帮助犯还是片面共同正犯的概念会影响定罪与量刑，但问题的关键在于采用哪种概念更为合理。简言之，如果采用帮助犯概念是合理的，那么也就意味着采用片面共同正犯不合理，即使其导致的处罚更重。存有问题的是，片面共同正犯的各种情形，是否适合一律作为单独正犯或

---

[1] 张召怀：《片面共同正犯否定论——基于交互支配性的证成》，载陈兴良《刑事法评论》，北京大学出版社2017年版，第75页。

者间接正犯，以及是否能够分情况作间接正犯、同时犯或者帮助犯的处理。对于这一问题还有待讨论，下文将详叙之。

（五）片面共同正犯否定论的确立

1. 将他人的行为规范评价为自己行为的依据不足

正如本部分开头所指出的，片面共同正犯的问题，实质在于讨论，不知情一方的行为是否可以在规范论意义上直接视为知情一方亲自实行的行为。应该说，当前研究在一定程度上偏离了这一视角才导致片面共同正犯肯定论者与否定论者的理论缺乏针对性和深入性。回归到问题的本质，则有利于问题的讨论。

事实上，我们经常讨论的"部分实行，全部责任"的问题，也就是在探讨他人行为能否在规范意义上等价于自己亲自实行的行为。具体到片面共同正犯的情形，特指能否将不知情一方的行为直接等价于知情一方亲自实行的行为。是故，并不是因为共同正犯的成立条件有意思沟通、相互利用、相互补充，而要求片面共同正犯的成立也必须有意思沟通。也就是说，按照共同正犯的成立条件类比片面共同正犯的成立条件并不具有科学性。

那么回归到不知情一方的行为能否在规范意义上等价于知情一方亲自实行的行为这一问题的本质，就可以发现片面共同正犯肯定论者与否定论者的争论应聚焦于，双方的意思联络是否是将他人行为视为自己之行为的必要事实基础。如果认为意思联络不是必要的事实基础，那么片面共同正犯当然也就能成立。因为既然知情一方能够将不知情一方的行为等价于自己亲自实行，那么就相当于他实施了全部行为，自然也就需要负全部责任。如果认为意思联络是必要的事实基础，那么就不能将不知情一方的行为视为自己亲自实行，自然也就不能负全部的责任，不成立片面共同正犯。

究竟哪一种立场更合理呢？首先，需注意的是，将他人行为评价为自己行为的活动是一种规范性的评价活动。我们知道，在人文社会科学中，规范评价与客观事实并不相同，但是规范评价的形成需要以一定的事实、客观存在为基础。① 在片面共同正犯的情形中，事实基础有：知情一方客观上与不知情一方共同实行；知情一方有共同实行的意思，另一方以个人犯罪的意思实行。既然有这些事实要素，那么至少规范评价有了一定的事实基础。同时，规范评价又可以相对独立于事实。例如，价值判断的形成还来源于社会规范、生活经验等。能否得出将他人行为等价于自己行为的结论，除了以上的事实要素外，还可能与个人的价值立场、社会的规范等因素相关。从这个意义上说，无论是肯定论者还是否定论者得出的结论均不违背人文社科有关价值判断的基本共识。

其次，需要强调的是，这种规范性的评价应是一种等价性的评价。这种等价性评价强调的是，不知情一方的行为完全视为知情一方亲自实行的行为，而非不知情一方的行为与知情一方的行为有一定联系即可。从共同犯罪的语境而言，不知情一方的行为不能仅为知情一方的帮助行为，而是要能理解为知情一方的实行行为。由此需要思考的是，没有意思沟通的事实能否充分支持这种等价性评价的形成？片面共同正犯肯定论者一般得出了等价性的评价，例如上述有学者认为只要知情一方有利用他人的主观心态和客观上有共同的行为即可，有的学者认为只要具有物理的因果关系即可，有的学者认为只要知情一方内心存在共同实行的意思即可等。这些论者无不否定了不知情一方需要知情的重要性。似乎只要知情一方"一厢情愿"，就可以将他人的行为及其作品全部视为自己的"杰作"。而且，这对不知情一方也没有什么不利之处。而片面共同正犯否定论者认为不能形成等价性的评价。例如上述有论者曾强调，缺少意思联络就无法营造一种强化个人之犯罪心理的内部氛围，客观上所存在的共同行为，也就是一盘散沙，各个共同人也只是一群乌合之众，

---

① 罗世龙：《论"部分实行，全部责任"的实质根据论》，《中国刑事法杂志》2020年第1期。

根本无法在规范评价上将他人之行为当然地视为自己之行为。①

最后，能否得出等价性的评价，有待于对意思沟通的作用展开具体分析。事实上，各种共同正犯的处罚根据理论从不同角度强调了意思联络的重要性。② 例如，共同意思主体说从"以意思了解为媒介的共同犯行之一体性"来奠定共同正犯之"部分实行，全部责任"的理论基础。③ 功能行为支配说认为，在某种程度上说，功能支配的产生正是源于共同的犯意决定计划下的分工，因此主观意思联络必不可少。④ 兼具正犯性与共犯性的理论认为，产生相互行为归属在于各行为人透过共谋知悉接下来即将为共同之参与行为。⑤ 另外几种多视角的处罚根据理论，也强调意思联络对于将他人行为视为自己行为的重要性地位。例如有学者认为行为人之间主观上的共同的犯罪故意及意思联络使行为人的行为结合成一个整体⑥；有学者认为参与人之间的意思联络而产生的对结果的实现具有心理因果性是共同正犯的处罚根据之一⑦；有学者认为只有基于行为意思才能将参与人的行为统合起来⑧；有学者提出的"同舟共济，荣辱与共"的说法，也在于强调参与人之间的意思联络使实行行为彼此有机结合

---

① 黎宏：《刑法总论问题思考》，中国人民大学出版社 2007 年版，第 495 页。
② 如上文所述，共同正犯处罚根据理论在实质上也是探究能否将他人行为视为自己之行为的问题。因此，其对意思联络的立场也与片面共同正犯是否需要该要件的立场一致。
③ ［日］西田典之：《日本刑法总论》，王昭武、刘明祥译，法律出版社 2013 年版，第 311—312 页。
④ ［德］克劳斯·罗克辛：《德国刑法学总论》（第 2 卷），王世洲译，法律出版社 2013 年版，第 59—62 页。
⑤ 黄鹏连：《论犯罪参与体系之检讨与重塑——以共同正犯之归责法理为论述中心》，硕士学位论文，中国文化大学，2016 年，第 156 页。
⑥ 陈家林：《共同正犯研究》，武汉大学出版社 2004 年版，第 60 页。
⑦ 王俊、冀洋：《论共同正犯"部分实行全部责任"的归属逻辑——以反思"行为共同说与犯罪共同说"为中心》，《北京理工大学学报》（社会科学版）2017 年第 3 期。
⑧ ［日］松原芳博：《刑法总论重要问题》，王昭武译，中国政法大学出版社 2014 年版，第 290—291 页。

在一起，即以彼此意思联络为牵引或黏合剂，彼此相互利用、相互促进，把他人的行为视为自己的行为①；还有学者指出，"行为人主观上有意思联络，这种意思联络使得行为人之间互相支持、互相促进。"② 相互教唆说，强调共同行为计划或者行为决意也具有相当程度之重要意义，且其重要性之关键在于，各个行为人于主观上相互交换动机后，始让彼此在实行其所分担之任务时，对全体结果产生共同支配力。③

当然，以上共同正犯的处罚根据理论本身是否合理则另当别论④。在此，需要观察到的是，他们一致认为意思联络是等价性评价所必需的基础事实。对此，笔者也表示赞同。从心理学角度而言，作为一种特殊类型之犯罪群体文化，往往构成犯罪群体内之"心理气氛"，且在犯罪群体中之不成文规范与压力下，更使该群体之成员间形成了某种共同之"心理契约"，从而加强群体犯罪心理之契合性与一致性。⑤ 正如黎宏教授所言，缺少意思联络就无法营造一种强化个人之犯罪心理的内部氛围，客观上所存在的共同行为，也就是一盘散沙，各个共同人也只是一群乌合之众。⑥ 也就是说，如果犯罪参与者之间没有意思沟通（明示或者暗示均可），那么他们之间就根本无法相互鼓励、相互约束、相互补充、相互配合。这对于知情一方来说也不例外。没有意思沟通，在事实层面上，知情一方也无法真

---

① 邹兵：《论共同正犯"部分实行全部责任"原则之根据》，《社会科学战线》2011年第8期。

② 尹晓静：《论片面共同正犯的成立依据——基于"部分行为全部责任"原则的解读》，《法学》2012年第11期。

③ "相互教唆说"之内容转引自黄鹏连《论犯罪参与体系之检讨与重塑——以共同正犯之归责法理为论述中心》，硕士学位论文，中国文化大学，2016年，第154—155页。

④ 有关分析，参见罗世龙《论"部分实行，全部责任"的实质根据论》，《中国刑事法杂志》2020年第1期。

⑤ 罗大华、何为民：《犯罪心理学》，浙江教育出版社2002年版，第360页。

⑥ 黎宏：《刑法总论问题思考》，中国人民大学出版社2007年版，第495页。

正地去利用、支配他人（间接正犯除外）。既然如此，如何能够将他人的行为直接视为自己亲自实行。片面共同正犯情形中的所谓的一致性，仅是客观上的耦合和主观上的"一厢情愿"。正如有论者指出的，片面共同正犯情形中所谓的利用，也只是一种主观态度，这并不代表他本人真的能够对他人的行为和结果产生影响。[①] 因此，要满足能将他人行为视为自己之行为的等价性评价要求，应具有意思沟通的事实基础。

2. 否定片面共同正犯也能实现定罪量刑的合理化

定罪是有关构成要件符合性的问题，而且一般来说只有定罪了才能进行量刑的工作。因此，某种行为构成正犯还是共犯，事实上不是量刑决定的，而是定性所致。否定片面共同正犯的根本原因在于，很难在价值判断上得出等价性的评价结论，即无法将不知情的行为直接视为知情一方亲自实行的行为，进而无法认定为共同型的正犯。事实上，片面共同正犯的情形本身符合其他犯罪形态（例如单独正犯、帮助犯）。这也意味着有论者认为否定片面共同正犯会造成处罚漏洞或处罚不合理的说法本身就难以立足。在本书看来，否定片面正犯也能实现定罪量刑的合理化。结合文章开头所示的六个案例，本书尝试着作如下分析。

案例一：A暗自加入射杀C，但是没有击中，应该作为故意杀人罪（未遂）的单独正犯处理。该案中A、B没有意思联络，无法产生心理效应，没有形成相互配合、相互补充之共同支配不法构成要件实现的效果，不能在规范评价上将B的行为直接视为A亲自实行的行为，因此A不能作为杀人罪的共同正犯处理，而应属于单独犯罪。虽然，在普通大众看来，A的主观恶性之大，但是他并不能影响、约束B的行为，因而不能将B的行为以及造成的结果直接等价于他所造成的。这恰恰是主客观相统一原则和罪责自负原则的必

[①] 张召怀：《片面共同正犯否定论——基于交互支配性的证成》，载陈兴良《刑事法评论》，北京大学出版社2017年版，第81页。

然结论。

案例二：A 暗自加入放火烧房子，并与 B 的行为一起造成了 C 之房子烧毁的结果，属于放火罪的单独正犯。A 之行为与损害后果之间是否具有既遂的因果联系，则根据因果关系理论解决即可。而且，一方（B）负责或者不负责并不代表可以直接否定或者肯定另一方（A）的责任，关键还是在于看自己实施的行为是否符合构成要件之规定。

案例三：A 暗自加入毒剂量致使 C 死亡，属于故意杀人罪之单独正犯，且应该作为既遂犯处理。正如陈兴良教授所言，A 利用 B 已经投放的毒而没有足额投毒，对其以单独正犯论处也没有问题。[1] 有论者进一步解释道，"在已经存在毒剂的情况下，尽管量不足，但这应该被视为 A 行为的环境。正如在被害人奄奄一息之际，行为人开枪致其死亡时，其行为仍然属于故意杀人罪既遂。"[2] 同样的，B 需要承担自己相应的刑事责任，并不能当然地减少或者扩大 A 的责任。因为二者之间没有犯意的联络，只有纯粹客观上的共同实行，不能形成相互归属或者代理的规范效果。

案例四：A 以帮助 B 完成盗窃罪的故意，用手枪逼迫 C 不许动，造成 C 之财物被 B 盗走，应认定为盗窃罪的帮助犯。帮助犯并不需要把正犯的行为直接等同于自己亲自实行的行为，因而无须意思联络来支撑等价性评价。故可以承认片面的帮助犯。有论者将 A 持枪胁迫的行为定性为抢劫罪的既遂或者未遂的观点不妥。[3] 原因在于，此时 A 根本没有抢劫罪之主观犯意，因此持枪胁迫的行为无论如何也不能被定性为抢劫行为，否则就违背了主客观相统一的原则。有论者认为，倘若不将 A 的行为认定为共同正犯，则 A 的行为属于胁

---

[1] 陈兴良：《教义刑法学》，中国人民大学出版社 2010 年版，第 667 页。
[2] 张召怀：《片面共同正犯否定论——基于交互支配性的证成》，载陈兴良《刑事法评论》，北京大学出版社 2017 年版，第 82 页。
[3] 张召怀：《片面共同正犯否定论——基于交互支配性的证成》，载陈兴良《刑事法评论》，北京大学出版社 2017 年版，第 82 页。

迫，在我国只能是无罪。① 这种观点也不合理。原因在于，胁迫行为是在帮助盗窃之故意的支配下实施的，且这种胁迫行为可理解成为B以和平的手段转移占有创造了便利条件。因此可以认定为盗窃罪的帮助犯。

案例五：A事先下药给C致使B顺利完成了强奸罪，可以将A认定为强奸罪的帮助犯。没有共同的行为决意，无犯意的联络，很难在规范评价上将B的行为直接等同于A亲自实行的行为。事实上，在没有犯意联络的情况下，对犯罪实现真正具有支配作用的行为人是B。而A与B没有犯意的联络，因此A不能直接影响B的行为，所以A不能作为共同型的正犯。其实负主要责任的理应是具有意志自由且能直接支配强奸罪完成的B。

案例六：A出于帮助B杀死C的目的堵住唯一的逃生通道的行为，应认定为故意杀人罪的帮助犯。虽然很多学者与普通大众一样认为作为帮助犯可能导致量刑的不合理。但是笔者认为，事实上，A并不能支配犯罪结果的出现，因为杀不杀C主要由具有独立意志自由的B控制，A的行为无法支配犯罪结果的直接出现。A与B缺乏意思联络，就不能影响任何一方，不存在共同合作完成犯罪之说，无法在规范评价上将二者的行为直接等同。值得再次强调的是，这里的等价性是指将对方的行为直接视为自己亲自实行的行为。而帮助犯并不要求将正犯的行为直接等同于自己亲自实行，因此不需要满足等价性的要求。当然，如果认为A堵住唯一的逃生通道行为，是利用已经存在的危险，并支配了危险的实现，那么将其评价为单独直接正犯也许有成立的可能。但无论如何，不能认为其属于共同型的正犯。

---

① 陈洪兵：《共同正犯"部分实行全部责任"的法理及适用》，《北方法学》2015年第3期。

二　非共同的故意实行之探讨：以过失共同正犯为例

不可否认的是，在过失犯罪中也存在"共动现象"①。两人以上由于共同过失行为造成了某种过失犯之犯罪结果出现的场合，就是所谓过失共同犯罪。② 学界经常讨论的类型化案例主要有"因果关系不明案"和"部分行为致死案"。例如，甲与乙相约在某一屋顶射击，二人轮流射击离屋顶 10 米左右的啤酒瓶，结果击中了途经该处的行人丙并致其死亡，但事后无法确定甲、乙二人中谁发射的子弹击中丙。此类案例就属于"因果关系不明案"。又如，A 和 B 相约狩猎，B 见树林中有动静，便大喊一声："那边有野猪"，两人立刻同时开枪射击，结果 A 击中路人 C 并致其死亡，而 B 未击中目标。这类案例则属于"部分行为致死案"。

针对以上"共动"现象，是否有必要在规范意义上肯定过失共同正犯的概念，也即能否适用"部分实行，全部责任"的归责原则，在学界存在很大的争议。当前研究主要呈现为两类对立的观点，一类是过失共同正犯否定论，另一类是过失共同正犯肯定论。不同的立场直接决定了"因果关系不明案"中，甲、乙是无罪还是过失致人死亡罪（既遂）的共同正犯，也决定了"部分行为致死案"中 B 是否需要对 C 的死亡结果负责。同时，还引发了共同注意义务共同违反的情况下，单独过失犯与过失共同正犯能否同时存在以及二者有什么实质差别的问题。可见，过失共同正犯的理论研究绝非学者的自娱自乐，而是具有重大理论和现实意义的。

事实上，过失共同正犯不仅是一个有关"部分实行，全部责任"的实质根据问题，而且是一个有关存在论与规范论的问题。虽然当前有关过失共同正犯的文献比较丰富，但是这并不意味着有关问题得到了很好地阐释。如下文所述，论者的不少观点仍然值得商榷。

---

① 张伟：《过失共同正犯研究》，《清华法学》2016 年第 4 期。
② 段琦、黎宏：《过失共同正犯不必提倡》，《人民检察》2014 年第 7 期。

有鉴于此，本书也试图对过失共同正犯成立与否的问题发表一些浅见，以期明确争议的焦点，消除现有的误解，抓住事物的本质，促进问题的解决。

(一) 过失共同正犯否定论的批判性考察

1. 共同过失无法产生相互归属效果的理论根据不充分

过失共同正犯否定论者的第一点理由是，只有在故意犯中才存在相互理解、鼓励的心理状态，因而过失犯场合不可能适用"部分实行，全部责任"。例如日本学者泷川幸辰指出，在共同正犯场合，各个犯罪参与人都应清楚认识到彼此处于互相补充、互相促进、互相利用的状态，而这种相互理解、相互鼓励的心理状态也仅存在于故意犯中；在过失犯中，共同惹起犯罪结果的决心与共同行为并无联系，是故，过失共同正犯是不可思议的。[①] 我国大陆传统理论也持类似立场。例如，马克昌先生指出，共同过失犯罪无法体现共同犯罪之本质，因为共同犯罪行为理应是一个统一的有机整体；而共同过失犯罪，行为人之间缺乏意思疏通，难以让各行为人的行为形成一个互相补充、互相配合的统一体，因此各行为人不可能构成共同犯罪。[②] 我国台湾地区实务部门基本也持此立场，他们同样要求共同正犯之成立需满足共同故意的犯行决意，并认为过失犯缺乏这一要件，只能成立过失犯之同时犯。[③]

对此，有学者批评道，他们以"故意犯的共同正犯为蓝本或模型"而否定过失共同正犯属于"典型的先入为主"。[④] 但是，这种指责并不恰当。因为，上述论者是因为过失犯不能产生相互理解、相互鼓励的心理状态，而非因为过失不符合故意共同正犯的主观要件而否定过失共同正犯。进言之，他们是因为过失不符合共同正犯之

---

① [日]泷川幸辰：《犯罪论序说》，转引自李世阳《过失共同正犯研究——以日本的学说状况为视角》，《东南法学》2015年第1期。
② 马克昌：《犯罪通论》，武汉大学出版社1999年版，第519页。
③ 林钰雄：《新刑法总则》，中国人民大学出版社2009年版，第334页。
④ 张伟：《过失共同正犯研究》，《清华法学》2016年第4期。

机能行为支配的要求，而否定其成立共同正犯。可见问题的关键在于究竟什么样的主观内容和联系才能为"部分实行，全部责任"奠定基础。显然上述论者认为只有故意才能满足机能行为支配的要求。笔者认为，这种武断的说法值得商榷，其理论根据并不充分。如下文所述，过失犯场合中行为人的一般意思联络或者说共同不注意的意思联络，能否在规范论意义上视为相互鼓励、相互理解、相互配合效果的形成，值得进一步深入追问。

2. 共同意思主体说作为共同正犯归责的实质根据不妥

有的过失共同正犯否定论者从共同意思主体的形成角度出发，强调共同正犯只能存在于故意犯罪之中。例如，有学者指出，数个犯罪参与人如果围绕特定的犯罪目的相互沟通而成为一个有机整体，并由此产生特殊的社会心理现象，那么意味着共同正犯只有在故意犯中才有生存的土壤；如果犯罪参与人没有围绕特定目的而相互沟通，则基于此产生的心理现象也没有特殊对待的必要，因而过失犯不可能成立共同正犯。[1] 即该观点认为，只有在故意犯罪中才能产生合为一体的特殊社会心理现象，共同意思主体才能得以形成。由此，共同意思主体说为"部分实行，全部责任"奠定基础。

然而，从共同意思主体的实质根据出发来否定过失共同正犯的做法不具有合理性。一方面，从规范论的视角思考，为什么只有故意犯之间的这种相互联络才能使行为人成为共同意思主体，并作为特殊心理现象特殊处理？过失犯在规范论层面作同样处理是否绝对不可行？这是值得探究的。另一方面，共同意思主体说本身是一种团体责任，其仅论述了一个虚拟的团体应该对犯罪结果负责，而没有进一步阐明为什么个人也需要对他人的行为负责，即没有阐明

---

[1] [日]齐藤金作：《刑法总论》，转引自李世阳《过失共同正犯研究——以日本的学说状况为视角》，《东南法学》2015 年第 1 期；转引自张伟《过失共同正犯研究》，《清华法学》2016 年第 4 期。

"部分实行,全部责任"的根据何在。① 可见,共同意思主体说本身就不适合作为共同行为人之所以为正犯的实质根据,因此,以此来否定过失共同正犯的理由也就无法获得认可。

3. 缺乏共同实行犯罪之意思及其联络的说法不够准确

有的过失共同正犯否定论者认为,过失共同正犯情形中,行为人之间针对将要实施某种行为的意思联络并非犯罪性质的意思联络,将其理解为共同实行犯罪的意思不合理。例如持犯罪共同说的学者指出,行为人对所实施行为(例如推石头下山)的认识并非一种犯罪意思,因此也就不可能存在所谓犯罪意思的联络。② 尤为值得一提的是,有不少学者直接对行为共同说所主张的一般意义的意思联络进行了否定。例如,有学者指出,既然有过失的行为人不是有意识地要实施犯罪,那么其对客观违法要件就无法产生认识。行为共同说所言的一般意义之意思联络,并不是刑法意义上的犯罪故意疏通。归根结底,这种故意只是在抛弃刑法规定的构成要件的前提下而言的,于刑法而言,实乃无意义之概念。正如德国有学者一针见血地指出:"一旦我们放弃了由构成要件本身所定义的共同犯罪计划,在当事人之间就找不到规范上正当而且无法任意操弄的共同性。"③

有论者进一步指出,无意识乃过失犯之本质所在,如若基于有意识部分的意思联络肯定过失共同正犯,则显然与过失犯之本质不符。正如日本学者所言,从主观方面观察过失犯,其表现出了从有意识转向无意识的跨越;而从过失犯之本质来看,其关键的部分在于无意识部分而非有意识部分,由此可见,以有意识部分的意思联

---

① 罗世龙:《论"部分实行,全部责任"的实质根据论》,《中国刑事法杂志》2020年第1期。
② [日]团藤重光:《刑法纲要总论》,转引自李世阳《过失共同正犯研究——以日本的学说状况为视角》,《东南法学》2015年第1期。
③ [德]Ingeborg·Puppe:《反对过失共同正犯》,王鹏翔译,《东吴法律学报》2008年第3期。

络论证过失共同正犯之成立的做法，尚未抓住过失犯之本质。① 我国也有学者明确指出，过失的本质只能是无认识部分，所谓对共同实施行为的认识与对法益侵害结果的无认识并非一回事；犯罪参与人对共同实施的行为有认识或者意思疏通并不等于他们一律成立过失共同正犯。②

上述说法可能存在先入为主，以及对过失犯之主观方面缺乏规范认知的问题。"意思联络"不应限定为犯罪故意的联络，一般意义的意思联络也能起到互相促进、强化对方不履行注意义务的作用。③ 事实上，过失也是一种犯罪意思，具有主观心理的一面。故意行为是以认识构成要件结果为本质，过失行为系不注意而未认识构成要件结果，而此种不注意或无认识正是过失行为的本质。④ 过失虽然与故意具有不同的特征，且没有故意那么明显的犯意联系，但是这并不意味着共同过失情形下，行为人之间就不存在事实上和规范论意义上的犯罪意思联络。而且更进一步思考，故意犯的意思联络在本质上是已经满足人们对将他人行为直接视为自己之行为的价值评价要求。因此，过失犯场合中，也应看到本质问题在于，二人对某种行为的意思疏通是否满足上述规范评价（即将他人行为直接视为自己行为）的要求，而非意思疏通这一本体论差别。显然这一问题是值得探讨的。因此，不能在存在论意义上简单地将过失犯与故意犯进行对比，进而得出否定过失共同正犯的结论。这不单纯是一个存在论的问题，还是一个规范论的问题。从实质的角度观之，过失犯之本质乃系注意义务之违反，然而此种义务的违反应由外在的行为来彰显，纵然该行为自身可能并不是一种犯罪行为，但是只要犯罪参与人共同实行该行为，便可以作为犯罪参与人共同违反注意义务

---

① ［日］团藤重光：《刑法纲要总论》，转引自李世阳《过失共同正犯研究——以日本的学说状况为视角》，《东南法学》2015 年第 1 期。
② 张伟：《过失共同正犯研究》，《清华法学》2016 年第 4 期。
③ 郑鹤瑜：《过失共同正犯若干问题研究》，《河北法学》2007 年第 5 期。
④ 转引自张伟《过失共同正犯研究》，《清华法学》2016 年第 4 期。

的依据，并进一步为犯罪参与人构成共同正犯提供主观依据；是故，把共同正犯之主观要件的共同意思局限于共同故意，实属不妥。①

4. 过失犯同时消解说不足以否定过失共同正犯的成立

否定过失共同正犯的另外一个重要理由在于，他们认为共同义务的违反实质上是监督过失，因此只需作为过失同时犯处理即可。这是所谓学界提出的过失犯同时消解说。例如，日本学者高桥则夫教授认为，共同义务的内容一般都被解释为各犯罪参与人不仅要对自己行为尽到应有的注意义务，而且需要对其他犯罪参与人的行为履行注意义务，或者说各犯罪参与人互相之间都尽注意义务，而这些情形通过相互监督过失的同时正犯基本就可解决。② 最近，我国也有学者指出，数人都具有防止法益侵害结果发生的义务的情形，实质上属于监督管理过失；此种情形，监督者（或管理者）与被监督者（或被管理者）并不构成共同正犯，他们只是分别具有防止自己之行为导致法益侵害结果发生的注意义务。

另外我国陈家林教授很早就主张过失同时犯消解说，不过其将监督者与被监督者的地位限制在平等主体之间。其认为，"共同义务"之概念无存在的必要，多个犯罪参与人在一起实行具有危险性的行为时，就必然意味着他们既要对自己的行为具有注意义务，也要对其他一起实行者的行为具有注意义务，以防止法益侵害结果的发生。由此，所谓因果关系不明的问题，也因为负有监督他人防止危害结果发生的义务，而需要承担责任。他指出，对于上下主从的监督过失，则不存在共同犯罪关系，只是一种过失的竞合，各自按照单独过失犯即可处理。③

针对过失犯同时消解说，需要思考以下几个问题：首先，是否

---

① 转引自李世阳《过失共同正犯研究——以日本的学说状况为视角》，《东南法学》2015 年第 1 期。

② ［日］高桥则夫：《刑法总论》，转引自李世阳《过失共同正犯研究——以日本的学说状况为视角》，《东南法学》2015 年第 1 期。

③ 陈家林：《共同正犯研究》，武汉大学出版社 2004 年版，第 203—204 页。

能够因为共同注意义务共同违反能够拆解为个人对自己注意义务的违反,而直接否定过失共同正犯的成立?对此笔者持怀疑态度。倘若承认过失犯场合中行为人之间的主观联络能够为"部分实行,全部责任"提供实质根据,那么意味着他们能够将彼此的行为直接视为自己之行为,即符合了共同正犯的要求。换言之,过失共同正犯并不会因为其能以单独犯的形式归责而消失。这也是为什么有学者提出,"既然在理论上具有肯定过失共同正犯的可能性,为何特意将具有过失共同正犯之实体的行为解体为单独过失行为的竞合。"①

其次,主张平等主体之间负有共同注意义务的过失犯同时消解说,与过失共同正犯肯定说是否可以并存,以及二者有何差别?一般而言,如果是单独犯罪形态,就不可能同时是共同犯罪形态。但是,本书探讨的过失共同正犯情形具有特殊性。主要原因在于过失犯的特殊本质和行为结构,在理论上既可以满足单独犯的结构,又可以满足共同正犯的结构。正因如此,有学者指出,以作为方式不履行监督义务的情形,即通过自己的危险设定行为及其实施,与肯定过失共同正犯并没有本质性区别。②换言之,倘若行为人以作为方式去违反监督义务,那么意味着行为人亲自去实施某种危险行为,而这种作为方式就会让其他犯罪参与人产生诸如"有他在,我也这样做"或者"有其他同事在,即使没有充分注意也尽可以放心"的想法。这种让其他犯罪参与人产生不履行注意义务的态度,乃过失犯之追责的基础。需要注意的是,此时之所以说行为人违反了注意义务,并非其不注意地引起了法益侵害结果,而是其从心理上鼓舞并助长其他犯罪参与人之不注意的态度,从而通过这种意思活动对

---

① 李世阳:《过失共同正犯研究——以日本的学说状况为视角》,《东南法学》2015年第1期。

② [日]内海朋子:《关于过失共同正犯》,转引自李世阳《过失共同正犯研究——以日本的学说状况为视角》,《东南法学》2015年第1期。

结果的发生起到贡献作用。① 由此可见，如果行为人实施的是共同的危险行为，则将其理解为过失单独犯（竞合）和过失共同正犯都行得通。两者在具体结论上，并没有什么实质差别，仅采用了不同的解释路径。即使在因果关系不明的场合，按照单独过失犯处理，每个人也一定需要对所有的结果负责，因为他不仅负有对自己行为的义务，还对他人行为也负有监督和确认的义务；过失共同正犯则因为每个参与人具有机能行为支配效果而适用"部分实行，全部责任"。

最后，监督过失的具体内容与共同注意义务的共同违反存有差别，主要体现在行为方式和行为主体两个方面的不同。就行为方式而言，监督（管理）过失指监督者不履行监督义务，或者说管理者没有亲自或者指示他人采取必要的防范措施，换言之实施的往往是不同的行为，当然在不作为过失犯中可能另当别论；而共同注意义务，往往是从共同行为产生法益侵害结果的角度而言。就主体地位而言，监督过失原本就只限定在具有上下级之关系的行为人之间，所以，将监督过失运用于处于平等关系的行为人之间的做法，也是值得怀疑的②；而共同注意义务主要是指平等主体之间产生的相互注意义务。

5. 过失共同正犯违背个人归责原则的批评值得商榷

还有论者认为，如果承认过失共同正犯，则意味着不需要证明过失行为与结果的因果关系，从而违背个人归责的基本原理。例如，我国有学者质疑道，基于个人责任原则，行为人本来只需要对自己的犯罪行为，以及与其行为具有刑法上的因果关系且须受刑法非难的行为承担刑事责任。但是，在过失共同正犯场合，根据所谓过失共同正犯理论，竟然可以在过失行为与过失结果缺乏证据证明的情

---

① ［日］内海朋子：《关于过失共同正犯》，转引自李世阳《过失共同正犯研究——以日本的学说状况为视角》，《东南法学》2015 年第 1 期。

② ［日］杉田宗久：《过失犯的共同正犯》，转引自李世阳《过失共同正犯研究——以日本的学说状况为视角》，《东南法学》2015 年第 1 期。

况下，对与犯罪结果不具有因果关系的过失行为人进行"入罪"处理。显然，这种做法的正当性值得打上一个大大的问号。而且，我国刑法如果承认过失共同正犯，则意味着公诉人减轻了证明负担，无须证明所有过失行为与过失结果之间的因果关系。[①]

这种批评源于对共同正犯之具体归责过程没有准确、清晰的认识，以及缺乏存在论与规范论的分析视角。事实上，并不是没有证明个人与结果之间具有因果关系，而是因为行为人有一般意思联络或者说共同注意义务的违反，而能够将他人行为等价于自己直接实施的行为。因此只需要证明整个行为，或者说自己实施的行为和存在论意义上的他人行为（实质意义上属于自己行为）共同造成了危害结果的发生，那么也就意味着个人与结果之间具有因果关系。这是所有共同正犯的共同特征，这也是正犯实质化的本质体现。关键问题在于行为人之间达到什么样的关系（例如具有什么样的分工和意思联络）才能将其视为共同正犯。只有当检察机关对被害人死亡的结果是不是由共同过失行为人之一造成的这一事实都没有证明时，才可能出现批评者所提出的弊端。

（二）应然视角下过失共同正犯肯定论的证成

1. 当前过失共同正犯肯定论的反思

（1）解释有违罪刑法定之嫌疑。有学者认为我国刑法规定了过失共同正犯。例如，冯军教授认为，现行刑法只是明文规定"共同过失犯罪"的不按共同犯罪处理，因此应区分"共同过失犯罪"与"过失共同犯罪"两个概念："共同过失犯罪"是指二人以上的过失行为共同造成了一个危害结果，是在各行为人之间不存在共同注意义务和违反共同注意义务的共同情形；而"过失共同犯罪"是二人以上的行为人负有防止危害结果发生的共同注意义务，由于全体行

[①] 陈珊珊：《过失共同正犯理论之质疑——兼及交通肇事罪的相关规定》，《法学评论》2013年第2期。

为人共同的不注意，以致危害结果发生的一种共同犯罪形态。①

郑延谱教授则从另外一个角度对我国刑法第 25 条进行解读，其认为：共同犯罪仅限于共同故意犯罪的情形，是故刑法规定共同过失犯罪不按共同犯罪处理的实质意思应该是，对共同过失犯罪不能按照共同故意犯罪处理；而且法条规定的是"按照他们所犯的罪分别处罚"，而非按照"他们各自"所犯的罪分别处罚，所以定罪应从整体角度着手，按照相同的、同样的罪名处理，在量刑时才有必要分开，分别处罚。② 由此，郑教授认为，现行立法规定也完全可以对共同过失情形适用"部分实行，全部责任"原理。

笔者认为上述两种解读都值得商榷。冯军教授为了克服过失共同正犯法律适用的障碍，赋予了"共同过失犯罪"与"过失共同犯罪"不同的内涵，但这违背了人们对语言文字的基本理解。正如张明楷教授正确地指出，实际上，"共同过失犯罪"与"过失共同犯罪"这两个概念在汉语中并没有什么不同，犹如故意共同犯罪与共同故意犯罪一样。③ 这种违背国民可接受的语义范畴的解读，有违罪刑法定原则的嫌疑。④

郑延谱教授的字面解释也不具有合理性。如果立法者认为共同过失犯罪也可以适用"部分实行，全部责任"，那么为什么不将过失共同犯罪也直接规定为共同犯罪呢？每个国家的立法都力求简洁、明确、科学、规范，我国也不例外，倘若立法者果真赞同共同过失犯罪也与共同故意犯罪一样，适用"部分实行，全部责任"，那么我国立法机关应该不会赞成郑教授这样大费周折的做法。更为重要的是，从刑法第 25 条的文字表述来看，立法者明确将共同故意犯罪和

---

① 冯军：《论共同过失犯罪》，载《西原先生古希祝贺论文集》，中国法律出版社、日本成文堂 1997 年版，第 162—172 页。
② 郑延谱、邹兵：《试论过失共同正犯——立法论而非解释论之肯定》，《中国刑事法杂志》2009 年第 7 期。
③ 张明楷：《共同过失与共同犯罪》，《吉林大学社会科学学报》2003 年第 2 期。
④ 喻玫：《过失共犯理论探究及其类型展开》，《河北法学》2010 年第 6 期。

共同过失犯罪作了在文字上和实质上完全不同的处理,而非作了在文字上不同但在实质上相同的处理。事实上,我国绝大多数学者也都认为我国现行刑法明确否定了过失的共同犯罪,是故,想要从解释论上承认过失共同犯罪的成立是不能获得成功的。[①]

(2) 共同正犯处罚根据的论述值得商榷。有学者从主客观相统一角度论述过失共同正犯成立的理由。例如,林亚刚教授认为,在过失共同正犯的场合,客观上各犯罪参与人有违反共同注意义务的共同行为,主观上各犯罪参与人具有共同过失的主观心理态度,所以将其认定为过失共同正犯,符合主客观相统一的刑事责任原则。[②] 这与其主张故意型共同正犯的实质处罚根据是主客观相统一原则的观点一脉相承。有学者试图通过论证行为人之间有心理因果关系,而肯定过失共同正犯的成立。例如,有学者认为,即便共同实行者没有共同的犯罪故意疏通,但只要他们之间进行了有关构成要件行为之实行的意思疏通,那么也能肯定心理的因果性。[③] 持该观点的学者将共同惹起的因果关系作为共同正犯的实质处罚根据。比较类似的观点还有通过强调行为人负有共同注意义务来论证结果是由共同行为造成的,进而认为行为人要适用"部分实行,全部责任"。例如,有论者认为,因为数犯罪参与人共同违反了共同的注意义务以及主观上对共同实施的行为本身有认识,因此可以肯定各参与人之行为整体惹起了法益侵害结果的产生,进而认为其均构成共同犯罪。

以上观点从过失共同正犯的实质处罚根据出发的视角较好,但是其寻找的实质处罚根据有待商榷。无论是主客观相统一说还是共

[①] 张明楷:《共同过失与共同犯罪》,《吉林大学社会科学学报》2003年第2期;陈家林:《共同正犯研究》,武汉大学出版社2004年版,第200页;黎宏:《刑法学总论》,法律出版社2016年版,第274页;郑泽善:《论过失共同正犯》,《政治与法律》2014年第11期。

[②] 林亚刚:《犯罪过失研究》,武汉大学出版社2000年版,第263页。

[③] [日]山口厚:《刑法总论》,付立庆译,中国人民大学出版社2011年版,第362页。

同惹起的因果关系说，均无法合理地说明共同正犯之正犯性的问题：其一，所有犯罪的认定均需坚持主客观相统一原则。该理论无法判断行为人是符合基本构成要件还是修正构成要件，是符合单独正犯还是符合同时犯、共同正犯等。其二，虽然因果关系也是正犯受处罚的依据或者说是正犯性的具体认定资料之一，但是其单独不能成为正犯性的规范标准。因为单纯的因果关系，不足以形成等价性的评价，即不足以支撑将他人行为直接规范评价为自己的行为。事实上，狭义共犯也具有因果关系。其三，行为整体需要对法益侵害结果承担责任，并不意味着每个参与人都需要对法益侵害的结果承担正犯的责任。因此，如果要论证行为人成立过失共同正犯，还需要进一步说明，每个参与人为什么能够对他人的行为承担责任，而且是正犯责任。换句话说，需要阐明参与人能够将对方行为视为自己直接实行的行为。唯有如此，才能符合个人归责的法治国原则。

（3）构成要件说有将结论当作前提的嫌疑。日本有学者认为，过失共同正犯的构成要件是共同实行者共同违反法律对其赋予的特定注意义务，据此，倘若犯罪参与者共同违反了这种共同注意义务，那么就具有过失共同正犯的构成要件符合性。[1] 我国也有学者持类似看法。例如有学者认为，过失共同正犯的本质乃系共同注意义务之违反，倘若数个犯罪参与人均疏于履行共同的避免结果的义务，并且导致法益侵害的发生，那么就能够得出符合过失共同正犯之构成要件的结论。[2]

上述观点的说理逻辑在于，因为过失共同正犯的构成要件或者说本质是行为人对共同注意义务的共同违反，所以行为人共同违反了这种共同注意义务就是过失共同正犯。这就相当于将归纳的过失共同正犯情形的特征或者说本质，直接作为了过失共同正犯成立的

---

[1] ［日］大塚仁：《刑法概说》（总论），冯军译，中国人民大学出版社2003年版，第253页。

[2] 郑鹤瑜：《过失共同正犯若干问题研究》，《河北法学》2007年第5期。

理由、要件，有将结论当作前提的嫌疑。这种做法对于说明是否能够肯定过失共同正犯的成立并不具有实际的意义。因为他们没有重点说明行为人为何可以成为正犯，换言之，犯罪参与人为什么可以将他人行为直接等价于自己之行为。概言之，仅围绕过失共同正犯本身的特征或者说本质进行描述的做法，并没有抓住共同正犯能够成立的关键问题。除此之外，过失共同正犯肯定论者在阐述共同注意义务时，还需要进一步思考：第一，行为人负有的共同注意义务的正当性基础为何；第二，行为人对共同注意义务的违反为什么需要认定为过失共同正犯，而不按照单独过失犯处理，或者说这二者是什么关系。

2. 过失共同正犯肯定论的应然论证

（1）过失共同正犯之实质处罚根据的正确选择。是否承认过失共同正犯，与如何理解共同正犯之实质处罚根据紧密相关。[1] 如果认为主客观相统一是共同正犯的实质处罚根据，那么只要犯罪参与人具有主、客观方面的要素即可，其需要达到什么程度在这一标准下在所不问。如果认为共同惹起的因果关系是共同正犯的实质处罚根据，那么可能只需要行为人与法益侵害结果具有因果关系即可。可见，共同正犯的实质处罚根据对于检验能否成立共同正犯至关重要。

从过失共同正犯肯定论者与否定论者的各种理由可知，过失共同正犯的实质处罚依据主要表现为两类：一类是将过失共同正犯与故意共同正犯的实质处罚根据等同。有学者主张过失共同正犯的实质处罚根据为意思共同体说，有学者主张过失共同正犯的实质处罚根据为共同惹起的因果关系，有学者主张过失共同正犯的实质处罚根据为主客观相统一原则，有学者主张过失共同正犯的实质处罚根据是功能的行为支配。而这与他们主张的故意共同正犯的实质处罚根据完全相同。另外一类是将过失共同正犯与故意共同正犯的实质处罚根据区别对待。罗克辛教授将"共同义务的共同违反"直接作

---

[1] 陈家林：《共同正犯研究》，武汉大学出版社2004年版，第171页。

为与功能支配不同的一种共同正犯成立标准。罗克辛教授坚决不赞成将故意共同正犯的归责原理适用于过失共同正犯中，其指出"共同注意义务之共同违反"乃系过失共同正犯之独自特征，并将其置入客观归责体系中进行规范判断，也即"倘若人们按照过失的归责性结构来把握，那么，当'通过在结果中实现了一种由多人共同创造的不容许的危险'时，过失共同正犯就出现了"。① 这是因为罗克辛教授认为，过失犯是一种义务犯，不受行为支配论的规制，而是受到"特别义务"这一特定要素的规制。②

因果关系说、共同意思主体说、主客观相统一说不适合作为（过失）共同正犯的实质处罚根据，理由在上文中略有阐述，在此不赘；笔者认为，过失共同正犯的实质处罚根据仍然是功能的行为支配。有学者指出，分析过失犯之构造可以得出作为正犯性之条件的行为支配无法适用于过失犯领域的结论。为什么这么说呢？因为按照行为支配理论，能够现实性地支配犯罪事实的行为人，也即能够按照本人的意志决定是否去实施、变更、中止犯罪的行为人，才能视为正犯。而根据过失犯之构造，行为人根本不可能"支配"由于自己过失行为而导致的法益侵害结果发生这一过失的犯罪事实。换言之，在过失犯场合，行为人想要操纵构成要件结果发生的形态，自始至终是不可能实现的。所以，在过失犯的领域中运用行为支配理论认定正犯，也是不妥的。③

显然，这种观点提出的关键问题在于，过失犯是否能够现实性地支配犯罪事实的实现。该论者给出了否定答案，因为过失犯不能根据自己的意思决定是否进行、变更、中止犯罪，不能操纵结果发

---

① ［德］克劳斯·罗克辛：《德国刑法学总论》（第2卷），王世洲译，法律出版社2013年版，第74页。

② 转引自李世阳《过失共同正犯研究——以日本的学说状况为视角》，《东南法学》2015年第1期。

③ 李世阳：《过失共同正犯研究——以日本的学说状况为视角》，《东南法学》2015年第1期。

生的形态。笔者认为这种说法值得商榷。虽然只有故意犯罪才有犯罪停止形态，但是这并不意味着没有犯罪形态的过失犯罪就不能被行为人现实的支配。两人以上的行为人基于意思联络过失地实施某种危险行为，不履行自己应尽的注意义务，共同导致危害结果的发生，这在客观上也是现实的支配了犯罪结果的发生。而且，功能支配是具有一定规范性的概念，并不是一种直接身体动静的纯粹物理性支配，否则故意共同正犯情形中的行为人也很难说支配了犯罪事实的实现。

事实上，很多共同正犯之实质处罚根据的理论在阐述理由时都强调行为人之间基于相互配合、相互利用，共同支配了犯罪事实的发生。例如，共同惹起因果关系处罚说认为，行为人之间基于相互的心理鼓励与联系，起到相互促进、强化对方不履行注意义务的作用，从而将行为连接成为一个整体，共同导致了结果的发生。[1] 主客观相统一的处罚说认为，对应当共同履行的注意义务共同懈怠的共同心理态度，助长了各过失行为人主观上的不注意、违反注意义务，才导致结果的发生。[2] 甚至从单一制理解过失共同正犯的学者也指出，结合参与犯构成要件行为之特殊性和结合过失犯之特点，应对所谓过失共同正犯的情形作如下理解：多个行为人基于共同实施某种行为的意思联络，相互分工配合、互相补充，彼此都将共同实行者的行为视为自己身体的延伸与补充。[3] 这实质上是在承认，我们可以从规范论意义上将他人行为规范评价为自己亲自直接实施的行为。

更重要的是，如果进一步追问共同注意义务共同违反说为什么符合了共同正犯的情形，也即为什么能够将他人行为视为自己亲自直接实施的行为呢？暂且不考虑有论者直接将共同注意义务共同违反视为过失共同正犯之构成要件的做法是否合理，那么似乎离不开

---

[1] 张明楷：《共同过失与共同犯罪》，《吉林大学社会科学学报》2003年第2期；张明楷：《共犯的本质——"共同"的含义》，《政治与法律》2017年第4期。

[2] 林亚刚：《犯罪过失研究》，武汉大学出版社2000年版，第263页。

[3] 张伟：《过失共同正犯研究》，《清华法学》2016年第4期。

这样一种解读：二人之间基于意思联络共同实施危险行为，在心理上鼓舞他人并助长他人不注意的态度，从而导致结果的发生。而且，为什么有共同注意义务却不按照单独过失犯竞合处理呢？质言之，如果只强调共同义务的违反，则很难充分说明将其作为共同正犯处理的依据，因为共同注意义务完全可以从单独犯角度进行分解。只有强调意思联络、心理鼓励、相互配合，方可有力说明将其作为共同正犯处理的缘由。这也是为什么很多学者从共同注意义务共同违反说角度肯定过失共同正犯的同时仍然认为行为人之间存在相互鼓励、相互配合的原因所在。

从形式上看，过失犯的这种支配的确与故意犯有很多存在论上的差别，例如一种是以共同不注意的心态相互配合，一种是以积极的故意心态相互配合。但是从规范评价的视角而言，则仍然可以视为每一个过失行为人都有一种功能的行为支配，至多存在量的差别，即可以理解为一种缓和的功能支配。正如不少德国学者所言，过失犯中也存在基于意识性分工的共同行为计划而功能性地完成共同的犯罪目的，因此在过失犯领域也可以承认共同正犯之实体的存在。[①]日本也有学者指出，行为支配能够适用于过失犯领域。因为行为支配能够同构成要件之主观与客观要素分别对应，分为主观的行为支配与客观的行为支配。而共同正犯中的主观要素不外乎为共同实施某种行为的意思或者意思联络，于是，"过失共动"就能同共同实施某种行为的意思或意思联络相对应，形成主观行为支配的部分。共同正犯中的客观要素不外乎是共同实行某种犯罪行为，于是，过失犯之不注意行为的共同实行就能够与共同实行某种犯罪行为相对应，形成客观行为支配的部分。因此，如果在过失犯的场合，行为人均具备这两个条件，那么过失犯中的共同正犯就具有与故意犯中的共同正犯并行的构造，所以，可以说行为支配理论同样可以为过失共

[①] 转引自李世阳《过失共同正犯研究——以日本的学说状况为视角》，《东南法学》2015年第1期。

同正犯提供基础。①

而且，将过失犯视为义务犯的理论前提值得商榷。正如有学者指出，义务犯原本就是以诸如不真正不作为犯这种负有特定义务的特定行为人实现构成要件为核心的犯罪类型，而作为过失犯的行为规范而言，不得违反注意义务所指涉的对象是所有公民而非特定的行为人，因此，能否将过失犯也纳入义务犯中不无疑问。② 需要说明的是，笔者并不是反对共同注意义务共同违反说，而是反对将过失犯视为义务犯进而认为过失共同正犯是单纯义务的违反，并认为与机能行为支配无关的观点。这种做法有忽视共同正犯之本质特征的嫌疑。

最后，需要强调的是，过失共同正犯能否适用"部分实行，全部责任"的原理，关键在于行为人能否将其他参与人的行为视为自己亲自直接实施的行为，而非因为行为人是过失共同正犯所以适用"部分实行，全部责任"。换言之，过失共同正犯和"部分实行，全部责任"探讨的是同样一个问题：行为人实施部分行为为什么需要承担全部责任，即将他人行为等价于自己直接实施之行为的根据何在。过失共同正犯和"部分实行，全部责任"二者之间有无因果联系和先后时间关系，均需要论证上述核心命题。

（2）共同过失可以支撑机能行为支配的形成。机能行为支配说，从单个行为人视角出发，以解决正犯性为方向，从规范论角度提炼理由，以等价性原则为检验标准，能够比较合理地说明"部分实行"，为何需要负"全部责任"的法理内涵。③ 机能行为支配的形成需要一定主观和客观要件。一般而言，共同故意与实行行为的分担

---

① ［日］桥本正博：《行为支配论与正犯理论》，转引自李世阳《过失共同正犯研究——以日本的学说状况为视角》，《东南法学》2015年第1期。

② 李世阳：《过失共同正犯研究——以日本的学说状况为视角》，《东南法学》2015年第1期。

③ 罗世龙：《论"部分实行，全部责任"的实质根据论》，《中国刑事法杂志》2020年第1期。

是机能行为支配最为典型和没有争议的样态。但是，共同过失是否能够满足机能行为支配的主观要件呢？进一步而言，需要讨论在共同过失情形下能否将犯罪参与人的行为直接等价于自己亲自实行。如上文所述，过失共同正犯否定论者大多都得出否定答案。但笔者认为，共同过失足以在主观层面支撑机能行为支配的形成，即共同过失满足等价性的要求，能够产生互相归属的效果。

其一，从本体论角度来看，在共同过失的场合，行为人之间在客观上能够产生相互鼓励、相互联系、相互不注意的效果。这意味着将他人行为直接视为自己亲自实行的行为具备了一定的事实基础。有学者认为在共同过失犯罪中各行为人主观上没有联系或只有偶然的联系，实际上是忽视了各行为人在心理上互相补充的心理事实。[①]虽然行为人对危险行为的认识或者说不注意的态度与主观故意的情形不同，但不可否认的是，它仍然是一种犯意的联系，可以为等价性评价或者说相互归属奠定事实基础。事实上，过失共同正犯否定论者对共同注意义务的赞同，在本质上也是赞成行为人之间具有这种内在的心理联系。需要注意的是，我们应该认真把握共同过失与等价性评价或者说相互归属效果之间的联系，而非共同过失与共同故意之间的简单对比，否则就有可能偏离问题的本质和犯先入为主的错误。事实上，共同故意这种典型的犯意联络最终也只是为等价性评价或者说相互归属效果提供依据而已。

其二，从规范论角度而言，在共同过失的场合，有将他人行为直接等价于自己亲自实行之行为的价值评价需求。在人文社会科学领域，事实与价值是既相互联系，又相对区别的关系。价值评价的形成需要以一定的事实为基础，但是又不完全依赖于此。能否认为在共同过失情形下，将他人的行为直接视为自己的行为，除了上述相互联系的基础事实外，它还与社会的公序良俗、人们的公平正义理念、刑事政策的价值导向、刑事处罚必要性、过失犯的地位等密

---

① 马荣春：《论过失共同犯罪》，《河北法学》2003 年第 5 期。

切相关。例如，从社会观念的角度出发，数个行为人之间具有一般的意思联络且共同实施了某种容易导致法益侵害结果的高度危险性行为时，也理应承担共同正犯的责任。又如，有很多学者结合现实案例和司法解释分析得出肯定过失共同正犯具有现实必要性。可见，在这种价值评价需求下，即使基础事实与典型的样本的基础事实有差距，也会因为价值因素的摄入而弥补基础事实的薄弱环节，从而在教义学上得出人们所需要的结论。过失犯场合中行为人的一般意思联络或者说共同不注意的意思联络，即使在事实论上与故意犯存在差别，但是在规范论意义上完全也可以视为相互鼓励、相互理解、相互配合的效果，并在价值判断上得出将他人行为等价于自己行为的结论。据此，在规范论意义上，行为人具有支配不法构成要件实现的效果，可以视为共同正犯。

（3）过失共同正犯不会造成处罚范围的扩大。有学者指出，一方面，只要数人之间有共同实施日常行为的意思即可，而不需要行为人认识到实施这些行为可能导致的法益侵害后果，这无疑弱化了共同正犯的主观要件，有过于扩大刑法打击面的问题；另一方面，刑法以打击故意犯为原则，以规制过失犯为例外，倘若不当扩大过失犯之处罚范围，无疑会限制与影响国民之基本自由。[①]还有学者以具体的例子展开说明。例如，有学者指出，依据风险创设与注意义务共同违反角度主张过失共同正犯的观点，会导致在海尔茨贝尔格（Herzberg）所设二十人练习射击案中，参加练习的全部射击者都构成过失致死罪，显然这并不妥当。[②]

这种批评是否合理，主要取决于赋予过失行为人共同注意义务，或者说肯定一般意思联络满足共同正犯的主观要求是否合理。否定论者认为，这种共同注意义务或者说这种过失心理联系不足以要求

---

① 段琦、黎宏：《过失共同正犯不必提倡》，《人民检察》2014年第7期。
② 案例为：有二十人在森林中共同实施射击练习，因怠于充分检查安全措施而导致在森林中散步的被害人死亡。张伟：《过失共同正犯研究》，《清华法学》2016年第4期。

行为人对彼此的行为负正犯责任。因此，得出的结论必然是扩大处罚范围。但是，如果在实质上能够肯定共同注意义务或者说过失心理联系，足以导致互相归属的效果，那么即使扩大了处罚范围，也是一种合理的扩张。处罚范围大小与处罚合理性没有必然联系，关键在于处罚的依据是否具有充足的正当性。如前文所言，笔者认为共同过失可以支撑机能行为支配的形成，也即共同过失可以满足共同正犯之主观支配的要求。因此，过失共同正犯只要限定在合理范围之内，则并无不妥之处；只要各个共同行为人不会因赞成过失共同正犯理论而遭受"意想不到的处罚"，那么就不应否定过失共同正犯的概念。[1]

第三节 共同实行正犯化的客观要件

在共同犯罪领域中，理论界和实务界对行为人满足什么客观要件后才能将其作为共同正犯处理的问题存在很大争议。共同正犯在规范论意义上等同于单独直接正犯，因此上述问题可以转化为：行为人实施什么行为后方能认为其本人单独地支配了不法构成要件的实现，或者说在规范论意义上，能否将他人实施的行为等价于行为人亲自实行。一般认为，如果行为人在实行阶段分工实施了刑法分则规定的构成要件行为（实行行为），那么将其作为共同正犯并无疑问。但是，如下文所述，大家对于行为人共谋后在实行阶段实施的非构成要件行为和共谋后在实行阶段没有实施任何行为的情形能否认定为共同正犯则存在巨大分歧。本节将对这两种特殊的情形进行探讨，以期明确共同正犯的客观要件。

需要注意的是，研究共同正犯的客观要件应避免将结论当作前

---

[1] ［日］大越义久：《过失犯之共同正犯：内田文昭先生古稀祝贺论文集》，转引自郑泽善《论过失共同正犯》，《政治与法律》2014年第11期。

提的错误做法，即不能在行为人已经构成共同正犯的前提下，再论述其行为满足共同正犯的客观要件。事实上，现有研究中似乎存在这样的问题。例如，我国陈家林教授一方面认为，"共同实行"中行为人分担的部分行为必须是实行行为，另一方面又通过整体考察，先将数个行为人的整体行为评价为实行行为，进而认为部分行为是实行行为，从而肯定其构成共同正犯。如甲乙共谋抢劫，甲用手枪胁迫被害人时，乙仅仅是站在一边，乙的行为也应当是抢劫罪的实行行为。[①] 为什么整体考察时，乙的行为是抢劫罪的构成要件行为呢？要知道，陈家林教授在其同一著作中，又认为基于共同行为计划实施杀人罪、盗窃罪的案件中，行为人实施的比站着更为积极的望风的行为，无论如何都不是构成要件行为。[②] 事实上，根据其见解，将整体行为评价为实行行为意味着已经承认数个行为人之间相互补充、相互配合的情形构成共同正犯。[③] 换言之，在没有说明分担的部分行为是实行行为的前提下，已经得出共同正犯成立的结论。按照其主张的共同正犯成立的客观条件，应首先论证行为人分担的行为是实行行为，而非先得出数个行为人成立共同正犯（或者说整体行为属于实行行为），再说部分行为是实行行为。这种做法对于探讨共同正犯的客观要件已经毫无意义。因为真正需要解决的问题被忽视了，即行为人分担的行为究竟应该具备什么样的性质或者作用才能满足共同正犯的要求。

一　共谋且在实行阶段实施非构成要件行为的探讨

行为人共谋后在实行阶段实施了构成要件以外的行为，能否在

[①] 陈家林：《共同正犯研究》，武汉大学出版社 2004 年版，第 88—96 页。
[②] 陈家林：《共同正犯研究》，武汉大学出版社 2004 年版，第 95—96 页。
[③] 当然，本书并不是反对判断部分行为时不考虑当时的情形（例如他人实施了什么行为），而是意在强调不能直接认为行为人分担的任何行为都可以互相结为一体，构成共同正犯，进而得出结合的部分行为也是实行行为。整体考察与是否考虑行为时所有的情形不一样，整体考察考虑的是整个行为的实行行为性，而如果只考虑部分行为实施时所处的环境，则重心在于部分行为是否能单独评价为实行行为。

规范论意义上认为行为人单独支配了不法构成要件的实现？例如，甲与乙共谋盗窃，甲在犯罪现场直接实施秘密窃取他人财物的行为，乙则负责望风。对此，能否认为乙也符合了盗窃罪的基本构成要件？目前理论界主要存在肯定说（即共同正犯说）、否定说（即帮助犯说）和折中说（即具体分析说）。

（一）共同正犯说及其评价

主张望风行为可以满足共同正犯客观要件的学者提出了以下理由：其一，直接认为望风行为是实行行为，从而顺理成章地得出成立共同正犯。持这种思路的学者认为，部分行为是否为实行行为，应从整体进行判断，而不应切断考察每个行为；在这个意义上，虽然没有直接下手但是共谋犯罪而且分担了望风行为的是共同正犯。[①]其二，根据共谋共同正犯理论，基于共谋而尚未实行其他任何行为都可以成立共同正犯，那么基于共谋并实施了望风行为的情形当然成立共同正犯。[②]

第一种观点的本意在于确定部分行为（望风行为）是实行行为，从而得出望风行为满足共同正犯之"共同实行"的要求。如果能够确定望风行为是某罪的实行行为，那么认为实施该行为的人成立共同正犯并无疑问。但关键问题就在于望风行为是如何成为实行行为的？笔者也赞成共同正犯的实行行为应该"全体考察，而不应切断考察每个行为"。但是，这只是对共同正犯整个实行行为的判断，而没有对部分行为是否为实行行为进行判断。该论者似乎与陈家林教授一样出现了论证的逻辑错误。如下文所述部分行为是否为实行行为，与共同正犯是否成立没有必然的逻辑关系。更重要的是，部分行为是否为实行行为，应该根据刑法分则规定的构成要件来判断。所谓整体行为和有法益侵害危险的行为也只能是刑法分则规定的构成要件行为，并不是任何行为都可以称为该罪的实行行为。犯罪的

[①] 转引自陈家林《共同正犯研究》，武汉大学出版社2004年版，第90页。

[②] 也有赞成共谋共同正犯理论的学者否定望风行为可以成立共同正犯。

完成过程中，行为人实施的行为并不都是基本构成要件行为。

第二种观点以共谋共同正犯的理论来论证望风行为成立共同正犯，是一种概括的说法，需要具体分析。首先共谋共同正犯究竟包括哪些类型存在很大争议。有学者认为在实行阶段实施了构成要件以外的行为成立共谋共同正犯，即望风行为情形是共谋共同正犯情形。那么需要进一步追问的是，其为什么可以成立共谋共同正犯？这又回到了原点，即行为人实施什么样的行为可以构成共同正犯。如果把共谋共同正犯理论当作正确的前提，那么就出现了结论与前提同一的问题。还有学者认为共谋之后实施构成要件以内的行为才是共谋共同正犯。如果是这样，那么共谋共同正犯理论能否说明对客观要件要求更低的望风行为也构成共同正犯？

（二）帮助犯说及其评价

有不少学者认为，望风行为只是使犯罪变得容易的行为，从行为的定性来看，不应当被考虑为实行行为，即使是杀人强盗的望风行为也只能是帮助犯。[1] 他们均以形式客观说为正犯标准，以部分行为须是实行行为为成立共同正犯的基本前提。陈家林教授认为，"应当根据形式的客观说，以行为人是否亲自实施了刑法分则所规定的基本构成要件的行为为标准区分正犯与帮助犯、教唆犯。望风行为并不是基本构成要件行为，自然不应当是共同正犯的实行行为。"[2]

这种观点至少在论述逻辑上值得肯定。因为他们首先得出了部分行为不是实行行为的结论，进而否定了共同正犯的成立。这不存在上文所提的逻辑错误问题。但是，望风行为人能否在规范论意义上被视为支配了不法构成要件的实现，仍有讨论的余地。这与价值判断有关。另外，如前文所言，陈家林教授的观点似乎存在自相矛盾之嫌疑。一方面陈教授将形式客观说作为正犯的标准；另一方面陈教授又承认间接正犯、共同正犯概念，即坚持以实质化的标准认

---

[1] 转引自陈家林《共同正犯研究》，武汉大学出版社2004年版，第91页。
[2] 陈家林：《共同正犯研究》，武汉大学出版社2004年版，第93—96页。

定正犯。

(三)具体分析说及其评价

具体分析说认为,有的情形应该将望风行为评价为共同正犯,有的情形只能作为帮助犯。判断的标准有以下几种不同的观点:第一,主观说。该说认为,以实现自己的犯罪意思(为了自己的利益)而参与犯罪(实施望风行为)的是共同正犯,以帮助他人犯罪的意思(为了他人利益、目的)参与犯罪(实施望风行为)是帮助犯。

第二,重要作用说。该说认为,对于望风行为究竟应该如何定性,需要根据望风之人在共同犯罪中所起的作用、所处的地位,以及在犯罪中的重要性程度和是否决定性地支配了犯罪事实来综合判断。[1] 例如,A 与 B 事先商议进入 C 宅盗窃,在实施犯罪那天,B 负责在楼下望风,A 成功溜进 C 宅并顺利窃取财物后,同 B 一起逃跑。在本案中,B 的放风行为只是一般意义的望风行为,因为该行为仅对 A 的盗窃行为具有强化、支持犯意的作用,而对盗窃罪的成功完成没有起到与 A 的盗窃行为同等重要的作用,所以 B 只能成立盗窃罪的帮助犯而非共谋共同正犯。[2]

第三,犯罪类型说。陈兴良教授认为,望风行为之性质应按照不同的犯罪类型予以具体地把握。具体而言,在绝大多数犯罪中,望风行为都可以评价为对实行行为的分担,因为犯罪参与人都基于一个共同的犯罪目的而分工协作完成犯罪;但在少数犯罪(特指所谓的亲手犯)中,望风行为就不能视为实行行为的一部分,而只能作为帮助行为。例如,A 在强奸妇女 C,B 负责在附近望风,那么此案中 B 只能被认定为强奸罪的帮助犯,而非实行犯。[3]

---

[1] 马卫军:《论"望风"行为的性质——基于犯罪事实支配理论的考察》,《西部法学评论》2014 年第 5 期。

[2] 刘艳红:《共谋共同正犯论》,《中国法学》2012 年第 6 期。

[3] 陈兴良:《共同犯罪论》,中国社会科学出版社 1992 年版,第 63 页。

根据主观说，基于共谋的望风行为都可以满足共同正犯的客观要求。因为此部分讨论的是共谋情形，自然都属于以自己犯罪的意思或利益参加犯罪。但是，以主观要素作为区分正犯与共犯的标准不仅存在区分困难的问题，而且会导致实施了基本构成要件行为的人不是正犯的不合理结论。重要作用说对基于共谋而实施的望风行为的定性而言并无太大实际意义。因为根据望风行为的重要性判断实行行为并不合理。虽然望风行为在客观上实际起到的作用有细微差别，但是其本质上仍然只是为犯罪提供了一定的条件，其不可能达到支配犯罪事实的程度。犯罪类型说存在根据什么标准区分的难题。而且亲手犯本身就是一个有待讨论的问题。很多学者认为，女性也可以成为强奸罪的共同正犯。

（四）本书观点

基于共谋而在实行阶段分担望风的行为，一律认定为共同正犯比较妥当。笔者将其作为共同正犯处理，有以下几点需要说明。

首先，无论是从形式角度判定还是从实质角度判定，望风行为都不是刑法分则规定的实行行为（除非有立法的明文规定）。该行为单独无法达到支配不法构成要件的实现或者说不具有与实行行为同样重要的作用。即使坚持所谓整体考察的方法，也无法得出该行为属于实行行为的结论。不能因为对方行为属于实行行为，就认为望风行为本身也是实行行为。当前研究得出望风行为是实行行为的结论，要么对部分行为是否为实行行为本身作了不恰当的判断，要么是增强了望风者的支配指导地位，要么是通过首先肯定共同正犯成立，反过来认定部分行为是实行行为。

其次，我国帮助犯可以作为主犯处理的规定不能成为将望风行为认定为帮助犯的理由。虽然德日刑法将望风行为评价为共同正犯与量刑分不开。但是更重要、更为基本的理由在于，他们认为基于共谋而实施的望风行为本身符合了共同正犯之构成要件，即首先基于定罪的需要，而非量刑的单方面需求。正如有学者所言，共同正犯与从犯之间的区别，不是简单的量刑情节，更是对犯罪事实的评价。① 试想即使有量刑的需要，但如果不能从语义上解释为其符合基本构成要件，那也将无能为力。反言之，如果从实质角度将其解释为符合基本构成要件，那么将其形式化理解为帮助犯的做法就出现了解释不合理和定性错误的问题。

最后，望风者能被评价为共同正犯理由在于，共谋和望风行为的基础事实在规范论意义上可以产生相互归属的效果，即可以促使我们将他人实施的分担行为等价于望风者亲自实行。法学中规范评价必须以一定的事实为基础，但是其又不完全依赖于客观事实。基于共谋和分工协作的客观事实、共同犯罪刑事政策的要求以及社会一般人的常情常理、公平正义感，将合作者的行为等价于望风者亲自实行并无不妥，这种评价结论具有实质上的相当性、公平性和合理性。由此观之，行为人基于共谋在犯罪实施阶段实施了表明其愿意共同完成犯罪计划的客观行为即可，无须达到罗克辛教授所言的在实施阶段必须作出实质性的重大贡献，即行为人在实施中发挥一种能够决定计划成功的功能。② 事实上，即使采取事前判断，很多共同正犯情形中的分担行为也很难说能够决定犯罪计划的成功。例如共谋抢劫案中，一个人站在犯罪现场，即使从事前判断，也很难说该行为人站着的行为具有重大贡献，更难说其发挥了计划成功的作用，尤其是在另外一个人完全有能力单独完成抢劫罪的情形中。

二 共谋且未在犯罪实行阶段实施任何行为的探讨

行为人参与共谋且未在犯罪实行阶段实施任何行为的情形，具体而言又可以分为如下两种情形：一是行为人参与共谋且未在犯罪实行阶段实施任何行为，但在犯罪预备阶段（共谋阶段）实施了有

---

① ［日］西田典之：《日本刑法总论》，王昭武、刘明祥译，法律出版社2013年版，第317—318页。

② ［德］克劳斯·罗克辛：《德国刑法学总论》（第2卷），王世洲译，法律出版社2013年版，第59—68页。

关行为的情形；二是行为人参与共谋且既未在犯罪实行阶段实施任何行为也未在犯罪预备阶段（共谋阶段）实施了有关行为的情形。对以上共谋者能否认定为共同正犯也存在很大争议。

（一）（共谋）共同正犯肯定说的主要理由及其评价

1. 共同意思主体说及其评析

多个异心别体的行为人基于共谋而共同实施特定的犯罪，由此产生一种超个人的社会性存在的共同意思主体，由于能够把参加实施犯罪行为之人所实施的行为视为共同意思主体的行为，因而参加的成员都是共同正犯。① 由此，共同意思主体说可以为共谋共同正犯奠定理论基础。但是，共同意思主体说从团体责任视角出发，将共同者之整体应该承担责任等同于个体须负全部责任，尚未说明为什么个人需要负全部责任，因此不足为取。②

2. 间接正犯类似说及其评析

该说的核心意思是，共谋者通过共谋产生了一种对实施者的心理约束（合意约束），从而可以利用、支配他人来实现自己的犯罪意志。由此，工具实施的行为也应该视为自己的行为。③ 该说值得肯定的地方在于，从个人责任原理的视角说明共谋者成立共同正犯。值得商榷的地方在于，能否将共谋者之间的合意所产生的心理约束，直接规范评价为间接正犯中的支配效果。显然，根据间接正犯的理论，这种单纯的心理约束并不能达到它所要求的支配效果。正如有学者指出的，"把其他共同者作为工具支配、制约是不可能的，如果真的能够进行支配与制约，那就已经不是共同正犯，而是单独的间

---

① 转引自［日］西田典之《日本刑法总论》，王昭武、刘明祥译，法律出版社2013年版，第311—312页。

② 参见罗世龙《论"部分实行，全部责任"的实质根据论》，《中国刑事法杂志》2020年第1期。

③ 转引自陈家林《共同正犯研究》，武汉大学出版社2004年版，第122—124页。

接正犯。这一理论事实上是在否定共同正犯。"①

3. 行为支配说及其评析

该说又分为目的行为支配说、优越的共同支配说和意思支配说等。目的行为支配说认为，共同实行并不意味着亲手实行构成要件的一部或者全部，只要对构成要件行为的整体具有共同支配就足够了，即使行为人根本没有亲自下手实行，只要支配他人的行为能认为是自己的犯罪，就可以成立共同正犯。如果行为人并非单纯地参加谋议，而是对直接实施构成要件行为之人的意思起到现实作用，并促使其实行犯罪的话，那么就应当将其认定为共同正犯。② 该说坚持实质的标准认定正犯值得肯定，但存在的问题是，这种所谓的行为支配缺乏必要的事实基础。因为共谋者与实行者的商量、谋议处于平等地位，以及他们之间由于共谋而产生的合意约束，很难说起到支配对方的强度与效果。而且什么样的情形对直接实行者的意思起到现实作用似乎也不明确。

优越的共同支配说认为，如果实行行为背后存在着大人物，则将这些大人物作为正犯处罚是正当的。但是，如果这些大人物只是单纯地参加共谋，那么也不肯定共同正犯的成立，唯有这些共谋的大人物，在社会观念上对直接实行者而言处于压倒式的优越地位，对直接实行者施加了强烈的心理约束使其实行时，方能在规范层面将其评价为共同实行，进而肯定共同正犯的成立。③ 优越支配共同正犯的提出非常具有启发意义：其一，将共谋者限制在大人物的范围和从规范的视角理解支配尤为值得肯定。如果存在上述这种大人物，那么认为其具有支配效果似乎可以接受。其二，考虑到了共同性的

---

① 转引自陈家林《共同正犯研究》，武汉大学出版社2004年版，第126页。
② 转引自［日］西田典之《共犯理论的展开》，江溯、李世阳译，中国法制出版社2017年版，第62页。
③ ［日］大塚仁：《刑法概说》（总论），冯军译，中国人民大学出版社2003年版，第262页；陈家林：《共同正犯研究》，武汉大学出版社2004年版，第128—129页。

横向结构。由于大人物与组织犯不同，其与实行者有共谋，且实行者没有事实上的意思瑕疵，因而从这个角度而言，似乎是共同实行。不过有待研究的是：第一，这种大人物情形是否必须要有组织支配的严格条件，例如是否需要拥有资源，实行者可以随时替换等。第二，大人物的规范支配表现为纵向的间接结构，而大人物与实行者的共谋事实又表现为一种横向的共同结构。那么两者如果在实际中真的存在，究竟应该认定为哪种类型的正犯。

意思支配说认为，超出谋议范围，对整体的实行行为具有强烈的意思支配力时，就没有理由不认定为正犯。不在现场的共谋者要成为正犯必须满足三个条件：其一，必须具有共谋的存在；其二，未到现场的共谋者对直接实行者起到了指导的、积极的作用，在实质上相当于实施了实行行为；其三，对犯罪实现具有极为强烈的关心，例如强盗犯罪的首领制作周密的犯罪计划，激励部下使其前往犯罪现场，而部下忠实地实现强盗罪的场合，首领对犯罪的实现起到了指导的、中心的作用，可以被认为分担了实行行为，认定为共同正犯，而不是教唆犯。[①] 意思支配说如果认为共谋者只是不在现场，但是在犯罪实行之时，在现场之外实施了其他积极指导或者鼓励行为，则已经不属于严格意义上的共谋共同正犯的讨论范畴，其与望风行为能否被评价为共同正犯的情形基本属于同一主题。意思支配说如果只是强调共谋者在主观上对直接实行者的一种心理作用，那么就存在直接将主观等价于客观行为甚至是实行行为的嫌疑。如果认为共谋者在预备阶段的积极准备行为具有支配效果，那么与上述很多学说一样，这种意思支配是否能够成立（或者说能否相当于实行行为）以及这种支配属于什么结构的支配值得探讨。

4. 其他实质正犯说及其评析

其他实质正犯说主要有意思方向说，修正实行行为之形式性、

[①] 转引自陈家林《共同正犯研究》，武汉大学出版社 2004 年版，第 129—130 页。

统一性说，准实行共同正犯说和系统论的共谋共同正犯说。意思方向说的核心观点是，共谋为实行者的主观意思或者说共谋实行的意思方向"必须对犯罪的实行有客观的重要的影响"。①修正实行行为之形式性、统一性说的核心观点是，从客观上判断共谋未实行者"谋议时发言的内容及其后的行为""是否发挥了重要作用"。②准实行共同正犯说的核心观点是，"在共谋者通过对实行者施加其强烈的心理支配力，发挥了相当于实行行为的重要作用之时（与支配他人行为不一样），即肯定共谋者具有共同正犯性。"③系统论的共谋共同正犯说通过强调"共谋者的谋议，对系统全体态度的决定以及态度的方向奠定基础，或者说对于态度必须具有支配力的影响力"来说明其具有正犯性。④

显然，上述各学说其实都是强调共谋者必须发挥了相当于实行行为的作用。我国刘艳红教授、林亚刚教授等基本都持此观点。在规范论意义上认为共谋者相当于实施了实行行为的依据是什么？这与上述间接正犯类似说和行为支配说面临的关键问题一样，即共谋的事实及其产生的心理效果，甚至共谋者的地位所产生的影响力，能否在规范论意义上视为支配他人行为或者说视为相当于自己有了实行行为仍然有待进一步说明。

（二）（共谋）共同正犯否定说的主要理由及其评价

第一，有很多论者认为，认定正犯应以构成要件为（形式标准）中心，而且根据我国刑法规定，将共谋者作为共犯认定，也完全可以通过主犯实现量刑的合理性，因此共谋共同正犯在我国没有存在的必要。例如，陈家林教授认为，在组织犯罪或者集团犯罪中，行为人与他人实行共谋，共谋内容如果是组织、策划、领导犯罪的分

---

① 转引自陈家林《共同正犯研究》，武汉大学出版社2004年版，第131页。
② 转引自陈家林《共同正犯研究》，武汉大学出版社2004年版，第132页。
③ ［日］西田典之：《日本刑法总论》，王昭武、刘明祥译，法律出版社2013年版，第314页。
④ 转引自陈家林《共同正犯研究》，武汉大学出版社2004年版，第134页。

工或具体实施,就属于刑法总则规定的组织行为,而一般共同犯罪中的共谋行为只可能是帮助行为或者教唆行为,不可能是基本构成要件行为;如果共犯的作用之大,则将其作为主犯处罚即可实现量刑的工作。① 这种观点在我国影响力非常之大,赞成的学者也多。例如认为我国共同犯罪论的理论体系是双层区分制(将以构成要件为中心的定罪与以作用大小为标准的量刑分开)的学者几乎都持上述立场。更重要的是,他们更加明确地坚持实质化的正犯标准,即对构成要件行为、实行行为作实质化、规范化的理解,也正因如此,他们承认间接正犯、共同正犯。②

从表面上看,以上否定共谋共同正犯成立的理由似乎很有道理,其不仅可以契合我国的共同犯罪立法特色(例如主犯从犯、组织犯的规定),而且可以避免因为量刑的需要而导致实行行为的扭曲。但是问题在于,为什么对构成要件(实行行为)作规范化理解,不能得出共谋情形中的行为也可能是构成要件行为呢?既然间接正犯、共同正犯的实行行为也并非行为人亲自直接实行刑法分则规定某罪的构成要件,那么为什么能够实质化地理解为构成要件行为?其实质化的标准究竟是什么?规范化的形式客观说并没有回答这个问题。③

笔者认为,如果行为人能够支配不法构成要件的实现,那么还不能从规范论意义上将其认定为符合基本构成要件的正犯,就是解释出现了问题。既然如此,只要在所谓共谋共同正犯情形中,果真存在行为人支配不法构成要件实现的情形,那么从理论上说完全有肯定共谋共同正犯成立的可能。事实上,至少犯罪集团或者犯罪组织情形中的幕后大人物所实施的发布命令或共同商量等行为是完全

---

① 陈家林:《共同正犯研究》,武汉大学出版社 2004 年版,第 134 页。
② 此种观点的学者可参见钱叶六《双层区分制下正犯与共犯的区分》,《法学研究》2012 年第 1 期;张开骏《共谋共同正犯理论的反思》,《中国法学》2018 年第 6 期。
③ 张明楷:《未遂犯论》,法律出版社 1997 年版,第 58 页。

可以符合组织支配或者说共同支配要求的，也即可以肯定共谋者有间接正犯行为或者共同正犯行为。但是这些学者却根据我国共同犯罪的立法，将这种最有可能成立犯罪支配的情形认定为形式上的组织犯。的确，我国传统理论长期以来都是秉持这样的观点：刑法总则规定了组织犯，因而组织犯是与实行犯、狭义共犯并列的一种共犯，即认为组织犯与实行犯是两种完全不相同的犯罪形态，或者说组织犯的组织行为不是实行行为。①

然而，这种理解值得商榷。组织犯或者说组织行为，在实质上也是一种实行犯（正犯）或者实行行为。② 根据对实行行为规范化理解的立场，这种组织行为能够被规范评价为支配不法构成要件的实现，符合了正犯的要求。而且，组织犯的刑事责任其实就反映了其本质是一种实质化的正犯。正如有学者认为，刑法第26条第3、4款规定实质上出现了组织行为的实行行为化的问题，即组织犯在未参与实行犯罪的情况下要承担实行犯的责任；在我国，重要作用这种带有实质评价功能的标准从逻辑上能够较为容易地实现组织行为与实行行为的等价性评价，因此在认定组织犯时，应该注重组织行为的支配性功能及其与实行行为的等价性地位。③

另外，除了组织犯外，上述否定共谋共同正犯的论者还可能存在将共谋者认定为狭义共犯，然后将其作为主犯（作用大）处罚的情形。笔者认为这种做法同样存在问题。理由在于，事实上，重要作用这种实质标准与犯罪事实支配说具有同一性。行为只有从规范论意义上能够被评价为支配不法构成要件的实现才能说其在犯罪过程中具有重要作用，否则对重要作用的评价就可能是不够理性和准确的。当然可能招致的反对意见是，作用大的不一定是实行行为，

---

① 赵辉：《组织犯概念的再界定》，《云南大学学报》（法学版）2008年第3期。
② 参见罗世龙《组织行为实行化的正当性根据及其标准》，《广西大学学报》（哲学社会科学版）2020年第4期。
③ 王昭振、赵微：《组织犯：诠释基础、类型与处罚》，《河北法学》2008年第10期。

或者说不一定是支配不法构成要件实现的行为。可是如果不是，那么作用之大的依据是什么呢？仅因为主观恶性之大，还是因为该预备行为为犯罪实现提供了重要条件。如果没有达到支配的程度，那么将其作为与正犯一样的主犯处罚就欠缺实质根据；如果达到了支配程度，还将其认定为狭义共犯，则又违背了其坚持的实质正犯立场，且会导致定罪不合理。

最后，需要强调的是，笔者批评规范形式客观说否定共谋共同正犯的理由，并不是一定赞成所有共谋情形一定是共谋共同正犯，而是意在指明上述否定理由似乎有失妥当和值得商榷。对于是否真的存在支配情形，以及如果确实存在这种支配效果情形，我们应该将其认定为（共谋）共同正犯还是间接正犯抑或其他正犯，则是下文有待讨论的问题。

第二，另外一大部分学者认为，根据犯罪事实支配理论，仅有共谋（即使预备阶段实施了行为）而未在犯罪实施阶段作出行为贡献的，不能认为支配了犯罪事实的实现。[1] 究竟预备阶段的行为能否在规范论意义上评价为共同实行？有学者认为，共同正犯的行为贡献在实行阶段是否具有重要性，所依据的不是提出建议的时间点，而是该行为贡献是以何种方式在犯罪实施时仍然继续发挥着作用。而且，在预备阶段只有计划和组织行为贡献才能成立共同正犯，其他预备行为还不足够。因为计划和组织可以描绘出在实行阶段应有的举动，分配各人应扮演的角色，因此对犯罪行为也有支配。相反地，提供犯罪工具、武器等，或者指引犯罪的机会，并没有预先决定犯罪是否应该被实施，以及如何被实施，只不过是纯粹的帮助行为。[2]

---

[1] ［德］克劳斯·罗克辛：《德国刑法学总论》（第2卷），王世洲译，法律出版社2013年版，第42页；方军：《共谋共同正犯否定论》，《政治与法律》2015年第5期。

[2] 转引自陈志辉《共谋共同正犯与共同正犯之参与行为》，《月旦法学杂志》2004年第114期。

但是，罗克辛教授等学者认为该方案行不通，因为所有教唆行为或者帮助行为的贡献都"继续发挥着作用"，他们都必须是造成结果的原因。因此，不能仅凭在犯罪实施时"继续发挥着作用"这种论点，就肯定其共同正犯性，否则将会使得正犯与共犯的区分界限趋于模糊。这种"继续发挥着作用"并不能满足犯罪支配的要求，因为唯有单独实行犯罪的人才能决定在多大程度上利用犯罪计划、建议或者辅助工具。罗克辛教授从犯罪支配原理出发得出，共同正犯成立的前提条件必须是在犯罪实施阶段有分工合作的影响参与，如果行为人在犯罪实施时并不在场，也没有透过遥控指挥的方式代替在现场出现，或不具备成立间接正犯要求时，那么该人就不可能支配构成要件的实现。所以即使在犯罪预备阶段作出了重大的行为贡献，但是如果在实行犯罪阶段听任他人实施犯罪行为，那么就意味着行为人已经在犯罪实现之前放手不管，也即放弃了对于犯罪实施的支配（除了有间接正犯的情形）。① 这种观点在德国获得了越来越多的学者支持。

不过，又有学者提出了批评，其认为将成立共同正犯的可能性限制在犯罪实行阶段，是回溯至已经被摒弃的形式客观理论框架里，因为此理论以参与者是否实际参加犯罪构成要件的实施来区别正犯与共犯；形式客观理论为人所诟病之处在于无法将帮派首领以共同正犯论处。② 这种批评可能存在对罗克辛教授观点的误解：其一，批评者忽略了在犯罪预备阶段实施影响之人可以作为共犯处罚，甚至可以被论以组织性权力机构犯罪工具之间接正犯；其二，犯罪支配理论要求参与者在犯罪实施阶段有影响，并不像形式客观理论一样，

---

① 转引自陈志辉《共谋共同正犯与共同正犯之参与行为》，《月旦法学杂志》2004年第114期；[德]克劳斯·罗克辛：《德国刑法学总论》（第2卷），王世洲译，法律出版社2013年版，第42页。

② 德国学者观点转引自陈志辉《共谋共同正犯与共同正犯之参与行为》，《月旦法学杂志》2004年第114期；台湾学者观点参见黄慧婷《论在犯罪预备阶段之共同正犯与帮助犯》，《刑事法杂志》1996年第6期。

形式地要求参与者在犯罪实施阶段必须在现场的意思,必须部分地亲自实行构成要件所描述的要素。①

不过对正犯采取类似犯罪支配说(即重要作用说)的刘艳红教授,仍然认为预备阶段的行为可以满足共同正犯之客观行为的要求。② 刘教授指出,单纯共谋者对实行担当者具有实质的支配作用时,也即实质促使犯罪意图的形成、指导犯罪的进程、提供犯罪的方向、对实行担当者产生强烈心理约束等重要作用时,就是支配型的共谋共同正犯;换言之,在实行阶段没有实施实行行为或者构成要件行为,但是如果能具有实质支配作用时,则可以认定为满足了共同正犯的客观要求。例如,有组织犯罪或集团犯罪中幕后的"大人物",以及在犯罪实行前主动发起犯罪意图并且积极准备落实犯罪计划(诸如准备犯罪的工具、诱骗行为人到达犯罪现场等)的共谋者。③

本书认为刘艳红教授的观点值得商榷。

其一,将大人物在预备阶段的行为一律规范评价为共同实行行为欠妥。倘若组织犯罪或者集团犯罪的大人物只是凭借组织权力机构发布命令,而没有共谋之事实,则将其评价为间接正犯更为合理。④ 因为没有共谋的事实,就会表现为一种纵向的结构。这也是德国很多学者为什么通过正犯背后的正犯理论处理幕后大人物的原因所在。换个角度说,将大人物之预备行为一律评价为间接正犯行为,似乎也不合理。因为当组织犯罪或者集团犯罪的大人物与实行人有共谋时,则对于大人物这个共谋者来说,具有支配犯罪实现的规范

---

① 黄常仁、林山田、张丽卿、陈志辉等学者均认为这里没有批评者所谓的退回形式客观理论的问题。陈志辉:《共谋共同正犯与共同正犯之参与行为》,《月旦法学杂志》2004年第114期。
② 刘艳红:《论正犯理论的客观实质化》,《中国法学》2011年第4期。
③ 刘艳红:《共谋共同正犯论》,《中国法学》2012年第6期。
④ 参见罗世龙《组织行为实行化的正当性根据及其标准》,《广西大学学报》(哲学社会科学版)2020年第4期。

效果，从而在规范论意义上可以将实行人的实行行为视为自己行为；同时，因为两人有共谋，且既然实行行为可以视为大人物的行为，那么就可以视为在实行阶段存在共同实行。因而此种情形认定为共同正犯比较合理。

其二，将一般共同犯罪中的共谋者在犯罪实行前主动发起犯罪意图并积极准备落实犯罪计划（诸如策划犯罪的具体实施方案，准备犯罪的工具、诱骗行为人到达犯罪现场等）的情形作为共同正犯也值得探讨。因为无论是在事实层面还是规范论意义上都很难认为该主谋者对实行担当者具有实质的支配作用。二者处于平等协商的地位，而且实行人不存在意思瑕疵，也不存在错误认识，更不存在组织支配的情形，因此共谋者对实行担当者缺乏实质的支配作用。加之，共同正犯中的支配并不是对彼此行为的支配，而是对整个不法构成要件实现的支配。共同正犯中的每个行为人都是具有独立自由意志的行为人，不存在如同间接正犯中的支配情形，其成为共同正犯的实质根据在于行为人的客观行为和主观意思能够在规范论意义上产生相互归属的效果，即可以将他人的行为等价于自己亲自直接实行，从而在规范论意义上可以认为其单独地支配了不法构成要件的实现。① 因此，至少在理论叙事上，将上述主谋者视为对实行担当者的实质支配，本身有违反共同正犯基本理论的嫌疑。

那么能否不通过实质支配实行担当者的路径证明其具有实行行为，而直接根据预备行为对犯罪实现的重大贡献而在规范层面上将其视为有了部分实行行为，或者说认为预备行为的效果仍然可以在实行阶段发挥支配犯罪的效果呢？前者涉及的本质问题是，在共同犯罪中是否可以将实行行为提前认定的问题。我国有学者认为，"在单个人犯罪的场合，当一个人处于预备阶段时，无论其为犯罪实行做了怎样大量和危险的准备工作，如果没有进入着手阶段，就不会

---

① 参见罗世龙《论"部分实行，全部责任"的实质根据论》，《中国刑事法杂志》2020年第1期。

被作为犯罪未遂或者既遂处理。着手的时点在单个人犯罪时对于预备犯和未遂犯的界限意义，没有理由因为在事实结构上与单个人犯罪不同的共同犯罪就要被放弃"①。对此，笔者也基本表示赞同。在本质上个人犯罪与共同犯罪中的预备行为的危害性程度一样，仅存在实行人的不同。事实上，共同犯罪中实行人具有独立的意志自由，因而还可能违背共谋者的意志，换言之，从理论上说，共同犯罪中预备行为可能还无法在实行阶段真正发挥效果。因此，通过肯定预备行为在规范论意义上具备实行行为性质的路径行不通。

后者讨论的是，预备行为的效果能否被认为仍然发挥作用，进而部分地支配犯罪的实现？这就是上文所提及的问题。笔者倾向于赞成罗克辛教授的观点，认为预备阶段的行为不能视为支配犯罪的实现。② 预备阶段的行为如果视为部分支配犯罪实现，将导致帮助犯、教唆犯情形都可以视为正犯者支配了犯罪的实现，而这必然导致支配概念的瓦解。不能将预备行为规范化地评价为支配犯罪的实现，更为实质的理由在于，支配必须通过实行者的身体动静来实现，而实行者在一般共同犯罪中，又有完全的意志自由，没有被主谋者所支配，因此所谓支配犯罪实现的客观行为是缺乏的，只能说为犯罪的实现创造了重要的条件。在犯罪集团或者组织犯罪，以及立法者规定的严重犯罪中，这些所谓创造重要条件的人要么能够被评价为支配了不法构成要件的实现（组织犯），要么被立法直接规定为实行犯（预备行为正犯化），因而可以得到合理的处理。对于一般共同犯罪中的这种预备行为，虽然是成功实现犯罪必不可少的条件，但是仍然与实行犯罪有别，只适宜作为狭义共犯处罚。这并不违背罪责刑相统一原则。

(三) 本书立场

上述学者对共谋且不在实行阶段实施客观行为的定性产生了很

---

① 方军：《共谋共同正犯否定论》，《政治与法律》2015年第5期。
② 不过笔者将其限定在一般的共同犯罪中，而不包括犯罪集团或者组织犯罪。

大分歧，不仅出现了否定论与肯定论的对立，而且在肯定论、否定论内部也出现不同的结论。原因在于其包含的具体情形之多且学者们认定的标准有别。学者们对共谋者是否必须在实行阶段亲自实施客观行为有不同立场：如果持肯定立场，那么就会全盘否定成立共同正犯；如果持否定立场，那么又取决于学者们对共谋者在预备阶段是否还需要具备附加的客观条件，以及如果需要那么应该具备何种客观条件的问题产生了分歧。对此，基本又表现为两种不同意见：一种意见认为共谋者不需要客观条件，只要行为人参与共谋就成立共同正犯；另一种意见认为应该具备一定的客观条件（如大人物、犯意的发起者、积极的组织者等）才可以认定为共同正犯。在此种情况下，学者们试图论证共谋者在预备阶段的表现相当于实行行为（支配他人行为、支配犯罪事实、继续发挥作用）。应该说，这种方法论的共性值得肯定。因为正犯早已经不是纯粹形式化的正犯，即不再要求行为人必须亲自直接实施构成要件行为，转而接受实质化的正犯，例如间接正犯、共同正犯。由此可见，关键问题在于预备阶段的行为在规范论意义上评价为实行行为的理由是否充足。更具体地说，能否根据共谋者在预备阶段的行为和共谋事实，在价值评价上将实行人的行为等价于共谋者亲自直接实施，即这种等价性评价是否有充分正当的理由。本书在评析肯定论者与否定论者的观点时，基本表明了自己的立场，在此针对本部分讨论的情形作一个类型化的分析。

其一，共谋者与实行者在预备阶段有共谋，且共谋者是犯罪集团或者犯罪组织中的"大人物"，则可以将共谋者认定为共同正犯。不过笔者认为，这本身就是由一般共同正犯理论得出的结论，在本质上没有特殊之处，因此没有必要提出一个共谋共同正犯的概念。至于笔者偏向于将其认定为共同正犯，而非形式意义上的组织犯，也非狭义共犯定罪主犯量刑，更非间接正犯的理由在上文已经阐述，在此不再赘述。由此可知，如果"大人物"还在预备阶段实施了其他积极的准备行为，更可以认定为共同正犯。

其二，共谋者与实行者在预备阶段有共谋，且在准备阶段表现的比其他犯罪参与人更为积极、作用更大，但是共谋者并非犯罪集团或者犯罪组织中的大人物，并非组织犯，只是一般共同犯罪的主要策划者、提议者，则将共谋者视为教唆犯或者帮助犯，并且不依照主犯处罚比较妥当。因为即使预备阶段的行为是犯罪实现的重要条件，但是对于犯罪的实现而言，其没有达到支配不法构成要件实现的效果。换言之，在规范论意义上，不能将该准备行为评价为实行行为。犯罪实现的关键还是在于有意志自由且没有被支配的实行人。造成法益侵害的结果更多的应该归责于容易被煽动或者被帮助的实行人。不能因为主观恶意大或者实施的准备行为是犯罪容易完成的条件，就认定为正犯或者主犯，否则所有的教唆犯或者帮助犯，都有可能作为共同正犯被处理。

其三，共谋者与实行者在预备阶段有共谋，但没有实施其他任何积极的行为，也非犯罪集团或者犯罪组织中的"大人物"，则视为教唆犯或者帮助犯且作为从犯处理比较合理。对此情形，一般争议较小。因为只要没有达到支配程度，那么主观心理的联系不能代替行为的实行，否则就违背无行为即无犯罪的原理。这也是本书之所以否定很多有关共谋共同正犯理论仅从主观心理约束论证存有支配效果或者说实行行为的原因所在。正如德国有学者所指出的，将休戚与共的感觉，即心理上的教唆或者帮助，直接视为共同正犯是非常有疑问的，一方面，这种休戚与共的感觉与一般的教唆或者心理帮助如何区分并不清楚，可能因此被法院肆意加以决定；另一方面，这种休戚与共的感觉并不会让实行之人因此具有犯罪支配。[1]

---

[1] 转引自陈志辉《共谋共同正犯与共同正犯之参与行为》，《月旦法学杂志》2004年第114期。

参考文献

一 中文著作

蔡墩铭：《刑法精义》，台湾：翰芦图书出版有限公司1999年版。

陈家林：《共同正犯研究》，武汉大学出版社2004年版。

陈家林：《论实行行为的着手：马克昌教授八十华诞祝贺文集》，中国方正出版社2005年版。

陈兴良：《共同犯罪论》，中国人民大学出版社2017年版。

陈兴良：《教义刑法学》，中国人民大学出版社2010年版。

陈子平：《共同正犯与共犯论》，台湾：五南图书出版公司2001年版。

范德繁：《犯罪实行行为论》，中国检察出版社2005年版。

付立庆：《犯罪构成理论——比较研究与路径选择》，法律出版社2010年版。

高铭暄、马克昌：《刑法学》，北京大学出版社、高等教育出版社2000年版。

高铭暄、马克昌：《刑法学》，北京大学出版社2014年版。

高铭暄、马克昌：《刑法学》，北京大学出版社2011年版。

顾祝轩：《制造拉伦茨神话：德国法学方法论史》，法律出版社2011年版。

韩忠谟：《刑法原理》，台湾：雨利美术印刷有限公司1981年版。

韩忠谟：《刑法原理》，中国政法大学出版社2002年版。

何庆仁：《义务犯研究》，中国人民大学出版社2010年版。

何荣功：《实行行为研究》，武汉大学出版社 2007 年版。

黄荣坚：《基础刑法学》（下），中国人民大学出版社 2009 年版。

江溯：《犯罪参与体系研究——以单一正犯体系为视角》，中国人民公安大学出版社 2010 年版。

柯耀程：《刑法概论》，台湾：元照出版有限公司 2007 年版。

柯耀程：《刑法总论释义》（上），台湾：元照出版有限公司 2006 年版。

黎宏：《日本刑法精义》，法律出版社 2008 年版。

黎宏：《刑法学》，法律出版社 2012 年版。

黎宏：《刑法学总论》，法律出版社 2016 年版。

黎宏：《刑法总论问题思考》，中国人民大学出版社 2007 年版。

李文燕：《中国刑法学》，中国人民公安大学出版社 1988 年版。

林立：《法学方法与德沃金》，中国政法大学出版社 2002 年版。

林山田：《刑法通论》，台湾：台北三民书局 1986 年版。

林山田：《刑法通论》（下册），北京大学出版社 2012 年版。

林维：《间接正犯研究》，中国政法大学出版社 1998 年版。

林亚刚：《犯罪过失研究》，武汉大学出版社 2000 年版。

林亚刚：《刑法教义学》，北京大学出版社 2017 年版。

林钰雄：《新刑法总则》，中国人民大学出版社 2009 年版。

卢建平：《刑事政策学》，中国人民大学出版社 2013 年版。

罗大化、何为民：《犯罪心理学》，浙江教育出版社 2002 年版。

马克昌：《比较刑法原理》，武汉大学出版社 2002 年版。

马克昌：《犯罪通论》，武汉大学出版社 1999 年版。

朴宗根：《正犯论》，法律出版社 2009 年版。

阮齐林：《刑法学》，中国政法大学出版社 2010 年版。

童德华：《外国刑法导论》，中国法制出版社 2010 年版。

童德华：《刑法中客观归属论的合理性研究》，法律出版社 2012 年版。

吴从周：《民事法学与法学方法论——概念法学、利益法学与价值法学》（第 2 册），台湾：台北一品文化出版 2007 年版。
许玉秀：《刑法的问题与对策》，台湾：成阳印刷股份有限公司 2000 年版。
许玉秀：《主观与客观之间》，台湾：元照出版有限公司 1997 年版。
杨仁寿：《法学方法论》，中国政法大学出版社 2012 年版。
杨日然：《法理学》，台湾：台北三民书局股份有限公司 2005 年版。
叶高峰：《共同犯罪理论及其运用》，河南人民出版社 1990 年版。
叶良芳：《实行犯研究》，浙江大学出版社 2008 年版。
张明楷：《外国刑法纲要》，清华大学出版社 2007 年版。
张明楷：《未遂犯论》，法律出版社 1997 年版。
张明楷：《刑法学》，法律出版社 2016 年版。
赵秉志、吴振兴：《刑法学通论》，高等教育出版社 1993 年版。
中国大百科全书总编辑委员会《哲学》编辑委员会：《中国大百科全书·哲学》，中国大百科全书出版社 1987 年版。
周光权：《刑法总论》，中国人民大学出版社 2016 年版。

二 中文译著

《奥地利联邦共和国刑法典》，徐久生译，中国方正出版社 2004 年版。
《俄罗斯联邦刑法典》，黄道秀译，北京大学出版社 2008 年版。
《日本刑法典》，陈子平、谢煜伟、黄士轩等译，台湾：元照出版公司 2016 年版。
《最新意大利刑法典》，黄风译，法律出版社 2007 年版。
［德］阿图尔·考夫曼：《法律哲学》，刘幸义等译，法律出版社 2011 年版。
［德］阿图尔·考夫曼：《法律哲学》，刘幸义等译，法律出版社 2004 年版。
［德］阿图尔·考夫曼：《后现代法哲学——告别演讲》，米健译，法律出版社 2000 年版。

［德］伯恩·魏特士：《法理学》，丁晓春、吴越译，法律出版社2003年版。

［德］费尔巴哈：《德国刑法教科书》，徐久生译，中国方正出版社2010年版。

［德］弗兰茨·冯·李斯特：《德国刑法教科书》，徐久生译，法律出版社2000年版。

《德国刑法典》，王士帆、王玉全、王效文等译，台湾：元照出版公司2017年版。

《德国刑法典》，徐久生、庄敬华译，中国方正出版社2004年版。

［德］哈贝马斯：《在事实与规范之间——关于法律与民主法治国的商谈理论》，童世骏译，三联书店2003年版。

［德］汉斯·海因里希·耶塞克、托马斯·魏根特：《德国刑法教科书》，徐久生译，中国法制出版社2003年版。

［德］卡尔·拉伦茨：《法学方法论》，陈爱娥译，商务印书馆2005年版。

［德］克劳斯·罗克辛：《德国刑法学总论》（第2卷），王世洲译，法律出版社2013年版。

［德］克劳斯·罗克辛：《德国刑法学总论》（第1卷），王世洲译，法律出版社2005年版。

［德］克劳斯·罗克辛：《刑事政策与刑法体系》，蔡桂生译，中国人民大学出版社2011年版。

［德］普珀：《法学思维小学堂》，蔡圣伟译，台湾：元照出版公司2010年版。

［德］韦伯：《社会科学方法论》，朱红文译，中国人民大学出版社1992年版。

［德］乌尔斯·金德霍伊泽尔：《刑法总论教科书》，蔡桂生译，北京大学出版社2015年版。

［德］亚图·考夫曼：《类推与事物本质——兼论类型理论》，吴从周译，台湾：学林文化事业公司1999年版。

［德］约翰内斯·韦塞尔斯：《德国刑法总论》，李昌珂译，法律出版社 2008 年版。

［俄］斯库拉托夫、列别捷夫：《俄罗斯联邦刑法典释义》（上册），黄道秀译，中国政法大学出版社 2000 年版。

［法］埃米尔·涂尔干：《社会分工论》，渠东译，生活·读书·新知三联书店 2000 年版。

［古希腊］亚里士多德：《形而上学》，吴寿彭译，商务印书馆 1959 年版。

［韩］金日秀、徐辅鹤：《韩国刑法总论》，郑军男译，武汉大学出版社 2008 年版。

［韩］李在详：《韩国刑法总论》，［韩］韩相敦译，中国人民大学出版社 2005 年版。

［美］R. M. 昂格尔：《现代社会中的法律》，吴玉章、周汉华译，译林出版社 2001 年版。

［美］罗蒂：《后哲学文化》，黄勇译，上海译文出版社 1992 年版。

［美］普特南：《理性·真理与历史》，李小兵、杨莘译，辽宁教育出版社 1988 年版。

［美］普特南：《事实与价值二分法的崩溃》，应奇译，东方出版社 2006 年版。

［美］萨托利：《民主新论》，冯克利、阎克文译，东方出版社 1998 年版。

［葡］叶士朋：《欧洲法学史导论》，吕平义、苏健译，中国政法大学出版社 1988 年版。

［日］川端博：《刑法总论二十五讲》，余振华译，中国政法大学出版社 2003 年版。

［日］大谷实：《刑法讲义总论》，黎宏译，中国人民大学出版社 2008 年版。

［日］大谷实：《刑法总论》，黎宏译，法律出版社 2003 年版。

［日］大塚仁：《犯罪论的基本问题》，冯军译，中国政法大学出版

社 1993 年版。

［日］大塚仁：《刑法概说》（总论），冯军译，中国人民大学出版社 2003 年版。

［日］高桥则夫：《共犯体系和共犯理论》，冯军、毛乃纯译，中国人民大学出版 2010 年版。

［日］木村龟二：《刑法学词典》，顾肖荣、郑树周等译，上海翻译出版公司 1991 年版。

［日］前田雅英：《刑法总论讲义》，曾文科译，北京大学出版社 2017 年版。

［日］山口厚：《刑法总论》，付立庆译，中国人民大学出版社 2011 年版。

［日］松原芳博：《刑法总论重要问题》，王昭武译，中国政法大学出版社 2014 年版。

［日］西田典之：《共犯理论的展开》，江溯、李世阳译，中国法制出版社 2017 年版。

［日］西田典之：《日本刑法总论》，王昭武、刘明祥译，法律出版社 2013 年版。

［日］西原春夫：《犯罪实行行为论》，戴波、江溯译，北京大学出版社 2006 年版。

［日］小野清一郎：《犯罪构成要件理论》，王泰译，中国人民公安大学出版社 2004 年版。

［日］野村稔：《刑法总论》，全理其、何力译，法律出版社 2001 年版。

［意］杜里奥·帕多瓦尼：《意大利刑法原理》（注评版），陈忠林译评，中国人民大学出版社 2004 年版。

［英］洛克：《人类理解论》，关文运译，商务印书馆 1959 年版。

［英］摩尔：《伦理学原理》，长河译，商务印书馆 1983 年版。

［英］休谟：《人性论》（下册），关文运译，商务印书馆 1991 年版。

三 中文论文

白洁：《拟制正犯范围之限制》，《法学杂志》2013 年第 7 期。

蔡圣伟：《论间接正犯概念内涵的转变》，《东吴法律学报》2008 年第 3 期。

蔡守秋、吴贤静：《从"主、客二分"到"主、客一体"》，《现代法学》2010 年第 6 期。

车浩：《占有概念的二重性：事实与规范》，《中外法学》2014 年第 5 期。

陈洪兵：《共同正犯"部分实行全部责任"的法理及适用》，《北方法学》2015 年第 3 期。

陈洪兵：《我国未规定共同正犯不是立法疏漏》，《东南大学学报》（哲学社会科学版）2011 年第 1 期。

陈锐：《真理符合论在法律领域的困境及其超越》，《政法论坛》2010 年第 2 期。

陈珊珊：《过失共同正犯理论之质疑——兼及交通肇事罪的相关规定》，《法学评论》2013 年第 2 期。

陈伟：《刑事立法的政策导向与技术制衡》，《中国法学》2013 年第 3 期。

陈兴良：《从归因到归责：客观归责理论研究》，《中国法学》2006 年第 2 期。

陈兴良：《法教义学与刑事政策的关系：从李斯特鸿沟到罗克辛教授贯通——中国语境下的展开》，《中外法学》2013 年第 5 期。

陈兴良：《共同犯罪论》，《现代法学》2001 年第 3 期。

陈兴良：《主客观相统一原则：价值论与方法论的双重清理》，《法学研究》2007 年第 5 期。

陈兴良：《罪刑法定主义的逻辑展开》，《法制与社会发展》2013 年第 3 期。

陈璇：《论正当防卫中民众观念与法律解释的融合——由张德军案件

引发的问题和思考》,《中国刑事法杂志》2007年第4期。

陈毅坚:《作为组织支配正犯后的正犯——支配型共谋的德国理解与中国问题》,《河北法学》2010年第4期。

陈正云、曾毅、邓宇琼:《论罪刑法定原则对刑法解释的制约》,《政法论坛》2001年第4期。

陈志辉:《共谋共同正犯与共同正犯之参与行为》,《月旦法学杂志》2004年第114期。

陈子平:《共同正犯之本质》,载《刑法学之理想与探索》,学林出版社2002年版。

程仲棠:《从"是"推不出"应该"吗?（上）——休谟法则的哲学根据质疑》,《学术研究》2000年第10期。

丁胜明:《共同犯罪中的区分制立法模式批判——以正犯、实行犯、主犯的关系为视角》,《中国刑事法杂志》2013年第2期。

杜江、邹国勇:《德国"利益法学"思潮述评》,《法学论坛》2003年第6期。

杜宇:《类型思维的兴起与刑法上之展开路径》,载谢进杰《中山大学法律评论》,广西师范大学出版社2014年版。

杜宇:《再论刑法上之"类型化"思维——一种基于"方法论"的扩展性思考》,《法制与社会发展》2005年第6期。

段琦、黎宏:《过失共同正犯不必提倡》,《人民检察》2014年第7期。

方军:《共谋共同正犯否定论》,《政治与法律》2015年第5期。

冯军:《论过失共同犯罪》,载《西原先生古希祝贺论文集》,中国法律出版社、日本成文堂1997年版。

甘添贵:《共谋共同正犯与共犯的区别——最高法院98年度台上字第877号刑事判决评释》,《法令月刊》2010年第2期。

甘添贵:《共同正犯的本质》,《月旦法学教室》2003年第14期。

龚群:《关于事实与价值关系的思考》,《陕西师范大学学报》（哲学社会科学版）2010年第1期。

何庆仁：《共犯论中的直接—间接模式之批判——兼及共犯论的方法论基础》，《法律科学》（西北政法大学学报）2014年第5期。

何庆仁：《归责视野下共同犯罪的区分制与单一制》，《法学研究》2016年第3期。

何荣功：《论实行行为的本质》，载赵秉志《刑法论丛》，法律出版社2007年版。

何荣功：《实行行为的分类与解释论纲》，《云南大学学报》（法学版）2007年第3期。

黑静洁：《论死者的占有》，《时代法学》2012年第2期。

黄慧婷：《论在犯罪预备阶段之共同正犯与帮助犯》，《刑事法杂志》1996年第6期。

黄伟明：《刑事政策与刑事立法关系的动态分析》，《法学论坛》2003年第3期。

江溯：《区分制共犯体系的整体性批判》，《法学论坛》2011年第6期。

姜涛：《基于主体间性分析范式的刑法解释》，《比较法研究》2015年第1期。

焦宝乾：《从独白到对话——迈向法律论证理论》，《求是学刊》2006年第4期。

金光旭：《日本刑法中的实行行为》，《中外法学》2008年第2期。

劳东燕：《功能主义刑法解释论的方法与立场》，《政法论坛》2018年第2期。

劳东燕：《事实因果与刑法中的结果归责》，《中国法学》2015年第2期。

劳东燕：《刑法解释中的形式论与实质论之争》，《法学研究》2013年第3期。

劳东燕：《刑法中客观主义与主观主义之争的初步考察》，《南京师大学报》（社会科学版）2013年第1期。

黎宏：《共同犯罪行为共同说的合理性及其应用》，《法学》2012年第 11 期。

黎宏、姚培培：《间接正犯概念不必存在》，《中国刑事法杂志》 2014 年第 4 期。

李波、周建航：《组织支配与组织犯的归责基础》，《苏州大学学报》 （法学版）2018 年第 4 期。

李其瑞：《法学研究中的事实与价值问题》，《宁夏社会科学》2005 年第 1 期。

李强：《片面共犯肯定论的语义解释根据》，《法律科学》（西北政法 大学学报）2016 年第 2 期。

李世阳：《过失共同正犯研究——以日本的学说状况为视角》，《东 南法学》2015 年第 1 期。

李晓龙：《论不纯正不作为犯的等价性》，《法律科学》（西北政法大 学学报）2002 年第 2 期。

梁迎修：《类型思维及其在法学中的应用——法学方法论的视角》， 《学习与探索》2008 年第 1 期。

林端：《德国历史法学派——兼论其与法律解释学、法律史和法律社 会学的关系》，《清华法学》2003 年第 2 期。

林亚刚：《共同正犯相关问题研究》，《法律科学》2000 年第 2 期。

林亚刚、何荣功：《片面共同正犯刑事责任的探讨》，《法学评论》 第 2002 年第 4 期。

刘翀：《现实主义法学的批判与建构》，《法律科学》（西北政法大学 学报）2009 年第 5 期。

刘复兴：《人文社会科学研究中的事实与价值》，《北京师范大学学 报》（社会科学版）2009 年第 1 期。

刘明祥：《间接正犯概念之否定——单一正犯体系的视角》，《法学 研究》2015 年第 6 期。

刘清平：《怎样从事实推出价值？——是与应当之谜新解》，《伦理 学研究》2016 年第 1 期。

刘士心：《犯罪实行"着手"的判断标准新探》，《天津法学》2010

年第 2 期。

刘士心：《论间接正犯之范围》，《法商研究》2006 年第 3 期。

刘涛：《片面共同正犯的成立及其范围》，《政治与法律》2014 年第 11 期。

刘艳红：《共谋共同正犯论》，《中国法学》2012 年第 6 期。

刘艳红：《论正犯理论的客观实质化》，《中国法学》2011 年第 4 期。

鲁克俭：《超越传统主客二分——对马克思实践概念的一种解读》，《中国社会科学》2015 年第 3 期。

陆宇峰：《美国法律现实主义：内容、兴衰及其影响》，《清华法学》2010 年第 6 期。

吕安青：《罪刑法定与自由裁量权》，《环球法律评论》2004 年（夏季号）。

罗世龙：《机能行为无价值论之提倡——兼评结果无价值论与行为无价值论》，载陈兴良《刑事法评论》，北京大学出版社 2017 年版。

罗世龙：《论"部分实行，全部责任"的实质根据论》，《中国刑事法杂志》2020 年第 1 期。

罗世龙：《形式解释论与实质解释论之争的出路》，《政治与法律》2018 年第 2 期。

罗世龙：《组织行为实行化的正当性根据及其标准》，《广西大学学报》（哲学社会科学版）2020 年第 4 期。

马聪：《论正犯与共犯区分之中国选择》，《山东社会科学》2018 年第 3 期。

马荣春：《论共同过失犯罪》，《河北法学》2003 年第 5 期。

马荣春：《刑法类型化思维：一种"基本的"刑法方法论》，《法治研究》2013 年第 12 期。

马卫军：《论"望风"行为的性质——基于犯罪事实支配理论的考察》，《西部法学评论》2014 年第 5 期。

蒙晓阳：《为概念法学正名》，《法学》2003 年第 12 期。

欧阳本祺：《走出刑法形式解释与实质解释的迷思》，《环球法律评论》2010 第 5 期。

潘德荣：《从本体论诠释学到经典诠释学》，《河北学刊》2009 年第 2 期。

齐文远、苏彩霞：《刑法中的类型思维之提倡》，《法律科学》（西北政法大学学报）2010 年第 1 期。

钱叶六：《间接正犯与教唆犯的界分——行为支配说的妥当性及其贯彻》，载陈兴良《刑事法评论》，北京大学出版社 2011 年版。

钱叶六：《双层区分制下正犯与共犯的区分》，《法学研究》2012 年第 1 期。

任海涛：《统一正犯体系评估》，《国家检察官学院学报》2010 年第 3 期。

孙立红：《论共同犯罪中的不作为参与》，《法学家》2013 年第 1 期。

田然：《论主从犯特殊区分制的共犯体系》，载陈兴良《刑事法评论》，北京大学出版社 2017 年版。

童德华：《从刑法解释到刑法论证》，《暨南学报》2012 年第 1 期。

童德华、赵阳：《类型化思维在刑事司法中的适用》，《法律适用》2018 年第 10 期。

童德华：《正犯的基本问题》，《中国法学》2004 年第 4 期。

王充：《罪刑法定原则论纲》，《法制与社会发展》2005 年第 3 期。

王华伟：《犯罪参与模式之比较研究——从分立走向融合》，《法学论坛》2017 年第 6 期。

王俊、冀洋：《论共同正犯"部分实行全部责任"的归属逻辑——以反思"行为共同说与犯罪共同说"为中心》，《北京理工大学学报》（社会科学版）2017 年第 2 期。

王元亮：《价值与事实相互关系考论》，《山东社会科学》2013 年第 5 期。

王昭振、赵微：《组织犯：诠释基础、类型与处罚》，《河北法学》2008 年第 10 期。

王志远：《我国现行共犯制度下片面共犯理论的尴尬及其反思》，

《法学评论》2006年第6期。

吴从周：《论法学上之"类型思维"》，载《法理学论丛——纪念杨日然教授》，台湾：月旦出版社股份有限公司1997年版。

吴学斌：《刑法思维之变革：从概念式思维到类型思维——以刑法的适用为视角》，《法商研究》2007年第6期。

夏勇：《我国犯罪构成理论研究视角疏议》，《法商研究》2003年第2期。

夏贞鹏：《"概念法学VS自由法学"的法解释学命题考察——写在"民法典"之前》，载陈金钊、谢晖《法律方法》，山东人民出版社2003年版。

肖志锋：《间接正犯的正犯性学说述评》，《法学评论》2009年第3期。

徐伟群：《通往正犯之路：透视正共犯区分理论的思路》，《台大法学论丛》2011年第1期。

许庆坤：《重读美国法律现实主义》，《比较法研究》2007年第4期。

阎二鹏：《共犯本质论之我见——兼议行为共同说之提倡》，《中国刑事法杂志》2010年第1期。

阎二鹏：《共犯教义学中的德日经验与中国现实——正犯与主犯教义学功能厘清下的思考》，《法律科学》（西北政法大学学报）2017年第5期。

阎军：《概念与类型法律思维之比较》，《福建法学》2009年第2期。

杨安、王丽芳：《片面共犯评析》，《广西大学学报》（哲学社会科学版）2008年第S2期。

伊子文、徐久生：《行为控制理论下"正犯后正犯"的边界归属》，《政治与法律》2014年版第6期。

尹晓静：《论片面共同正犯的成立依据——基于"部分行为全部责任"原则的解读》，《法学》2012年第11期。

喻玫：《过失共犯理论探究及其类型展开》，《河北法学》2010年第6期。

曾毅、熊艳：《从法律形式主义到法律现实主义》，《求索》2010年第1期。

曾志：《真理符合论的历史与理论》，《北京大学学报》（哲学社会科学版）2000年第6期。

张斌峰、陈西茜：《试论类型化思维及其法律适用价值》，《政法论丛》2017年第3期。

张开骏：《共谋共同正犯理论的反思》，《中国法学》2018年第6期。

张明楷：《共犯的本质——"共同"的含义》，《政治与法律》2017年第4期。

张明楷：《共同犯罪的认定方法》，《法学研究》2014年第3期。

张明楷：《共同过失与共同犯罪》，《吉林大学社会科学学报》2003年第2期。

张明楷：《论帮助信息网络犯罪活动罪》，《政治与法律》2016年第2期。

张明楷：《实质解释的再提倡》，《中国法学》2010年第4期。

张明楷：《也谈客观归责理论——兼与周光权、刘艳红教授商榷》，《中外法学》2013年第2期。

张明楷：《罪刑法定对现代法治的贡献》，载高鸿均、邓海峰《清华法治论衡》，清华大学出版社2002年版。

张伟：《过失共同正犯研究》，《清华法学》2016年第4期。

张伟：《间接正犯泛化与统一正犯体系的确立》，《法商研究》2018年第3期。

张伟：《我国犯罪参与体系下正犯概念不宜实质化——基于中、日、德刑法的比较研究》，《中国刑事法杂志》2013年第10期。

张召怀：《片面共同正犯否定论——基于交互支配性的证成》，载陈兴良《刑事法评论》，北京大学出版社2017版。

赵成：《论贝尔的后工业社会理论及其当代意义》，《理论思想研究》2013年第3期。

赵春玉：《罪刑法定的路径选择与方法保障——以刑法中的类型思维

为中心》,《现代法学》2014 年第 3 期。

赵辉:《组织犯概念的再界定》,《云南大学学报》(法学版) 2008 年第 3 期。

赵希:《德国司法裁判中的"法感情"理论——以米夏埃尔·比勒的法感情理论为核心》,《比较法研究》2017 年第 3 期。

郑鹤瑜:《过失共同正犯若干问题研究》,《河北法学》2007 年第 5 期。

郑延谱、邹兵:《试论过失共同正犯——立法论而非解释论之肯定》,《中国刑事法杂志》2009 年第 7 期。

郑泽善:《论过失共同正犯》,《政治与法律》2014 年第 11 期。

郑泽善:《片面共犯部分否定说证成》,《政治与法律》2013 年第 9 期。

周光权:《论常识主义刑法观》,《法制与社会发展》2011 年第 1 期。

周光权:《论刑法的公众认同》,《中国法学》2003 年第 1 期。

周啸天:《实行行为概念的批判与解构》,《环球法律评论》2018 年第 4 期。

邹兵:《论共同正犯"部分实行全部责任"原则之根据》,《社会科学战线》2011 年第 8 期。

[德] Ingeborg·Puppe:《反对过失共同正犯》,王鹏翔译,《东吴法律学报》2008 年第 3 期。

[德] 克劳斯·罗克辛:《构建刑法体系的思考》,蔡桂生译,《中外法学》2010 年第 1 期。

[德] 克劳斯·罗克辛:《正犯与犯罪事实支配理论》,劳东燕译,载陈兴良《刑事法评论》,北京大学出版社 2009 年版。

[德] 石里克:《伦理学的目的是什么?》,载洪谦《逻辑经验主义》,商务印书馆 1984 年版。

[日] 奥村正雄:《论实行行为的概念》,王昭武译,《法律科学》(西北政法大学学报) 2013 年第 2 期。

[日] 高桥则夫:《间接正犯》,王昭武译,载马克昌、莫洪宪《中

日共同犯罪比较研究》，武汉大学出版社 2003 年版。

［日］泷川幸辰：《犯罪论序说》，王泰译，载高铭暄、赵秉志《刑法论丛》，法律出版社 1999 年版。

四 学位论文

候宏林：《刑事政策的价值分析》，博士学位论文，中国政法大学，2004 年。

黄鹏连：《论犯罪参与体系之检讨与重塑——以共同正犯之归责法理为论述中心》，硕士学位论文，中国文化大学，2016 年。

焦宝乾：《法律论证理论研究》，博士学位论文，山东大学，2005 年。

王国龙：《法律解释的有效性问题研究》，博士学位论文，山东大学，2010 年。

许青松：《间接正犯研究》，博士学位论文，华东政法大学，2010 年。

许庆坤：《从法律形式主义到法律现实主义——美国冲突法理论嬗变的法理》，博士学位论文，山东大学，2007 年。

五 英文文献

Amartya Sen, *Collective Choice and Social Welfare*, Holden—Day, 1970.

Amartya Sen, "The Nature and Classes of Prescriptive Judgments", *Philosophical Quarterly*, Vol. 17, No. 66, 1967.

A. Sutherland, *The Law at Harvard*, Cambridge: The Belknap Press, 1967.

B. Cardozo, *The Nature of the Judicial Process*, New Haven: Yale University Press, 1921.

G. Aichele, *Legal Realism and Twentieth - century American Jurisprudence: The Changing Consensus*, New York: Garland Publishing,

Inc., 1990.

Hilary Putnam, *The Collapse of the Fact / Value Dichotomy and Other Essays*, Cambridge: Harvard University Press, 2002.

Jhering, *The Great Legal Philosophy: Law as a Means to End*, Philadelphia: University of Pennsylvania Press, 1958.

J. Hutcheson, *The Judgment Intuitive: The Function of the "Hunch" in Judicial Decision*, Ithaca: Cornell L. Q., 1928 – 1929.

K. Llewellyn, *The Bramble Bush*, New York: Oceana Publications, Inc., 1960.

Max Weber, *On Law in Economy and Society*, trans. Edward Shils and Max Rheinstein, Cambridge: Harvard University Press, 1954.

Oliver W. Holmes, William W. Fisher, Morton J. Horwitz and Thomas A. Reed eds. *American Legal Realism*, Oxford: Oxford University Press, 1993.

Sanford H. Kadish, "Complicity, Cause and Blame, A Study in Interpretation of doctrine", *California Law Review*, Vol. 73, No. 2, 1985.

索 引

B

被利用者说　199—203
本体论　71,73,74,76,86—89,91,92,95,96,162,165,184,277,290
辩论　77,117,118,143,144,183
不法构成要件　1,2,7,14,17,31,33,35,36,39,40,43,52,66,79,83,94,103,106,115,120—123,126—128,133—137,143,158,161,166,168,172,174,175,177—182,187,188,190,191,197,203,205,243,245,247,248,251,256,257,270,291,292,294,295,297,303—305,308,309,311
部分实行,全部责任　221—225,229—232,234—237,239—249,251,254,255,258,259,262—264,266,268,269,273—275,279,280,282,283,289,299,308

C

处罚根据　103,175,212,224,230,237,253,268,269,283,285—287
纯正的正犯　25—27
存在论　5—9,20,25,27—29,31,32,43,44,67,68,71,86—92,95,96,99,100,112,115,119—121,162,166,168,196—198,201,202,204,205,222,223,236—239,242—245,247,248,257,264,273,277,281,288

D

单独正犯　11,22,26,28,44,100,190,226,231,233,237—239,241—243,251,256,258,262,265,270,271,284
单一正犯体系　1—3,6,7,11,17—20,28,33—35,45,51,54—56,93,94,120,128,130—132,181
等价性原则　9,54,119—125,130,139,245—248,255,289

E

二元区分体系　17—20,29,34,45,

52,54,55,119,181

F

法感情　　77—80,123,128,129,177,183,193,247

法律发现论　　62,65

法律现实主义　　62,63,65—67,95

法律形式主义　　62—67,95

犯罪参与形态　　22,127,132

犯罪共同说　　223,226,230,234—236,249,263,268,276

犯罪支配说　　2—4,6,31,37—40,42—44,48,52,55,84,94,97,106,112,115,124,125,134,138—141,172,173,178,307

G

概念法学　　57—61,63,64,66,67,95,145

概念式思维　　144—147,150,151,154—156

个别化说　　200,201,203

工具说　　44,56,163—167,171,174,178,179,181,184,245

共犯　　1—4,6,9,11,13,14,17,18,23—25,27,29—31,34—42,45,46,49,51,52,54—56,67,78,79,83,94,97,98,100—102,104—108,111,112,119,122,123,129—131,134,135,137—142,153,157,168,170,173,176,177,224—231,234—239,248,251—255,257,259—264,270,282,284,287,297,300,302—306,309,310

共犯性　　9,169,223,229,230,236,237,244,247,268

共谋共同正犯　　2,3,5,13,24,26,31,45,48,52,84,94,104,106,249,294—296,299,301—307,309—311

共谋者　　299—302,304,307—311

共同犯罪　　1—8,15—17,21—23,25,31,40,43,45—47,51,54,55,83,86,93—95,98,99,102,104—106,108,114,115,120,129,131,132,139,140,142,164,168,170,214,220,222,223,225,226,229,234,235,238,245,252,259—264,267,273,274,276,278,279,281—283,287,290,292,296,298,303,304,308,309,311

共同意思主体说　　56,223,225,229,230,240,259,260,262,268,275,276,286,299

共同正犯　　2,3,5—13,15—17,20—23,26—29,31—33,36—39,41,44—49,52—56,80,83,92,98,103—107,115,119,123,130,132,135—139,141,142,152,153,155,192,194—196,220—266,268—271,273—275,278—281,283—289,291—308,310,311

沟通　　117,144,183,256,261,

266—270,275

构成要件行为　2—4,6—8,13,14,
17—20,23—29,31—33,35—37,
40—45,47—49,53—55,66,73,77,
79,83,84,86,93,95—99,104,111,
115,119—123,128—131,133,135,
141,142,154—156,158,159,161,
162,168,194,204—208,210—214,
216,222,226,230,237,243,244,
283,287,292—294,300,303,307,
310

规范的综合理论　38,42,43,55,
119,125,134,136

规范论　4—9,20,25,27—29,38,
41—43,68,86—93,95—97,99,
100,104,112,120,121,126,156,
162,164—168,174,178,187,188,
196—198,215,219,222,223,230,
236—239,242—245,247,251,255,
257,264,266,273,275,277,281,
287,289—292,294,295,298,302—
305,308—311

规范实行行为说　3,4,6,31,40,
42,48,52,106,107,111,112,125,
140

规范障碍说　163,168—171,178

国民预测可能性　115,116,118,
125,165

过失共同正犯正犯　2,13,153,
229,249,250,272—292

H

合法性原则　108,111,113,114

J

机能行为支配说　246—249,289

基本构成要件　4—9,17—20,22,
24,26,33,35,37,39—41,50—52,
73,79,93—101,103,104,107,108,
112,114,115,117—119,122—127,
129—134,136,139,140,154,155,
160,162—164,166,168,174,175,
178,181,204,215,216,220,222,
236,238,240,244,245,255,258,
284,294,295,297,298,303

价值判断　5—7,39,60,62,66,67,
70—73,76,78,82,87,88,92,95,
96,98,99,112,118,121,125,129,
134,136,140,143—145,147,151,
154,156,160,162,174,177,178,
180,187,197,248,267,270,291,
295

间接实行　7,8,15,29,31—34,36,
41,42,45,48,67,79,123,159,262

间接正犯　5—13,15,16,18,20,
22—24,26—29,31—33,36,37,39,
41,42,44—49,52—54,56,80,83,
87,92,96,97,103—107,115,119,
123,130,135,139,152,153,155—
158,161—179,181—205,208,215,
220,222,223,227—229,239,243,

245,246,256,262,265,266,270,295,299,302—308,310

K

扩张正犯概念　13,14,17—19,34—37,44,45,97

L

类型　1,2,5—7,11,13,20,21,25,26,28,29,31,33,35—37,46—48,52,56,74,87,90,93,94,100,104,106,110,111,127—129,139,145—160,167,170,178,179,181—183,185,189,191,193,200,208,220,221,228,233,239,265,269,273,282,289,295—297,301,304,310

类型化思维　127,144,146—160

类型化原则　119,144,153—156,158

利益法学　57,61,67,77,95,110

利用者说　198,201,202

M

明确性　3,6,21,54,105,109,110,112,114,118,129,130,132,133,138,148,154,160,164,178,179,209

目的法学　61,67,110

P

片面共同正犯　13,153,232,240,248—271

Q

亲自直接实行　3,4,7,17—19,32,33,66,73,79,84,93,95—97,99,101,104,115,119—129,132,133,135,137—139,141,154,158,162,168,178,203,204,255,303,308

R

认识论　70,74,76

S

商谈　76,117,143

社会分工　84,85

实行犯　10,11,14,15,17,19,21—24,26,79,82,94,100—102,137,141,143,152,159,161—163,166,189,197,220,221,238,254,260—262,276,296,300,304,306,309

实行行为说　2,24,40,42,46,49,55,56,97,115,120,134,139,163,166—168,178

实行着手　164,166—168,197—203,205—212,216,218

实质根据　34,41,221—224,231,234—237,239—246,251,255,257,262,263,266,269,273,275,276,279,289,299,305,308

实质化　5—8,14,20,23,25,26,28—36,38,40—45,48,52,53,55,

66,67,73,77,80,83,93,95,97,99,101—107,112—122,124,126,134—137,139—141,154,178,179,184,197,204,205,215,220,239,242,249,250,295,303,304,307,310

实质化的限制正犯概念　9
实质化解释　29,53,101,104
实质客观说　3,37—39,43—46,141,207,210,212—215,217,218
事实论　20,33,40—44,73,80,86,87,91,92,96,121,138,187,188,192,197,219,238,248,291
事实与价值　5,9,67—73,86,290
双层区分制　2,40,41,55,97,98,105—107,111,129,139,303

W

望风行为　26,98,139,294—298,301

X

刑法论证　116—118,143,144
刑事政策　35,52,53,66,73,80—84,89,116,118,122,123,160,197,290,298
行为共同说　223,226,227,230,234—236,238,249,260,263,268,276
行为人刑法　130—133
行为刑法　126,132,133,142,231

行为支配说　23,42,43,55,56,120,125,134,135,138,141,163,170—175,178—182,184,215,227,228,243,246—249,268,289,300,302
形式化的限制正犯概念　28,37
形式化解释　96,114
形式客观说　2,3,23,24,31,37,40—47,49,52,55,56,94,112,139,140,198,203,207,210—214,218,295,303,305
形式论　20,42,95,96,121,130
修正的正犯　25,26

Y

意思支配　137,175,182—184,189,191,192,195,196,228,231,300,301
因果关系说　56,89,127,140,163,175,178,251,252,255,284,286
预备阶段　4,194,298,299,301,305—311

Z

正犯　1—50,52—56,66,67,73,76,77,79,80,83,84,86,87,92—108,111—113,115,119—137,139—142,152—160,162—174,176—182,184,185,187—189,192,193,195,197,199—201,204,205,207,208,215,220—222,224,227—

230,232,233,236—240,242—249,251,254,255,257—259,262,270—272,276,278,284—286,288,292,295—297,300—307,309—311

正犯背后的正犯　2,31,56,179,188,307

正犯实质化　1,3—10,25,27—34,44—57,67,73,77,79,80,83,84,86,87,93,97,100,102—108,111—115,119—125,137,140,141,144,153—156,158,161,162,220,222,239,244,247,255,281

正犯性　120,136,161,163,166,167,169—173,176,177,180,183,189,192,196,203,204,222,223,229—232,236,237,239,241—247,255,257,268,284,286,289,302

正犯与共犯区分体系　1—3,14,18,19,33,34,36,37,44,45,130

支配　2,7,14,15,17—20,25,26,31,33,39—44,50,52,55,56,66,73,79,83,84,91,93,94,97—99,101,103,104,106,112,115,119,120,124,135—143,152,157,158,160,166,168,171—175,178—185,187—197,199,200,203—205,216,

223,227—229,231—233,240,243,245—249,251,255—258,262,264,265,268—272,275,280,285—292,294—297,299—311

制度性事实　71

重要作用说　2,3,6,23,37,39,40,42,43,46,48,49,52,55,56,84,94,97,106,112,113,115,120,124,125,134,136—140,296,297,307

主犯　2—4,6,9,16,23,31,36,46,55,67,94,101,102,105—107,297,302—305,310,311

主客分离模式　76,77

主体间性　72,75—77,118,143

自然主义的谬误　68

自由法学　57,61,63,66,67

组织犯　24,29,94,182,188,191,192,195,244,301—304,307,309—311

组织支配　139,157,188—197,301,304,308

罪刑法定　3,46,53,56,102,107—119,124,125,129,133,139,144,154,160,165,173—175,178,180,181,207,211—214,218,248,281,282

后 记

一

　　三十岁博士研究生毕业，我经常被别人说成读了"半辈子"书的人，不知道这是对我在急需挣钱养家的环境下继续坚持读书的一种肯定，还是对我现在无名、无权、无钱状态的一种讽刺。不过，这正好印证了当初纠结要不要读博时，周详教授给我的一句提醒：读书多并不意味着挣钱多。

　　我总比同年级的学生大两岁，一个原因就是我七岁读一年级，八岁继续读一年级。在20世纪90年代末我们大山沟沟里根本还没出现幼儿园这个新事物。一年级的第一年就是我们所谓的学前班。读小学换了三所学校，这倒不是调皮所致，而是条件所限。第一所小学在我们村里，只有一到三年级，全是土墙瓦屋，离我家大约三公里的山路。

　　我有两个亲姐姐，二姐比我大两岁，大姐比二姐大两岁。我属于超生人口，父母在当时要经常被负责计划生育的干部教育。在当地违背政策，时常要面临拆屋下瓦、赶猪卖牛的风险。当时上小学的学费好像一学期十元左右，但是，对于贫困地区的家庭来说这并不是小数目，而且我七岁时，家庭面临着三个孩子上学的负担。加之父亲多病，每次疼倒在地，呻吟打滚，严重时想要喝农药一了百了。这种现状比我大几岁的两个姐姐自然看在心里，而且学费已经被学校老师来家催收了几回，就这样，正在念三年级的大姐和念二年级的二姐放弃了读书机会，回家务农，后外出打工……

我那时自然还不懂肩上的责任，也不知道上学对我以后的人生意味着什么。我从小属于那种少话的乖孩子，学习成绩还算优秀，经常拿到奖状，将自家堂屋的墙上贴得满满的。不过即使这样，也抵挡不了童年的调皮任性。与我一起上学的有堂哥和堂弟，我们仨属于同年生，被学校老师称为"三锣"，并经常被他们说成"缺一锣都打不响"。每次上学需要走很远的山路，那个时候家里又没有时钟，我根本搞不清楚什么时间天亮。父母基本不会操心我的上学，上学时间完全靠自己的感觉，上学的路完全靠自己的脚走。我从小属于急性子，而且不知道为啥对于上学特别积极。一次，我半夜醒来，看见窗外大亮，以为要迟到了，就急忙穿好衣服出门，呼喊距离我家10米左右的堂弟，结果呼喊数声没有回应，我就独自出发了。怎料我走了几公里，刚进入没有农户人家的树林中，天突然黑了下来，四周仅剩下我的哭声和时不时发出的鸟叫声。后来我才知道，我以为的天亮原来是月亮还没下山。

自从那次以后，我宁愿迟到，也必须跟我的堂哥、堂弟一起出发。跟他们一起出发的结果往往都是迟到，被老师罚站、鞭打手心。后来，每次走到半路，我们总有人提议说，反正迟到了还不如不去，"三锣"一拍即合，就跑到山上玩耍，也不敢回家。肆无忌惮地将石头从半山腰往下推，将农户的秸秆抱着打滚，爬树摘果……就这样持续了几天，后来被干农活的叔叔发现我们没有上学，同时学校的老师也托人带信给家长，这才导致我们行踪暴露。我们在山上被家长合围之时才意识到自己被发现了。送到学校后，免不了还要挨老师一顿狠揍，至今似乎还能感受到发烫的、肿得红红的手心……

上了三年级就自己扛着被子到学校寄宿，开始完全独立的生活。点着煤油灯、吃着玉米饭是我上学真实的写照。不仅如此，义务劳动也是我们的必修课。不仅要求学生家长轮流从很远的地方背煤炭到学校，以供师生生火做饭，而且要求学生自带工具帮老师锄草、挖田、摘茶、撕玉米壳等。心中纵有万般不愿，也唯有接受服从。

四年级需要到十多公里之外的小学寄宿。每次到学校要步行大半天。在那的一年，给我的感受除了"远"，就是"饿"。在学校继续每天吃着干渣渣的玉米饭和合渣，没有油水的生活每天着实难熬。有时候就只有想办法留一点玉米饭，饿了的时候，用开水泡着咽下。还记得那时学校会有白花花的包子卖，特别香，无奈身无分文，只能看着流口水。那时挺羡慕我堂弟，他敢赊账消费，而我胆小怕事。有一次，我们三兄弟的姑爷从那里路过，给了我们十元钱，我们三兄弟还为如何平均分配伤透了脑筋。现在想想也是有趣至极。

一年后，我们三兄弟被家长转学到了教育质量更好的巴东县。我们家处于建始、巴东、鹤峰三县边缘交界处，在距离上离巴东县内的小学更近。虽然比上一所小学近，但至少也有五公里的路程。幸运的是，通了公路，偶尔还能搭乘三轮车。而且，令我开心的是，从那以后，终于吃上了米饭，只不过需要自己带米。除了米饭，配菜就是母亲制作的猪油炒辣椒。有时候大冬天猪油都无法在薄薄的米饭中融化，也只能搅拌搅拌后，大口地吃起来。

成为大龄学生的另一原因在于，初中稀里糊涂地留了一级。到现在我也没想明白，为什么当时还没参加中考，就选择了留级。虽然留级后顺利考上了理想的高中，但是后来想想一年的青春被浪费，实在可惜，以至于高考失利，都没有选择复读的勇气。从初中开始，我感受到了学习的压力。在学校基本没有空闲的时间，每顿饭还没吃完，班主任已经站在教室门口，目的是看谁最后进教室。有时候月考来临，还会约上班上几个爱学习的小伙伴，半夜起床从窗户钻进教室点着蜡烛自习，只为比其他同学多考几分。初中生活给我的另外一个印象是"脏"。二十余人一个宿舍，每两人还非得凑一床睡觉，鼾声不断，脚气熏天。每到下雨天，宿舍泥浆满地，气味更浓。即使这样，每到吃饭的点，也还得将饭盒带回宿舍"品尝"起来。脚气、脏泥、各种奇怪的辣椒味，那真是别有一番滋味儿。比宿舍更让我难受的地方是学校的厕所。厕所没有及时的冲水设备和必要的遮挡工具，不仅要忍受味道的折磨，还要忍受视觉的冲击。每次上完厕所后，那股怪味久久不能散去，那种场景挥之不去。每到夏天，那更是惨不忍睹，还要忍受"小动物"的骚扰。蹲下不到三秒，蛆就从四面八方而来，爬上你的凉鞋。如果不及时跺脚，它们就会顺势而……至今回想起来，身体都会不禁打颤。也许那时是我最早体会到"身不由己"的感觉吧。

顺利考上巴东县第一高级中学后，学习的压力更大。寄宿学校后基本一学期才能回家一次，连续两周只能在学校休息半天，在高三已经变成了一个月休息半天。有时候轮上自己打扫卫生基本就没有什么休息时间了。每天五点多起床，十点多睡觉，除了学习还是学习，那种应试教育的感受记忆犹新。高中从快班到中班，成绩不甚稳定，最好的时候能考上全年级前三十名，最坏的情况是全年级二百多名。当然，坏的时候占多数，高考自然没能考上一本院校。成绩出来后，填志愿选学校、选专业，完全自我决定。父母虽不懂我学业上的事情，但始终支持我的决定，相信我的选择。

最终我被三峡大学法学专业录取。这是我第一次走出大山，见到了不一样的世界。从那以后，我就开启了十年的法学专业学习。四年大学生涯，六年研究生经历，似乎并没有太多值得记录的事情。如果说与以前有什么不同，可能除了外在的学习环境优越外，我感受到了肩上沉甸甸的责任，在校不仅要完成学业任务，还要为家里的所有开支想尽办法，烦恼随之增多，压力倍增。虽然获得过数次国家奖学金，但博士毕业时，仍因沉重的家庭开支负债数万元。从一所二本学校考研到一本院校，从硕士研究生到攻读博士学位，每一步的选择都异常艰难，每一次的决定都要经历良心的拷问。为了自己的前途，让多病的父母继续受苦，三年再三年，我是否太过自私？读书期间，已经有很多至亲不幸离开，多年以后，也许我事业有成，经济不再拮据，可他们还有多少机会享受？父母也与我一样愧疚，他们自责不能像其他父母一样帮助自己的孩子，反而需要还没工作的孩子为他们的一切开支想尽办法。

于我而言，求学之路，是一条通向外面的路，改变命运的路，走向希望、梦想、真理的路。正如《平凡的世界》中的孙少安所言，"这家里啊，只要有个上学的就不穷，再苦再烂包的日子也不怕，有希望……""黄河水总有清的一天"。

二

这一路走来，着实不易，感慨良多。在书稿即将付梓出版之际，我想对那些支持我走到现在的恩人表示最诚挚的感谢。

首先我要感谢我的导师童德华教授。学生愚笨，情商偏低，承蒙恩师不弃，将我纳入门下。还记得硕士毕业之际，在继续深造与否的重大抉择前，学生甚是担心家中身体不佳的父母，不免顾虑负债求学养家的艰难，犹豫不决，徘徊迷茫，久久不能定之。恩师得知后，直言提醒，应目光长远，有所作为，且若努力，所虑之事，亦可克服。恩师一席话，让我下定决心，走上了考博之路。感谢恩师当年的指点，让我这个从大山走出来的孩子有机会获得博士学位。恩师虽然承担着科研、教学、行政等多项重任，但是对于学生却非常用心。此篇书稿的完成得益于恩师的悉心指导，无论是对论文的选题还是写作、修改，恩师都倾注了大量的心血。少时学《师说》，文所言：古之学者必有师，师者，所以传道授业解惑也。恩师即是如此，不仅传我学习研究之道，而且教我为人做事之理。还记得与恩师讨论学术之时，恩师指出，过于注重逻辑与教义，有思维狭窄之弊端，应加强外部视角之论证，拓宽思路。还记得与恩师散步于南湖之畔，恩师指点，做事应用心灵活，切勿缩手缩脚；做人应纯粹干净，坚守原则底线。承蒙恩师教诲，学生方能不断进步。我庆幸得遇老师之恩，亦深悟师生之情！

其次，我要感谢给予我帮助的其他老师、同学、朋友。我要感谢中南财经政法大学刑事司法学院的齐文远老师、周详老师、苏彩霞老师、程红老师、周凌老师、杨柳老师、王复春老师、张正宇老师等，感谢你们给我学业上的指导和鼓励。如周详老师那句"熟知未必真知"的话语时刻提醒着我，与周详老师那场关于称张明楷老师为"大神"的论战还记忆犹新，感谢周老师教会了我如何独立思考。我要感谢北京大学的陈兴良老师。我们素不相识，在读博期间我却冒昧地通过邮件发送八万余字的论文于您。您不仅认真细心看完，给我提供宝贵的修改意见，而且鼓励我只要坚持写作，发文章之事指日可待。我要感谢我本科遇到的班主任殷仁胜老师和师母。你们一直支持我、关心我、帮助我，待我如子，这份恩情永生难忘。我要感谢本科认识的贺江华老师、骆东平老师、陈芳秀老师、余澜老师、范姣艳老师、李国际老师等。虽毕业多年，但你们仍时时关心我的成长，为我的发展提供建议和帮助。我还要感谢给我提供帮助的许阿姨、李淑兰师姐、郑华同学、朱刚同学、李九一同学、向兴梅同学、王中同学、谭大敏同学、王琴同学、徐小明同学以及尚未见过面的杨贤宇师弟，你们给予我的鼓励和信任，是我坚持奋斗不止的动力，你们给我提供的各种支援，是我顺利完成学业的重要保障。我要感谢同门的肖姗姗师姐、张成东师弟、尹力其师弟、杨智博师弟、西艺同学等。你们陪伴我度过了艰难的日子，为我的学习和生活增添了乐趣和信心。我要感谢华中师范大学法学院的学生陈瑾瑾、裴奔、郭梦薇、杨亚鑫、张娟和杨思维，你们为书稿的校对付出了辛苦的劳动。

最后，我要感谢我的家人。感谢给予我生命的父母，你们为我读书付出了一切，这么多年来，尊重我的决定，理解我的选择。你们已经渐渐老去，而我三十有余，未让你们安享晚年，儿子不孝，有愧于你们。唯有日后努力工作，不再让你们为儿子担心，为生活压力而发愁。我还要感谢两位姐姐。家境贫寒，你们为了让我读书，小学尚未读完便辍学回家，此为家中遗憾，无法弥补。如今我博士毕业，顺利工作，书稿即将出版，就让我们三姊妹共享这一份来之不易的成果，以表我对你们的亏欠。我要感谢我的爱人李佩女士，你为我打理好一切，支持我的工作，让我安心完成了书稿的修改，感谢你为家庭辛苦的付出！

  人生的下半程，我将怀着无尽的感恩，乘势而上、策马扬鞭，踏上新的征程。

2021 年 7 月 13 日
华中师范大学桂子山